Carleton S. Coon

The Hunting Peoples

カールトン・スティーヴンズ・クーン

平野温美／鳴島史之 訳

世界の狩猟民

その豊饒な生活文化

りぶらりあ選書／法政大学出版局

狩猟民研究草創期のもっとも優れた観察者で今は亡き次の人々に捧ぐ
ジョン・バチェラー、マーチン・グジンデ、ビル・ハーニー、
E・H・マン、ニール・G・マンロー、パトリック・T・L・パトナム、
ジョージ・オーガスタス・ロビンソン、フランク・G・スペック、
R・P・トリーユ、W・ロイド・ウォーナー

エスキモー
クチン
北アサバスカ語族
アリュート
エスキモー
ベオサック
北アルゴンキン語族
ミクマク
ヌートカ
オジブワ
ペノブスコット
西ショショニ
マイドゥ
カランカワ
セリ
バハ・カリフォニア・
インディアン
プェルチェ
テウェルチェ
チョノ
アラカルフ
オナ
ヤーガン

エスキモー
チュクチ
コリヤーク
カムチャダル
アイヌ
ビルホール
チェンチュ
カーダル
ユンブリ
ネグリト
ヴェッダ
セマン
アンダマン島人
ピグミー
ムブティ
アコア
ブッシュマン
オーストラリア・
アボリジニ
タスマニア人

凡例

一、本書は Carleton S. Coon, *The Hunting Peoples,* Boston: Atlantic Monthly Press, 1971の全訳である。

一、原注は原著で脚注になっているが、番号の代わりにアステリクス（＊）を付し、各文章の段落末に配した。

一、訳注は最小限にとどめ〔 〕に入れた。

一、原書中の（ ）はそのまま（ ）を使用した。

一、原書で使われた図版は、それぞれ、図1、図2……で表示した。

目次

まえがき

わたしは、この世界で狩猟民や採集民として現代まで永らえた人々についての資料を、ほぼ半世紀間読んできました。そうした各地を、たとえ短期間でも訪れたことは幸運でした。今日、二五万人弱の狩猟民が現存します。これは人類の〇・〇〇三パーセントに過ぎません。一万年前の狩猟民はおよそ一〇〇〇万人、世界人口の一〇〇パーセントでした。

一万年前、人は皆狩猟民でした。読者のみなさんの先祖も含まれます。一万年はおよそ四〇〇世代にわたる期間ですが、この短さでは目立った遺伝的変化は起こりません。人間行動が他の動物行動と同じく、最終的に遺伝された能力（学ぶ能力も含む）に依存する限り、わたしたちの持って生まれた傾向は大して変化するはずはありません。祖先とわたしたちは同じ人間なのです。

「狩猟民の生き方が判明するなら、もし、わたしたちが一万年前の生活を始めることになった場合に一体何ができるか、それを知る参考になるだろう」。

これはSFでも、気まぐれな空想でもなく、専門家としてのまじめな結論なのです。いつ頃からか、わたしたちは生物への放射能の蓄積効果、酸素浪費による回復不可能な大気圏の希薄化、その他の地球危機に、険しい顔をするようになりましたが、それを長々と論じる必要はないでしょう。誰もが知るこれら恐ろしい事実を説明する専門家は別にいます。わたしは同じく重要な、あることについて述べます。それは破壊の連鎖のすべてを解く鍵、すなわち人間自身についてであります。

現存する狩猟民や採集民とは、農業を知らず、イヌを除いて家畜を持たず十九世紀まで生き続けた人々、と定義することができるでしょう。いくつか例外があります。北アメリカ北西岸に住むトリンギット・インディアンはタバコを栽培しましたが、これは食物でなく、薬です。日本の北海道に住むアイヌには少量のアワを栽培した人々がいましたが、これは主としてビールを醸造するためでした。

本書は定義に従い、ラップランドからチュクチ半島に至るユーラシア大陸の北極周辺のトナカイ飼育者を、狩猟民リストからはずします。彼らは、ラクダやヒツジを飼育するアラビアのベドウィン同様、食料生産者です。また馬上からバッファローを撃った史上有名な平原インディアンや、馬に乗ったパタゴニアのインディアンも除外します。どちらの場合も馬はスペインから持ち込まれました。

狩猟民の選別に関してわたしが長い間迷ったのは、イヌの存在でした。というのも、イヌが飼い慣らされるようになったのはわずか一万年前で、ここで再現しようとするのもまさに人類史のその時点からです。いくつかの狩猟民は、ヨーロッパ人が初めて発見した時、イヌを飼っていませんでした。タスマニア人、アンダマン島人、そしておそらくフエゴ島民がそうです。オーストラリア・アボリジニにはディンゴがいました。紀元前六〇〇〇年ごろ大陸に入ってきた野生のイヌです。このイヌは荒野で生まれ、子犬の時に捕獲しますが、狩りに使うことはほとんどありません。飼い慣らすのがむずかしいからです。アフリカ、アジア、南北アメリカに住むいくつかの狩猟民は半ば飢えた雑種犬を飼っていました。狩猟用ではなく夜間の番犬になったからです。

図1　狩猟用アイヌ犬，そり用エスキモー犬，オーストラリア・ディンゴ

狩猟民所有の土着犬のうち問題になるほど本当に役立っているのは二品種だけです。一つはアイヌのシカ猟犬、もう一つは主にエスキモーによって知られるハスキー犬、つまりそりイヌです。両方とも雪に関連し、アイヌ犬は冬の猟、エスキモー犬は冬の内陸輸送のためでした。どちらも原産種で、所有する人々の文化の一部を担いました。イヌを理由にアイヌとエスキモーを狩猟民の仲間から除名することはしません。

執筆当初は、アフリカから世界を東にまわり、採集民族文化を一つ一つ記述しました。ところが、チュクチ半島に着く前に、ホーン岬までかなり距離があり、各所に繰り返しがあること、予定より時間がかかり、分厚い二巻本になってしまうことに気づきました。

そこでわたしは比較文化の手法、つまり、民族誌から民族学に変え、資料を民族別ではなくテーマ別にまとめることにしました。この方法はいろいろ都合が良く、特に、明快かつ刺激的な資料と、退屈で学問ぶった資料の、取捨選択が可能になりました。

一見、気楽な本に見えますが、本書は単なる解説書でも、娯楽書でもありません。狩猟民を面白がっているのでもありません。わたしは狩猟民に敬意と憧憬を覚えます。現代文明という雪つぶてに荒らされる前、彼らは十分満ち足りた生活を送っていました。昔からの狩猟民の自然の扱い方や、人間相互の付き合いに見られる優れた点を考察することが、わたしたちの害になるわけはないでしょう。

もし同業の文化人類学者が本書に目を通すなら、わたしが特定の一学派に、例えば歴史主義、進化論主義、機能主義、文化領域説、文化圏説、さらにレヴィ＝ストロース派などのいずれかを奉じているのではないことがわかるでしょう。なぜなら、どの学派も他学派を排除すると必要なものを正確に伝えられないからです。

最大の難問は、第9章と第10章の親族関係、近親相姦のタブー、結婚といったテーマを、いかに一般読者が理解できるよう説明し――本書は一般読者向けですから――同時に専門家をも満足させるかということでした。両方ともうまく行くとは思えず、わたしは一般読者を優先しました。

狩猟民文化および「未開」な経済段階の人々の文化について今まで行われた研究の中で、最も堅実な研究とは、新しい研究方法を求めた研究者によるものである、というのがわたしの意見です。例えば、イルヴァン・ドヴォレは動物行動学に手がかりを得、リチャード・B・リーは「文化生態学」を研究し、リチャード・A・グールドは「生きている考古学」を通して現在の分野に入り、ロバート・G・ガードナーは関連資料の収集にフィルムを使用する、といった風です。研究対象の民族が今も損なわれずに現存する限り、こういった若手や彼らのような人たちは大いに期待できます。

狩猟民の活動の記述に際し、わたしは動詞の現在形と、過去形を使います。現在形は「民族学的現在」における習慣的行為を示します。この用語は三〇年前、エリオット・D・チャプルとわたしが造ったもので（E. D. Chapple and C. S. Coon, *Principles of Anthropology*, New York: Holt, 1940）、ある文化が外部の影響に害されることなく、引き続き機能する期間を示します。アラビア語の動詞の「不完了」形のように、現在でもいまだ完了せず、継続し、反復される行為、あるいは習慣的行為です。過去形はアラビア語の「完了」形に相当し、いつ起ころうとも、それは完了した行為です。

次の方々に謝意を表します。ロンドン動物園のデズモンド・モリスとハーバードの比較動物学博物館のチャールズ・マックには、北海道に生息する不思議な「ムジナ」が野生のイヌ科の動物であることを突き止めていただきました。同博物館のルース・ターナー博士には二枚貝について御助力を、ハーバードのエドワード・オズボーン・ウィルソン教授にはミツバチと蜜に関しての情報を、ブリティッシュ・コロンビア大学のノーマン・J・ウィリモフスキー教授には北海道および北アメリカ北西岸の大型回遊魚であるタイメン（マス科）を同定していただいたこと、ニューヨーク州クイーンズヴィレッジのアルバート・H・マタノ夫人にはアイヌ犬の写真を、マサチューセッツ州セイラムのピーボディ博物館学芸員ポール・ウィリスには北極クジラの解剖に関する情報を、それぞれいただきました。二人のベテラン司書、ハーバードのピーボディ博物館図書室のミス・マーガレット・カリアとペンシルヴェニア大学博物館のミス・シンシア・グリフィンからは計り知れないほどの御援助をいただきました。最後に二人の編集者、アトランティック・マンスリー・プレスのピーター・デイヴィソンとジョナサン・ケイプ社のグラハム・グリーンには、本書にがっかりしないでという願いをこめて、心から厚く感謝申し上げます。

マサチューセッツ州グロスターにて

カールトン・S・クーン

第1章　世界の現存する狩猟民——その概要

人間の数え方ではずっと昔だが、宇宙の時計ではほんの一、二秒前、わが祖先たちは地上で最も恵まれた地域の森や草原を歩き回っていた。野生の実を摘み、みずみずしい塊茎を掘り出し、ミツバチから蜜を盗み、槍や弓を手に足の速い動物に忍びより、引き潮の海辺で籠に何杯もの貝類を集め、料理し、おいしい食事をした。

祖先たちは自分の手で風雨を防ぐ住まいを造り、暖かければ裸で歩き、必要なら獣皮の衣を身に着けた。小さな集落に住み、そこは誰もが互いにねんごろだったから、飾りや偽りも要らず、他人をごまかして得することは何もなかった。

彼らの毎日は、わたしたちの多くが狩猟や魚釣りしに出かける旅行や、長期休暇に国立公園でするキャンプのような生活である。しかし、マッチ、斧、その他のできあがった道具なしで、自然の中で長期間生き抜ける者はめったにいない。一体祖先たちはどのように生きたのだろうか。わたしたちがほとんど経験したことのない、あの幸福な日々を、どうしたら想像で追体験できるだろうか。実は、それは簡単なことなのである。

時は、ゆっくりと、ほとんど気づかないほどの忍び足で進み、二十世紀に至った。地球の片隅の人目につかない所に今もなお、孤立したあらゆる人種の人々がいる。* 彼らにとって、時とは季節の変化である。さまざまな植物の実が熟れ、動物たちが子を生み移動すること、人が生まれ、成長し、次世代を生み、老い、そして死ぬことである。いったん死ぬと、先祖に仲間入りし、時を超えた世界に生き続け、子孫の夢の中に再び姿を現わすのである。

* 以下の意味における黒人狩猟文化の適当な例をわたしは持ち合わせていない。ほとんどの黒人は農業か牧畜、またはその両方を行うので、黒人狩猟文化はアフリカでは非常にまれである。アンゴラに残る少数の狩猟部族の十分な記述はまだなされていない（Antonio de Almeida, *Bushmen and Other Non-Bantu Peoples of Angola* [Johannesburg, Witwatersrand University Press, 1965] 参照）。もう一つのグループ、ナミビアのベルグダマ人は黒人でおそらくブッシュマンが現われる前の人々である（H. Vedder, *Die Bergdama* [2 vols.] (Hamburg, 1923) 参照）。ベルグダマ人の文化はブッシュマンの文化とほとんど区別がつかない。

わたしたちの大多数と比較すると、こういった人々は疑惑や自責の念で悩むことがなく、ある意味では幸福である。というより、わたしたちが彼らの時計をガリガリと耳ざわりな音を立てて先へ進ませ、彼らを不安に陥れるまでは幸福だった。現にわたしたちは、残り時間はゼロに迫っているのに、抑え切れず爆発させてしまったパワーは無限に近づくという、限界の時代の中で己を不安にしているのだから。

掲載した地図からわかるように、本書が扱う現存する狩猟民はアフリカ多雨林のピグミー、カラハリ砂漠のブッシュマン、南部インドやセイロン（スリランカ）の山岳部族、アンダマン島人、オーストラリアおよびタスマニアのアボリジニ、北日本のアイヌ、有名なエスキモー、そしてアメリカ北部および西部の多数のインディアン部族、南米最南端に暮らすいくつかのインディアンである。ヨーロッパ人が到着した当時、作物を育て、食用動物を飼う者は、この中には全くいなかった。

では、なぜ作物栽培や食用動物を育てなかったかと問う者もあろう。彼らにそうする知性が欠けていたからではない。このことは、現存する狩猟民が周囲から食料を得るための技術や、今日作物を育て食用動物を育てる一部の人々の技術が、あらゆる点で同じように複雑で巧妙であることからわかる。生活のある面では狩猟民の社会組織は、作物栽培者のそれと同じか、またはそれ以上に複雑である。

三つほど簡単な理由がすぐに思いつく。まず第一に、地理的に隔離されているか、非常に遠くにあること。食料生産発祥の中心地から離れていたから——新旧両世界で食料生産が始まったのはせいぜい一万年前である——農業、畜産の技術がそこまで達していなかった。第二は、益をもたらす農業が可能な気候からはずれた地域に住んでいた狩猟民がいたこと。例えば栽培期間が短すぎて収穫できない、雨季のタイミングが合わないなどである。

第三は、彼ら自身が変化を望まなかったこと。狩猟民生活に必要な食物はすべて手に入ったし、小規模の親密なグループの中でとても満ち足りた生き方ができた。狩人は型にはまった退屈な日常から自由で、日々の活動は刺激的である。必要な時に狩りをする。自分と家族に十分な食べ物があれば、どこにいてもくつろげる。妻がヤムイモをたくさん掘り出すことができるのに、また家族みんなが美味で栄養ある実をつけた木の下で野営できるのに、どうして作物を育てることがあろうか。それも苦労の多い労働をして。農業はそれとともに、全面的に新しい人間関係の制度を持ちこむが、わかりやすい利点をもたらさない。また農業は、人と自然の間、共同して生きる人々の間にある、昔からのバランスを崩してしまう。

理由は一つであるかもしれないし、複数が組み合わさっているかもしれない。それはともかく、狩猟民に、蒸し暑い森の住民、砂漠の住民、米国北東部でわたしたちの先祖がインディアンから取り上げたような涼しい森の住民、凍てつく極地の住民がいるのは、わたしたちにとって幸運である。事実、過去一世紀の間に限っても、世界のあらゆる気候の下、あらゆる環境で狩猟民は居住してきたのである。

気候も、狩猟採集する食物の種類も異なるが、こういった人々には共通点が多々ある。戸外に住み、十分に体を動かす。互いが親密に知っているように、岩や川、木立のことごとくを知り、地上のわずかの部分を共有するあらゆる動物の習性をも理解している。

彼らは自然の一部であり、そのことを感じている。彼らは地球の破壊に夢中になることはない。それは、謙虚さに欠け、無限の宇宙の中の惑星の、生死を支配する掟について無知な者の行為である。

彼らはずっと前に、名高いパンドラの箱の蓋に手をかけ中をそっとのぞいたが、わたしたちのようにいまだ全開してはいない。

のぞき見したら、順番は不確かだが、三つの災いが抜け出た。一つは言語だった。最初に話すことを知ったのはほんの少数だったが、全員が話せるようになった時には、バンドは広く分散していた。最初どのような言語を話したにしろ、分散した集団はそれぞれ自分たちの言い回しを発達させたから、後に再会しても互いに理解できなかった。

この人間固有の特性で集団が分離したが、それは異種動物が、生得の仲間うちのコミュニケーション方法によって——身体動作、尾や耳の独自な位置、鳴き声、結婚のダンスなどを通して——分離するのと同じであった。互いに言葉の通じないバンドが、たまたま支配地域の境界線で出会ったら、安易に相手を人間以下とみなして戦おうとした。両者とも同じ食物を求めていたからだ。同種に属する者どうしが戦うのは、少なくとも集団間という規模においては、人間だけの特徴である。根っこに言葉やその他についての誤解がある。同じく人間特有の戦争は、人より知性が劣る動物を狩る上では不要だった才知を必要とした。戦争は人の頭脳が今日の大きさまで発達した原因の一つである。また戦争は地上の生命すべての継続を危うくする思い上がった知性、自滅的な知性の原因の一つでもある。

こっそり抜け出た二つ目の災いは、死そのものでなく——死は動植物界で、常に命の一部であり続けてきた——死は避けられないという知識であった。これは深刻な認識である。他の動物はそれぞれが死すべきものとわかっていない。* 死の恐怖は一時的である。死は不意にやってくる。しかし、わたしたちは皆、いつかは死ななくてはならないことを知っている。その知識が、たいていは潜在的であるとしても、死が訪れるその時まで、わたしたちを悩ませる。

* この意見を述べた時、わたしは何度か次のように言われた。「それは間違いです。ゾウは死の必然性を知っていますよ」。ロバート・アードレイ（彼はこの議論のどちらにもくみしない）は『社会契約』の一六—二〇頁で、別種であるアフリカゾウとインドゾウの両方で、群れの一頭が撃たれた時の行動について、いく人かの目撃者の供述を引用している。大きな雌ゾウが横たわるゾウに歩み寄り、すぐ近くの木から枝をいく本かちぎり取ると、撃たれたゾウの頭部や上半身に置いてやる。それから群れは立ち去る。枝や葉っぱはゾウの食物である。この行動は、明らかに病気や怪我とわかる動物に、立ち上がって群れの後を追う力を与えるため食物を供給する行為だとわたしには思われる。後述するが、人も同じことをする。かつてタスマニア人は、後に残す病人に食べ物を置くのが習慣だった。

眠りは一日の活動の死であり、睡眠中に人はよく夢を見る。イヌが夢を見ると、筋肉がひきつるのでそれとわかる。どんな夢をイヌが見るかはイヌの問題で、わたしたちには関係ないが、ただイヌの脚の動きから判断すると、肉体は現実には床の上に横たわるものの、イヌは外を駆け回っているらしいことがわかる。人も夢を見ると、やはり心の眼の内で動き回り、さまざまの場所へ出かけ、他人と会い、会話をする。目覚めてもし夢を記憶していたら、そしてもし現代教育を受けていない人なら、次のような説明に納得するだろう。

肉体には非常に重要な二つの生命力、二つの霊、二つの魂が宿る。一つは生きている間その人の裡に留まり、死ぬと姿を消す。もう一つは夢を見る間一時的に肉体を離れ、昏睡状態に陥るともっと長期間離れ、死ぬと永久に離れる。では死後はどうなるのか。生存中は時々肉体を離れる習慣があったが、死んだらどこかへ行ってしまうにちがいない。しかしどこへ行ったのか。もし死者が生存中もめ事を起こす人物だったら、反社会的な霊になる。霊は以前住んでいた辺りに居残り、親戚知己に危害を加え不安にさせる。

生存中は行いが良く、気持ちや気だても良かった人物が、死後それまでの行動パターンを変えることはない。霊は、長く留まって生きている人を不安にさせることなく、巨大な岩や見事な樹木などの特別の場所で、先祖の霊に加わる。または天まで上がり、星になることさえある。時々、夢の中で子孫のもとに戻ると、子孫を戒めたり、どこで狩りをしたらよいかなど、有益な助言を与える。

夢はたいてい睡眠中に起こる反射的な緊張緩和でしかないと教えられるわたしたちよりも、心理学を学ばなかった人々のほうが、目覚めた後で思い出す夢をはるかに忠実に受けとめる理由は容易にわかる。パンドラの箱から夢は出てこなかったが、夢の材料——言語能力と、人はすべて死すものという知識——は出てきたからである。

第三番目の災い、火の使い方の知識もやはり箱から出た。この災いだけは始まりの時期を推定できる。考古学上の証拠があり、人は少なくとも四〇万年前から火を使ってきたことがわかる。火の発見はこれほど古いが、狩猟民は今でもやはり火の重要性を痛感している。というのは、人が火を持たなかった時代に関する神話があるからだ。人は火を盗んだと大方の神話は語る。さまよい出た精霊から盗むこともあったし、動物から盗むこともあった。たいていは女たちがまず火を手に入れ、男たちに隠しておいた。それから、ある大胆な男が女たちから火を盗んだのである。

この説明は、人間生活の二つの基本事項の一つあるいは両方を象徴する。一つは植物性食物の獲得に対する動物性食物の獲得という、異なるが相補関係にある男女の役割のうち、どちらがより重要かをめぐる両者の対立。もう一つは、男子を育てる上での、男女間の権限の移行である。男子が赤ん坊の時は、母親が食べさせ、あやし、その行動を支配するが、長ずるに従い、主としてその子の父親か、母方の叔父もしくはその両方の指導のもとで、次第に男性の仲間に入ることになる。

火は役立つと同時に破壊的な力を持つ。火は燃やし続けなければ消えてしまう。消えないよう気をつけるのは女性の仕事である。火で食物を料理する。火は人々を温める。夜ともなればその側で踊るための光を与える。世界の各所で狩猟民は、必要なら一帯の叢林に火をつける。獲物を見つけ、捕獲するのが容易になるからだ。しかし目の届かない赤ん坊は火の中に転がり落ちて火傷することもありうる。抑制できない叢林や草原の火は人々の野営地を燃やすか、もしくは広がってあたり一面を焦がしてしまうこともある。このように封じられなかった狩猟の火のせいで、地表のある部分は、数十万年前と言わないまでも、数万年前に変質をこうむったと思われる。*

* Omer C. Stewart, "The Forgotten Side of Ethnogeography," in Robert F. Spencer, ed., *Method and Perspective in Anthropology* (Minneapolis, University of Minnesota Press, 1954), pp. 221–248 参照。

火を使うことを知って、祖先は地表を変えてしまう最初のチャンスを得てしまった。以来これは、発展的に使われた一つの能力である。最初は感知できない程度の発展だったが、次第に雪だるま式に加速され、現在わたしたちは宇宙史上の危機まで至った。過剰なまで創意に富んでいたが、どのような混乱状態の中にわたしたちを置くか見当もつかなかった祖先からの遺産である。

文化的に最も素朴な人々もこのジレンマを直感的に理解し、自分たちの言葉で表現している。一世紀以上も前のこと、二人のタスマニア先住民の女性が小川を見下ろす花崗岩の岩棚に座っていた。一人は岩棚の表面に、燃える石炭をいく筋も並べた。花崗岩の外側の層を割って、熱した石をはがし、そこを円形状にして種を植えるためだった。火がまだ燃えている間に、その女性がはがれた石を砕き始めたところ、もう一人が言った。「そんな大きな音を立てたらダメよ。川の耳にでも入ったら、水面が高くなって土地を流してしまうわ」。

同じ言葉を、何千年も前に誰かが言ったとしても、少しもおかしくない。

水は火を消し、火は濡れたものを乾かす。タスマニアの首長なら、激しく降りしきる雨に向かって燃えるたいまつを突き出し、雨を止めようとするかもしれない。雷に打たれた枯れ木は突然炎に包まれるだろうし、雷の直後に降る雨が炎を消すかもしれない。オーストラリア西部の砂漠で記録された出来事にこういうものがある。数人の先住民が火をなくしてしまったところ、一本の木に雷が落ちた。中の一人が走り寄って、雨が降る前に燃えさしを救い出した。

水は擬人化されたり、水中をのたうつヘビと同一視されることもある。ヘビは虹ともなり、空へ通じる道ともなる。人々はかように稲妻、雨、ヘビ、虹、季節特有の嵐を擬人化し、他の自然の力も擬人化するようになった。とりわけ太陽、月、星がそうである。

太陽は昼間を照らし、月は夜を照らす。両者は火と水のごとく対極に位置する。しかし月には満ち欠けがあり、その姿と輝きの変化に説明が必要となる。太陽は飽くことを知らない女性で、男性である月からその性的な力を周期的に奪い取ってしまうのかもしれない。満月は人々に害をなす目的で、危険な密偵、悪霊を送り込む女性であるかもしれない。もっと現実のレベルでは、満月は、ヒョウのような捕食動物に用心する時であり、また夜襲をかける時でもある。星は狩人に追われて空に逃げ、そこで永遠に動かなくなった動物であるのかもしれない。それとも星はこの世で生きる者の祖先であるかもしれないし、月の子供たちなのかもしれない。食が太陽や月を食べる動物ならば、物音を立てて追い立てなければならない。

小集団で野外に住み、狩猟採集で食物を得る人々の自然現象の説明には、人の精神が創造しうるかぎりの数がある。鋭敏な想像力に恵まれた知的な人類である彼らのほとんどは、好奇心を満足させるため、観るもの全部に説明を見つけなければならない。しかし事はそこにとどまらない。日常生活を乱す自然事象の変化が起こると、その変化に影響力を及ぼそうとする。例えば、タスマニア人が激しい風雨の中にたいまつを突き出したり、日食や月食を止めるため大きくてさまざまな物音を立てる人々などである。

食物を得る場合も同じことが言える。動物は移動する。あるものは季節とともに移動する。特に赤道から離れた地域がそうで、季節の変化に従い動物の餌も変化する。動物にも知性があるが、人間ほどではない。狩人は動物の裏をかくために、その習性を詳細に知らなければならない。しかし人の裏をかくほどむずかしくはない。なぜなら、雄か雌かと年齢がわかれば、同種の動物は多少の違いはあっても、ほとんど同じ行動をするからだ。

狩りを確実に成功させるため、狩りの前に性交を慎む人々もいる。当事者たちにとっては、だいたい理に適った禁止である。ここに根拠をいくつか示すことができるし、今までも示されてきた。一つは、男の仕事と女の仕事の両極性であり、もう一つは、動物は交尾中が最も捕獲しやすいという点である。性交は「強力」な行為である。激しさを最も伴う行為の一つである。屠殺も同様である。別の言い方をすると、性交と屠殺のどちらかを選択できるのである。その理屈はこうである。もし狩りの直前に性交すると、獲物に警戒心を喚起させてしまう。狩りの最中に、もし妻が他の男と性交をすれば、獲物なしで帰ることになる。

全狩猟民がこう連想するわけではないが、多くはそう考える。また動物は人間の会話を、たとえ遠く離れても、当然理解できると思っている。だから狩りの最中はもちろん、その準備段階でも、狩人たちは動物を示す遠まわしな表現を用い、本当の名前を声に出さないのが習わしである。

動物も互いに話し合い、人間ともたいていは夢の中で会話ができると信じられている。夜、焚き火の周りで語られるたくさんの物語の中に、ある動物は互いにだまし合い不幸な最期となるというのがある。要するに寓話で、人間の反社会的行為に対する懲罰を、若者たちに印象づける意味があった。

役立つ木や食用の小植物にも人格が付与されることがある。カリフォルニア中部のインディアンの間では、おいしいドングリをつけたナラの木は切り倒されると血を流すといわれる。ナラは神聖であるからだ。インド南部では、ある魔法の木が、枝から乳を出し捨て子に飲ませると信じられ、少なくとも物語にある。ヤムイモは嵐の神の物だから、女が掘っているのに気づくと彼は怒りだす。だから女はヤムイモを掘るときは、神をだますため、ヤムイモの先端を切り落として土に戻すのである。こういった習慣から一つの農法が始まったのだろう。

狩猟民と動物は密接にかかわるので、個々の人間が独自性を強調するため、自分を特定の動物と一体視するのはきわめて自然である。日本北部に住むアイヌのうち、クマを自分のトーテムとして使う人々は、一頭のクマがかつて人間の男となって、夫のいない女の家に入り、一人の息子を得た、と言うだろう。この息子とクマとの同一化は、以来、父から息子へと受け継がれてきた。また、アメリカ北西岸のあるインディアンに伝わる話として、こういうのもある。その昔、一羽のワタリガラスが何らかの仕方で、後にワタリガラス系族（リネージ）となる人たちの先祖を助けた。そこで、強い結びつきが生まれた。多くの場合、人は自分のトーテムの動物を食べない。自分の親族を食べるようなものだからだ。狩猟民で食人種は、まれである。

一緒に暮らす人の数は、食料供給によって違い、季節ごとの食料の豊かさの変化によっても推移することがある。孤立した小規模の共同体（ヨーロッパの王室一族のような）と同じく、人々は家系や婚姻を通して互いの関係を認識し、こういった結びつきを、遠い近いはあるが、親族関係を意味する用語で示す。しかし親族関係を表わす用語の目的は一つだけではない。用語は皆がよく知る行動習慣を通して、誰と誰が結婚してよいかを指し示すだけでなく、誰と誰が食料を共有するか、またどの個人と個人が互いに親密な結びつきを避けなければならないかをも指し示す。

若い精神に刻み込まれるこれらの規則の無条件な遵守が、言わば、人を人間関係の最適な手続きの中に組み込んでゆく。こういった手続きによって人々は、たとえどのような形態の集団でも、集団全体が確実に生存するために不可欠の、適切な調和と協力の状態を、時代が違っても保つことができるのである。

人は生まれて乳を飲み、歩行や話すことを学び、同じ年頃の遊び仲間に加わり、思春期を迎え、結婚し、成人としての生活を送り、年齢を重ね、そして死ぬ。この過程で、病を含め数々の肉体的、社会的変化を経験するが、もし、これら一つ一つの打撃を和らげる手続きを取らなかったら、共に暮らす人たちの生活はかき乱されてしまう。その手続きが儀礼である。それぞれの儀礼は、一つの変化を象徴する。多くは生と死のシミュレーションである。民族により儀礼の細部は異なるが、目的は同じである。なぜなら、皆生物として人間であるからだ。不変の要素は生命そのもので、違いは文化的なものである。

例外はあるが、以上から一般論を引き出すことができる。すなわち、技術的に進んだ部外者と不本意に接触し、過度の圧迫を受け、ゆがめられ、ずたずたにされるという経験をいまだ持たない狩猟採集民は、多くの場合部外者と比較して、絶え間ない心痛に苦しむことが少ないということである。部外者には、もちろんわたしたちも入る。

外部との接触の程度は、さまざまだ。現在でも独自の生活を送る狩猟民もいるが、その文化は先細りである。非常に多くの場合、他地域との交換取引で鉄製道具を入手し、自分たちの道具を作る必要がなくなっている。交易の量が増大し、布、バナナ、コメ、タバコ、アルコールが含まれるまでになると、狩猟民は交易相手の村や市場を訪れるようになり、村の生活をどんどん取り込むようになる。自分たちの文化は衰える一方だから、ついには村はずれに居すわる浮浪者となって、そこで籠を作ったり、陶工になったり、踊りを見せたりする。そして次第にその外部の社会構成の下層に吸収されて、今や部外者たちの存在なくしては、生きてゆけなくなる。

近代ヨーロッパの侵略者との接触はたいていもっと悲惨で、時間はかからない。彼らは狩猟民が免疫を持たない病気を蔓延させ、全面的な依存を引き起こして狩猟民の社会制度を混乱させ、彼らを無気力に導き、ときに純血の民としては絶滅に至らす。

これから言及する人々はすべて、程度の差こそあれ、外部とのなんらかの接触で苦しんできた。幸いなことに、わたしたちの目的に必要な、文化全体の詳しい内容は、過去一世紀の間に記録された。目的とは、人が皆狩猟民で、満ち足りて、つり合いのとれた、意義ある生活を営んだ時代から現在まで生き続けた文化の、その主要な側面を、たとえ簡単であれ、再構成することである。ジャン・ジャック・ルソーの伝統に従う高貴なる野蛮人の輝かしい姿を描くのが目的ではない。誰が誰よりも野蛮だとか、高貴だとかといったことは論外である。わたしたちはもっと現実的な事柄に興味がある。すなわち、彼らの生存はもちろん、わたしたち自身の生存にもかかわる事柄に、興味があるのである。

二頁で述べたように、狩猟採集民は世界のあらゆる気候地域で生き延び今日に至った。農耕以前の人類の行動のほぼ全体像を、世界的な基準で扱うことができるため、わたしたちにしてみればこれは福音である。

しかし地球のあらゆる地域に、人は等しい期間住んできたわけではない。氷河期後半まで、南北アメリカに人類は存在しなかった。およそ二万五〇〇〇年前から一万八〇〇〇年前の間に住みはじめたのであろうが、確かではない。オーストラリアに人が最初に侵入したのも同じ時期である。北ヨーロッパやシベリアの地は数千メートルの氷の下に押しつぶされていたから、人が住むようになったのはわずか一万年前である。

今のわたしたちの視点に立って時空の旅に出れば、南半球の熱帯あるいは亜熱帯地域に住む狩猟採集民と、アジアや北アメリカの極北の厳しい冬の寒さに耐える狩猟採集民の文化の違いを説明する助けとなるだろう。人類は旧世界の温暖な地域で進化し、もとの気候地帯にとどまる限り、暖かい衣服、暖かい住処、食物の蓄えや保存とかを工夫する必要はほとんどなかったろう。その日その日が過ごせただろうし、今でもそのように過ごす人々もいる。この場合、人類共通の遺産の一つである創造力は、生存の分野よりも、人間関係の分野のほうにもっと多く使われた。オーストラリア・アボリジニの文化と、エスキモーの文化は、この意味で両極端に位置する。

しかし、それでは現在、南緯四五度から五五度の南アメリカ西岸と南岸に住む一部のインディアンが、なぜ衣服らしきものをほとんど身に着けないのか説明できるだろうか。彼らの祖先は最後の氷河期の最中に陸続きのベーリング海峡を渡らなくてはならなかったのだが。一つは、アジアから出てきた祖先は、当時、暖かい衣服を着ていたが、熱帯地域にたどり着くと不必要となって捨ててしまい、再び考案することができなくなったという説明。もう一つは、祖先は衣服なしで海峡を渡ったというもの。答えは不明だが、両方の説を支持する証拠がある。

陸続きであった当時、そこは氷河が覆っていなかった。黒潮が細長い陸路の南岸とアジア・アラスカ両岸の住人を暖かくした。彼らはアジアの海岸を出て、暖かい衣服がなくてもアラスカの海岸に到着できたと考えられる。それから北アメリカの細長い地帯を、やはり黒潮の影響を受けながらカリフォルニアまで南下を続けた。また、マゼラン海峡やティエラ・デル・フエゴの西岸は、北西岸のように海岸部特有の気候だから、氷点下になるのはまれである。インディアンはそこで暖かい衣服なしでも生存が可能だったし、またそのようにして二十世紀に至った。生理学検査が示すように、彼らは高い耐寒性を持っている。

この議論の結論は出ていないが、ここから別の問題点が浮かぶ。なぜ、今も生存する旧世界の狩猟採集民のほとんどが、主として熱帯や南方の温和な気候地域で生き残り、他方、新世界の狩猟採集民は主として南北の極地に近い所で見いだされるのか。答えは簡単である。旧世界の農耕は北方の温帯で始まり、新世界の農耕は熱帯地域で始まったからである。始まった地域を中心に、主要作物が育つ気候の範囲内で、農耕はとりわけ急速に広がった。人類の創意によって複数の地域で農耕が始まったことに、わたしたちは感謝する。彼らの方法では、食料生産の広がりに地理的な限界があったからである。だからこそ、氷河で覆われた地帯を除く世界中の気候地帯に、非農耕民が生存できたことにも感謝する。

第2章　狩猟民の基本装具

始めに道具ありき

狩猟民は今日見られるように、赤道から北極圏に至る多種多様な気候地域で生存してきた。なぜなら、食物のとり方と料理法を知っているのはもちろんのこと、身近な材料で適切な家や避難場所を造り、地域の条件に合う衣服を身に着けることができるからである。必要なのは武器だけではない。何かを縛る、つなぐ、縫い合せるための細引き、革紐、糸や、運んだり保存するための容器も必要である。

物を切断できなければ、風雨から現実に身を守る最も簡素な住処すら建てることができない。また獣皮で衣服を作り、動物の屍体から腱をはぎ取ることもできない。わたしたちは道具で物を切断する。現代の道具は金属製で、専門家が作り、わたしたちはそれを金物店で買う。しかし、わずかの例外を除くと、狩猟民の道具は手作りで、石器である。

石器作り

最も初歩的な石器ならば、誰でもすぐに作れるだろう。そうでないものはかなりの技術を要し、場合によるとパートタイムの専門家が作り、取引される。特に石斧は、堅い物でこつこつ叩く（敲打）、研ぐ、時に磨くということをしなければならない。ちょうどよい石はどこでも見つかるわけではない。一人で一丁を仕上げるなら、たっぷり二週間かかるだろう。ある男が一丁の斧の頭部にくぼみをつけ研磨している間は、誰か他の者が食べ物を用意しなければならないだろう。このように狩猟民の間でも、道具作りから労働の分化が始まる。これは石器製作が一番長く生き続けたオーストラリアで非常にはっきりと見ることができる。

打製石器、今昔

考古学者が発掘する石器のほとんどは、現代においても似たようなものが誰かの手で作られてきた。今まで発見された最古の石器は、リチャード・リーキーがケニヤのルドルフ湖東部の遺跡で発掘した礫器や打割石器で、およそ二六〇万年前のものである。これらは、人間に似ているが、脳の大きさに基づくといまだ人類の段階に達していない生物が作り、使用したのだから、石器製作は人自身より歴史が古いと言える。

古い石器のいくつかは、流れで丸くなった小石を川底から採取して、これを他の石で打ち欠き、一つ一つを鋭利な片刃に仕上げただけのものである。他には製作者が石のかたまりを取ってきて、それを槌で打ち続けて、適当な鋭い刃に仕上げたものがある。どちらにしても、若木を切って掘削用の棒や棍棒を作る目的に十分役立つ。

現代でも同様な打製石器を、オーストラリアの女性たちが、小さな木を切ったり、幹が凸型に湾曲する部分の樹皮をはぎ取るために使用する（樹皮は容器として使う）。過去一世紀の間、アメリカの高原地帯に住むショショニ・インディアンの女性は、自分用にこのような打製石器を作っていた。一方、男性は、押圧剥離法で精巧な鏃《やじり》を作っていた。チリ南部のアラカルフ・インディアンは十六世紀にヨーロッパ人が来るまで、打製石器を使用していた。

ヨーロッパ、アフリカ、西アジア、インドで、打製石器は次第に二種類の道具に取って代わられた。両面を削いだアーモンド形のハンド・アックス〔握斧〕と、剥片石器である。剥片石器はハンド・アックスと比べ短期間で製作できる上、軽量である。ハンド・アックスは三〇万年もの間作られ続けたが、ついに剥片石器に地位を譲り、今日現存する人々でハンド・アックスを作る者は知られていない。インド以東では単に剥片石器が打製石器に取って代わっただけである。オーストラリアでは今でも剥片石器が作られているし、南北アメリカではごく最近まで作られた。

剥片石器の製作者は、作ろうとする物をはっきりと心の中でイメージしなければならない。時に剥片はそれほど手を加えなくとも十分に役立つこともあるが、さらに削って仕上げる必要がある場合のほうが多い。仕上げ方の一つは、他の石を槌にして軽く打ち欠く方法で、どちらかといえば粗いかけらを取り去る。また一つは木片で打ち欠くやり方で、石より柔らかいから細かな石片を取り去る。もう一つは骨や角の一部で刃先を加工する方法で、でこぼこがない鋭利な刃を作り出すことができる。

剥片石刃は、いろんな用途のある簡単な道具となる。例えば、木に刻み目を入れたり、木を平らに削るための鋭いスクレーパー。材木、骨、枝角に溝を彫るための、のみや穿孔器や彫刻刀。もちろん、さまざまなナイフや石錐もある。オーストラリアでは男子の割礼に特殊なナイフを使用する。それは片側が凸型の刃で、片側は丸みがついて執刀者は人差し指を曲げて支えることができる。

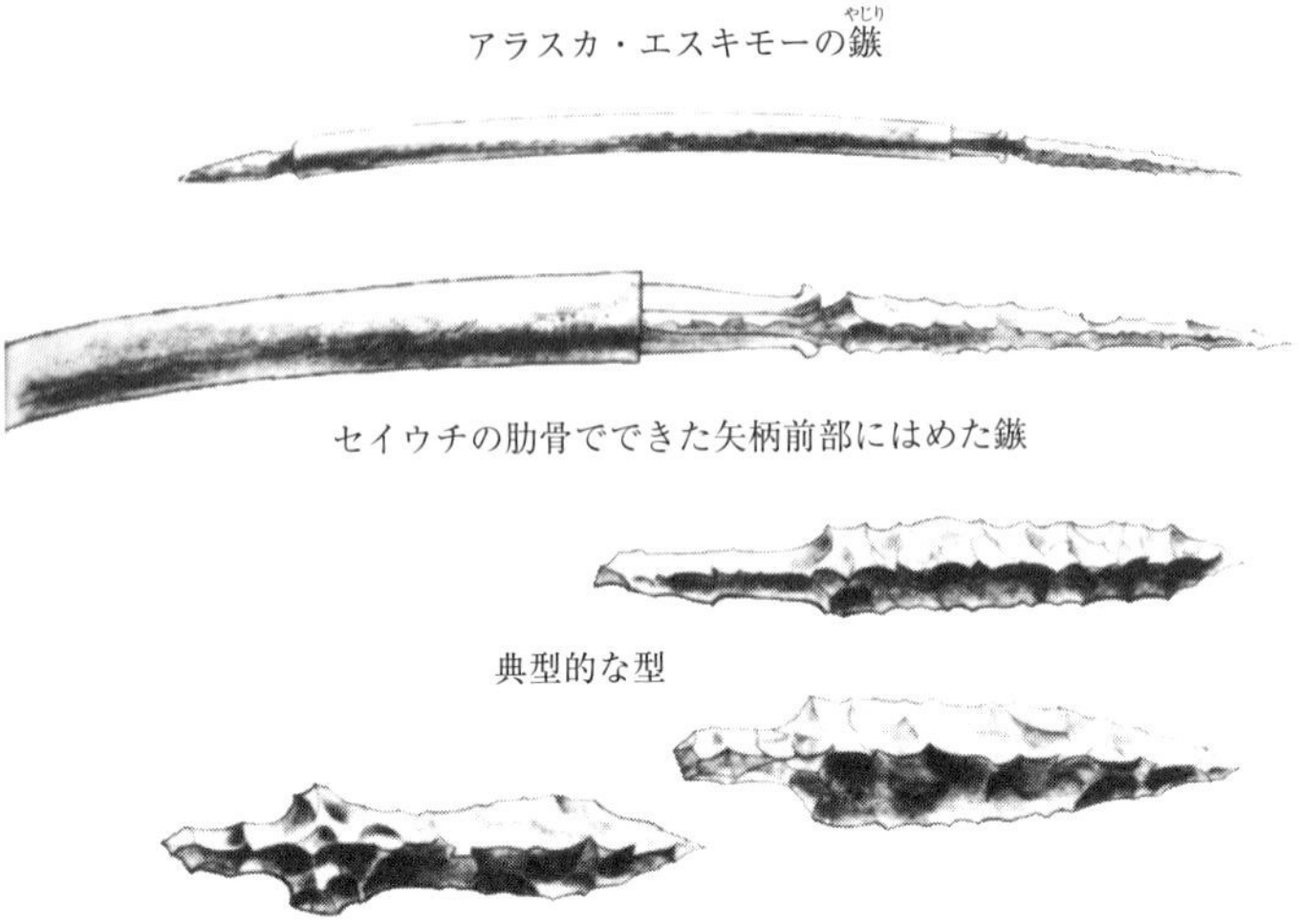

図2　エスキモーの矢（出土品）　骨製矢柄前部と石鏃と柄取り付け（John Witthoft, *Expedition*, Vol. 10, No. 2, 1968に拠る）

石刃、その考案と分布

およそ紀元前三万五〇〇〇年頃、西アジアやヨーロッパに新種の石器が出現し始めた。現在知る限りでは、シリア砂漠で狩りをした人々が考案したことがわかっている。* これは丁寧に下ごしらえした円錐形のフリント石塊を叩き、そこから細長い石刃の剥片を得るテクニックである。このような石塊を準備するのはかなりの技術を要するが、骨や角で作った弾力ある槌を、石塊の上部の平坦面に置き、正確な打撃を一度加えることで石刃を剥離することができる。これら石刃はそれぞれ特殊な用途のために多種多様な形態に加工される。石刃の作り方はアフリカにも広まり、ブッシュマンは有史時代に入っても製作した。アジアや新世界に広まったのはずっと後のことである。北日本のアイヌは十五世紀まで独自の剥片石器のナイフを製作してきたし、ほとんどのアメリカ・インディアンはヨーロッパ人が発見するころまで剥片石器を使用していた。オーストラリアでは石刃は独自に考案されたようであるが、大陸全体には広がらず、タスマニアには伝わらなかった。

＊　様式の変化が明確に証明される唯一の遺跡はパルミラ近郊のジャーフ・アジュラである。そこはわたしが一九五五年に発掘し、一〇年後ブルース・シュローダーが再度発掘をした。

石器に使用される石の種類

今まで挙げた石材はフリントだけである。フリントは黒曜石ともども非常に加工しやすく、比較的精巧な形にすることができる。しかし、こういったガラス質の石が世界中にあるわけではない。石英岩も加工できるがそれほど容易ではない。玄武岩を剝離法で石器に仕上げるのはもっとむずかしい。石英は普通、使用された石器原材料の中で最も加工がむずかしく、またその石片が本物の石器かどうかは専門家の眼が必要である。南西アフリカのオヴァチュンバ族は今日でも石英を使っているし、アンダマン島人は十九世紀まで互いの頭髪を加工してない石英の剝片で剃り、使用後は捨てた。

貝殻製の道具

前述のアンダマン島人は、木の加工に二枚貝の貝殻も使用した。チリ南部のアラカルフ族も同様であった。ガボンのピグミーは赤ん坊に割礼を行う時は、小動物を犠牲にして、その心臓をえぐり取るが、そのための器具として大きな陸生巻き貝の殻を使う。同じくピグミーは、ある種の蔓科着生植物のやすりのような葉で弓幹を仕上げる。葉はサンドペーパーの役割を果たす。オーストラリアのアボリジニの中にはカンガルーの切歯を鑿《のみ》として利用する人々がいる。

柄つき道具

剝離や打割して作る最も簡単な石器は、タスマニアなどの手に直接持つタイプだが、その他の石器には柄《え》が付けられる。オーストラリア・アボリジニはユーカリの木から樹脂を集める。木のない砂漠地帯ならスピニフェックス属の草を加熱して脂にする。石器製作者は樹脂や脂を温めて木製の柄と石器を接合する。樹脂や脂は硬化するとエポキシ樹脂の接着剤に劣らない強力なものとなる。アンダマン島人は植物の脂と蜜ろうを組み合わせて使う。

もっと寒冷な地域ではこのような接着剤は得られないから、たいてい頭部を腱で縛り付ける。エスキモーは特に石刃を骨製の柄やセイウチの牙の柄に取り付けることに熟練し、こういった柄の中には、手にぴったり合うものがある。

地元産金属製の道具

現存する狩猟民のうちで唯一、グリーンランド・エスキモーが地元で得られる鉄を素材に道具を製作した。アンダマン島人のように難破船から取ってきた大小の釘を使ったのではない。エスキモー鉄の原料はツーレにあった四つの隕石と、ディスコ湾の玄武岩層で見つかったテルルを含む鉄で、両方ともグリーンランドにある。方法として、砂岩の細片で金属を切断し、切った破片を他の石で押しつぶして形を作り、それから縁を打ち叩いた。

コロネーション湾のセントラル・エスキモーは、コッパーマイン川で取れる地元産銅を同じ方法で加工

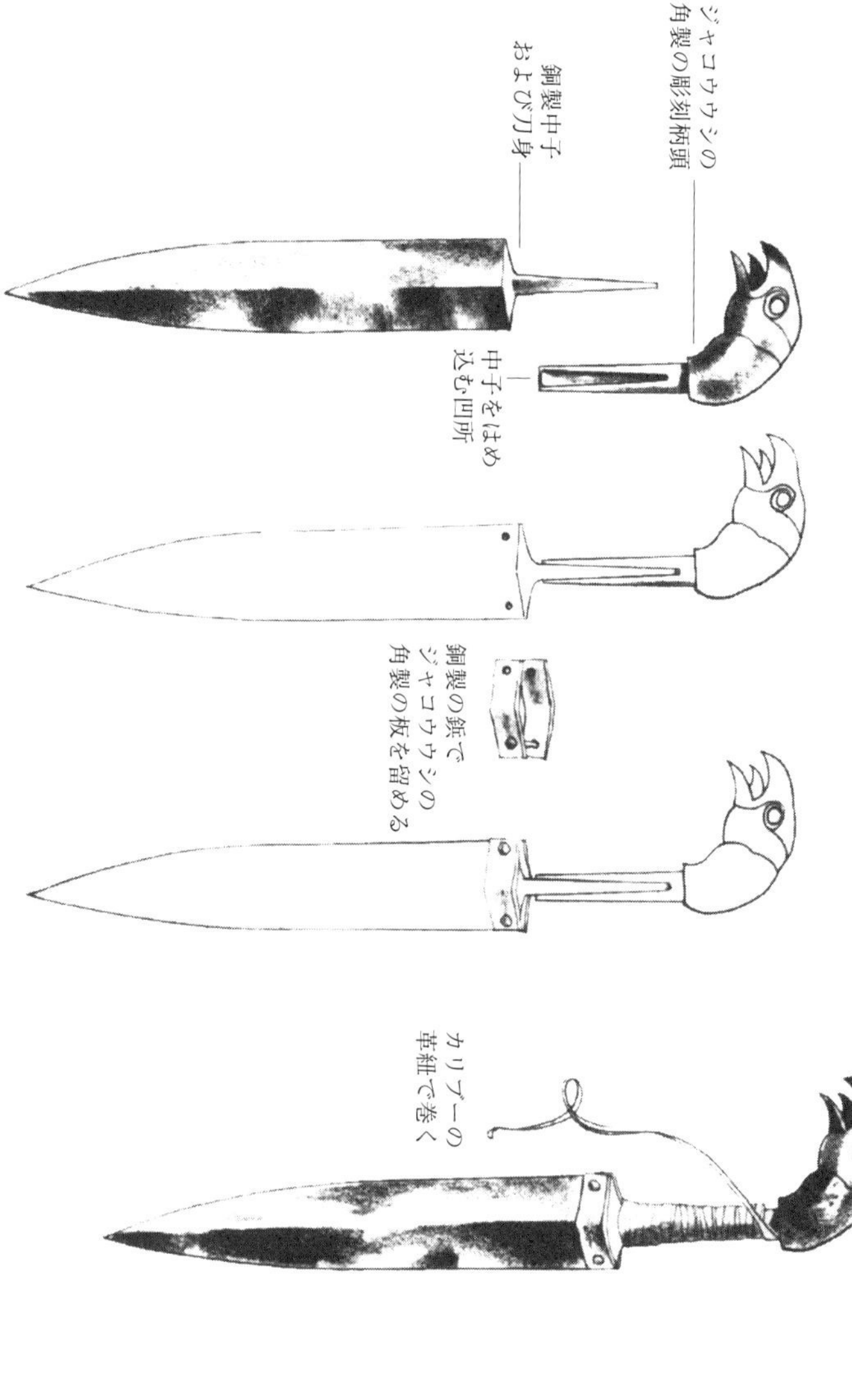

トリンギット・インディアンの短剣

地元の鍛造方法による銅製短剣

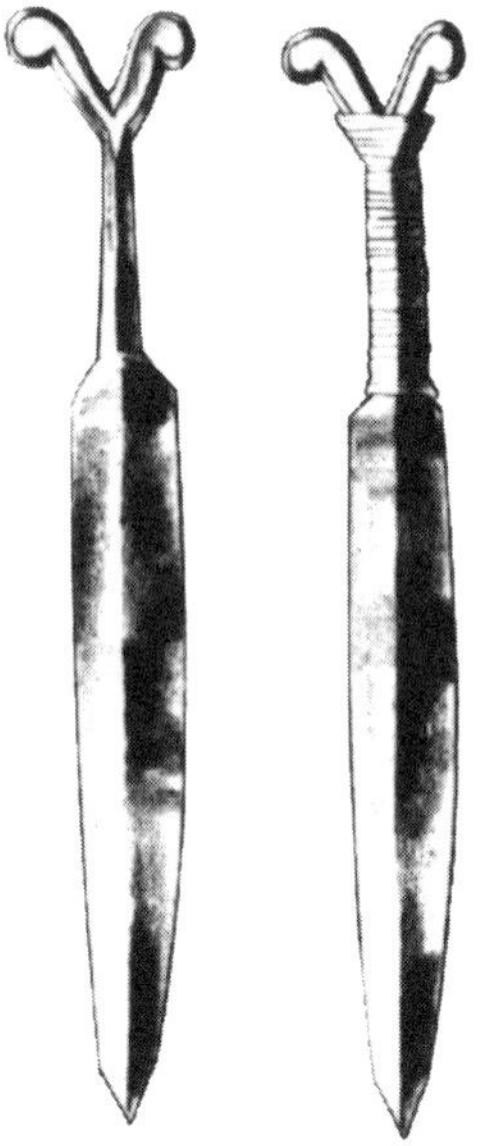

図3　銅製短剣二振り　トリンギット・インディアンの常温鍛造によるもの，およびノーザンテリトリーのカナダ・インディアンの加熱鍛造によるもの（John Witthoft, *Expedition*, Vol. 11, No. 3, 1968に拠る）

した。北西岸のトリンギット・インディアンも加工したが、銅の出所は不明である。アラスカではアサバスカ語族のあるインディアンがコッパー川から銅を採取し、また別のカナダ・ノーザンテリトリーに住むインディアンはセントラル・エスキモーと同じ場所から銅を得た。トリンギット・インディアンは銅を熱することなく細工した。エスキモーも同様であった。しかしコッパー川インディアンは、北アメリカでは例外的に、銅を熱くして石槌で鍛えた。* 以上のエスキモーやインディアンが製作した銅製用具のほとんどは戦闘用短剣であったが、コッパー川インディアンは銅製の鏃《やじり》も鍛造した。

* John Witthoft and Frances Eyman, "Metallurgy of the Tlingit, Dene, and Eskimo" (*Expedition*, Vol. 11, No. 3, 1969) pp. 12–23.

磨製石器

金属加工へ話がそれたが、それを除けば、ここまでの議論は石器だけで、それも剝離と打割による石器だけを述べてきた。石材が、例えばフリントや黒曜石のように石英質ならば、ガラスと同じで、鉄や鋼鉄よりも鋭利である。巧みに作られたフリント鏃《やじり》は鉄製のものよりも深く獲物の身体に突き刺さるのが、実験でわかる。欠点はたった一つ、壊れやすく取り替えが必要なことである。

木の伐採と堅い樹木の製材には、剝離石器より磨製石器が長持ちするし役にも立つ。こういった場合、玄武岩のような硬い石が最良である。磨製石斧や手斧《ちょうな》の斧頭は西アジアとヨーロッパで、わずか紀元前八〇〇〇年に遡るだけである。これら中心地から多くの方角へと拡散していった。石斧は農耕が始まった時、本当は土地を切り開く目的で製作されたが、農耕が広まる範囲を越えて広がった。特に北方がそうで、石斧はシベリアと北アメリカの狩猟民道具一式の一部となった。またオーストラリアでは西アジアやヨーロッパより早くはなかったとしても、ほぼ同時期に、独自に製作されたようである。

粘板岩は比較的やわらかく、割ったり研磨するのが容易で、硬い刃である必要がない道具になる。よく知られる例としてエスキモー女性の三日月型ナイフがある。特に衣服にする獣皮を裁断する際に使用される。

斧と手斧

いったん石斧を製作したら、柄を付けなければならない。北アメリカ狩猟民とオーストラリア・アボリジニの方法は、木の棒の片方を裂き、そこへ斧頭を差し込み、しっかりと結ぶやり方だった。インディアンは生皮を使う。皮は乾燥すると縮むからである。使用中に斧頭が払い落ちないように柄付け部分に溝が刻まれたものもあるが、植物繊維を使用したオーストラリア・アボリジニは、斧頭に溝を刻まなかったの

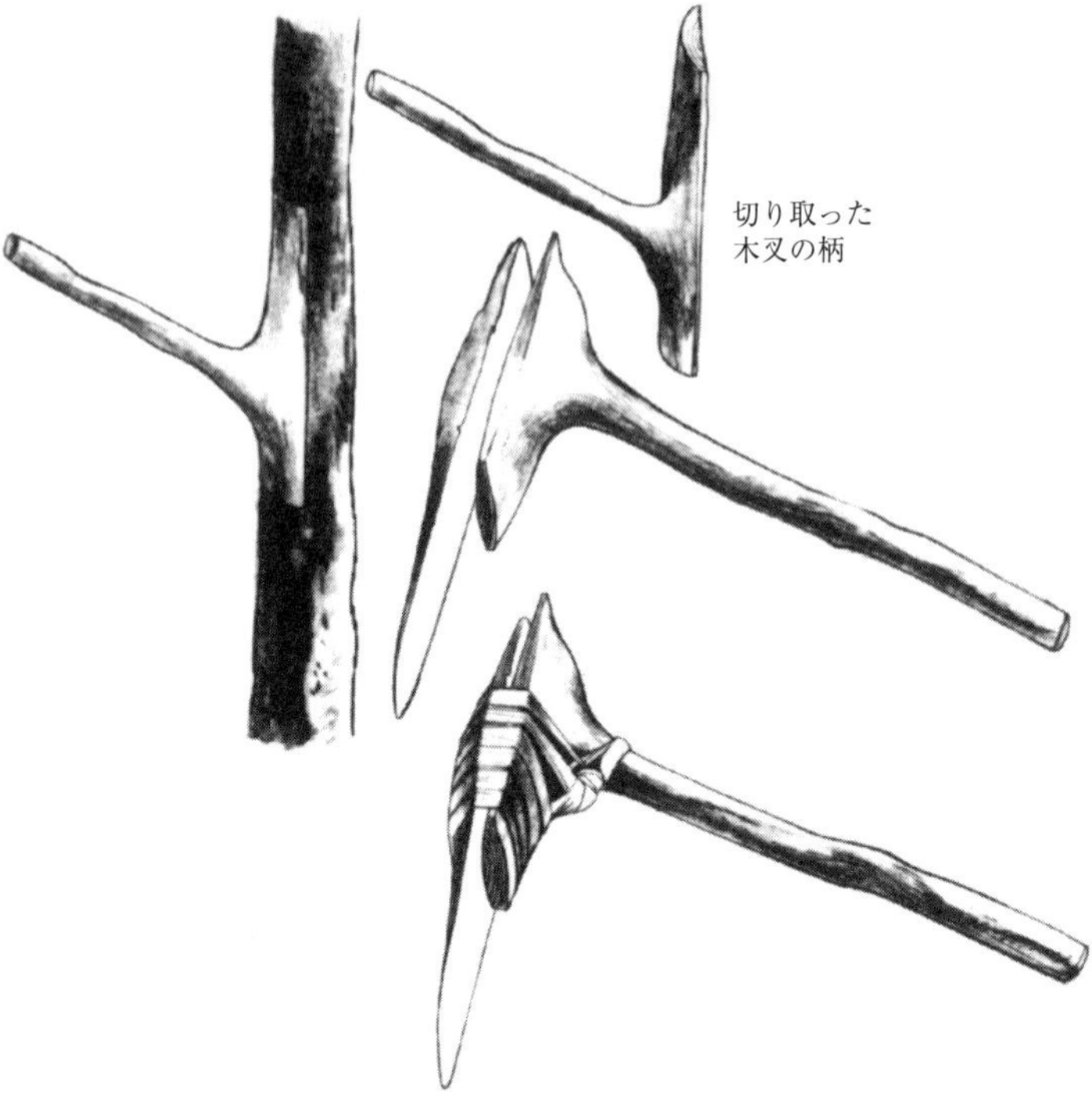

図4　アンダマン島人の手斧。もとはピナ貝を研磨して刃を作ったが，後には難破船の鉄から作った。

で、絶え間なく柄を付け替えていた*。

* 例外として、部分的に溝が刻まれたものが二点発掘された。

柄の取付けは、手斧のほうが簡単かつ効率的である。手斧の斧頭が斧のそれと違う点は、刃の片面が比較的平たく、もう一方の面が湾曲すること、また柄に対し直角になるよう取り付けることである。したがって、湾曲した木片で作るL字型の柄に斧頭を取り付け、柄と直接に結縛するので柄を割板にする必要はない。手斧は木を切り倒す場合は斧に及ばないが、いったん伐採された木を加工するには斧より優れる。北西岸インディアンはこのような手斧の使用に特に熟練していた上、加工に向く柔らかく木目の真っすぐなシーダー材があった。

非農耕民の中でも明らかにユニークなのは、アンダマン島人が大型貝類の貝殻の一部を研いで手斧の斧頭を製作したことである。ミクロネシアではオオシャコガイを研いだが、アンダマン諸島ではもっと小型のピナ貝であった。この貝はくさび形の二枚貝で、貝殻は厚みがあり、先端は鋭く歯はない。ある種の木材を切るのに十分な硬さがある。以前、島民はこういった手斧を使って、中心が髄の柔らかい材質の木の幹を切り、カヌーの船体を作った。後にくず鉄を利用し、同様に研磨して手斧を製作するようになった。

道具としての火の使用——タスマニア人とユンブリ

例えばタスマニアでは、火は槍先を固くするためにも使われる。槍の先端を火であぶるが、素材の木部を焦がさず、乾燥する程度にする。乾燥したほうが生木よりも動物の肉体に深く入り込むからである。

火は大木を倒すときも使われる。一世紀以上も前、南西アフリカでフランシス・ガルトン卿はブッシュマンが獲物用の柵や囲いの支柱を作る目的で、火で木を倒すのを注意深く観察した。最近は西アフリカでサースタン・ショウが次のような方法で高さ四〇メートルの木を数人で倒すのを見た。まず、幹の基部の樹皮を全部はぎ取って裸にする。それから火のついている薪を周りに積み上げる。木の幹は薪のところで発火し、焼け焦げ、ついに倒れてしまう。樹皮剝ぎを除く全工程は、六〇時間を要した。*

* Thurstan Shaw, "Tree Felling by Fire" (*Antiquity*, Vol. 43, 1969) p. 52 and plate VI (a).

ラオスのメコン川が大きく蛇行する地域にユンブリ、すなわち黄葉の霊という名称の狩猟採集民が住む。樹木の生い茂るこの地域には豊かな竹林がある。ユンブリ族は火を使って竹を切り倒すだけでなく、火を使って竹をナイフに仕上げる。竹の外皮は石英質だから、木製の道具でも動物の皮や肉を切ることができる。言い換えれば、火と竹を持つ人々は石器を持たなくても生存できるのである。

着火法を持たない人々

世界の全民族は数万年、あるいは数十万年も火を使用してきたが、中には十九世紀まで着火の方法を知らずして生存してきた狩猟民がいる。名高いのはタスマニア・アボリジニ、アンダマン島人、コンゴのイトゥリ森林のピグミーの三部族である。彼らの共通点は、高湿度の地域に住むこと、また持続して火を燃やしたり、野営地を移動する際火を携行したりするのが困難なことである。彼らは火口〔火をうつし取るもの〕用の乾燥木を、樹皮か葉に包み、いつも手元に置いておかねばならない。オーストラリア先住民の多くもまた火を持ち運ぶが、それはたとえ着火の仕方を知っていても、適当な薪がどこでも入手できるとは限らないからである。

二種類の着火方法

ごく普通の着火技術は、地面に据えた一枚の柔らかい板にカップ型の窪みを作り、そこに硬い木の棒を立てて回す方法である。火を熾す者は両手の掌で棒をはさみ、左右に回転させるが、回すと同時に棒を押しつける。この作業は重労働だから、二人が交代しながら行うのが最も楽である。板の窪みが挽かれ、そこにできた木粉が燃え始めると、火口に火を移し、息を吹きかけて燃え上がらせる。この最後の段階は使

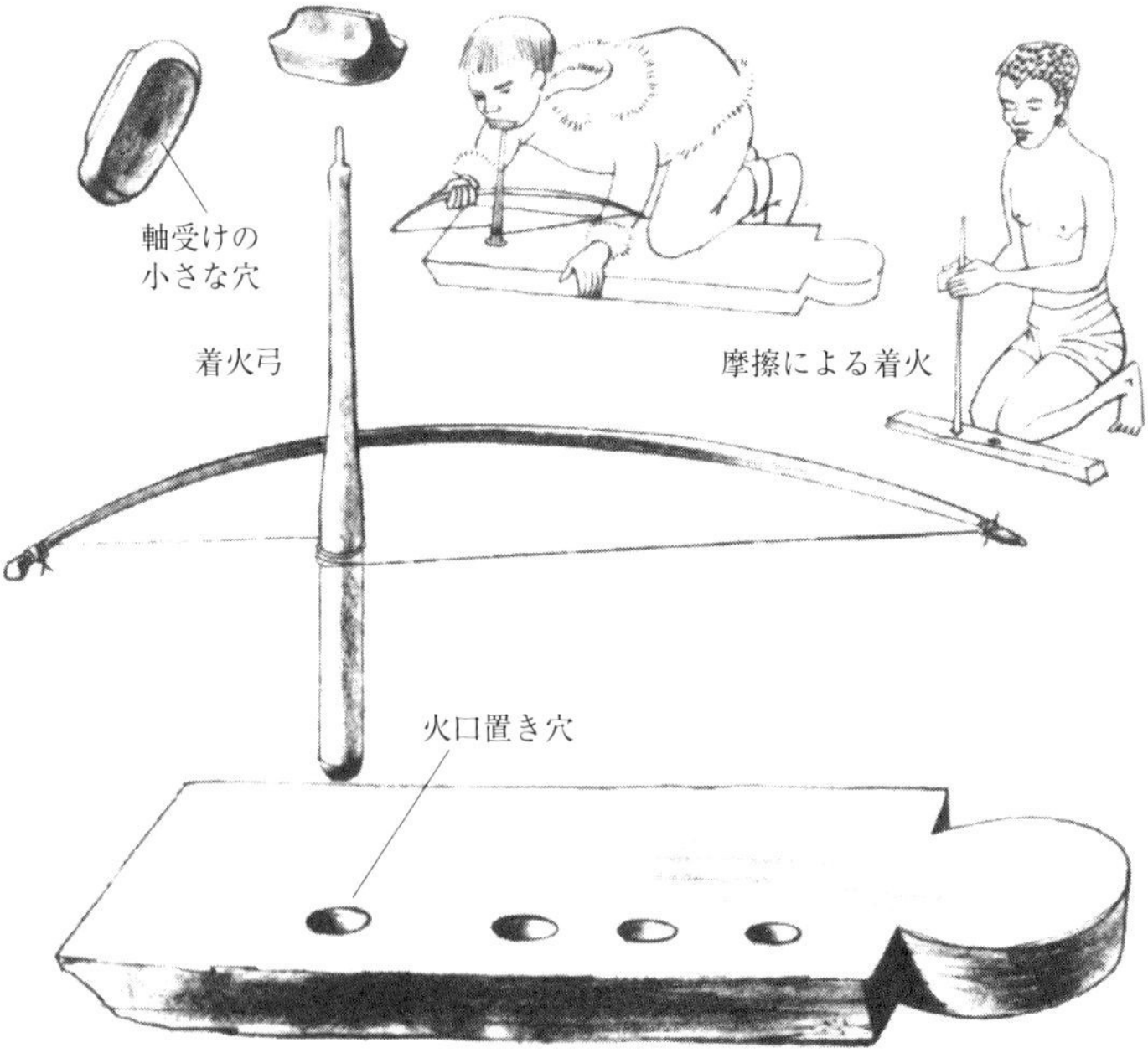

図5　火切り

用する火口の種類によって成否が決まる重要なところである。最近わたしは数人の学生にこの方法で火を熾させてみたが、成功したのは一人だけだった。この場合は乾燥したトウワタのさやから取った絹状の毛を火口に使ったのである。

狩り用の弓を使えば、片手で棒を回すことができる。回す間は、棒の上を貝殻や、へこみのある小石で押さえる。あるいは木製の軸受けもあり、窪みになめらかな石片が、ちょうど腕時計の宝石のようにはめ込んである。この方法は先ほどの方法より手間も暇もかからないが、火口が決定的な問題となるのは同じである。*

＊　オーストラリア北部および西部の砂漠の先住民の一部は鋸火切りの方法を使う。おそらく、ヨーロッパ人によるオーストラリア発見以前にインドネシ

ア人がもたらしたのであろう。木片を、槍投げ器の槍軸の刻みの上で素早く往復させると、数秒で火を熾すことができる。またH・リン・ロス（1899, Appendix H）はタスマニア人がポリネシア式溝火切りを使用したという初期の二報告を信じたが、その証拠は現在「審理中」であり、今後もそうであろう。

他には、黄鉄鉱のかたまりを、フリントあるいは石英の小石の一端に撃ちつけるやり方があり、火打式発火銃の原理と同じである。火花が火口に飛んだ時、技と運に恵まれれば、火口を吹いて炎を起こすことができる。火はまたたく間に燃える。発火弓と比べてもはるかに容易な方法であるが、使う人々は非常に少数である。理由は、材料として必要な鉱石の鉱床が、地表でそろって見つかる所はそう多くはないからである。

フリントと黄鉄鉱で火を熾す主な例として、グリーンランド・エスキモー、ティエラ・デル・フエゴ島のヤーガン、一部のオーストラリア先住民が報告されている。三者は地理的に遠く隔たり、もし接触があったとしてもここ数千年はあり得ないから、それぞれが独自に着火法を考案したとみなすのが正しいだろう。

狩猟民はいかにして砂漠や凍土で水を得るか

砂漠や凍土に住む他の哺乳類は、水をほとんど摂らずに生きる特殊な生理適応力を持つが、わたしたちにはそれがない。人の適応は文化による。オーストラリア乾燥地域の先住民は、乾いた川床のどこの地面の下に水があるかを知っているから、かつては、一日で歩ける範囲ごとに浅い井戸を掘った。こうしてできた井戸をつなぐ線が、交易ルートとなった。北部ではパンヤ科アダンソニア属の大型壺形植物のふくらんだ幹から樹液を得た。クイーンズランドではタコノキの根下からフィルター付きの管で水を吸った。

南部アフリカ各所に住むブッシュマンもまた緊急用としてダチョウの卵の殻に水を貯蔵した。また、ゲムズボック（大カモシカ）のこぶ胃と中の植物性内容物からも、数人が一週間ほど持ち堪えるほどの水分を絞り出すことができた。エスキモーは、クジラの脂肪を燃やす火にソープストーンの鉢をかけ、そこに雪を入れて溶かした。北部森林アメリカ・インディアンは、水漏れしないカバノキ樹皮のやかんに雪を入れ、炎に直接当てないで溶かした。

環境から身を守る——住居と衣服

水不足に対する独創的な解決策のおかげで、狩猟民は、熱帯気候や温帯気候に住む他の動物の生息地をはるかに越えて生息範囲を拡大することができたが、水は十分ではなかった。北方では特に保温も必要だった。砂漠地帯の夜は経験しなければわからないほど寒い。夜間、数人で狭く囲まれた空間で一緒に寝ると、身体の芯をほどよい温度に保ってくれる。このような囲まれた空間が住居である。昼間、住居から外出する者は個々に保温しなければならない。これが衣服、すなわち、持ち運びできる囲まれた空間である。以下、最も単純な形態の住居から始めるが、実際はとても住居と言えるものではない。

野営——洞窟、岩場の隠れ場、木の洞

火は人を暖かくし、乾かしてくれる。野外よりも囲まれた空間ならもっと暖かく、もっと乾燥する。たいまつを持って歩き回っていても、そこからわずかながら暖気を得ることができる。しかし、氷点下になる寒冷地では、それでは足りない。オーストラリアの砂漠の先住民の中には、あちこちで野営する際、二

列のくすぶる火の間で寝る人たちがいる。火はほどよく気温を上げるから、寒さで目醒めることはない。

砂漠で雨はほとんど降らないが、雨が降ると、どこにいても火を守らなければならない。もし再び火を熾す方法を知らなければ、人間よりも火を守る必要がある。洞窟や岩場の隠れ場なら雨宿りができるので、火を所有するようになってから人はそこで暮らした。それ以前は吹きさらしに野営したと考古学上の証拠が示している。洞窟は湿った場所である。洞窟は肉食動物の隠れ場所でもあるので、夜間、火がなければ人はそういった動物から身を守ることができない。特に出口が塞がれると、為すすべがない。

もっと最近の例では、スリランカの狩猟先住民ヴェッダ族が、雨季は洞窟の入口や岩場の隠れ場に住み、乾季はそこを出て、水が常にある場所の近くで野営した。そこはヴェッダ族が狩るシカが集まる水場であった。南インドのチェンチュ族も同様に季節ごとに移動した。雨季は山中で狩りを行い、干魃期はクリシュナ川の川岸へ移動した。山中にもし洞窟がなければ、低木が密生する隠れ場所を住処とし、川岸なら岩壁が覆いかぶさる岩場の隠れ場で暮らした。

中央アフリカ西部のクリスタル・マウンテンに洞窟はあるが、地元のピグミーはそこに住まない。洞窟は死体を安置する場所で、彼らは死者の霊を恐れている。ピグミーは森で雨に襲われると、巨木の根が飛び梁のように突き出ている間に、身をかがめて雨を避ける。十九世紀にタスマニア南岸を訪れた初期の航海者たちは、何人かの先住民が大木の付け根の洞の中に座っているのを見つけた。洞の入口は火で焼いて大きくしてあった。

自然は全員に行き渡る数の洞窟や木の洞を用意してはくれない。狩猟民を含め、人は皆なんらかの住居を建てるが、ほとんどは五つのタイプの変形である。すなわち、ドーム〔丸屋根〕小屋、差掛け小屋、竪穴住居、円錐形テント、長方形の面と切妻屋根を持つ住居である。建てるのがどのタイプであっても、各

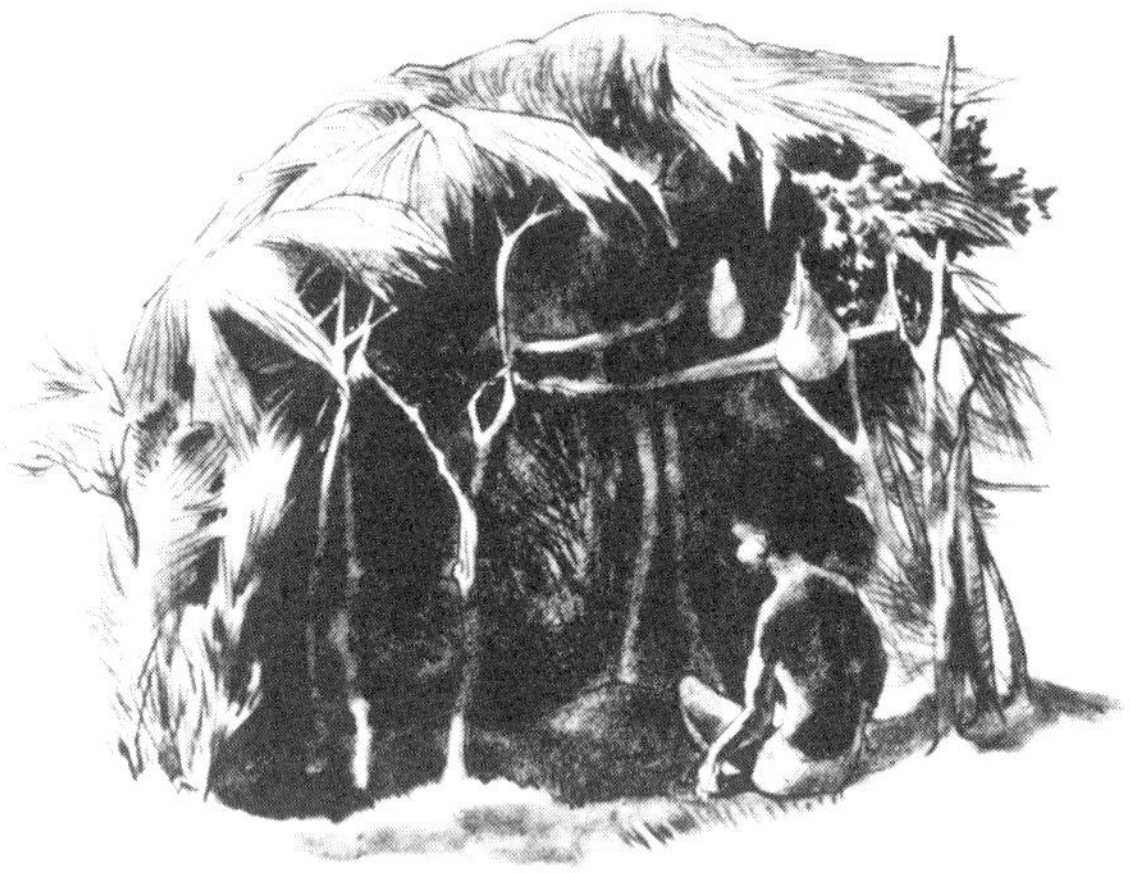

図6　カラハリ・ブッシュマンのドーム小屋

野営地や各村の住居はすべて同一タイプである。中も外も同じで、違いは大きさだけである。そして、誰もが住居の建て方を知っている。

ドーム小屋——人類の最も基本的な住居

五タイプのうち最も広範囲に分布するのがドーム小屋である。小ぢんまりとして、入口は這って入れるほどの高さしかない。コンゴのイトゥリ森林でピグミー女性は、たいてい二人一組で小屋を作る。まず、細くしなやかな若木をおよそ二・五メートルから三メートルの長さに切り、それらを地面に円状に立てる。立て終えると女たちは円の内側に立つ。一人が相対する二本の柱の先端を曲げ、合わせてつかんでいる間、もう一人が蔓科植物の皮で結びつける。これを次々繰り返して最後まで行う。次は外に出て、別の若木を、地面に立てた若木の円と同心円を形成するように結び合わせる。しかし入口の隙間だけは残す。最後に、丈夫な茎に付いた大振りの葉を集め、茎に切り込みを入れ、先ほどの輪にした骨組みにはめ込む。このような小屋の幅は一・八メートルから二・四メートル、高さは小屋の中央でピグミー人が立つことができる程度である。小屋は両親と子供を雨から十分守ることができる。

ピグミー、南部アフリカのブッシュマン、南インド狩猟採集民のほとんど、一部のオーストラリア・アボリジニ、タスマニア人がこのような小屋を造った。小屋は基本的に北アメリカ・インディアンのテント小屋に類似する。チリ南部のアラカルフ・インディアンは、一九五〇年代に至るまでこういったテント小屋を造っていた。基本構成はどこも同じだが、覆いはさまざまで、葉、樹皮、ござ、獣の皮などがある。

名高い建築家バックミンスター・フラーはドーム型構造を考案した。しかし、実際は彼は、かつて世界中に分布し、また南フランスで発見された考古学的証拠から判断すると二五万年以上も昔の家屋の型を、現代的な姿として復活させたのである。ドーム小屋は、コウライウグイス固有の巣がこの鳥にとって本能的特性であるのと同様に、文化的意味で人に固有なものと言ってよいかもしれない。ドーム小屋の長所は、適当な材木があればどこでも、せいぜい二時間ほどで建てられること、また狩猟民バンドが野営地を変えると決めたら、いつでも放棄できることである。

差掛け小屋

次に広く分布する住処は、木切れや木の枝で単純な長方形を作って木の葉で覆い、それを柱を使って斜めに立てかけたものである。風上に背を向ける格好で、焚火は小屋の前で熾す。これは南インドのカーダル、マレー半島のセマン、フィリピン・ネグリト、一部のオーストラリア・アボリジニといった諸民族が使う。暑い季節にはオーストラリア・アボリジニは樹皮で葺いた差掛けを平屋根にして立て、四方を開口し、太陽の熱から身を守る。ドーム小屋と同様、差掛け小屋はティエラ・デル・フエゴ・インディアンの間でも見られるが、屋根はラクダ科のグアナコの皮で葺く。

ティエラ・デル・フエゴ島の北部および東部に住むグアナコ狩猟民オナ族は、かつてはこういった住処を風下に向けて弧を描くようにいくつか建て、焚火は小屋の前で熾した。これはテントと言うにふさわしい。このタイプは不便な点が一つあった。たいてい木のない草原で使用されたから、野営地から野営地へと運ばなければならなかったこと、獣皮の覆いと柱は重い荷物になったことである。オナ族の女たちはそれを紐で背にくくり、一方男たちは手に武器だけを持った。決して女性を酷使したわけではない。男性は獲物や敵を見張る時は、動きやすくかつ敏捷でなければならなかったからである。

オナ族とつながりのあるパタゴニアのテウェルチェ族はスペイン人から馬を手に入れたので、家財を馬に乗せて移動できた。したがって、規模の大きな住居を建て、それも二棟が互いに向き合うようにした。事実上、それは切妻造りの家となった。

竪穴住居

前述の二タイプはどちらも極寒から人を守ってはくれない。ユーラシア北部や北アメリカでは第三のもっと暖かいタイプが見られる。それは竪穴式住居で、数家族を収容できる大きさである。地面に穴を掘り、近くで得られる材料で枠組みを造る。材木が豊富ならば、丸木を交差し組み合わせて丸屋根を造り、中央は穴を開けておく。更新世後期の南ロシアの後期旧石器時代の狩猟民は、マンモスの骨を使った。ベーリング海峡地域のチュクチやエスキモーはクジラの肋骨や顎を利用した。もっと東のエスキモーの一部は泥板岩の厚い板を使った。ともかく、小枝、骨か石で枠組みを仕上げると、上に土をかぶせる。寒い地域なら入口はアーチ形のトンネルのようになって、中ほどに天井の低い所がある。これは暖気の損失を減らす弁の役割を果たす。

北アメリカではこのタイプの住居はカリフォルニア中部から大平原地帯まで使われた。てっぺんの穴が出入りに使われ、階段として切り込みを入れた丸太が付いていた。ニューファンドランドのベオサック・インディアンは八角形の竪穴住居を持ち、中は八部屋に仕切られ、共通の炉で交わっていた。側面の一つが入口だった。アイヌは昔、北海道、サハリン島、千島列島で竪穴住居に住んでいた。複数の家屋がトンネルでつながる場合もあった。

どこで使用されても、これら竪穴住居は冬の住居であった。前提となったのは、多少とも定住性のある生活と、依存できる豊かな食用動物である。例えば先史時代のマンモス、ベーリング海峡一帯のクジラ、セイウチ、アザラシ、またアイヌにとってのサケ、シカ、クマである。地下住居の欠点は衛生面の問題であった。この問題と、もっと活動的になる必要から、冬に地下生活を送った人々の多くは、暖かい季節はそこを出て、移動しやすい仮設住居に移った。

円錐形テント

トナカイ、カリブー、ムース、アメリカ人がバッファロー、エルクと呼ぶ哺乳動物などの狩りをした北方民族は、冬を通して一カ所に留まることはできなかった。そこで年中テントに住むわけだが、たいてい円錐形であった。このタイプはラップランドからメイン州に至る北極地帯、亜北極地帯で使われる。森林地域なら柱にする木はすぐに得られるから運ぶ必要はない。骨組みを覆うのはたいていカバノキの皮である。平原なら覆いは動物の皮で、柱は運搬しなければならない。このタイプの最も大型のものは平原インディアンのティピというテント小屋である。大型が可能だったのは、テウェルチェ族と同じく、運搬する馬がいたからである。

草葺屋根の住居

定住用の草葺屋根の住まいは、たいてい農耕民が作るが、狩猟民の中には食料供給が一定し、かつ豊かで、屋根の材料も豊富な人々がいる。小アンダマン島のエンゲ・ネグリトは、魚、軟体動物、ウミガメ、ジュゴンが豊かな海辺に居住する。彼らは柱と草を使って、大型の楕円形共同家屋を建てる。家の中は、内壁に沿ってバンド家族がそれぞれの場所と炉を持ち、中央が踊りのための空間となる。アマゾン盆地で食料を生産するインディアンもこれに似て、村人全部が一家屋に住む生活を送る。彼らとエンゲの住居タイプが類似するのは、次の二つの理由による。両民族は、よく似た気候で暮らし、よく似た建築材料を手に入れる、両者とも一年を通して十分な食料が地元で得られるから定住生活が可能なことである。

前述したように、日本のアイヌは竪穴住居で冬を過ごし、夏は三本柱の枠組みを持つシカ皮のテントに野営したようである。これは十九世紀まで獲物の狩りをする場合に使われた。現代になると、北海道アイヌは日本製の鋼鉄の斧を装備し、丸太、柱、草葺の屋根と壁、切妻屋根から成る一家族用の長方形の住居を建てる。隙間風が入る燃えやすい家屋だが、通年の住まいである。各家には男女別の二カ所の戸外トイレがある。

北西岸インディアンの厚板材住居

非農耕民の究極の住居はアメリカ北西岸インディアンによって達成されたといってよいだろう。彼らには細工しやすいシーダー材があり余るほどあった。木を縦に割り、手斧で削って厚板や薄板を製材し、壁や切妻屋根を造った。建物は大型で耐候性があり、装飾が施され、多くのヨーロッパ木造建築に劣らない堂々としたものであった。

材はヒノキ科ビャクシン属の高木で、北アメリカで使用されるこけら板のほとんどはこの木を製材したものである。インディアンが素朴な石製や骨製の鑿、くさびを使って大量の板を得ることができたのは、この木の性質のおかげであった。木は四五〜六〇メートルの高さになり、幹の直径は一・八〜三メートルあるので、石器で切り倒すのは困難であったと思われる。ところが、例えばヌートカ族は、幹の半分を材木に、残り半分はそのまま地面に立てておくといった、単純かつ独創的な方法を編み出した。

住宅建築に最もふさわしいのは、海辺ではなく深山で生育し、大枝が木のずっと高い所で枝分かれする木である。樹幹は直立し、かつ節がない。もし一人で森を歩いている時にこのような木を見つけたなら、まず鑿で狭い切込みを横に幹の半ばまで入れた。入れる場所は幹の基部が広く張り出す部分のすぐ上である。次に、いちばん低い枝に紐を投げかけて木に登る。先ほど入れた切込みから六〜九メートルの高さである。いちばん低い枝の下に今度は広い切込みを入れる。やはり幹の中ほどまでである。

次のステップは、上の切込みの奥部にくさびを下に向けて打ち込み、木が裂け始めるまでそれを続けることだった。裂け目が十分大きくなると、棒をくさびの下に差込む。その後、木から降りて、家に帰った。棒の重さ、木を揺さぶる風の動きが、徐々に裂け目を広げ、ついに下の切込みまで達した。その時点で、上下の切込みの間の幹の半分が倒れ落ちる。それを切ってボートを作り、割って建築用の板にした。板作りは二人でやれば最高に作業がはかどった。まず、小さめのくさびを厚板の端に一列に並べて打ち込む。裂け目が広がると、大きめのくさびを打ち込む。木をまっすぐに割るために、普通はくさびを両側から打ち込む必要があった。割れてはがれる板と残りの厚板の間に棒を梃子《てこ》として使うと、工程を早めることが

図7　小アンダマン島のエンゲの草葺家屋。このような住居にバンド全員が住む。

図8　アイヌの草葺家屋と倉庫

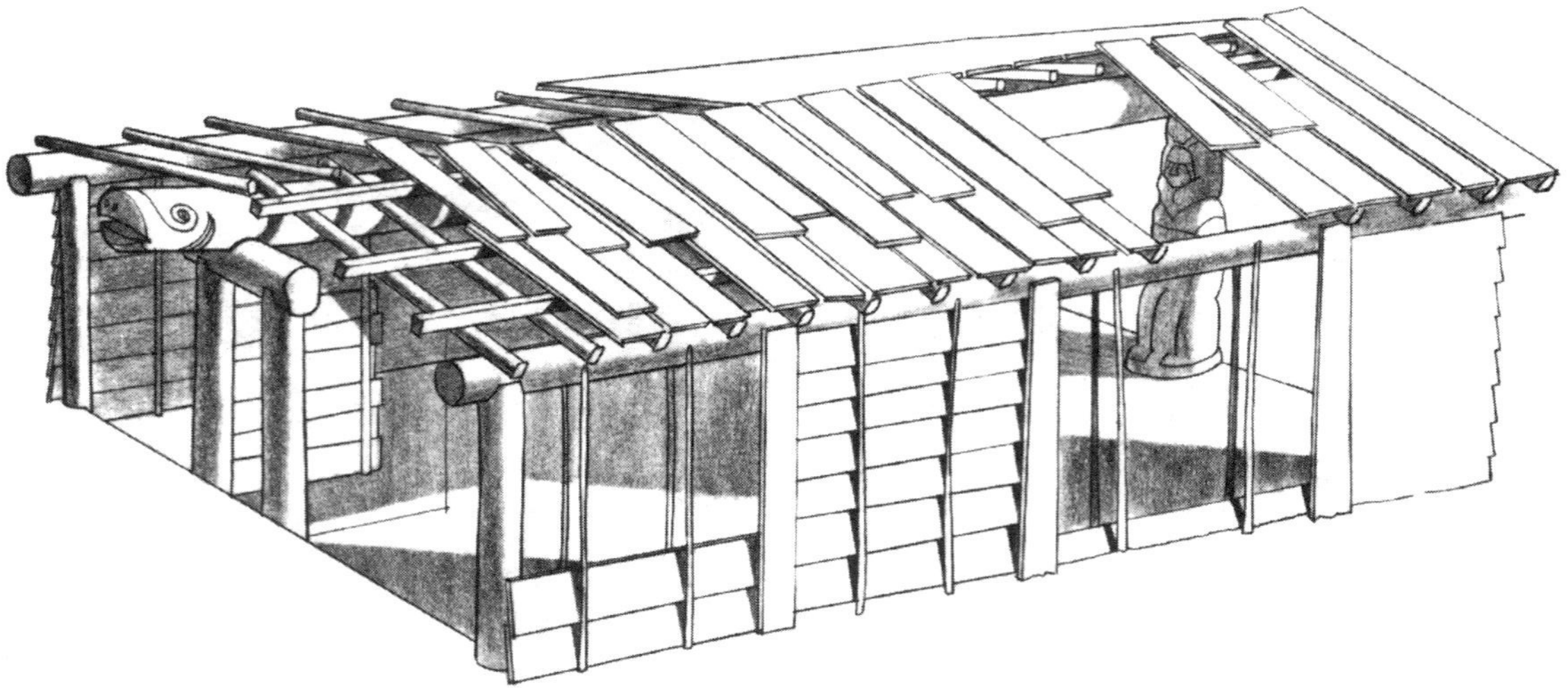

図9　ヌートカ族の厚板材家屋（Philip Drucker, 1951に拠る）

できた。厚板の中心部あたりは、年輪の湾曲の影響を全く受けないというわけにいかず、後で手斧を使い板を平らに削って仕上げることになった。

読者は、鉄製の大工道具の導入後に建設された、トーテム・ポール時代の北米北西岸の家屋の外観は、すでによくご存知だろう。今述べているのは、インディアンの大工道具といえば、木づち、鑿《のみ》、手斧、くさび、簡単なドリル、材木の表面を滑らかにするための砂岩製の砥石、つや出しのための鮫皮などしかなかった昔に、このような家屋を一体どのようにして造ったかの説明である。先ほどの道具に次の二つの技術の知識を付け加えることができよう。一つは材木を蒸して曲げること、もう一つは材木を火にあぶって密度の高い、滑らかな面を仕上げる技術である。家の建築のみならず、木箱やカヌーの製作においても、彼らは一〇種類の異なった測量単位を使った。すべて人の指、手、腕、親指と小指を張った長さを基礎として、指幅から尋《ひろ》までの長さの単位があった。

ヌートカ族の建築法

外部との接触以前の建築について立証できる最もすぐれた記録は、やはりヌートカ族に関するものである。*ヌートカは年に二回住まいを替えた。冬期の村は入江の奥あたりを待避場所と定め、夏期は海岸近くに定めた。どちらの場所でも、家屋の枠組みを建てた。一家屋に少なくとも四家族が住まい、そこにリーダーの家族が含まれることが多かった。しかし壁や屋根となる厚材は一家屋に一組だけだった。毎年、春と秋に二カ所の居住地をカヌーに建築材を載せて往復した。運搬される材の数は家の大きさによる。家の長さは一二～三〇メートル、幅が九～一二メートルで、長辺が浜辺に面するように建てた。

＊ Philip Drucker, "The Northern and Central Nootkan Tribes" (Washington, D. C., Bureau of American Ethnology, Bull. 144, 1951).

家の構造として普通は、三～三・六メートルの高さのしっかりした二本の柱を立てた。二本は一メートルほど離れて正面の中心に立ち、上に一本の横木を載せ、それを支える。この横木はさらに棟木の正面側の一端を支えた。もう一方の端は、前もって人の形に彫った一本の柱の上に載る。建物の四隅には二・七～三メートルの高さの柱が立ち、建物の両側面の二本が一組となって、板の重みを支えた。例外的に長い家屋では両側面の柱は三本であった。

地面に打ち込まれた二本の柱が、間の壁板をきちんと支えた。もし板が家の長さより短ければ、板を二枚使い、途中で重ね合わせた。板は上に載せてゆくのではなく、一枚一枚をシーダー材の樹皮の紐を吊り索として、柱に架けたのである。ちょうど下見板のように、板はすぐ下の板と一部が重なった。

棟木は、長さに関係なく、つねに一本の丸太であった。直径は、普通たっぷり〇・九～一・二メートルあり、端から端まで同じ太さに手斧で削られた。棟木から壁板の間にたる木を置き、次に水平の材木をたる木に縛りつけた。この水平の材木の上に屋根板を、互いが一部重なるように、固定しないように置いた。最も長く、最も良質の厚板をこの目的に使用した。固定しないのは家の中から棒を使って板を移動し、煙を出したり雨を遮断したりできるからだ。暴風雨の時は、吹き飛ばされないように、石や丸太を重石として屋根板の上に置いた。家の正面の二本の柱の間が出入口で、マットを垂れ下げた。入口を入ると、両側に羽目板があり、すぐ近くの各隅の炉に、風が吹きつけない仕組みになっていた。

一軒に数家族が住んだ。四家族が四隅に、あとの家族は家の両側面に住んだ。各家族は床より高いベッドと炉を持つ。中心に儀式用に使う共同の炉床があった。首長であるかないかに関係なく、中でいちばん高位な者が、右手奥の隅を占有し、他の場所も約束事に従って決められた。

シーダー材で造った家の枠組みは長年耐えたので、何度も建てることはなかった。もし柱とか梁が一本腐食したら、それだけを取り替えた。手軽に持ち運びできる板材は当然ながら傷みやすく、もっと頻繁に取り替えを要した。見てきたように、木を割って手斧で削り一揃いの板を製材するのは、かなり手間ひまが要る。家を新築し、板材を新しく作る機会がいちばん多いのは、敵による急襲で家が焼け落ちた場合であった。

材木を建築現場に運び、枠組みを築くというのは、かなりの人員と協力があってこそ可能である。ちょうど昔よくアメリカの田舎で行われた納屋の棟上げのようなものだ。家主が人を集める方法は、皆を招待し、これを機会に楽しい祝宴を開くことであった。すなわち、参加者にふるまう食料を蓄えて接待しなければならないことを意味した。

柱や角材はたいてい切り出し場所から水に浮かべ、建築現場に一番近い水際まで運んだ。さて、そこから斜面を引き上げなければならず、十数名が力を合わせた。音頭取りのよいとまけの掛け声に合わせ、ある者は梃子を使い、ある者は支え、またある者は縄で持ち上げた。中心と両横の柱を穴に固定したり、大梁や壁板、棟木を持ち上げるために必要なものは、梃子、さす股、木材を井桁に組んだ仮のやぐらなどであった。やぐらは巧妙で手のこんだ方法で組み立てられた。というのも、横材の一本でも揺れたり、ずれたりしたならば、やぐら全体が倒れてしまうからである。この仕事にかかわる者は必ず、まず各部を紐で縛って接合し、くさびで留めた。それから柱をやぐらから転がして支えの上に乗せた。

今述べてきた類の家屋は、有史時代の狩猟民が造った住居の中で最も精巧なタイプであったことは疑う余地がない。不可欠な要因として食物が豊富であったことと、おそらく世界最良と言える材木が多量にあったことは、もちろんである。加えて、最小限の道具を使ったインディアンの完璧な技術と、一つの事業のさまざまな面で全員が協力して働くことができたことを考慮すると、彼らが成功した理由はよくわかる。狩猟民社会で人々が技術作業に専心した時の、これほどの編成と統合されたチームワークを示した報告を、わたしは他に見たことがない。

中央エスキモーの雪でできたドーム型イグルー

北西岸インディアンだけが、技にたけた家屋建築者であったのではない。この短い報告に見たように、狩猟採集民はあらゆる気候の下で、創意と工夫を大いに発揮し、必要な類の住処を造ってきた。彼らは地元の材料を使う。石工も、大工や配管工も雇うことなく、ストライキを心配することもなく、建築資材費が突然二倍に跳ね上がる懸念もない。手作りの道具を使って作業するが、道具に金属製のものはない。幾何学も三角法も、文字を持たないから設計図もないが、現代人が使う建築の原則の多くを発見してきた。支柱のいらないドームの原理さえ知っていた。エスキモーの才能が生み出した雪のイグルーがそれである。性質からして雪のイグルーは仮の、せいぜい冬季の住処である。エスキモーすべてが造ったわけでなく、その一部、特にハドソン湾西方の不毛の地に住んだネトシリクとカリブー・エスキモーが造った。

一人が骨製のスノーナイフを使い、固く締まった雪から矩形のブロックをたくさん切り取る。次に、造る予定場所の中央に立つと、仲間が、たいてい妻であるが、彼にブロックを手渡す。まず、地面にブロックを立てて円状につなげる。それから、置いた一つ一つのブロックの上面のへりを、削って低くする。最下部に並ぶこの一段目のブロックが螺旋の始まりである。次に二段目のブロックを一つずつ置いてゆく。

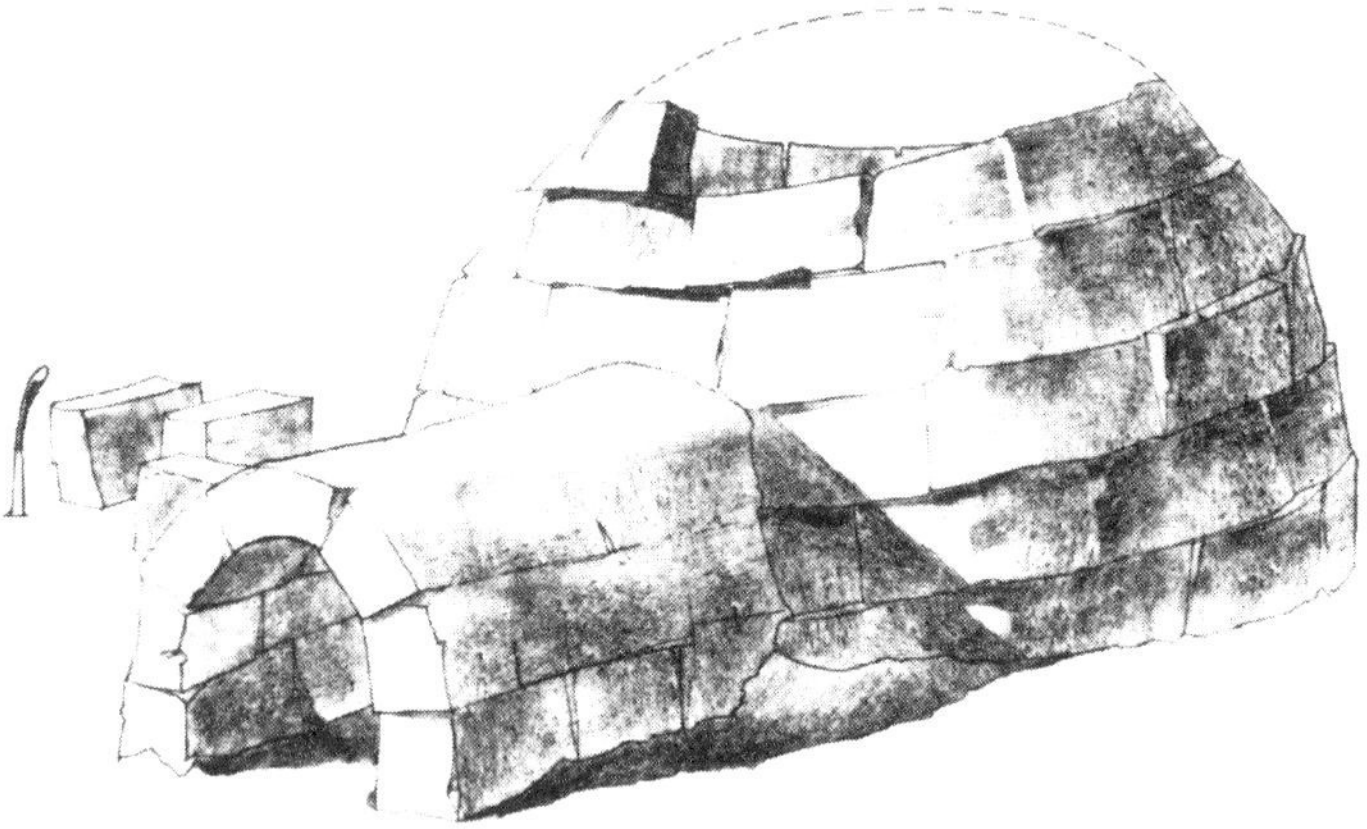

図10　エスキモーの雪のイグルー

その場合、下のブロックだけでなく、隣りのブロックも支えにして固定する。すなわち隣りのブロックに寄りかかるように、次々と置く。このように二面で支えることで壁面は次第に内側に向かって狭くなり、最後は頂点の開口部を残して、彼は中に閉じこめられる。開口部は雪の塊でふさぐ。いわば自らの労働で中に閉じこめられた彼は、膝を曲げて出口を切り取り、そこから出る。

以上が基本の工程である。アイシングラスか氷の窓をはめることもあるし、もし冬のほとんどをそこで過ごすならば、獣皮で内側を覆うこともある。裏打ちすると内部は一五、六℃まで上昇する。しない場合は最高で一、二℃である。雪はいつも少しずつ溶けるが、溶けるとドームは融合して堅固な外壁となる。イグルー内の熱は体温だけであるから、溶雪の心配もなかった。

熱の損失を少なくするため、イグルー製作者は丸天井の雪のトンネルを入口に増築することがある。他のエスキモーが竪穴住居の入口として使うトンネルのようなものである。トンネルはアーチ型である。ドームにしろアーチにしろ、文字を持った金属文明と専門の建築家が現われる前は、世界中を見ても彼らのほかに考案した者はいない。

屋外で身体を暖める方法

火気があってもなくても、体温は狭い空間の中ならば外界から人を十分に守ってくれる。ドーム小屋、テント、イグルー、その他の住まいで人々は共に暖かく元気で夜を過ごし、太陽がいったん昇ると外界の厳しさに立ち向かうことができる。

狩猟民が一糸まとわず日々の活動ができる気温や湿気また水蒸気圧などは、驚くほど広範囲である。これが可能な理由は、非常に明らかなのにほとんど理解されていない人の器官、すなわち、多少の差はあるが、毛のない皮膚の驚くべき働きによる。他の多くの哺乳類の毛皮に比べ、人の皮膚は血管が高度に発達している。胴体や四肢の小胞は、遺伝的に本来なら毛を生やす所だが、一部または全体がその機能を果たさない。そこで皮膚に一番近い血液の流れが、ある程度これを補っているのである。

寒い季節は網の目状の毛細血管を流れる血液が身体を暖める。暑い季節は汗腺から滲み出る水分を供給し、発汗が皮膚の周りの空気を冷やす。風があればなおさら涼しい。風がなければ、発汗がそこに小さな空気の流れを起こし、それが作用する。

熱帯地方に住む人々は身体に着けるものは不用だが、零度近くまで気温が下がる地域でも必要としない所がある。タスマニア人、アラカルフ、ヤーガン・インディアンなどはこの例である。彼らの身体は零度前後までの気温に耐え、凍りつくような水中に入ることもできたし、現在でもそうである。夜は火と住処が身を暖めてくれた。

一九五九年、チリのウェリントン島のアラカルフ族に対して、生理学研究調査が行われ、毎夜、インディアン二人を火気のないテントで薄手の毛布だけで過ごさせた。彼らの身体のあちこちに熱電温度計が付けられ、直腸の温度を計る体温計が当該箇所に差し込まれた。そこからコードをある建物の一室まで引き、そこで科学者たちが計器を読んだ。

ある夜、インディアンの一人がパニックを起こした。彼は寝床から飛び出すと裸のまま、コードを後ろに引きずり走って山を登った。直腸の温度計はコードが藪にからまって、ようやく抜けた。冬で、山は雪であった。科学から逃亡した男は一週間近く山に潜み、ついに調査隊は去った。どのように計画された実験もこの事件ほどアラカルフの耐寒力を証明したものはないだろう。

人体は動く広告塔

人は社会的動物である。人々は毎日顔を合わせるが、相互の振舞いは年齢、性別、成長の度合、血縁関係、権力との距離などの事柄で決まる。もし、誰もが裸体で何も身に着けないならば、こういった事柄の違いはぼやけ、いくつかは消えてしまうだろう。社会は構造を必要とし、社会構造はシンボルを必要とする。シンボルを着ける最もわかりやすい場所、それは人体である。

一つに切断という方法がある。例えば、門歯を数本たたき折ってしまう、指の関節を切り落とす、耳たぶを引っ張って大きくする、上下の唇や頰に穴を開けて詰め物をする、黒い肌に切れ目を入れる、淡い色の皮膚に入墨をする、割礼をする、クリトリスを切り取るなどである。このような習慣は狩猟民に限ったことではない。最も文明化した人々の中でさえ、いくつかは行われている。

二つ目の方法は、身体に色を塗って動く広告塔にすることである。塗料は拭い取れるから、人が身に帯びるデザインの数は、パレットと想像力の許す限りある。ボディ・ペイントは、非常に楽しい儀式、または非常に悲しい儀式で、身を飾りたい、あるいは心の不安を示したい時に行うことが多い。わたしたちは衣服で同じことをする。化粧に加えて、無意識のうちにボディ・ペイントを再発見した若者たちもいる。

シンボルとして防護としての頭髪

若者たちはそれだけでなく、長髪と長い髭も再発見した。ぼさぼさの髪をしたティーンエイジャーの子供に、理髪店に行くよう説得したことのある親ならば、髪が狩猟民も含むどんな文化にあっても、人間の主要なシンボルであることを知っている。例えば、アイヌの男性は頭髪も髭も切らなかった。もし、どちらかでも切ってしまうと、病気になるか、死んでしまうと信じた。日本人がアイヌを征服した時、頭髪を切るよう迫ったが、他の何よりも抵抗を引き起こした。

皮膚同様、頭髪も防護としての価値がある。一つには、頭髪は頭皮の知覚域を拡大する。洞穴を歩き回る時、頭髪のない者はふさふさの髪の持ち主に比べ、天井に頭をぶつけやすい。人種による違いはあるが、頭髪は熱や冷気からも身を護る。ブッシュマンの頭髪は、かたい螺旋状で、頭皮のあちこちに濃い茂みをなして生えるが、その髪を逆立てて延ばしポマードをつけると、髪は自然のヘルメットとなって、夏の太陽から頭皮を護ってくれる。タスマニア人も螺旋状の頭髪だが、同じようにして寒さから護った。どちらの場合も、髪型のシンボルとしての意味は失われていない。

顔料を身体に塗る

世界のほとんどの狩猟民と一部の非狩猟民は、三種類の土の顔料を身体に塗る。代赭石、黄土、パイプ白色粘土（カオリン）である。中には、普通のオリーブグレーの陶土を使う人々もいる。黒色には炭を使用する。黄土やカオリンの天然の埋蔵は、どこでも見つかるものではない。だからこういった化粧品を求めることが、初期の交易の主な理由である。食物取引はほとんどなかった。ということは、狩猟民の間でも、社会生活の必要性のほうが、経済生活のそれよりも優先すると言える。

土から得る顔料や炭を、乾燥したまま肌にこすりつけても、あまり長持ちしない。そこで、液状の展色剤と混ぜ合わせ、棒切れを噛み砕いて作ったブラシとか、その他ありあわせのブラシなどで肌に塗ると、もっと繊細な模様が描ける。狩猟民その他の人々が使った展色剤は、水と油脂の二つである。ここでようやく、環境から身を護るという、この項のほんとうの主題に戻ることができる。わたしの知る限りでは、代赭石、黄土、パイプ白色粘土、炭などを水と混ぜて裸体に塗った場合、それらが熱に関してどのような特質があるかを、技術的に研究した人は今までいなかった。これらの顔料は日焼け、風焼け、虫などをある程度防いでくれるのではなかろうか。赤や黒は熱を吸収し、白色は熱を通さないからだ。もしそうなら、これは副産物である。はっきりした目的は、身を飾ることである。

顔料を肌に塗るためのもう一つの展色剤は油である。普通は動物の脂肪だが、熱帯地方のように植物油のこともある。アフリカのピグミーの間では、シロアリの油であろう。この虫を煮つめて取り出すが、刺激臭がする。油はある程度寒さを防ぐ。広い海峡を泳ぎ渡る人が身体に油を塗るのはそのためである。油はまた虫を遠ざけてくれる。

テキサスの海岸地域に住み、ひっそりと生存するカランカワ・インディアンは、正真正銘の採集民である。彼らは身体にサメやワニの油を塗りつける。ピルグリム・ファーザーズを迎えてくれたニューイングランドのインディアンたちは冬の間は腰から上に油を塗っていた。彼らがある種の香りを発したことが、しばしば植民者の話題になった。日が落ちるとアンダマン島人は夜の寒さから身を護るためにウミガメの脂肪を全身に塗った。たいていは代赭石と混ぜたものである。タスマニア人、ヤーガン、アラカルフはすべて寒い気候の下で生きたが、船の中で火を焚くとともに、動物の脂肪が暖をとる主な手段だった。しかし氷点下の気候では、脂肪よりも衣服のほうが効率がいい。それに、脂肪と衣服は同時に使えるものではない。

三種類の衣類の基本

頭部、手、足を覆うものを考慮に入れなければ、衣類は大きく三種類に分類できる。すなわち、腰当て、垂れ衣、仕立て服の三種である。素裸で生活しない狩猟民は、これら三種をいろいろ変形したものを身に着ける。

腰当て

個々の文化を見ると、腰部を覆うのは慎みのためか、性器を保護するためか、またはそれに注目させるためかは、はっきりしない。熱帯には、腰に一束もの木の葉をぶら下げる人々がいる。また、打ち延ばした木の皮を一枚だけ腰に着ける人々もいる。コンゴのイトゥリの森では、ピグミーの男性は樹高三〇メートル以上もある野生のイチジクのてっぺん近くに登って、枝から皮を一枚はぎ取ってくる。この危険を冒すのは、そこの樹皮が一番柔らかいからである。野営地に戻ると、この皮を倒木の上に置いて、ハンマーの平たい所で打ち、一五~二〇センチの幅にする。ハンマーは象牙製であることが多い。出来上りは布のように柔らかく、皮膚を傷つけることがない。作った男性が自分で身に着ける場合は、両足の間に通し、胴に回して前で結ぶ。これには、樹皮はたっぷり二・四メートルは必要となる。もし、妻のために作るなら、せいぜい六〇センチで十分である。妻はそれを両足の間に通し、前後は繊維のベルトで上から堅く結ぶ。

垂れ衣（ローブ）

最も広く分布し、かつ基本となる衣服は、垂れ衣である。基本的には何らかの素材でできた長方形ので、着け方は、肩からかける、わきの下から垂らす、身体に巻きつける、などである。一番素朴な形態は、毛皮一枚である。針と革紐で適当な所をつなぐこともある。

ヤーガンやアラカルフ・インディアンがカヌーで漁や銛打ちに出かける時は、裸か、あるいはアザラシやラッコの毛皮を一枚身に着け、背中で結んで出かけた。それに革紐があれば、女性なら背中に赤ん坊を背負うこともできた。赤ん坊は毛皮の中から、母親の肩越しに顔をのぞかせた。こういった垂れ衣は腕や手の動きを邪魔することはなかった。カヌーには、粘土製の炉があって、そこで焚く火がさらに身体を暖めてくれた。ヤーガンは毛皮を何枚も縫い合わせてもっと大きな垂れ衣にする方法を知っていたが、それは主に寝床として屋内で使用した。

タスマニアの気候はティエラ・デル・フエゴほど寒くはなく、イギリスの気候に似ている。それでもやはり、動物の脂肪や黄土だけでなく、衣服を必要とする。タスマニア人の衣服のほとんどはワラビーやカンガルーの毛皮の一頭分であった。しかし、一〇匹以上の「オポッサム」の毛を縫い合わせて暖かい垂れ衣を仕立てる方法も知っていた。この有袋動物はクスクス（フクロネズミ）であるが、樹上性で、アメリカのオポッサムに類似するため、タスマニアでも「オポッサム」と呼ばれるようになった。しかしアメリカのオポッサムより小型で、だいたいネコほどの大きさである。

十九世紀初頭の植民者たちが見たところでは、南西オーストラリアのバス海峡を越えると、アボリジニは「オポッサム」の毛皮の垂れ衣をもっと多く使用していた。大型でエレガントなものもあり、地位の高い者の垂れ衣には裾飾りがあった。

ティエラ・デル・フエゴの平原に住みグアナコを狩るオナ族は、数頭のグアナコの毛皮を縫い合わせ、たっぷりした垂れ衣を作った。これは非常に暖かい。グアナコはラマ、アルパカ、ビクーニャなどの仲間で、これらの毛は世界中で最も軽く暖かいのである。狩りに出た一人のオナ族は、両腕を垂れ衣の中に入れたまま、両端をつかんでいた。撃つ構えになると、垂れ衣を地面に落とし、裸で獲物を追った。雪中でもそうであった。フエゴ島インディアンに宣教活動をしたトーマス・ブリッジズの息子、ルーカス・ブリッジズが、ある時オナ族の一人に、寒いのにどうして裸になるのかと尋ねたら、「顔を裸にするのと同じことだ」という答えが返ってきた。

すぐれて高度な技術を持った北西岸インディアンの服でさえ、基本は素朴な垂れ衣であった。しかし毛皮ではなく、たいへん装飾的な織物の毛布であった。材料は、スギ樹皮を切り裂いて作った繊維に、さまざまな動物の毛を合わせたものであった。製法は第12章で説明するつもりである。北西岸の涼しい海岸気候では、海辺に留まる限り垂れ衣だけで十分だった。山地へ旅する時は、内陸インディアンに近い装いをしたのである。

仕立て服

人が何もせずに座っていたり、両手を使う差し迫った用件もなく歩き回るのであれば、身体全体をすっぽり包む垂れ衣ほど暖かいものはない。しかし、終日氷点下の戸外にいなければならない者には、腕や脚をそれぞれ覆う衣服が必要である。こういった衣服はもともと北部ユーラシアや北部アメリカに限られていたから、明らかに旧石器後期のヨーロッパ人に遡る。

仕立てては、部分仕立てと完全仕立ての二段階がある。部分仕立ては北アメリカ・インディアンに限られ、北方の森林や山地に住む北アサバスカ語族や北アルゴンキン族が含まれる。基本は袖なしプルオーバーのシャツと腰布から成り、必要なら別に袖とゲートルが取り付けられる。袖付きシャツがあった最北部の部族もある。

北アメリカ先住民の中で完全仕立てのスーツを着たのはエスキモーだけである。基本はフード付きの毛皮製ジャケット（パーカ）とズボンの上下である。冬はこのようなスーツを二着着用した。一つは屋内用で毛が内側に向き、もう一つは外用で、毛は外に向く。カリブーの毛皮は、特に効果的に体熱を保つ。他のシカの仲間と同じくカリブーの毛は詰まっていないから、最小の重さで寒気を遮断し、最大の効果を上げるからである。しかし、この毛を鼻や口に密着しすぎると、吐く息の湿気が毛に凍りついてしまう。そのため、エスキモーはその箇所に、オオカミやクズリの毛を縫いつけた。こうした毛には息が凍りつかないからである。

ベーリング海峡のアジア側では、エスキモーもチュクチ族も基本的にアメリカ・インディアンと同じ衣服を着用した。しかし内陸でトナカイを追う人々は、フード付きの上着を真ん中で切って、重ねて、ベルトで合わせて着た。北海道アイヌは、膝下まで届く袖なしシャツを何枚も重ね着したが、フードは付けなかった。一番古いシャツを下に、新しいシャツは上に着た。もともとは、シカ皮で作ったが、日本人と接触することで、機織りの着想を得た後は、ほとんどがニレ樹皮の織物となった。

防水服

シベリアはアムール川流域の漁師だったゴルディ族の衣服は、サケの皮で作られた。暴風雨の多いアリューシャン列島は、そこに住むアリュート人の名前に由来するが、そのアリュート人の肌着は基本的に垂れ衣で、その上に水を通さないパーカを着て肌着を雨から護った。パーカは紐状のアザラシの内臓を縫い合わせて仕立てた。エスキモーの住む地域は雨はほとんど降らないが、衣服は水を通さぬほど細かな目で縫合された。服を脱いで家に入る時は、毛皮のパーカやズボンに付いた雪を、特殊な道具ではたき落とした。そうしなければ家の中で雪が溶けたからである。

帽子

タスマニア人やブッシュマンの特殊な頭髪の扱いを前述したが、それを別にすると、南半球では特別に頭を覆うものはない。ただ、オナ族が例外で、先の尖ったグアナコ皮の帽子をかぶった。これは、防御だけでなく猟のときに身を隠す役目も果たした。北半球では、北アサバスカ語族や北アルゴンキン族が毛皮の帽子をかぶったが、エスキモーはフードがあったから不要だった。

カリフォルニアからアラスカに至る北西岸のインディアンは、固く編み込んだ籠細工の縁なし帽子や縁のある帽子をかぶった。中に手の込んだ装飾的なものもあった。アリュート人の帽子はバイザー付きで、木を薄く細長く剥いだものを材料として作った。

ミトンおよび履物

指が凍らないよう両手を保護するのは、北部の寒冷地の狩猟民だけである。そこでは五本指手袋より暖かい、毛皮の二また手袋（ミトン）が使われた。脱いだ時に無くさないよう、エスキモーはミトンを革紐で結び、紐を両袖、両肩に通しておいた。

新大陸狩猟民のうち、ブーツを作ったのはエスキモーだけである。有名な長靴、マクラクである。靴底はヒゲアザラシの皮で、きちんと油を塗ると水を通さない。北アメリカ森林地帯のインディアンはモカシンを履いた。これは皮二枚を縫い合わせたもので、一枚は底、側面、後部となり、あと一枚は上部と舌革となる。南アメリカではオナ族が、雪中の猟に役立つ一種のモカシンを再考案したようである。こちらは皮一枚で作る。単に靴底が前に長く延びた部分が上部と舌革になるが、それを折り返して爪先までもってゆき、両側に縫い合わせる。

以上が狩猟民の履物の基本であるが、別のものもある。カラハリ砂漠のブッシュマンは、夏の猟で熱い砂地から足を保護するため革サンダルを履いた。サンダルによって彼らは獲物の動物より有利になった。というのも、動物は日中たいてい日陰を求めるからである。

北海道のアイヌは、夏は幅広のニレ樹皮で編んだものを履いた。ロシアに住む同族が使ったものに匹敵する。冬はサケ皮でできた防水ブーツで足を保護する。四季を通してアイヌはニレ樹皮のゲートルでふくらはぎや足首を護る。

生皮の保存処理

温暖な地域に住む狩猟民の多くは、衣服を着けるより裸を好む。生皮を処理するのはうんざりする仕事だからだ。動物の皮を丸ごと料理すると、おいしい食べ物となる。寒冷地では、脂肪と黄土の混合物が、身体を気持ちよく暖めるだけでなく常に身体を乾燥してくれる。要らなければ雨水ですぐに流し落とせる。

一方、なめしていない皮は、どのように保存しても濡れると硬くなるから、再度柔らかくしなければならない。この場合は噛む方法が多い。皮なめしは、現代文明に限られる特殊で手のかかる処置である。

皮を仕上げる手順を説明するため、あるヤーガン夫婦の作業を追ってみよう。銛でアシカを捕らえた夫は、浜に揚げて上向きにすると、ムール貝の殻を使って首から臀部まで長く切り裂く。次に、首の周りを深く円形に切り、あとは両手で頸部の椎骨を折って、頭部を取り除く。皮を両側から剝ぐ際、皮に付着する脂肪を貝ナイフで切り払いながら進む。ひれ足まで達すると、内側から皮を剝ぎ、切断しないで胴体に付けておく。

生皮が剝ぎ取られると、ひれ部分を切断する。できた穴は、腱で作った糸を使い、妻が縫い合わす。夫は骨製の千枚通しで、生皮の周囲に、だいたい指一本の長さの間隔で穴を開け、適当な長さに切った棒きれで皮を張る。棒きれは縦横に使われ格子板のようになる。皮がたるまないよう、しわにならないよう気をつける。張った皮は、支柱を付けて小屋に真っ直ぐに立てかけ、皮の内側を小屋のほうに向ける。空気の循環によって、表も裏も乾燥する。二、三週間後に皮が硬くなると、棒きれを外してもよい。

小屋覆いに使用する皮ならば、夫は内側に残った脂肪をそのままにしておくが、衣服や革紐にする場合は、妻が早速、鋭利なムール貝の刃先で内側をこすり落とす仕事にとりかかる。妻は細かな反復作業で付着した脂肪を除き、皮の内層も取り除く。そうしなければいずれ腐ってしまうからである。革紐など、作る対象によって毛もまた不用となる。これには二方法があり、一つは、毛のほうを下にして、皮を小屋の地面の床に直接に敷く。上にイグサなどをかぶせておくと、皮の外層が発酵しはじめる。二週間ほどすると、妻は外側をこすり落とし、毛の付いた皮膚の層を除く。もう一つの方法は、妻が自分の尿を集め、皮の外側にすり込んでおき、家族はその上で眠る。このほうが短期間でできるし、仕上がった皮も柔らかく、革紐に適する。皮を衣服にするなら、着る者の身体の脂肪が皮を常になめらかにする。女性たちはさらに、焼き粘土と脂肪の混合物を皮にすり込むこともある。

南部アフリカのブッシュマンもまた、ゲムズボックの獣皮を衣服にするため、人尿を使い、皮の内側をそいで薄くし、時々は骨の粗びきでこすり、これをシャモア革のように柔らかくする。ノヴァスコシアのミクマク族は、ムースやシカの獣皮の別の処理方法を知っており、その一つは皮なめしに近い。彼らはモミの根を砕いたものを、水が赤くなるまで煮る。そこに灰を加え、この溶液に獣皮を一週間、浸す。それから取り出して絞り、二本の木に張った縄に掛け、ナイフでこすり落とす作業をする。以上あげた三つのやり方を変化させたものが、多くの狩猟民の間で見いだされる方法である。

ヤーガンやエスキモーの女性の皮革の裁縫

帽子、手袋、ブーツ、モカシンを含め、身に着けるものを作るには、普通は端がそろう皮二枚を裁断し、縫合する必要がある。これは女性の仕事である。皮革を着るすべての狩猟民の女性は、たとえ単純でも複雑でも、裁縫の仕方を知っていたし、今でも知っている。

ヤーガン女性は皮を横に並べると、先の尖った貝で一枚一枚の端を直線に近い形に切りそろえ、二枚の皮を同形に整える。次に、骨製の千枚通しで、二枚の皮の同じ場所に穴を開け、腱の繊維を撚り合わせて作った糸を穴に螺旋状に通して、二枚を縫合する。ヌートリアの尻尾の腱が最も好まれる。ヌートリアは足に水掻きを持つ大型水生齧歯動物で、水中の隠れ場所に棲む。ヤーガンの住む地域にはこういった動物は少ないから、無い場合はラッコの腱を使用する。

縫合は、穴を一つ一つ開けながら進む。糸の先端がほぐれないように、なめてから穴に通して、次の穴を開ける。縫い跡はかなり粗くて不揃いである。縫い終わると、合わせ部分を円形の石で叩いて平らにし、縫い目を堅くする。

対照的なのが、エスキモー女性の仕立て技術で、寒冷地ゆえに、もっと高い技術が要る。直線だけでなく曲線の裁断もあるから、ウルと呼ばれる女性用ナイフを使う。ウルは刃の部分が半月の形に湾曲し、鋭利な刃に研磨された薄いスレート（粘板岩）でできている。上の柄の部分は直線だから、裁断に必要な押す力が出せる。毛や皮の内側にウルを置き、揺り動かし、すべらせたりして、正確に裁断する。

縫合する段になると、皮二枚を中表に重ねて置くことで、縫い目がぴったり合うようにする。針は先端に穴を開けた細い骨製である。くけ縫いをするので、外からは縫い目が見えない。張り出し部分のある縫い方、また水を通さない縫い方など、エスキモーはさまざまな縫い方をする。*

* E. W. Hawkes, *The Labrador Eskimo* (Canadian Geological Survey, Memoir 91, 1916, No. 1637) 参照。

革紐、細綱など

獣皮を着る人々は、皮を使って紐や長くて丈夫な綱も作る。同じくヤーガン族の詳細な観察から、綱の作り方がよくわかる。彼らが好んで利用するのは、雄のミナミオットセイの成獣で、体長一・八メートル、体重二三〇〜三二〇キロに達する。妻が毛を落とすと、夫は平らな地面に、皺が寄らないよう皮を広げて置く。

夫は真ん中に穴を一つ開けると、尖った貝殻で慎重に、同心円のうず巻き状に、指の幅の細長い綱を、皮の最後まで途切れないように切ってゆく。それから、綱の一端を木の幹に結び、ぴんと張って別の何本かの木に回して延ばす。こうして乾燥すると、使用準備完了である。

短くて細い綱は、動物の細長い腸管を編んで作る。これは一般に、吊り索として使用する。ヤーガンの男性は皆、首から胸に自分の綱を掛けて行動し、いつでも使えるようにしておく。釣糸は海草の茎か、あるいは腱を編んで作った細紐である。

北方狩猟民も同じ方法で革紐や綱を作る。アラスカ・エスキモーは、大型の海洋哺乳動物を銛で仕留めるのに必要な、長くて重い綱を作るため、ヒゲアザラシの皮を好んで使う。この皮は、前述したようにブーツの底にも使う。ヒゲアザラシの雄は体長三・六メートル、体重三六〇キロにも達するので、ヤーガン族の作り方で述べたような、うず巻き方法で切ると、非常に長い綱ができる。

植物や人の毛髪で作る綱

動物の皮をほとんど使わない温暖地域の狩猟民は、主として植物繊維で綱を作る。例外として、オーストラリアのアボリジニの中には、切りとった女性の毛髪で作る人々がいる。男性はこうしてできた一〇メートル近い綱を腰に巻き、必要な時にすぐに使えるようにする。植物であれ、人の髪であれ、短い繊維から綱を作る最も簡単かつ一般的な作り方は、繊維を太ももの上に広げ、片手の掌で巻いて、より合わせてゆき、必要な長さになるまで、繊維を加えてゆく。このような綱を二つ折りにしてぴたっと絡ませると、解けない綱にすることができる。

アンダマン島人の縄ない

長くて強い縄の製作に、アンダマン島人はさらに進んだ技を使ってきた。男性はハイビスカスの木の、まっすぐで、なめらかな傷のない枝を選び、その樹皮を長く取り外す。次に、キレネ二枚貝の殻を使い、樹皮の外側の層をこすり落とし繊維をむき出しにして、太陽に当て乾燥させる。準備が整うと繊維を二分し、最初の中から何本か選び、それを足の親指に結ぶ。一方で、二つ目の繊維の束を地面に置いておく。最初の繊維をぴんと張り、二つ目の繊維を螺旋状に巻き付ける。細引がもとの樹皮より長くなると、新しい繊維を混ぜ入れ、望む長さにしていく。時に約三〇メートルになることもある。用途によっては蜜ろうを塗る。カメの捕獲用ネットにするなら、蜜ろうは塗らないで塩水を吸わせる。塩水はこのような繊維を固くするからで、カメの捕獲には堅い網目が効果的である。細引を例えば銛索用に柔らかくしたいなら、蜜ろうを塗る。

次に、軽くて固い二本の木切れを真ん中で合わせて、十字形の木製巻き枠を作る。以前に作ったものがあるなら、それを利用する。この器具の腕木に、細引の半分だけを巻く。あと半分は縄をなう男の後ろの地面に置き、その端を左肩に掛けておく。それから、ある長さの杖を巻き枠に通して回転軸にする。男は座り直して、巻き枠を真ん中に、杖の両端を足の指で支える。先ほどと同じく作業を続けるが、今度は巻き枠から細引を巻き戻し、同時に、肩にかけた細引を引き出して、最初の細引に螺旋状に巻き付けていく。こうして縄ができ上がる。こういった縄や紐は使途によって太さが異なる。火の熾し方を知らなかった人々にしては、これはかなり高度な技術の達成であった。

結論

本章を振り返ると、ここで検討した資料では不十分であるとわかる。完全を求めると、詳細を尽くした一冊の本になるだろうから、これはむしろ当然であろう。にもかかわらず、詳しさの程度は異なるものの、さまざまな気候風土に住む狩猟採集民の、基本（製造）技術は取り上げた。

狩猟民なら誰でも道具の作り方、使い方を知っている。たとえ火の熾し方を知らなくても、火の使い方は知っている。誰でも地域特有の必要性に応じた住居を建てる。いろんな方法で身体を保温し、ある種の縄類も作る。この意味では結局、皆、横並びである。しかしながら、ある狩猟民は他よりも努力しなければならない。そして、最も努力する狩猟民が、最高の創造性と工作技能を示している。

熱帯や亜熱帯地方の生活は、他と比較すると非常に容易であるから、技術がたいへん素朴になるのは自然であろう。同じ寒冷地でも、北半球のほうが南半球よりも進歩しているが、理由はわかりやすい。南半球のタスマニアやティエラ・デル・フエゴのような寒冷気候は海洋性で、季節の変化はほとんどない。陸地が小さいからである。北半球は大陸性気候だから、季節による気候の変化は大きい。技術の別の面、例えば、交通、狩猟、漁撈、採集、料理などを、これから検討するが、この地理的条件による相違が、繰返し現われることは予測される。しかし、同じ人々の社会組織や儀式生活を調査すると、ある面で形勢は一変してしまう。生存のための労働が最も少ない人々は、最大の時間を遊びに費やす。したがって、さまざまな婚姻方法を編みだし、大々的な行事を企画することにかけては、技術に長けたエスキモーに劣らない想像力を発揮するのである。

わたしたちの文明が生んだ最も優れた人物、チャールズ・ダーウィンは、ヤーガン族ほど地上で野卑かつ劣った人々はいないと見なした。しかし、この章で言及した彼らの技術の例が示すように、また今後さらに明らかになるように、これはダーウィンの下した判断のうち、たぶん最大の誤りだろう。文明に汚染されていない狩猟民はすべて、野蛮でもなく劣ってもいない。ダーウィンの発言の標的はもっと身近にある。

第3章　水陸の移動と運搬

歩行と木登り

狩猟民は、自動車、馬、自転車などを持たないから、もっぱら足を頼りに移動する。彼らは絶えず自分たちの領域内を動きまわるが、一年間の移動距離は、都市通勤者の一カ月分にもならない。発達した交通手段がないと、日頃出会う人の数は限られる。これが狩猟民とわたしたちの社会制度の違いの、大きな理由の一つである。以下この章では、普通の歩行は取り上げないが、狩猟民が陸上や海路を移動する際に、自然に加える技術的工夫のいくつかを述べることにする。

最も単純なものは、たぶん木登りに関するものであろう。必要なのは普通の縄だけである。縄ないについては前章の最後の項目で触れた。もし木に低い枝があるとか、都合のよい蔓植物が巻きついているとか、幹が細くてよじ登れるならば、縄は不用だ。しかし、高く太い幹と滑らかな樹皮をした、堂々とした森の王者といった巨木では、人間はもちろん、類人猿でさえ縄なくしては登れない。保線夫がベルトをつけて電柱を登るように縄を使うのである。もし足裏を樹皮に密着できなければ、次なる装置が必要になる。それは樹皮に切り目を入れる何らかの道具で、自然のままの石の破片でもよい。この方法で、タスマニア人

図11　砂漠用サンダルを作るオーストラリア・アボリジニ（D. F. Thomson, *Illustrated London News*, 6 December 1961, p. 1012に拠る）

女性は「オポッサム」を追って木に登ったし、ピグミーは蜂蜜を得るために登った。しかし蜂が切り立った崖に巣を作っているならば、縄はまた別の使い方がある。勇敢にも縄にぶら下がり、その上、蜂に刺される危険を冒すことのできる蜂取り人を、吊り下げるのである。

砂、雪、氷の上の歩行具

単なる歩行は取り上げないことにしたが、同じ歩行でも、砂漠、雪原、氷上となると、いつも可能で楽というわけにはいかない。狩猟民はこれら三態の困難を克服する方法を考案してきた。

西オーストラリアのグレートサンディー砂漠で、ビンディブ族の男たちは特殊な砂漠用サンダルを作る。曲げやすい二本の枝の両端を縛り、中を開いて横木を渡す。このような砂漠用サンダルの先端はスキー板のように上に反る。まん中の足を乗せる部分は、樹皮の紐で横に網状に包む。一九六〇年代、一人の探検家がビンディブ族の男性がサンダルをつくる様子をカメラに収めた。このビンディブ族の男性がかんじきを模倣したという可能性はない。ビンディブ族はそれまで白人と接触を持たなかった少数部族の一つである上、オーストラリアに住む彼らには、かんじきは一切不用である。

かんじきは、雪上歩行用の最も古く、かつ最も広く分布する補助道具である。ハドソン湾西部のツンドラ地帯やグリーンランドに住むエスキモー、また馬に乗った平原インディアンを例外として、かんじきは冬期に深く積雪する北アメリカ各地の、どの狩猟民の間にも広くゆきわたっていた。アイヌも用いたし、アジア・エスキモーもチュクチも使用した。また、もはやここでいう狩猟民ではなくなったヨーロッパの人々の間にも分布する。

地勢や雪の種類によって、形はさまざまである。例えば、ラブラドルのリトル・ホエール川でみられるように、二枚の板を横木で留めただけのものがある。二本の枝の両端を結び、横木は使わず円形にして革紐を付けたものもある。湿った雪にはこれで十分で、カリフォルニア北部やコロンビア川流域のインディアンが使用した。アイヌのかんじきも似たようなものだが、ただ中心もしっかりと結ばれ、数字の8の形であるのが他と違う。

チュクチやアジア・エスキモーは、横木や格子状の網の完全に発達したかんじきを用いた。ただし、二本の枠木を前後でそれぞれ縛るから、どちらも尖っている。その他の北アメリカのかんじきは見慣れた形だが、北方樹林帯のインディアンの細長い形に細かな格子網がついたものから、山地や深い森にもっと適した熊の足（ベアポウ）と呼ばれるかんじきまで、さまざまある。わたしたちアメリカ人のかんじきはインディアンからの贈り物で、ヨーロッパに見られる未熟なタイプのものは使わない。

スキーの起源は北ヨーロッパあるいはシベリアで、主にトナカイ飼育と関連する。というのも、トナカイを駆り、追い立てるには、スピードが必要だからだ。東シベリアの狩猟民の中には、トナカイ飼育者のスキーを取り入れた部族もあったが、スキーは新世界の先住民にまでは伝わらなかった。

氷上歩行に関して述べると、一部のエスキモーは、とがった骨のついた滑り止めを作ってブーツに結び付けた。このような工夫は、登山家の使うアイゼンに似ていた。シベリアのツングース族は狩猟民の定義に当てはまらないが、中には骨製の刃、あるいは鉄製の刃のついたスケートで、凍った川の上を滑った人々がいる。

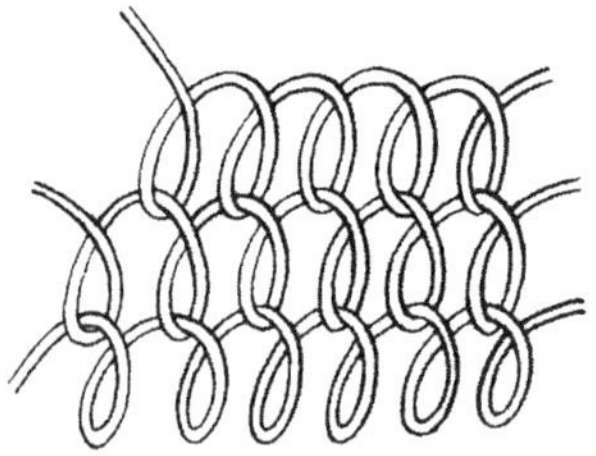

図12　螺旋編み

持ち運び

移動する時、狩猟民の男性は武器を、女性は掘り棒を、それぞれ手に持って運ぶ。女性はまた、袋や他の入れ物に物を入れて運ぶが、その中の一種類は広く普及しているところから、おそらく非常に古いものと思われる。それはオーストラリア人がディリーバッグと呼ぶ合切袋で、植物繊維を材料に、螺旋編みとして知られる技術（図12）を使って作る。タスマニア人やフエゴ島民はエビやカニを運ぶため、オーストラリア人はヤムイモを運ぶため、その他多くの人々も、何であれ女性が採集するものを運ぶために利用した。

しかし重い荷物は、頭に載せるか、背負って運搬するほうがよい。広々とした地域に住むオーストラリア人はカンガルーを頭に載せて運ぶとき、カンガルーの足と頭を縛り、体を小さくまとめる。女性たちは水を入れた木製の桶を同様に頭に載せて運ぶ。しかしながら、頭上運搬は森の中や、非常に重い荷物の場合は役に立たない。ティエラ・デル・フエゴのオナ族の女性は、柱と風よけの毛皮の覆いを背負うが、紐を腋の下から胸の上に掛ける。これがやむをえず女性の仕事なのは、男性は獲物を見つけたり、敵と出会う場合に備えて、身軽でなければならないからだ。

もっと一般的なのが、負い緒である。荷物を背負う時に額の上にかける紐のことで、これを使用するのはアフリカのピグミー、アイヌ、多くのアメリカ・インディアンである。アメリカ・インディアンはスペイン人が地中海地域の頭上運搬を導入するまでは、頭上に載せることは皆無だった。負い緒は荷の重さを非常に効果的に身体に分散するが、不都合な点もある。使う人は前かがみになるから、踏み慣らされた道をたどらなければならない。また額に不快感を与え、頭蓋骨の前頭部に圧迫による溝筋ができることがある。カリフォルニア・インディアンはこういった影響を避けるため、硬い籠細工の帽子をかぶった。

農作民にはごく普通の、棒を使用した肩運搬は、狩猟民ではほとんど見られない。南部アフリカのブッシュマンは数少ない例外の一つで、重すぎて単独で運搬できない動物を棒に吊し、二人の男性が肩に担って家へ帰る。

牽　引

地形が許すなら、重い荷物を運搬するもっとよい方法は、何らかの道具で引きずることである。この方法で狩猟民が用いるのは、トラヴォイ、トボガン、そりの三種類である。トラヴォイは家畜の背にA型の枠を取り付け、尻尾の後方に荷物を結び付ける。二本の棒は地面を引きずる。平原インディアンはスペイン人が導入した馬を得るまでは、イヌにトラヴォイをつけて使用した。馬が入ってからは、ティピ〔テント小屋〕の覆いなど、ずっと重い荷を運ぶことができるようになった。

平底で先の反ったトボガンは、深くて柔らかい雪の上で荷物を引っ張る方法として理想的である。男たちがかんじきを履いていればなおさらである。合衆国とカナダに住む北アルゴンキン語族、北アサバスカ語族のインディアンは、白人が来た当時、トボガンを使っていた。フランス人やイギリス人が毛皮取引をもたらしたので、インディアンがプロのわな猟師になると、冬期の旅行や移動は増大し、荷の重量も増した。取引人たちは、森の中を引っ張るトボガンにエスキモーそりのイヌを使うことをインディアンに勧めた。東部エスキモーは広々とした所でイヌを扇状につないだが、取引人が勧めたのは縦並びであった。

イヌぞりとそりイヌ

アラスカとカナダのエスキモーの先史を研究している考古学者は、ハスキー種やアラスカ・マラミュート種のイヌが、コロンブス以前のアラスカにもたらされたのは、それほど遠い昔ではないと確信している。イヌぞりを駆るのは、東シベリアのほうが古い。北ユーラシアはラップランドに至るまで、西に移動するにつれ、イヌぞりは徐々にトナカイそりに取って代わられる。トナカイそりを駆る人々はまたトナカイを追い集めるので、わたしたちの定義に従うと、狩猟民ではなく牧畜民となる。

エスキモーの状況はこのように変則的である。冬期の移動に使用するのは、他の大陸から連れてきた特別な品種の動物であり、この種はおそらく狩猟民と共に始まったものではない。だからといって、こういうイヌが理由で、エスキモーを狩猟民の名簿から除外するのは、滑稽であろう。なぜなら、エスキモーほど狩猟に頼っている人々はこの地球上にいないし、エスキモーほど優れた狩猟民もいないからだ。エスキモーは牧畜民から間接的に由来する特別な恵みを得たというだけの、まさに狩猟民である。その恵みはエスキモーの特殊な環境にとりわけ適っていた。

そり自体もおそらくは初期のアジアで生まれたのであろう。そりは滑走部に対し深すぎない雪の上や氷上では、トボガンより優れている。そりの滑走部はもちろん平底に比べてはるかに表面の摩擦は少なく、イヌも楽に速く引くことができる。夏の間は弾力性のある湿地を走ることができる。

エスキモーの中には摩擦を最小にするため、木製あるいは骨製の滑走部の先端に汚物や血液を塗り、それが凍ったらその上に水を凍らせる人々もいた。二重の上塗りの理由は、滑走部に直接に氷を付着させせないためである。

水上輸送

陸上輸送はここで終えて、次は湖や川の岸辺に下り、狩猟民や採集民が水をどのように利用したかを見てゆこう。水上輸送手段のある人々の一覧表は、雪上、氷上、砂上輸送のための特殊な道具を考案した人々の一覧表より長い。理由は、世界各地に航行可能な水域が存在すること、および船による移動は多くの場合、陸地の移動より容易かつ迅速であるからだ。

予想通り、狩猟民が作り使用する船は、葦、樹皮、毛皮、材木など、そこで取れる材料を使って製作される。材料は船体の肋材になるか、あるいはくり抜かれる。船はエスキモーのカヤックのように、一人乗りから、北西岸の戦闘用カヌーのように、六〇人以上余裕で乗れるものまでさまざまである。たいてい棒か櫂で船は前進する。狩猟民の中には、ヨーロッパ人やアジア人と接触した時代に金属道具を得てから、急速に船の型を変えた人々がいる。ある狩猟民は櫂をかき回すことを止め、オールを漕ぐことを身につけた。またある狩猟民は帆船を受け入れた。

バルサ、あるいは葦の筏

一九七〇年の夏、トール・ヘイエルダールは古代エジプトのモデルを基に作った葦の筏で大西洋を横断した。何百年もの間、インディアンはこのような筏でチチカカ湖を渡った。広範囲に分布するところから、この種の船は非常に古いと思われる。というのも、ガボンのアコア・ピグミー、カリフォルニア湾のチベロン島のセリ・インディアン、そしてタスマニア人など、遠く離れた人々によっても作られ、また今も作られているからである。

最も素朴な形のバルサは、葦または樹皮を、紡錘形あるいは葉巻タバコの形に束ね、その三束ないし五束を連結したものである。一つ一つの束は紐で結ばれ、束が全部つながるとバルサの前後の先端は尖った形になる。たいてい、船首と船尾の両方とも上向きにそり、まん中はくぼんでいる。海では竿あるいは櫂で進むが、ガボンとタスマニアの二カ所では女性が泳ぎながらバルサを押して行く。

一八三二年、一人のタスマニア人男性が、ペーパーバークと紐を持ち寄った二人の女性の手助けを得て、半日もかけずに筏を作った。かつては七人もの男女がこのような船に乗り、島の南岸から、荒れ模様の海に出て、八キロメートル離れた岩だらけの無人島に向かったものだった。アザラシを銛で刺して捕らえるのが目的だった。船一杯の獲物が何度も沈んだが、アザラシの肉や毛皮の報酬はこの危険に値すると見なされた。

樹皮船

どんな種類でも船は筏より速いし扱いも容易だが、製作はむずかしい。適切な斧がない場合は、木材から作るより、樹皮で作るほうが容易である。

南オーストラリアのリヴェリナ地域には航行可能な湖や川がある。アボリジニは大きなユーカリの木の幹を剝ぎ、樹皮一枚で三～六メートルの船を作った。船体は火を使って形を作った。樹皮は厚く硬いので、船の横の構材も舷縁も要らない。このような船は一〇人まで人を乗せられた。ヨーク岬からアデレードまでの大陸の東海岸のアボリジニは、平底のスキッフに似た船を作った。これは樹皮三枚を縫合したもので、隙間はゴムでふさいだ。船の中心に粘土の炉があり、そこで火を燃やし、沖に出て糸釣りをした。

ティエラ・デル・フエゴ〔火の島の意〕のヤーガン族は常緑のブナ（ノソファガス）の樹皮を三枚使い、同様の船を製作した。彼らもまた船で火を熾した。初期スペインの航海者たちが島を火の島と名付けたのは、このように水上に浮かぶ数多くの火と、スペイン人の接近を警告する山頂の烽火による。

アメリカシラカンバ樹皮のカヌーおよびアメリカヘラジカ皮のボート

最もよく知られ、すばらしく能率のよい樹皮ボートは、もちろんアメリカシラカンバのカヌーである。これはシベリアのタイガでも、合衆国とカナダの亜寒帯の北方針葉樹林帯全域でも使用されている。メイン州オールドタウンのペノブスコット・インディアンの作るカヌーは、特になじみ深い。このカヌーはインディアンの手になる装備のうち最高に複雑で、一艘の製作には、樹皮が柔らかい暑い季節に二人がかりで一週間を要する。*

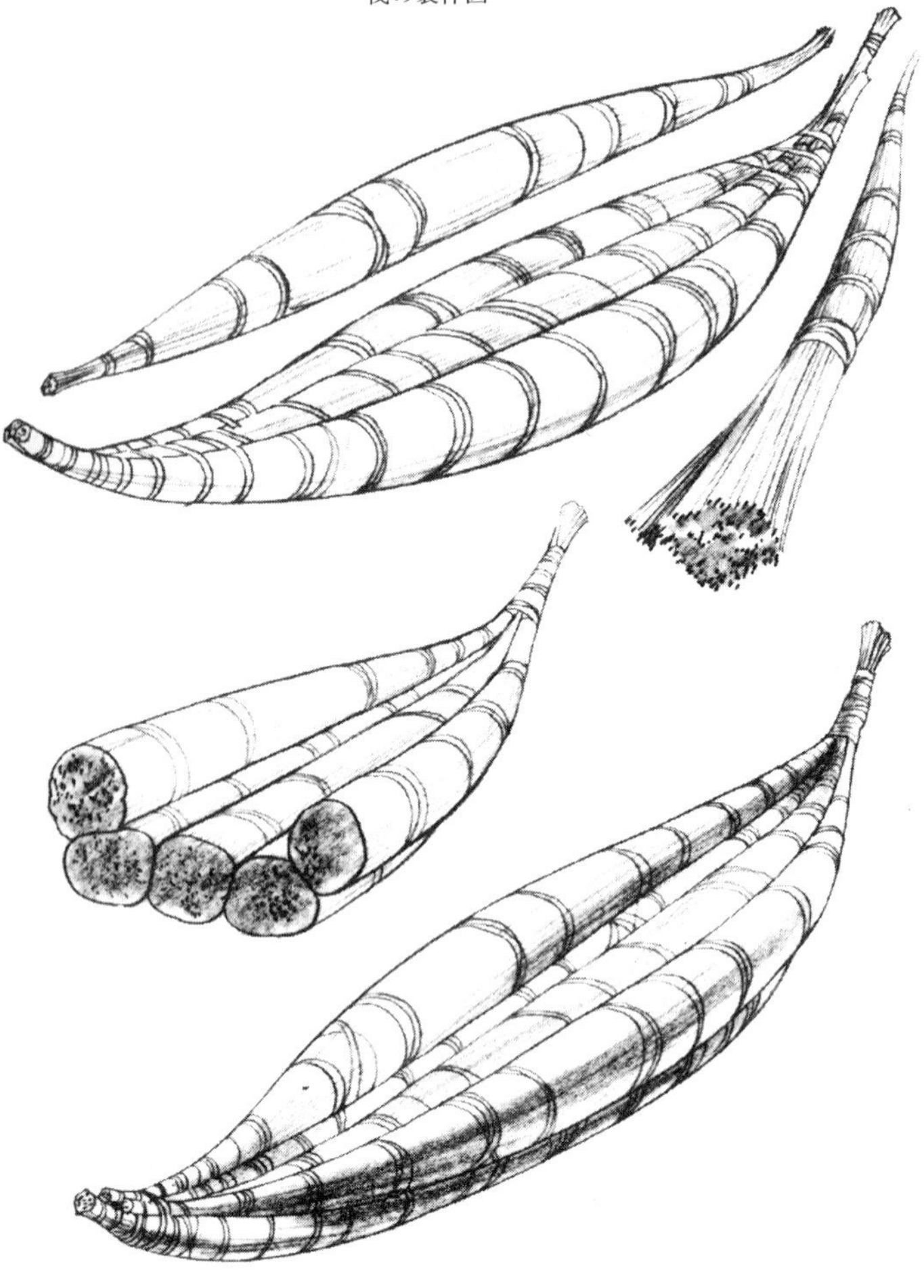

図13　アコア・ピグミーおよびセリ・インディアンの葦の束から成る筏の作り方。タスマニア人はペーパーバークの束で作った。

* F. G. Speck, *Penobscot Man* (Philadelphia, University of Pennsylvania Press, 1940), pp. 57–68.

まず、大きなアメリカシラカンバの樹皮を丁寧に剝ぎとる。カヌーのサイズは二つある。ひとつは三・五～五メートルの長さ、もうひとつは五～六メートルの長さである。樹皮はそれに相当する大きさとなる。使うのは三種類の道具のみで、斧、丁字形の柄のついたナイフ、千枚通しである。樹皮の白いほうを上にして地面に置く。これがカヌーの内側になる。中央に重石を置き、仮の舷縁を樹皮の縁に沿って置く。それから側面を曲げて立ち上げ、地面に立てた杭でカヌーの側面をきちんと支える。杭の上には木製の締め具がついている。一方で、船首と船尾を上向きの曲線にするため、必要な所に切れ目を入れる。両方それぞれに舷縁を取り付けるが、その時は刻み目のついた棒で高さを丁寧に計ってゆく。次に、別の樹皮を二枚、船首と船尾につけてカヌーの両端を尖らせる。船首や船尾と他の場所の間に、水を通さない仕切りを入れ、また両先端に樹皮の垂れ縁を付けて、船が水に突っ込んだ場合、しぶきが入り込まないようにする。船首や船尾の内側には湾曲したシーダー材をはめて船の両端の竜骨にする。船のその他の部分には内張りがしてあるから、竜骨は要らない。

内張りをするには、舷墻《げんしょう》の間に、たくさんの細いシーダー材を縦に並べる。真ん中から始めて、カヌーの内側全体を覆う。済んだらその上に、およそ四五本（カヌーのサイズによって多少の違いがある）のシーダーの肋材を、今度は横にかぶせて置く。肋材はU字型に曲げて束にして、シーダーの樹皮の紐で縛っておいたものである。男たちはこれら肋材を特殊な木づちで打ち込み、二つの部分からなる木製梃子で広げる。こうして、船体は外側、内側とも形が整うと、木栓で舷縁の上部を取り付ける。縫合に使うトウヒの根は、水に漬けて、柔らかくしてある。最後に、切口や裂け目を縫合し、ヤニを塗って仕上げとなる。

これでカヌーはいつでも水に浮かべられる。今日ではこのようなカヌーは博物館でしか見られない。製糸産業によって、カヌー用のアメリカシラカンバは糸巻きのために切り倒されてきたからである。カヌーは今でも他の材料で船体が作られているが、基本のデザインは同じである。それ以上の優れたデザインはないからだ。

アメリカシラカンバ樹皮のカヌーほど洗練されてはいないが、ペノブスコット族はまたアメリカヘラジカの皮を使って、ある特殊な目的のためにカヌーを作った。上流の森でパートナーとして猟をしてきた二人の男が、春、川の氷が割れたら、それまで集めた肉や毛皮を家へ持ち帰りたいと思った。彼らのアメリカシラカンバ樹皮のカヌーは村に返してある。そこで二人は二頭分のアメリカヘラジカの皮を、必要なら三頭分を、首から尻尾まで縫い合わせ、およそ三・五メートルの長さの一枚にして、油で防水をした。次に、またニレ材の舷縁と横の構材、オウシュウシラカンバの竜骨で枠組みを作り、皮を枠組みに掛けた。次に、内張りの細切れと肋材をはめ込むが、アメリカシラカンバ樹皮のカヌーよりは間隔が広かった。最後はヤニとアメリカヘラジカの脂肪の混合物で船体の隙間を塞いで仕上げた。全作業は二日足らずであった。二人の男はおよそ一八〇キロの荷を自分たちと一緒に村まで運ぶことができた。村に着くと船をばらして、アメリカヘラジカの皮を裁断し、モカシンや革紐を作った。

カヤックとウミアク

エスキモーやアリュート人が作る皮船は、もちろんその場しのぎの造りとはまるで違うが、ある重要な点で、アメリカシラカンバ樹皮やアメリカヘラジカ獣皮のカヌーと異なっていた。まず骨組みを作り、それから獣皮の覆いをかぶせるが、季節ごとに取り外したり、必要なら取り替えもできた。エスキモーのカヤックやアリュート人のバイダールカは船首と船尾が同形で、甲板も皮で覆われ、漕ぎ手は甲板から腋の下までこの皮の防水着を着けて座る。腋の下のところで紐で結ばれる。こうすれば、転覆しても船体を沈没させずに元に戻ることができる。推進力は双頭の櫂による。エスキモーのカヤックは一人乗りであるが、アリュートのバイダールカには二人用の座席がある。後方の漕ぎ手が船を安定させ、前方の漕ぎ手がウミカワウソを槍や投げ矢で捕らえる。ロシア体制の下でアリュート人は三座席のバイダールカを作り、水上タクシーとして使った。

エスキモーがウミアクと呼び、アリュート人がニクサラックスと呼ぶ大型船は全長九メートルのものもあり、二〇人、あるいは同じ重さの荷物を運ぶ。ウミアクの骨組みは流木で、覆いはセイウチの皮である。エスキモーはウミアクを使ってクジラ漁をするが、見られるのはアラスカの水域や、グリーンランドとラブラドルの沿岸だけである。ボーフォート海とバフィン湾の間の浅い海にはクジラがいないからだ。アリュート人はニクサラックスの骨組みにトド皮を覆い、普通の運搬に使った。昔はアラスカのウミアクは櫂と帆の両方で航行した。帆は動物の内臓で作った。

エスキモー、アリュート人、そして過去にラップランドまでの北極付近に住んだ人々は、材木が乏しいから獣皮の船を作った。たとえ材木が手に入る場所でも、木製の船が樹皮船に取って代わるのは、ある特定の樹木が身近にあり、製作者が適切な道具を持っている場合のみである。木製の船は種類がいくつかある。うち三種類を狩猟民が作った。一つは三枚板平底スキッフで、オーストラリア人やヤーガン族の三枚樹皮船と同じである。二つめは、木を切って作る素朴な丸木船で、火を使う場合と、使わない場合がある。三つめは、縁材を高くした丸木船である。

アラカルフの三枚板スキッフ

チリ南部のアラカルフ族と、その北隣の部族で、ペニャス湾からチロエ島にかけて住んでいたが今は絶滅したチョノ族は、前述の一番目のスキッフを作った。沿岸や島の森に二種類の特別な木、イトスギと、同じく針葉樹のチリ産オニヒバがあったからである。イトスギは簡単なくさびで容易に割って板にして、火と二枚貝で形を整えることができる。イトスギの木はしなやかだから板は曲げやすく、舷側板になる。船底は大きさによって、三枚から七枚の板が使われる。

チリ産オニヒバは、板と板の継ぎ目の水もれを防ぐ詰め物の材料となる。この木の液材は樹皮のいちばん内側の次にあるが、海面状で弾力があり、二つの石の間で打ちつけると、さらに弾力が増す。板と板は、それぞれに並行して穴を開け、蔓植物を二本あわせて通して結び、後で穴に詰め物をする。こういった張板船は内陸のクリークで使う一人乗り小型スキッフから、アザラシ群生地がある太平洋の外海で使用可能な六メートルのものまである。しかしアラカルフやチョノ族は、外海の航海をできるだけ避け、船を運ぶ時は、天候の荒れる半島の岬側ではなくて地峡を通った。現在より海水面が高かった時は、地峡は海峡で、半島は島だったから、連水陸路輸送で坂道を登ることはなかった。しかし大型船は重いので、ばらして、次の海岸でまた組み立てなければならなかった。

アラカルフ・インディアンは金属斧を所有してから丸木船を作るようになり、船は一九五〇年代でも見ることができた。使用した木は常緑のブナで、ヤーガンや一部のアラカルフの作る三枚樹皮の船もこの木の樹皮を使った。丸木船を作るに足りる大きな幹のブナは、海から数キロ内陸に生育する。アラカルフは、枯れたまま立つブナを探し、印を付ける。

丸木船は一人で作れるが、二人のほうが仕事はうまくいく。木を倒し、一番低い枝の下のところで二つに切断して、船体の内側を削り出してゆく。丸太の太いほうが船首となる。船首と船尾以外のところは、丸太の外側の形に沿って三センチ厚さまで中をくり抜く。そうなると船に仕上がる木は軽くなり、海岸まで移動できる。男たちは森の中に道を作り、八～一〇人のインディアン男女を呼び集めて運ぶ。苔むした森の大地の上は引きずり、倒木や岩があれば持ち上げる。海岸に着くと、野営地まで曳航して持ち主の小屋に近い乾いた地面に置く。

次のステップは、交易で得た手斧かやすり手斧で、さらに薄く仕上げていく。終わると船体を持ち上げて杭の上に置く。今度は船幅を広げるため、舷側を引き延ばすという最もむずかしい段階に入る。男たちは船体を湿らせ、その下でシーダー材の木炭を燃やし火をかき立てる。船体が柔らかくなると、船の腰掛梁のような板を斜めに渡し、船の軸に対し直角になる位置までハンマーで叩いて、船の幅を広げる。その後は、燃焼による外側の炭を貝でこすり取ったり、割れ目や穴に、打ち延ばしたブリキ缶などさまざまな物を張り付けたりする。最後に舷側をシーダーや流木の板で高くして、漕ぎ手座、櫂栓、船尾の舵取り用オールの櫂栓を取り付ける。

男も女も船を漕ぐ。漕ぎ手は前方を向き、オールは競争用ボートのように互い違いになっている。航海は速く、遠方まで行く。例えば、一九五九年、あるラジオ放送の呼びかけに答えて、アラカルフの男性船乗りの一団が、ウェリントン島のプエルト・エデンから二五〇キロを漕いで、はるばるリオ・ベーカーまでたどり着いた。そこでの用事は、来訪した汽船の女客一人が、船と桟橋の間を往復するためだけだった。ところが一団が到着してみたら、客は結局、汽船に留まることに決めていた。

ヌートカ族のシーダー材丸木船

北米北西岸インディアンは狩猟民族のなかで、最も精巧な木造家屋を造ったが、最も大型の木造船も作った。ある男性が船を作ろうと思ったら、まず、家造りの項で説明した要領で、シーダーの大木の幹の半分を手に入れる。次に、他の人たちの助けを借りて、引きずって水際の自分の家まで運び、それからは本人とアシスタント一人が、木を削ってカヌーの船体にした。

アラカルフ族は両先端以外は丸太の外形を変えなかったが、ヌートカ族は彼らと違い、始めに斧で船の外形に削った。次に、これからでき上がる船体に穴をあけた。深さは望んでいる船の厚さである。穴に、すぐ見分けがつく黒色の木釘を詰めこんだ。火で焦がして作ったものである。二人は、鑿《のみ》とくさびを代わるがわる使って船体の内側をくり抜く作業にかかる。作業が木釘の先端に達するとそこで止め、手斧で内側をなめらかに削った。両舷を広げる必要がいつもあったわけではないが、必要な時は、船体を水で満たし、中に熱い石を入れて木材を熱し、腰掛梁で両舷を広げた。

インディアンはこれらあらゆる大きさの船を作った。櫂で漕ぎ棹を使う一人乗りから、首長用カヌー、戦闘用カヌー、そして荷物運搬用カヌーまであった。長さ一二〜一八メートルの最大級もあった。かつてはこういった大型船で航海したのである。

アウトリガー・カヌー

最後にもう一つの丸木船について述べなければならない。ポリネシア、ミクロネシア、メラネシア、インドネシア、インド洋の沿岸でよく知られるアウトリガー・カヌー〔船の安定のため舷外に浮木をつけた船〕である。二つの例外を除き、狩猟採集民はアウトリガーの製作、使用はしなかった。例外はいずれも最近の外部からの影響によるものである。ケープヨーク半島の先端近くに住む一部のオーストラリア・アボリジニはニューギニアのアウトリガー・カヌーを模倣し、アンダマン島人は二七頁で述べたように、芯を取り除いた幹を切って、シングル・アウトリガーのカヌーを製作した。

アンダマン島人の場合、張り出し棒に木釘や紐でアウトリガーを結び付けた。このようなカヌーは海ガメやジュゴンの銛打ちに最も盛んに使用されたが、作られたのはせいぜい一五〇〇年以降で、アンダマン島人がマレーの影響を受けるようになってからである。しかし、いったんその有効性に気づくと、製作方法を学ぶに時間はかからなかった。先住民が住む小アンダマン島では、現在でも使用されている。

結論

住居や衣服について述べたことが、そのまま水上、陸上輸送についても言えるだろう。すなわち、狩猟や採集レベルの生活を営む人々が発揮する技術面の創意力は、彼らの必要性、得られる道具、そして地元の材料などによるのである。彼らはまた、機会があれば新しい道具、新しい形態をすぐに取り入れる。ただし、新しい文化をもたらす人たちの影響によって滅ぼされ、窮地に陥り、混乱したりしなければである。寒冷地に住む人々は温暖な地域の人々よりも優れた輸送手段を必要とし、そのように対応してきた。食物が豊富でかつ機動性が必須な厳しい気候では、優れた輸送方法は、狩猟の成功と大いに関係する。このことは、後続の章で見ていくことにしよう。

第4章　食料探索——狩猟とわな猟

食料探索——協同作業

さまざまな気候のもと、環境を保護しながら、移動を続け、狩人や妻たちは彼らの主目的を遂行する。つまり自分たちと扶養者の食料を探し求めるのである。食料探索は家族総出で行い、ほとんどの場合、狩猟をする男たちと、容易に手に入る食料を集める女子供に労働分担される。またこれは数家族を含む作業になる。というのは、一人だけで狩猟を行うよりも、何人かで一緒に狩りをしたほうが効率がよいからである。

女たちが採取する際も、集団で行くほうがうまくいく。それは気の置けない人どうしのほうがはかどるからで、また、年長の者が年下の者に、食料を探す場所や、時期を教えられるからだ。花嫁が夫の家族と住むようになる社会では、その土地に長く住む他の女たちから地形を習うまでに、しばらく時を要する。

採取という行為には、根や塊茎を掘り、実を摘み、軟体動物を求めて海に潜ったり、引き潮の時に集め、昆虫を捕まえ、朽ちた丸木から幼虫をほじりだし、鳥の巣から卵やひなを頂戴し、ハチの巣から蜜をいただくというさまざまな活動が含まれる。このように、採取は植物の食料を手に入れるだけでなく、走ったり、這ったり、飛んだり、泳いだりして逃げない、あるいは少なくともそんなに素早くなく、遠くまで逃げない食用の動物の類を探すことでもある。こうした種はのろい獲物と呼ばれる。

食料が、狩り、鳥撃ち、漁《すなど》り、採取のいずれの方法で得られたにせよ、もうひとつ別の区別が必要である。広く分布する単独性の動植物と、群れ、集まり、苗床、木立ちといった形で出会うものである。最初のものは個々に注意が必要だ。二番目のものはいっぺんに殺したり、収穫したりできる。後者のほうが明らかに人数の多い定住性の人々を扶養できる。

食料供給の地域的相違

熱帯林では、移住性の動物は少なく、群れも少ない。唯一の例外は、木の葉を食べるサルである。地面が草木に覆われているので、狩人が動物まで数フィートに近づいても、存在に気がつかない。役割が逆なのかもしれない。動物のほうが狩人なのだ。アフリカの森林ではヒョウが人を殺すし、インドや東南アジアにはトラがいる。

まったく不毛の砂漠では、草木が少ないので、群れをなす動物もまれである。南部アフリカのいくつかの地域、オーストラリアの砂漠、バハカリフォルニア、そして北アメリカのグレートベースンなどである。北アメリカの北方林帯、カリブーとバイソンの活動範囲で、主な獲物はシカとヘラジカである。これらも大多数で集合することはあまりない。砂漠では狩人は水源が枯れるに従って、小さい池から大きい池へ、獲物を求めて移動する。北の森林では、狩りは冬場が一番いい。雪で動物が早く移動できないからだ。川や湖の氷が溶ける夏は漁の季節である。冬場ほど動物性脂肪への依存が不可欠ではなくなる。

群れをなす動物には、草地や、まばらに樹木でおおわれた土地のように、草の多い地で出くわすことが多い。オーストラリアやタスマニアの灰色カンガルーや、東部・南部アフリカのカモシカの多くの種、北アメリカのバイソンが典型である。しかしユーラシアの北部地域や、北アメリカの広漠なツンドラや不毛な土地もトナカイやカリブーの群れを抱えている。北海道では、シカはかつて山の斜面から川岸に季節ごとに移住し、大量殺戮に遭うことが多かった。

アザラシ、アシカ、セイウチ、ゾウアザラシ等の海洋哺乳類も、繁殖期には多数で集まることが多い。普通は岩肌の入江や岬で、わりと逃げ場がなくて、簡単に殺されてしまう。鳥では、水生の種が一番大量に渡りや繁殖の時期に捕獲される。これにはカモ、雁、白鳥、ミズナギドリ、ウミスズメ、ペンギンなどがいる。

土地の狩人たちにもっと経済的に重要なのは、産卵のため群れをなして川をさかのぼる海洋性の魚である。サケの数種類や、それほど知られていないが、もっと大きなイトウというイワナの親類がある。現代では、季節ごとに最も豊富にこれらの魚が捕れる地域は、コロンビア川流域、北西岸に流れ込むもっと北の川、北海道の河川、そして東シベリアのアムール川である。こういった魚が豊富なことが、北アメリカの北西岸インディアンや、アイヌ、ナナイの定住性を保証してきた。彼らは皆保存の手段を知っていた。

イガイ、ハマグリ、カキ、カサガイ、エゾバイ、アワビ等の海洋軟体動物も、ある特定の恵まれた入江や岸辺で収穫される。例えば、タスマニア、アンダマン島、南チリ、ニューイングランド海岸沿いである。その後農耕民族が長く居住することになるこれらの地域には、大きな貝塚が見つかり、この種の食料が初期の人々に重要だったことを裏付けている。タスマニアの西海岸やアンダマン島の海岸線の先住民もほぼ定住していた。

野生の種苗が収穫されていたほとんどの地域は農耕地になったが、カリフォルニアの、特にサクラメント峡谷は例外である。白人が来る前、土着のインディアンとしては比較的人口が多く、草木の種だけでなく、ドングリも採取していた。農業をしなかった理由は、新世界の耕作は、プエブロ族の土地で育てられたトウモロコシにほぼ依存していたからだ。そこでは夏場に雨が降る。カリフォルニアは地中海性気候で冬場に雨が降るため、トウモロコシ畑には適さない。小麦、大麦、ライ麦、オート麦といった、地中海や近東の旧世界的穀類が似合う。もう一つの例外は、五大湖地域で、オジブワ・インディアンがカヌーで野生のコメを収穫する。ミネアポリスからセントポールにかけての地域に住むインディアンは、ビール製造に使われる特殊なコメをボートで集めると、相当なお金になる。このコメは毎年秋、各地の淡水河川や湖で実る。

カリフォルニア中部では、大昔地中海に接した土地と同じように、食用のドングリも主要な食糧となる。カラハリ砂漠では、年間を通じてブッシュマンがマンゲッティの木の実を集める。マンゲッティの林は彼らの野営地から歩ける距離にある。小さな水源が枯れ、また満ちるまで、彼らは定期的に、数キロメートルずつ野営地を移動する。動物の肉は希少で、手に入ればすぐに消費されるが、この植物の王国からブッシュマンは多大な恩恵を得ている。

また一般論をすると、狩人たちの食事で、赤道近辺では植物の食料が重要であり、両極近くでは動物性の食料がそうである。そして気候の制約で植物が手に入らない地域において、狩りや漁りの技術が最も高度で複雑さをきわめる。北回帰線から北のほうが、南回帰線から南よりも陸地が多いので、狩りの技術は南半球よりも北半球のほうが手が込んでいると想定できる。北部では、狩猟の技術は前述した環境保護や輸送の技術と手を組んでいる。これら三つは一枚の絵の一部なのだ。

日常活動としての狩りの優位性

この時点でわれわれは選択を迫られる。狩猟の記述を続けるべきか、漁や採取の技術の説明の後でまた議論をすべきなのか。私は狩猟の優位性を選んだ。狩猟によって地球のどの地でも食料が手に入るわけではないが、手に入るならばほとんどの人が好む種類の食料をもたらしてくれる。農耕以前の社会では漁りよりも普遍的である。採取よりも社会構造に影響を与える。狩猟は、つまり、狩人たちの好む活動なのだ。これは成人を少年と区別する。非常に刺激的で、確かに人間的だ。実際には二種類の狩りがある。日常的なものと、大物の狩りである。前者から始めて、後者に移ることにする。

武器——棍棒

逃げていく鳥や獣を殺すために、狩人は武器と捕獲の仕掛けを必要とする。ここには棍棒、槍、弓矢、銛、投石器、投げ縄、柵、囲い、わなが含まれる。

棍棒は単純で、おそらく最も古い武器だろう。簡単な物では女が何かを掘るのに使う棒と変わりがない。食料を手に入れるのに使われるどこにでもある道具の一つだ。多くの狩人にあっては、棍棒は、傷つき、動きの遅い動物のとどめを刺し、近距離の獲物に投げつける武器なのだ。ワディというタスマニアの棍棒は、約四六センチの長さで、三・八センチの厚みがあり、先がとがっている。これは硬くて重いモクマオウの木で作られ、直線か、螺旋状の溝が掘られ、先端は焼いて固くしてある。これでタスマニア人はバンディクートのような地上の小さな有袋動物を殺す。木の低い枝にフクロネズミがいるとワディを投げる。ある時、一人の首長が近くのカンガルーに投げて、失敗するのを見た。彼によると、これは古いワディなのだそうだ。カンガルーは古いワディは見分けて避けることができる。新しいワディはカンガルーの目に見えないのだそうだ。

北オーストラリア沖のメルヴィル島では、ティウィ族が渡りのカモを捕るのに棍棒を使う。カモが低く飛ぶ尾根に沿って、男や少年たちが列を作る。群れが一番近づいたとき、頭上の鳥の真ん中にワディを投げ込む。手首のひねりで螺旋を描くように投げるのだ。こうするとショットガンの散弾のように、武器が最大限に広がる。翼だけ傷つければ、鳥は落ちる。

オーストラリア本土では、沖合の島にはない、特別の投擲武器ブーメランがあり、鳥でもカンガルーでも、同じような効果が得られるように設計されている。よく知られている戻ってくるブーメランも、現地オーストラリアのすばらしい発明だが、狩猟ではあまり使われない。

武器——槍

動物の体を突き刺すのに作られた槍は、考古学的にも最も古い原始的武器である。英国では、二五万年前と目される堆積物から、イチイ製のものが見つかった。近年では、武器としてのみの使用は、オーストラリアとタスマニアに限られる。タスマニア人は槍を入念に仕上げる。可能ならば、フトモモ科コバノブラッシノキ、ティーツリーの細い幹から作られる。これは硬く真っすぐで、弾力のある木で、削る必要がないぐらい細い。

男たちは夜、火のそばで自分の槍を作る。まず石のかけらで先を尖らせ、樹皮をむき、火で槍をあぶる。歯でくわえ、両手を軸に当てて、真っすぐに矯正する。最後に黒く塗る。働いている間、男たちは歌う。槍には二種類の長さがあり、約三メートルと四・六メートルだ。短いものは狩猟用、長い方は戦闘用である。

男の子たちは投擲を習い、生涯練習を怠らない。熟練した投げ手は長い槍を七六メートル、短いのを九〇メートル以上飛ばす。五五メートル先の的ならズバリ命中させる。投獄されたある元狩人は、箒の柄を中庭で一一メートル投げて、向こうの壁の、直径が柄より一・三センチだけ広い穴に通した。

世界の他の地域では、オーストラリアも含めて、先端には石、骨、アカエイのとげなどの槍先を付ける。木の先端よりも貫通力があるのだ。二二頁で述べたように、オーストラリアでは、槍先はユーカリかスピニフェックスの樹脂で固定される。

投槍器

オーストラリア本土ではウメラと呼ばれる投槍器も使われた（アメリカではアステカ語のアトラトルを使う。アステカ族もこれを作った）。投げ手の腕の半径よりも長い円弧を描くことで、投擲の射程を伸ばす仕組みである。投槍器は木製で、求める射程に従って、さまざまな長さがある。一方の端に取っ手があり、他方に椀かフォーク型の槍の石突きを刺すところがある。

この仕掛けで投げるのは軽い槍あるいは投げ矢で、通例手で投げる槍よりも短くて軽い。投げ槍よりも勢いがあり、速度は速い。オーストラリアでは、こういった槍は時に葦か籐の軸に、硬材のフォアシャフトでできている。太平洋の反対側では、アリュート人が松でできた矢に、石や骨の矢尻を付けて、赤く塗ったのを、バイダルカという毛皮の小舟にたくさんくくり付けていた。たぶん赤い色は、水中で矢を見つけやすくし、回収を容易にするためだろう。これを切り込みを入れた「板」を使って投げる。古いロシアの記録によると、ロシア人が火器を使うのと同様な正確さで、アリュート人はこれを投げ、人、動物、鳥を殺すという。

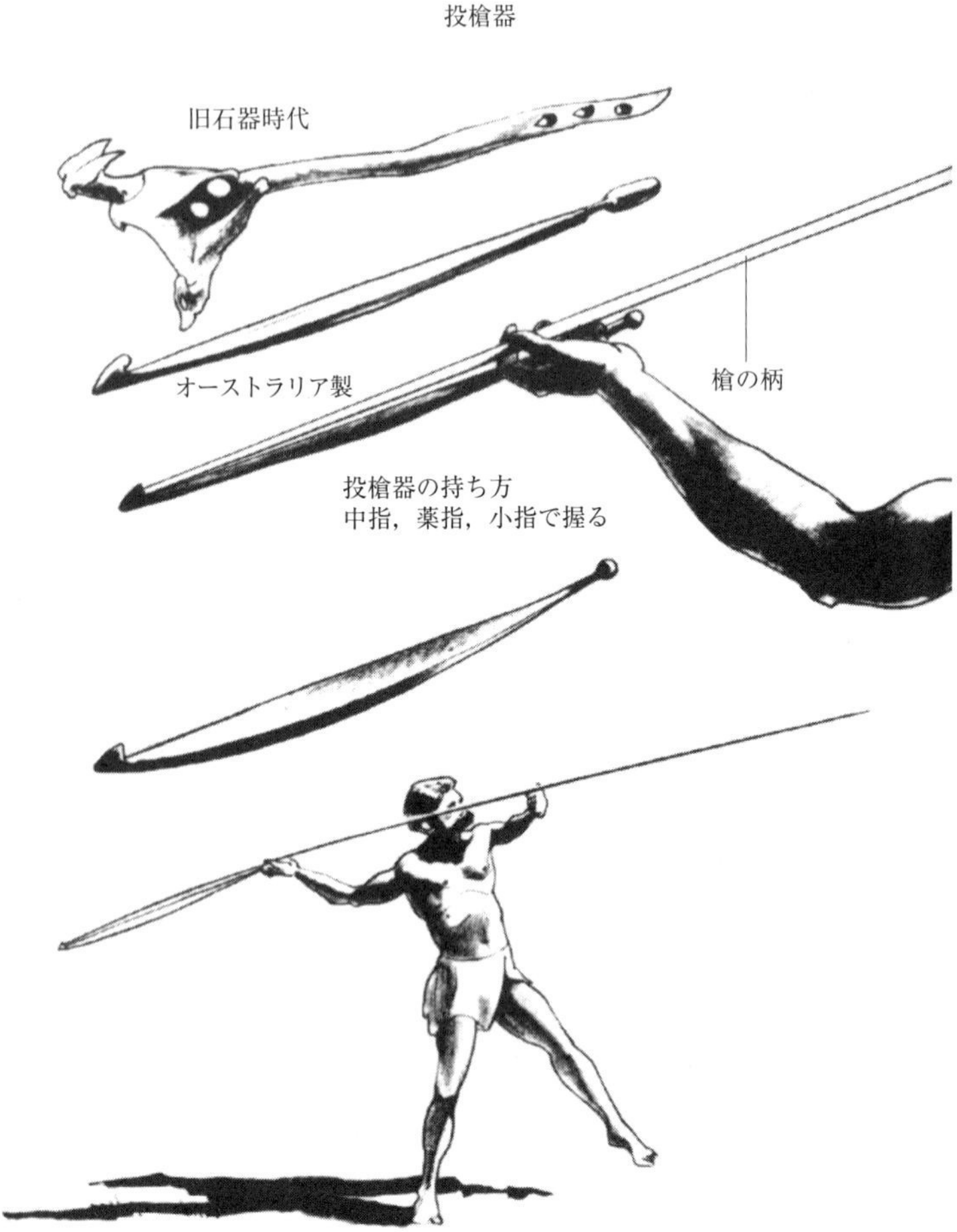
投槍器
旧石器時代
オーストラリア製
槍の柄
投槍器の持ち方
中指，薬指，小指で握る

図14　投槍器の使用

武器――弓矢

ヨーロッパの投槍器は少なくとも一万五〇〇〇年以前の後期旧石器時代まで遡る。約一万年前の氷河期の終わり近くになってやっと弓矢がその後を継いだ。いつ、どこで、誰が弓矢を発明したかは、わからない。数カ所で発明されたかどうかすら、わからない。人間の筋肉に頼るだけでなく、ばねを利用するため、機能的には槍よりも進化したものである。*ともかく、オーストラリアとタスマニアの注目すべき例外を除いて、先史時代に世界に広がっていった。

＊　ゆっくりと引いて、すばやく前に飛び出す。時間エネルギーを利用している。

適した木が手に入る土地では、地元の木を使って弓が作られたが、北極などのように、流木ぐらいしか材木が手に入らない地域では、動物の腱、角、クジラ髭などを接着したり、縛り付けたりして、弾力性を持たせた。流木すらないカリブー・エスキモーはジャコウウシの角から弓を作った。

アンダマン島人のS字型の弓

一番風変わりなのは、南アンダマン島人の、S字型弓である。一本作るのに四日間要した。まず、硬材の木を選ぶ、おそらくニクズクだろうが、確かではない。幹自体を使用するときもあるが、ふつうは枝で、直径が一〇センチ、湾曲部は一六〇度ある。この曲がり方が大切な特徴である。一・四メートルの長さに木を切り、上の端から約三分の二のところに湾曲をつける。

貝殻や鉄屑製の手斧で荒く形を作った後、細かく削り、キレナ貝で刻み目を入れる。そしてイノシシの

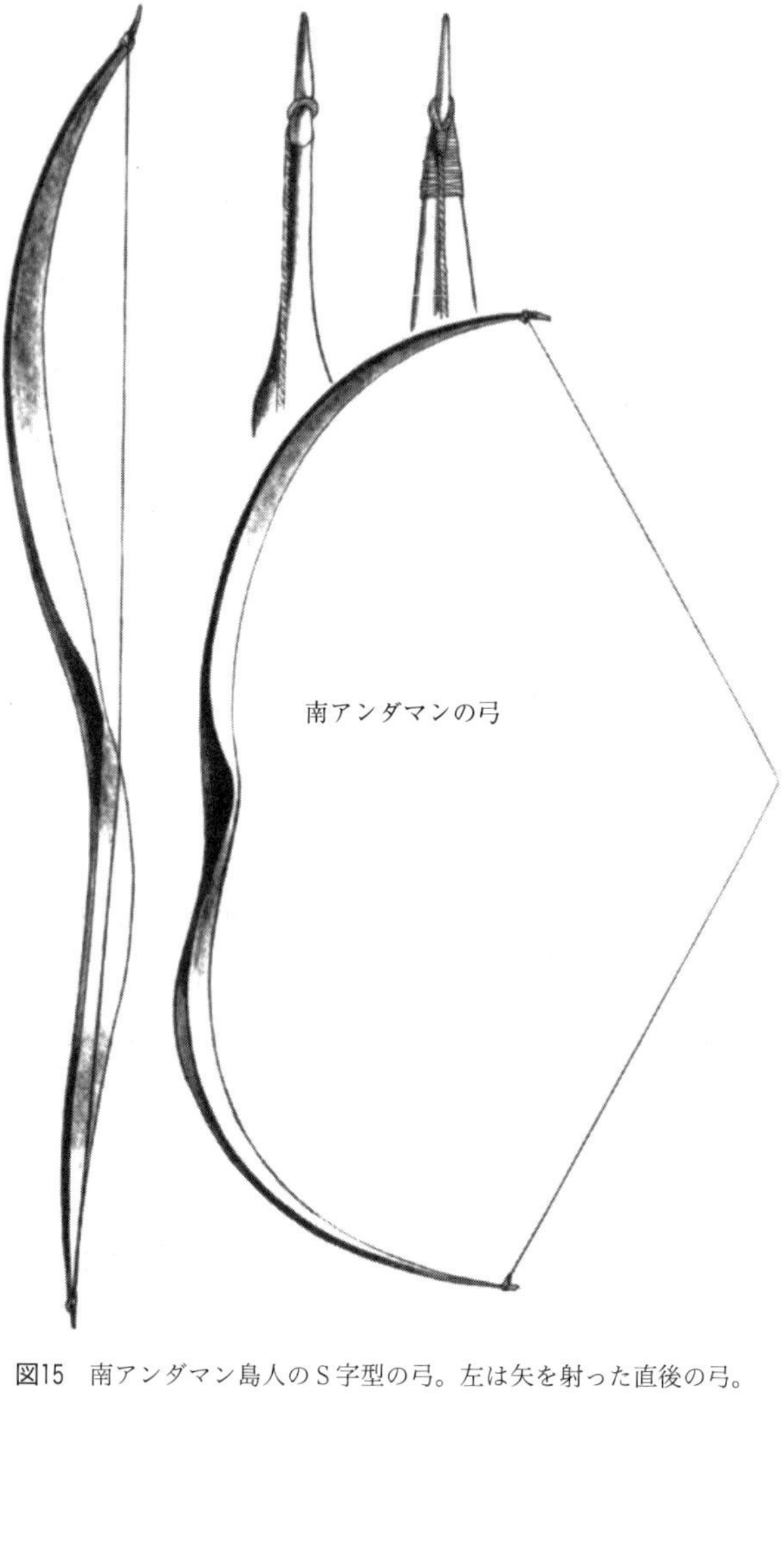

図15　南アンダマン島人のS字型の弓。左は矢を射った直後の弓。

牙を砥石で尖らせたもので、仕上げの形まで削る。これが終わると、白土と黄土を塗り付け、サトイモ科の繊維にろうを塗って弦にする。弓幹は握りの部分は丸いが、上下に行くに従って幅が広くなる。ちょうど砂時計のような形状で、そして末端はまた細くなる。幅広の部分は非常に細くかんなをかけられ、下のほうが上部よりも細い。

弦が張られても、弓幹の下部三分の一は、もとのまま下前方を指している。だが弦が引かれると、通常の弓のように、一つの円弧を描く。矢が放たれると、弦が柄にあたって、鋭い音がする。戦争ではこれは不利だろうが、魚を射たり、森で豚を射る分には、問題ない。豚はこの土地の唯一の獲物で、単独で行動する。藪が密生しているので、いっぺん射ち損なえば、音がしようがしまいが、豚はすぐに逃げてしまう。その形状から、この弓には一つの特別な長所がある。弦を弓幹の下部から外しておけば、弓幹の張りを解放できるので、使用しないときに弦をはずしておく必要がない。獲物を突然目にしたとき、いつでも即座に使える。

オナ族の弓作り

弓と同様に矢も、材質、長さ、材料が均一か合成か、どんな種類の鏃が使われているか、羽が付いているか、何の羽か、弦の種類に応じた切り込みがあるかなど、多彩である。こういった詳細は専門家に任せて、ここではティエラ・デル・フエゴのグアナコを狩猟するオナ族の弓製造を記述しよう。

彼らは幹が曲がって生えるある種の灌木を矢柄に用いる（*Berberis ilicifolia* つまり野生のメギ、またはニシキギ科の *Maytenus magellenica* だろう。後者の場合、幹ではなく、枝が使われる）。適当な長さを四つに割って、熱し、手と歯を使って真っすぐにする。タスマニア人が槍を直すのと同じやり方だ。特別に作られた、溝の入った石にはめ込んで、一本一本仕上げる。そしてキツネの皮で磨く。鳥の羽を二つに割ってはめ込み、細い腱で縛る。腱が固定するように、羽の所には白土を施す。そして矢の両端に切り込みを入れ、先端に鏃を付け、縛る。もともと、鏃には巧みに整形された石が使われたが、人類学者たちが観察したところ、オナ族はガラスを使っていた。難破船から流れたタールを少し、矢筈の上に塗って、握りを良くした。

こうした矢の製造で注目すべき点は、オナ族がこれを作るのに、国の広い地域から集めた六種類の材料と、持っている九つの道具のうち七つまで使ったこと、そして一四の工程を踏んだことである。矢とは彼らの最も高度な技術の成果であり、また技術の名に恥じなかった。なぜなら、同様に良くできたブナ材の弓を使えば、約二二九メートルは飛ぶ。九一メートル先のグアナコを射止めることができた。オナの土地には野生の植物がほとんど無かったので、食料の獲得はもっぱらこうした武器に依存していたのだろう。

毒矢

何らかの理由で、全く異なった環境で、矢に毒を使う狩人たちもいる。よく知られている四つの集団では、南部アフリカのブッシュマン、カリフォルニア中部のマイドゥ族、北海道のアイヌ、アフリカ降雨林のピグミーがいる。

ブッシュマンが毒矢を使うのは、比較的大きくて素早い動物を、短い射程で小さな弱い弓で射つ場合、獲物が倒れるところまで追いかけていくのだが、その距離を短くしてくれるからだ。他のブッシュマンは植物の毒を使うが、カラハリ砂漠のクン・ブッシュマンは（!kung: この感嘆符は口蓋舌茎音のカチッという音を表わす）、ハムシ（*Diamphidia simplex*）のさなぎを使う。この幼虫はある種の木の根元から掘り出す。

黄色やオレンジのさなぎがある。ブッシュマンによれば、黄色は雄で、ある特殊な嚢だけに毒を持つ。一方、オレンジは雌と言われ、全身に毒がある。ブッシュマンはこの幼虫を潰し、矢の前軸に塗り、鏃には塗らない。鏃はゲムズボックの肩甲骨でできている。他の骨では弱すぎて、貫通しないのだ。鏃に塗らないのは、取扱い上、事故を予防するためだ。

マイドゥ族はガラガラヘビの毒をシカ用の矢に用いる。この毒は村の首長だけが以下の方法で作る。首長はシカの肝臓をガラガラヘビに噛ませる。毒が染み込むと、これを乾かす。シカを追跡しに出かける前、狩人は鏃でこの肝臓を刺して行く。アイヌの矢の毒は、クマやシカ射ちに使われるが、トリカブトの乾いた塊根から抽出したものである。アフリカピグミーの毒は、植物毒と動物毒の混合で、主な成分はストリキニーネである。

アイヌは毒を使って、発情期のシカの大量虐殺を混乱なく行う。ピグミーは、普通に射つと死ぬ前に藪に逃げ込んで、見失ってしまう小さな動物を回収することができる。また、射った樹上のサルの筋肉を弛緩させ、断末魔の苦しみで枝にしがみつくのを防ぎ、地上に落とす。

十九世紀の末近く、フランスの宣教師、トリーユ神父が、ガボンのアコア・ピグミーの首長に、深い森で矢の毒をつくるのを見に来ないかと誘われた。普通は秘密裏に隠された行為である。出発前の夕べ、首長はいくつか呪文の言葉を口にした。それから盗んだ鶏の首をはね、足を持って、東西南北の方向に血をまき散らし、最後に空に向かって、「夜の首長」である月の恩恵を呼びかけた。それから彼は獲物の動物が毒矢に射たれ、よろめき、倒れて死ぬ様をまねて踊った。

翌朝、首長と神父は材料を集めた。一〇種類の植物、小さな甲虫の幼虫、クサリヘビの毒（蛇の頭を二股の枝で地面に固定し、怒らせて抽出した）である。植物に関しては、鑑定のため、標本がトリーユ神父によってパリに送られた。含まれていたのは、フジウツギ科が二種（キンリュウカとエリスロフロエム）、ベラドンナに近いアマリリスの一種、野生胡椒、野生ヤムイモの液、野生イチジクの樹液であった。最後の二つは毒性がないが、固めるために入れる。

首長は実際には一二種の内容物をすべて必要とはしなかった。心臓を即座に停止したり、神経系に働いたり、筋肉を麻痺させたりという効果は、幾つかが兼ね備えていたからだ。しかし組み合わせることによって、姿を消して隠れて死んでしまう前に、できるだけ早く獲物を停止させ、麻痺させ、殺すことが確実になる。首長がさまざまな内容物の特性を理解していることは明らかだった。というのは、ゾウ狩りの槍の毒を作っているとき、効果を長引かせるために手法を変更していたからだ。

材料を集め終わると、首長は木の股に隠した。村に持ち帰ってはいけないのだ。

森へ行くのは三度目だが、トリーユ神父は毒作りを目にすることになった。首長は非常に集中して事に当たった。手や目に危険な材料を付けないように気を配るのだ。まず、球根だの、木の皮だの植物の材料を切りそろえて、繊維の余ったところは取り除く。屑は土に埋める。それから椀に入れ、石で砕く。時折水をかけて、唾を混ぜる。唾を吐くたびに、この毒で殺したい動物への呪文を呟く。赤褐色になるまでスプーンで混ぜ合わせて、火で乾かした白い沼地ガマの皮を加えた。これは触ると危険である。

次に彼はこの混合物を煮つめて、ペースト状になるまで水分を蒸発させた。冷めると、砕いた甲虫の幼虫を加えた。手に入らない場合は、代わりに麻痺即効性のある一種の黒アリを用いた。それからこの完成した毒を柔らかい木の皮に包み、この目的のために撃ち殺したサルの死骸の中に入れ、沼地の黒土に埋めた。

数日後、腐敗したサルを掘り出すと、指先に葉を巻いて、触れないように包みを解き、また森へ持って行き、開いてトウダイグサの樹液を混ぜた。矢先にくっつくようにするのだ。葉の上に適当な分量を置き、矢を列に並べて、一本ずつゆっくりと矢先を毒の中で回す。それから柄を両手のひらに持って素早く振り回した。持ってきた矢すべてに毒を塗り終わると、木の皮の矢筒に注意深く仕舞った。これで狩りの準備は整った。

森林沿いの道路を行く旅行客は、木の皮の腰蓑を身にまとった年輩の小柄な黒人を目にすることがある。まちがいなくこの自然の申し子は、多くの薬草の特性を知っている。その中の幾つかはまだ西洋科学では解明されていない。彼はさらに最大の効果の上がる組み合わせ方にも通じている。森と沼地という薬屋を持ち、実験室は高い木々の蔭の秘密の場所である。最小の備品でピグミーの毒使いは、繊細で、危険の伴う、高度な技術の一連の作業を行う。その手腕は現代の専門家に匹敵する。

毒の所有は、厳粛な責任を伴う。使用に際して、非常な慎重さと厳しい訓練が要求される。射手は、仲間がどこにいるか把握してからでなければ、毒矢を放ってはいけない。矢を扱うには細心の注意を払って行い、獲物を目にして有頂天になってはならない。もし妻を寝取られても、就寝中の敵を毒矢で傷つけたりしてはいけない。知る限りで、ピグミー、ブッシュマン、中央カリフォルニアのマイドゥ・インディアン、アイヌ等の文献には、仲間にこっそりに毒矢を用いた例はなかった。しかし、二六九頁で見ていくように、クン・ブッシュマンはかつて公然と戦いの中で、毒矢を互いに射っていた。またアコア・ピグミーも、野営地を襲うファン族に樹上から矢を射った。

忍び寄って捕獲する——オーストラリア

毒があるなしにかかわらず、棍棒、槍、弓矢等の原始的武器は、忍び寄ることが前提となる。われわれがかかわっている地域においては、この方法は最も広く行われている狩猟法である。これは、狩人が単独あるいは複数で野営地を後にし、獲物の所在を突き止め、必要なら追いかけ、別々にあるいは集団で殺すことを意味している。忍び寄りの成功は、武器の扱いのみならず、動物の習性に精通していることにかかっている。こういった習性は、それぞれ種によって独自性がある。すなわち、ひとつの種の動物は、性や年齢が異なっても、慣習に染まっていてもいなくても、通例、一律に同じ行動をとると期待されるのだ。

オーストラリアのアボリジニは、まさに尾行を行うにふさわしい素養を持っている。われわれが筆跡を判読できるのと同様、白人と接触するようになってから、警察は犯罪者捜索に地元の狩人を使っている。狩人は足跡でその人を特定できる。見知らぬ男が、X脚をしていたとか、足が不自由だったとか、疲労していたかどうか、歩幅からして身長はどのくらいか、体重はどのくらいか、当てることができる。こういった細部を知る能力を彼らは動物の尾行で培ったのだ。

西部オーストラリアの広大な砂漠で、狩人はカンガルーの足跡を見つけ、屈み込み、匂いをかぐ。並外れて鋭い嗅覚をアボリジニが持っているかどうかについては、実験によって確かめるべき余地がある。いずれにせよ、よく訓練されていることは確かだ。狩人はその足跡がどの程度新しいかわかる。カンガルーの糞や、動物がおしっこをした場所が見つかれば、時間の経過がよりはっきりする。

かなり新しい足跡が見つかれば、匂いがあってもなくても、次の手段は単に追いかけるだけだ。夜はその足跡の上に眠り、視界に動物があらわれるまで追う。原則として、追跡を察知するまで、動物は先を急がない。時折立ち止まって、水分の多い灌木をかじり、日中暑いときは、木陰で休む。男は一定の速度で明け方から日没まで歩き、まもなく獲物の目前まで迫る。

遠くから見定めると、風下からカンガルーに近づく。細心の注意を払って、灌木から灌木へ、岩から岩へ、動物が余所を見ているときだけ動くようにする。射程に入ると、反対側から射たれたように見せかけて、頭めがけて槍を投げる。するとカンガルーは狩人のほうへ走ってきて、短い射程で、第二の槍をもっと正確に射ることができる。

尾行――北アメリカ

尾行は雪中では容易だ。アラスカ・カナダ国境地域の、ユーコン川上流のクチン・インディアンは、図が示すように、特別な方法でムースを狩る。早朝と午後遅くに餌を食い、日中は休息するこの動物が、特定の植物の繁殖地帯を歩くことを狩人は知っている。餌を食べたり、横になる前に、ムースは自分の足跡の風下のほうへ引き返す。追ってくる人や動物を嗅ぎ付けるためだ。狩人はムースの足跡まで近づくと、追いかけないで、その風下のほうへ数回円弧を描くように進み、足跡を追い越すところまで行く。それから音を立てないように注意して、小さい円を描いて風下から戻り、射程距離に入る。

前項とこの項の二例はオーストラリアと北アメリカ・インディアンの狩人だけでなく、狩る動物や地域により形を変えて、世界中の多くの場所の槍使いや弓使いに見られる。例えば、南部アフリカ・ブッシュマンや、低地カリフォルニアの今では絶滅した狩人などである。

囮による狩猟

忍び寄る場合、囮の利用も多い。メイン州ペノブスコット族のインディアンは、カバノキの樹皮のらっぱで、雌の声を真似して、発情期の雄のムースを引き寄せる。近くに来ると、池や川の側ならば、狩人はらっぱに水を汲んで、水辺に撒いて雌の排尿に似た音をさせる。この音で雄の性衝動は頂点に達するよう

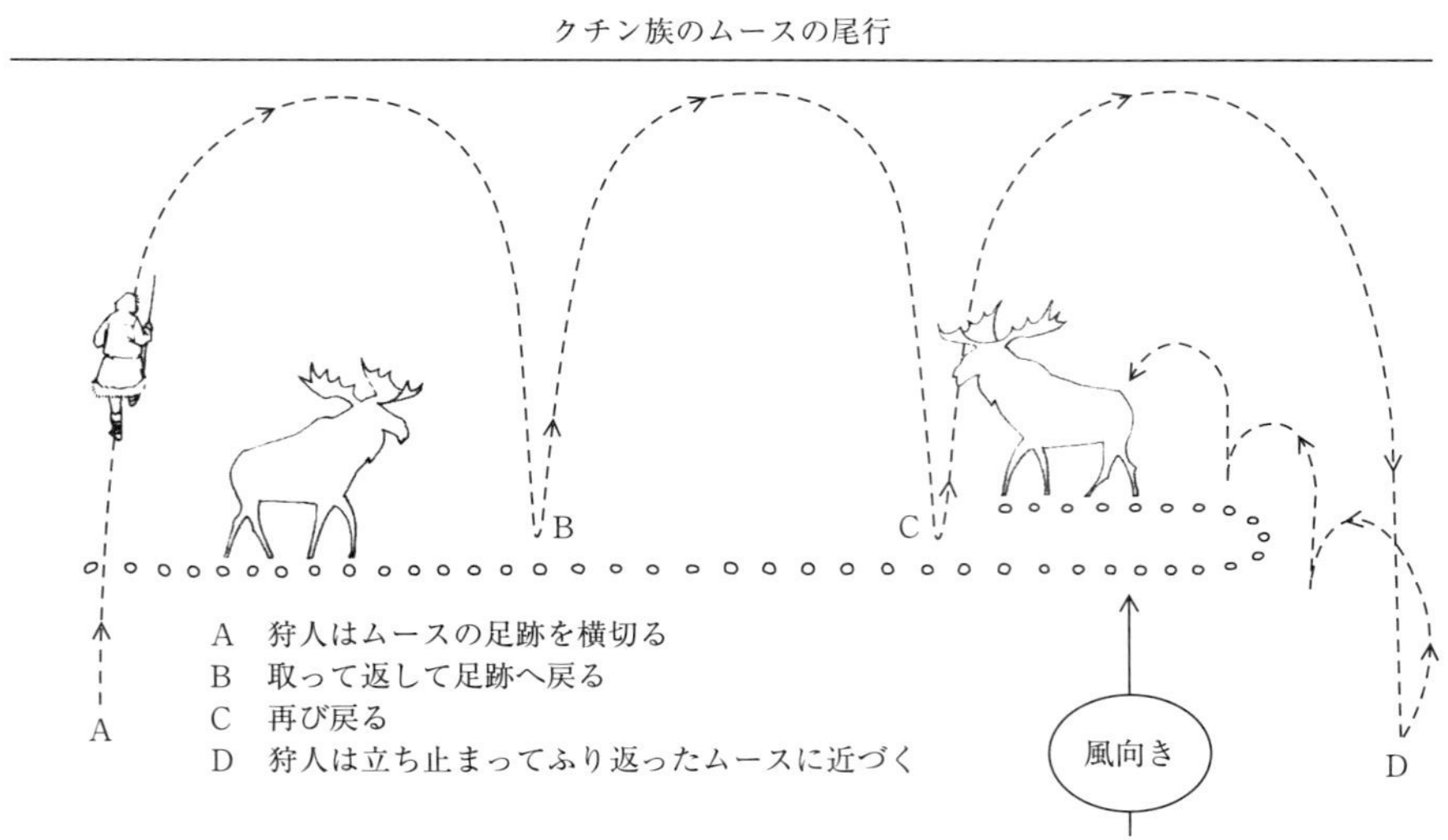

図16　クチン族狩人のムースの尾行の仕方（Cornelius Osgood, 1936に拠る）

アイヌの鹿笛，実物大

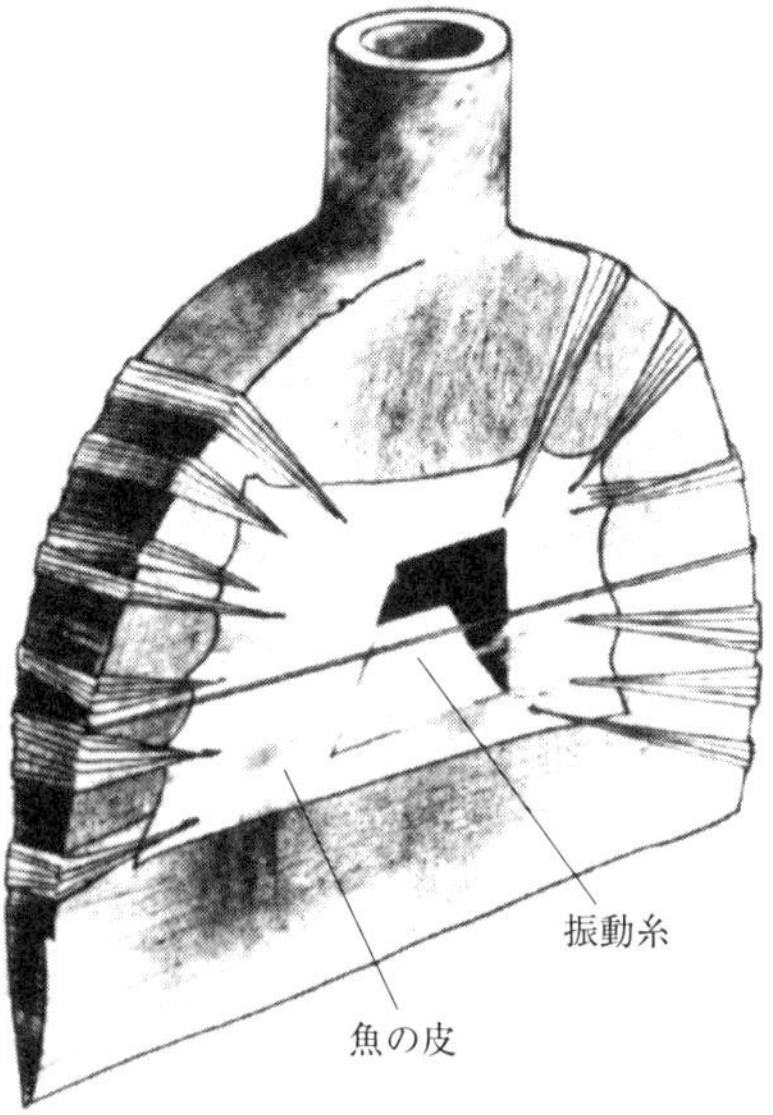

図17　アイヌの狩人が迷子の子ジカの鳴き声を真似る仕掛け

に仕組まれている。

アイヌ民族は、長さ約一〇センチ、幅五センチの木片で、もっと複雑なシカ笛を作る。これは断面がくさび形で、厚くなった端は半円を描く。この円弧上から穴を開け、板の表側まで通す。とても薄い魚の皮を板の表面の穴の上に貼る。皮は魚の内臓をより合わせて作った糸で縛る。そのうち一本の糸は穴の上にピンと張り、これは振動器の役目をする。隠れている狩人がシカをおびき寄せるには、まず穴の上にある糸を濡らし、それから円弧上の吹き口から吹く。その間、親指を魚の皮の上に走らせる。音は子ジカの鳴き声にとても良く似ているので、雌ジカを射程まで引き寄せることになる。

変装して狩猟

動物に変装して、中に混じり、至近距離で音もなく獲物を捕る狩人もいる。こうした変装において大事なことは、他の技術と同様に、どこに着目するかである。ある種の動物がお互いを認識する方法は、身体全体というよりむしろ、身体の一部や特徴的な姿勢・歩き方によってである。狩人はこれを知っていて、うまく選び取って動物の真似をする。

最も明快な一例は、カリフォルニア中部のマイドゥ・インディアンの方法だ。発情期に、狩人は一人か二人ぐらいでシカの群れの中へ入って行く。シカの皮を着て、中をくり抜いて軽くした角を身につけてである。

狩人の胸は白く塗られ、前足に見せかける棒を二本持っている。時折棒を擦り合わせて、交尾の過程で行う、互いの角の擦り合わせの音を真似する。適時、狩人は次々とガラガラヘビの毒矢でシカを射つ。この毒の製法は前の項目で述べた。

フランスのアリエージュ県トロワ・フレールの洞窟には、こうした変装をした男の姿を描いた有名な壁画がある。これは「魔術師」と呼ばれるが、発見したフランスの考古学者が、マイドゥの慣習を知っていたなら、「シカに忍び寄る人」と呼んだかもしれない。この絵は約一万四〇〇〇年前、マドレーヌ文化第四期時代のものである。

一度にたくさん射止める

獲物に忍び寄る狩人は一匹ずつ動物を殺すが、前に述べたように、大量に一度に殺して多くの肉を得る方法もある。最も簡単なのは、共同狩猟、すなわち包囲猟法である。例えば、コンゴ共和国イトゥリ森林のエフェ・ピグミーは弓使いである。一年を通して、彼らは二～四人の男で獲物に忍び寄って捕らえる。こうしたチームはバンドの総動員数の半数である。

しかし一年に一度、バンド内のすべての家族が、共同包囲のために団結する。男も女も子供たちも大きな輪を作って広がり、男は弓で武装し、女子供は棒を持つ。合図があると、灌木を叩き、できるだけ大声で叫び始める。獲物を脅すのだ。これは、通例の忍び寄る方法と全く逆だ。ふつうは女子供は参加せず、沈黙が大切である。勢子たちは中央に集まりだして、円周が小さくなると、動物の逃げ出せる確率が低くなる。こうして最後には獲物は円の中央をうろつき回る。すると弓使いがとどめを刺しに中に入る。人を射たないように注意する。

当然のことながら、こうした狩猟は土地の動物の数を激減させる。そしてその森の動物の数が、他から移り住んで元の数に戻るには、約二カ月かかる。しかしこの一時的な食肉の欠乏は、ピグミーたちに飢餓をもたらさない。共同狩猟はちょうど蜂蜜の季節の直前に行われる。この時期は蜂蜜だけでなく、多くの植物食料が豊富なのだ。この二カ月の間、ふつう四〜八家族に制限される狩猟バンドが、さらに小さい単位に分かれて、蜂蜜、熟した果実、塊茎、キノコを堪能する。

こうした共同狩猟では、バンドの総エネルギーが一度に費やされる。この勢子の労働力に取って代わり、作業を容易にするものとして、火や水などの天然の力を利用する方法がある。ウマを手に入れる前は、アメリカ平原インディアンたちは、バイソンの風上から乾燥した草に火を放った。ウシが川上の断崖のそばで草を食んでいるときにだ。風が火を断崖のほうへ運ぶと、バイソンはあわてて逃げ出し、転げ回り、川堤で待っている狩人たちにとどめを刺される。

オレゴン南部中央のクラマス・インディアンは、この技術を流用して、シカを滝に追い込むのに使った。そのときシカはクラマス湖のペリカン湾脇の斜面で草を食んで群れていた。村の男たちが岸辺の近くに潜み、シカの後ろへ回り、湖へ追い回した。女たちはカヌーで待っていて、棍棒でこれを殺した。

垣根や柵に追い込む

第三の方法は、垣根で囲って、動物を狭い山間に追い込んで仕留めたり、柵に入れる方法である。垣根作りは数人で足りるが、適当な時期になるまでやらず、一度作ると修理して何度も流用される。時には、ただ灌木を間隔を置いて並べただけの垣根もある。間に人が立ち、動物が隙間から逃げようとすると、跳び出して押し戻す。タスマニアやカリフォルニアなど広範囲にわたって、事例が報告されている。

この狩猟方法は、自動的に働くわななどの仕掛けと組み合わさると、より効果的になる。ユーコン川上流地域のクチン・インディアンのカリブー狩りなどの例がある。彼らの領地は、アラスカとカナダの国境にまたがる。これらのインディアンは常設のあるいは半常設の丸い柵を作り、その直径は大きいもので二・四キロあった。建造と修理は夏場に行い、秋冬の狩猟の準備をした。

入口以外は、約一・二メートルの高さの柱で囲まれている。柱と柱の間は灌木や棒で塞ぎ、一度に一匹のカリブーだけ通れる幅の隙間を幾つか残して置く。そしてその隙間の先にはわなが設けてある。隙間は約二・四メートルしかなく、わなにはたくさんの獲物がかかった。

柵の入口は、一・八メートルの高さの他の柱の列につながっている。この柱の列はじょうご状に開いている。柱はコケで人の形に飾られているので、カリブーは恐れて、その間を抜けて逃げようとしない。一番端のほうは柱どうしがとても離れているが、入口に近づくにつれて、互いに近づけて立ててあった。

こうした柵を有効に使うには、一つの野営地あるいは村の人口では足らず、数バンドがこの目的のために団結した。カリブーの一群が草を食んでいるのを目撃すると、狩人たちは群れを取り囲み、オオカミのように吠えて、柵のほうへ追いやった。群れが柵の中へ入ると、入口に狩人たちが立った。逃げようとするカリブーは弓で射て、他の仲間を恐がらせた。こうしてカリブーは出口へと走り、わなに捕まった。狩

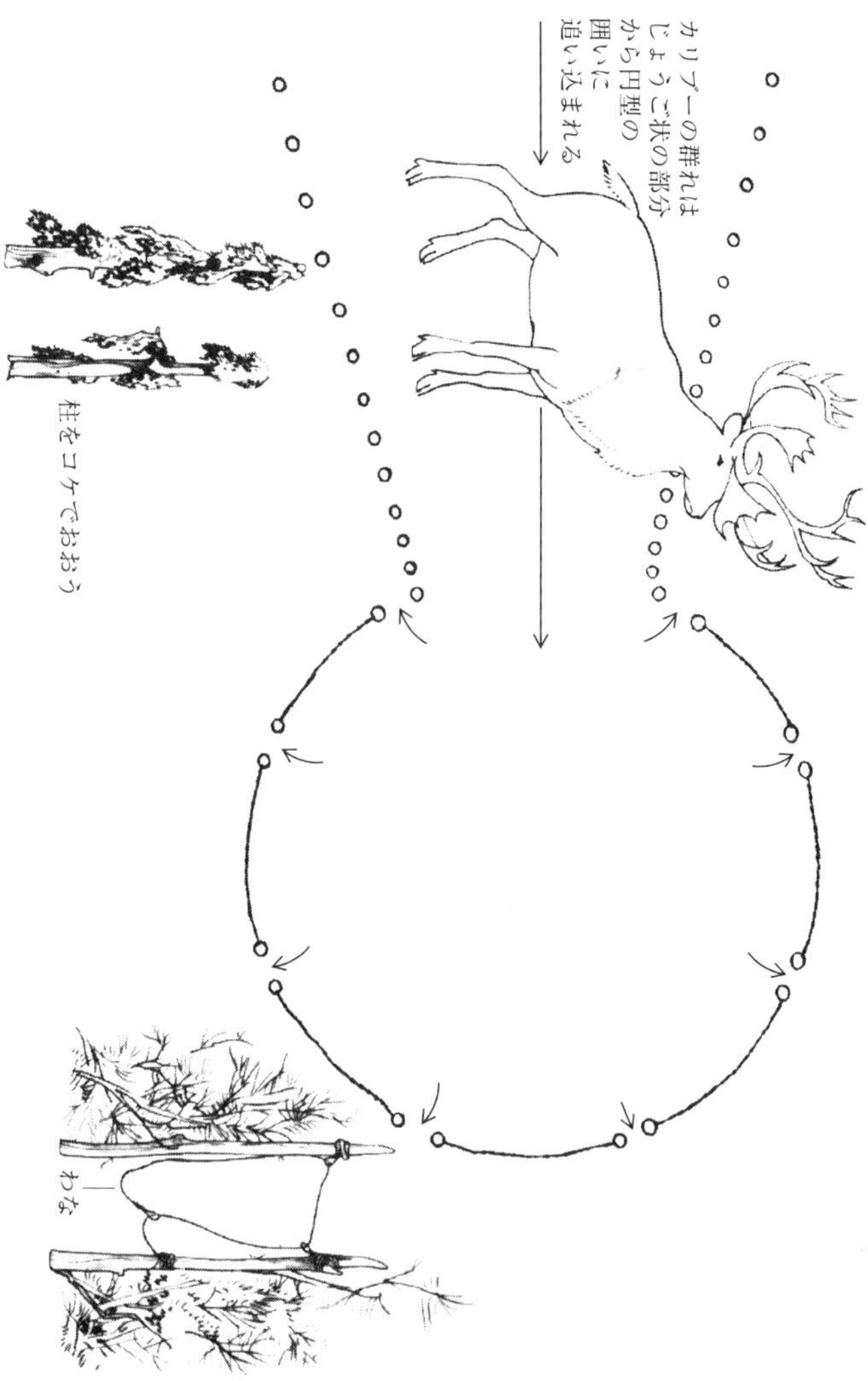

図18　クチン族のカリブー柵。直径約2.4キロのものもある。

りが終わるまで柵の中には誰も入らなかった。

もっと凝った方法はアイヌのやり方で、彼らは柵ではなく、真っ直ぐな垣根を川に平行に立てた。また投げ縄や仕掛け矢を使った。毎年一〇月半ば、シカの群れが山岳地域の山林の丘から渓谷の底まで移住してくる。毎年通る道筋は同じである。習慣的にシカは、雪が降る前、川と接する平地で草を食む。アイヌの居住地も川岸の近くにある。サケ漁のためと、(川が凍る冬季を除いて) 主な交通手段は丸木のカヌーであるためだ。家から四、五キロメートル離れたところに、アイヌはシカ用の垣根の柱を立てる。大概は林間だが、時には平地にも立てる。こういった垣根は、延長数百メートル～一・六キロメートルに及ぶ。垣根の所々に、隙間を残しておく。隙間には弓と毒矢を仕掛けておく。シカがやってきて紐に触れると、引き金が引かれ、矢が放たれる。

狩りの前、男女は古い垣根を修理し、必要ならば新しく作る。最後に男たちが村の首領の監督の下、弓を仕掛ける。狩りが終わって、弓を片付けるのも、首領の仕事だった。上の斜面にシカが集まると、若者や女たち、イヌなどが、シカを垣根に追い込む。投げ縄や棍棒でやられるシカもあれば、仕掛け矢で射られるのもいた。

三月の半ばにも、アイヌはシカを狩猟した。この場合、野営地を離れ、丘を登って行った。容易に行き来できないほど川沿いの居住地から遠い。毎年そこへ行くので、狩人たちは寝泊まりする小屋を持っていた。また女たちを数人連れて行って料理をさせた。小屋は、モミの木立から容易に歩いて行ける距離に建てられた。このモミの下で、シカが集まって、タケの葉や他の植物を食んだ。木立の中はあまり雪が積もらないのだ。外の平地では、雪が部分的に溶けて、また凍り、表面が堅くなるので、シカの蹄が傷んで、走れない。しかし歩けないほどではない。この木立の外では、シカにはどうにも為す術がないのだ。まず狩人は木立からシカを追い払い、深い雪の中で、毒矢で射る。これが進行している最中、数人の狩人が木立の中に入り、幹に仕掛け矢を置く。外で殺されなかったシカがこの林間の避難所に戻ると、数頭がまた犠牲になるわけだ。

獲物を垣根に追い込むという方法の、もうひとつ手の込んだものは、サー・フランシス・ゴルトンという類まれな観察者の報告にある。彼は一八五〇年から一八五二年まで、南西アフリカ〔現ナミビア〕を訪れている。今でもケープ・ブッシュマンが居住する地域の水の豊富な丘には、数多くの動物がいた。ブッシュマンは、大勢で力を合わせて、高地から谷へ獲物の群れを追い込んだ。谷全体に垣根が巡らされており、それ以外の空き地には、深い落とし穴が設けてあった。

ゴルトンは述べている。「この辺りの丘に住むブッシュマンが作った、壮大な落とし穴を目にした。谷間全体一列に杭が打たれ、低木で覆われていた。垣根の所々に隙間があり、そこに深い落とし穴があった。使われている材木の強度と規模から見て、ブッシュマンの一大事業だった。すべての木々は、丘から焼き払い、運び去らなければならなかったようだ。もっと文明が発達した国においても、事業の規模から考えて、驚嘆すべきものだった。丘に動物の群れが見えると、ブッシュマンはこの柵まで谷間を追いかけてくる。この柵は高すぎて、動物は飛び越せない。そこで、隙間のほうへ逃げると、落とし穴にかかるというわけだった[*]」。

* Francis Galton, *Narrative of an Explorer in Tropical South Africa* (London, 1853), p. 160.

森を焼き払ったり、数キロメートルも木材を運んだり、杭穴や落とし穴を掘ったりという、この壮大な事業は、かなりの組織を必要としたに違いない。同じことは、年ごとの修繕や、狩猟そのものの運営、大量の肉の分配にも言える。砂漠に現存するブッシュマンにはこうした狩猟法の機会はない。細部に関してはわからずじまいである。

海の漁——銛

アイヌの付随的な、二次的な投げ縄と、クチンのわなを除けば、ここまでは、突き刺す武器について述べてきた。投げる棍棒、ブーメラン、槍、投げ矢、弓矢、仕掛け矢など、これらのものは投げられ、射られ、放たれると、狩人の制御を離れる。陸上なら、身体を傷つけたり、致命傷を与えれば、獲物を回収する可能性は高い。

しかし海での狩猟は、状況が変わる。傷ついたアザラシが、潜って、そのまま底に留まり、死んでしまうことも有り得る。北極クジラ、ウミガメ、他の浮遊する大型の魚を除けば、ほとんどの海洋哺乳類に言えることだ。そこで、必要なのは、銛である。銛は、長い紐に着脱可能な鏃が付いている。投げたり刺したりする柄の部分は外れて、海上で回収できるか、射手の手に残る。鏃には返しがあり、獲物の体内に埋め込まれるようになっている。射手は最終的には、紐を引いて獲物を手繰り寄せることができる。紐にはたいていブイが付いている。メカジキ漁には銛を使う。数世代前は、祖先たちはクジラ漁に使った。

かつて聞いたことがあるが、一人のアンダマン島人がヤンキーの捕鯨船に連れられてナンタケット島に住んだそうだ。彼は銛うちとして働いたそうだが、私には確かめる術がなかった。捕鯨船の船長がそうした男を雇うことに不思議はなかった。アンダマン島人は銛うちであったからだ。主な獲物としては、アオウミガメとタイマイで、それぞれ四五キログラム、一八〇キログラムの大きさまであった。おいしい肉がたくさんとれる上、これらのカメ類は、アンダマン島人に脂を供給した。彼らは好んでこれを軟膏にした。

銛を使用する前は、アンダマン島人は網を使って、大きな魚と一緒にカメを捕ったらしい。この荒れた海岸でヨーロッパや東洋の船が難破すると、アンダマン島人は釘や大釘、その他の金物を板材から手に入れた。これら釘や大釘があったからこそ、彼らは堅いウミガメの甲羅を突き刺して紐にかけることができるようになった。

しかしただ単に銛を投げただけでは、鉄の鏃がカメの背甲を突き通すまでには至らなかった。手を使って強く刺し込まなければならなかった。この問題があったので、アンダマン島人は、舳先に長い板がとび出したカヌーを作り、非常に長い柄の銛を作った。できるだけカメに近づき、銛うちは武器を手に、舳先に駆け乗り、飛び付きながら獲物の頭にうち込む。柄のほうは、手を離れて浮かび、ボートに残っている漕ぎ手は、紐の付いた浮きを二つ投げ込む。この後、カメを引き上げ、船体に縛るのは時間の問題だ。

網で捕ろうと、銛で射とうと、カメがよたよたと上陸して、砂浜に産卵するときは、アンダマン島人は決して邪魔しない。海に帰るときもだ。どうしてこういう保護行為をするのか尋ねると、男たちは困ったようで、返答しなかった。

オーストラリア・ノーザンテリトリーのマッカーサー川河口でも、現地のアボリジニが同様なやり方でジュゴンをうつ。アンダマン島同様、海から来た外部者から学んだ技術である可能性が高いが、われわれの見るところ、そうした解釈にあまり重要性はない。ここで真に注目すべきは、アンダマン島人と北オーストラリア人の如才なさである。大量に食料を手に入れる技術を目にし、自分たちにも真似できる技術だと知って、とびついたわけだ。

図19　エスキモーが捕鯨やアザラシ狩りに使うトグル継ぎ手の銛

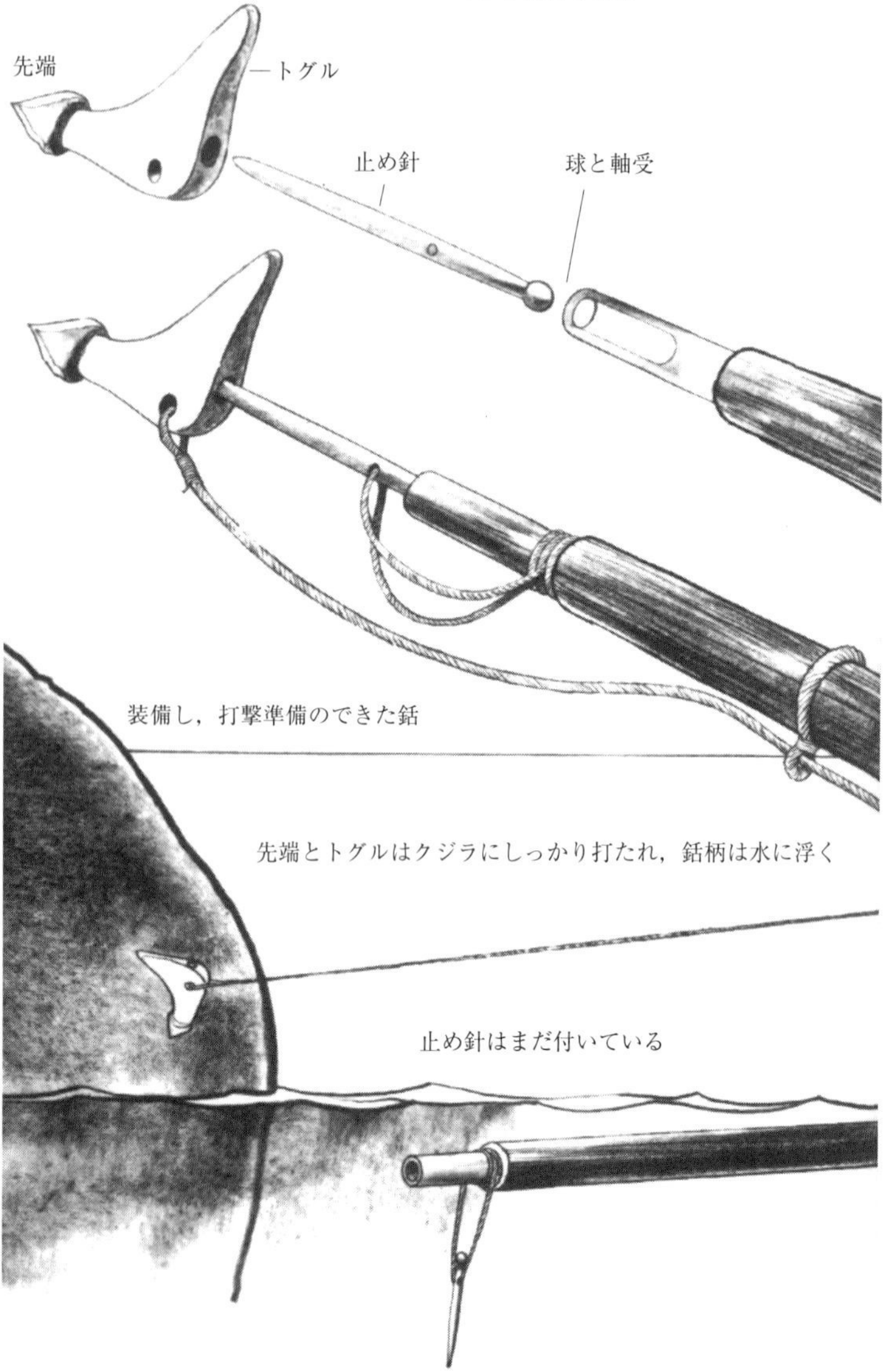

根っからの狩人で、銛うちでもある人のほとんどは、冷たい海水の中で海洋哺乳類を殺すために、こうした武器を使う。これらの動物からは、肉とともに皮や脂も採れる。この点ですぐ思い浮かぶのは、エスキモー、チュクチ族、北西岸インディアン、そしてフエゴ島地域のヤーガン族やアラカルフ族である。これらの民族の銛は着脱可能な鏃がついているが、技術的な細部や、機構的な複雑さの程度は、さまざまである。

ヤーガン族とアラカルフ族は比較的単純なものを作る。クジラの肋骨のかけらから、返しのある鏃を作り、イトスギ製の柄に差し込む。動物にうち込まれるまで、鏃は弾力のある皮に包まれて固定されている。小さい銛の場合は、鏃の底部に革紐を付け、その紐を柄の先端に巻き付けて、中央にしっかり固定する。動物の体内に鏃が貫通すると、揺れて外れて、あるいは獲物がのたうち回って外れて、銛の柄を引きずって行くのだが、紐は狩人の手の中に残る。大きな銛の場合は、一八メートルという長さの革製の綱が、軸に付いたやはり革製の環を通って、鏃とつながっている。銛うちは獲物を手繰り寄せる過程で、柄の部分を取り戻せる。

期待に違わず、エスキモーはもっと巧妙な銛を作る。これは玉継ぎ手とトグル継ぎ手の原理を合わせたものだ。木製の柄の先に紐でゆるく結びつけた、骨製か象牙製の先端軸に、鏃を差し込む。鏃の真ん中の穴に綱が通っている。動物を射ると、先端軸が鏃から外れて、紐で主軸からぶら下がる。これなら、動物の動きで主軸が折れることはない。これは銛の柄に適した木材が希少であるため、重要なことである。鏃が動物の肉に貫通したら、綱を引くと鏃が横向きになり、鏃の端と返しの部分がトグルの働きをし、鏃は抜けなくなる（図19参照）。

投石器と投げ縄

投げる武器（棍棒、槍、弓矢）に加えて、陸地の狩猟民は石も投げる。一時の思いつきで手にした、ごつい石は、狩りよりも喧嘩に適している。かなり空気抵抗があり、狙いにくいからだ。狩りにはこの二つの条件を満たす、つるつるの丸い石がよい。あらかじめ投げようとして用意する人は、水の流れで丸くなった小石を選び、ごつごつの形を球形に均す。

こうした石を投石器に入れるか、革紐の端に結んで、頭上で回してから投げると、かなりの速さと距離が出る。機能的な原理は、本質的には槍投げ器と同じで、投げ手の腕を伸ばす役を果たす。羊飼いたちは、投石器をヒツジの群れを管理するのによく使うのに、狩人はあまり使わない。その主な例外は、ヤーガン族、ティエラ・デル・フエゴのオナ族など、これで鳥を捕る人々である。

パタゴニアのテウェルチェ族は、オナ族とは親類関係だが、かつては一本の革紐の付いた野球のボール大の石を投げていた。振り回してから投げると、まるで彗星の尾のように革紐が空中を飛ぶ。これが当たると、グアナコやレア（南米産のダチョウ）は気絶する。こうした石には、スペイン人と接触する前に遡るが、携帯用に溝が掘ってあるものもあった。入念な準備が必要な、重要な武器であった証拠である。

単独で用いられたわけではない。しばしばテウェルチェ族は紐の両端に二つ石を付けた。片手に一方の石を持って、もう一方を振り回す。投げ放つと、二つの石は遠心力で空中を回って飛び、片方が、あるいは革紐がグアナコに当たる。動物はこの衝撃で紐にからまってしまう。三つの石を使う変型もあった。大きな石が二つと、持って振り回す小さな石が付いていた。スペインの馬や牛の移入後、インディアンやあとを継いだガウチョたちは、こうしたボラを、カウボーイが投げ縄を使うように用いた。石は輸入した金属の球に取って代わられた。

エスキモーもまた、飛んでいる鳥を落とすのに、独自の形式の投げ縄を作った。五個から八個の骨を結び、中央に結び目を作る。飛んでいくと、この仕掛けは鳥撃ち網のように広がる。からまって、鳥は地に落ちるのだ。

網による狩猟——海、空、陸地

多少系統的にこの狩猟武器の調査を続けるとしたら、投げ縄に続くものは、殺す仕掛けではなく、捕えて離さない武器である。この流れの一端に狩人が不在の時に働くわながある。投げ縄とわなの中間の位置に網があり、比較的複雑な仕組みをもつ網があり、狩人が立ち会っていることを必要とする点で、わなと異なる。

技術的には、網というものは、女たちの運び籠のような、柔らかい縄編みの口の開いた籠と、織物の間に位置する。適当な大きさの網を編むには、かなりの量の縄を必要とし、上手に作るためには、編み目を均一に運ぶ網針と、結び目の知識も必要になる。こうした条件が重なるため、網を作る狩人の数が非常に少ないことは驚くに足らない。特に使用が適している漁のためにもあまり作らない。

前述したように、難破船から鉄屑を手に入れて銛の鏃をこしらえる前は、アンダマン島人は、ハイビスカスの繊維で作った網でウミガメを捕まえていた。紐も網も手作りするほど専門化していた。アラカルフ族は銛も所有していたが、時折、アシカを捕らえる別の方法として網を使用した。この網はあまり大きくなく、革紐製であった。この動物の群れが、小さな島の岩肌で日に当たっているのをボートから目にすると、気づかれないように上陸して、至近距離の洞穴や岩の背後に隠れる。そこから網を手に飛び出して、大きな、成獣の獲物に網を投げて絡ませる。こうして海に逃げないようにして、棍棒で殺すのである。

ラブラドル半島、スミス海峡、ベーリング海峡のエスキモーたちは、竿の先に小さな網を付けて、低く飛ぶ鳥をすくい採る。場所は鳥が谷間を滑空するところだ。オーストラリア南東のマリー川は永久河川だが、アボリジニは、カモが餌を採る流れに、テニスネット状の網を張る。カモより下流で、水面から少し上のところだ。それから男たちは上流にまわり、カモを下に追う。最初は飛び立たないようにゆっくり追い、網近くになると、カモを脅かして、飛び立たせる。カモは下流に向かって飛び始める。一人の男が、隠れて待っていて、ハヤブサの鳴き真似をし、ハヤブサの羽のようにぱたぱたする木の皮を空に投げる。するとカモは急降下し、低く水をかすめて飛び、網にぶつかる。首の羽毛が編み目に挟まって、逃げられなくなって男たちの手に落ちる。

動物を網に追い込む民族のほとんどは、森林耕作者で、主食のでんぷん質とバランスをとるために、時折食肉を必要とする。彼らはまた網作りにも精通している。狩人が陸上動物を網で捕獲する事例は数が少なく、手に入る文献では三例だけ見つけた。ひとつは、クイーンズランドの深い森林地帯で、約一世紀前にアボリジニが網でワラビーを捕らえているのが報告されている。詳細や確証については不明である。

他の二つの例は、詳細に記録されている。一つは、イトゥリ森林のムブティ・ピグミーのスアとアーカーの分家のバンドで、これは同族のエフェ分家の西に暮らすが、弓矢で狩りをする。もう一つは、ビルホール族として知られる種族で、インドのビハール州チョータナグプール高原、ランチ近郊に住む。両者ともに共生的である。ピグミーは、時に網猟も行う隣人の黒人たちから網を得る。ビルホールは自分で網を作る。彼らは縄ないに長けていて、稲作をする隣人に縄を売るのだ。肉と交換に、ピグミーは商売相手からバナナを得る。ビルホールはコメを得る。こうした耕作食料は、野生植物を集めるという日常作業から女たちを解放してくれる。こうして彼女らも狩猟に参加するのだ。詳細がわかるので、各部族の狩猟の日常を探ってみよう。彼らは、共生狩猟民がいかに肉の供給を得ていくかの好例である。呪術という重要な主題を紹介するきっかけも与えてくれる。

ムブティの網猟

網猟は包囲猟法と同じくらいの人数を必要とする。それに比べ、忍び寄る方法は少人数のグループしか必要としない。結果として、ムブティの網猟バンドは弓猟アーカー族のバンドよりも大きくなる。網猟狩猟民は忍び寄る方法の狩人よりも獲物を乱獲するので、より頻繁に森林の他の場所へ移動する。

網猟野営地に身を置いたと仮定して描写してみよう。老人や子供以外は、男も女も少年たちも狩りに出て、戻り、遅い昼食を取った。男たちは話し合い、翌日も出掛けるかを最終的に決定する。その決定は、ある部分は天候の予測に左右され、ある部分は食料の残量が左右する。答えがイエスなら、さらに、狩りをする場所を決める。これは獲物の位置に拠っている。

寝床に引き取る前、彼らは殺したい動物の動きを真似て、踊る。朝、出発する前、若者たちが後をつけていく足跡の始まる地点に火を熾し、青葉を投げ入れて煙を上げる。これは森の精の注意を狩りに向けさせるためである。行きと帰り、女たちは立ち止まり、根菜を掘り、キノコを採る。獲物と一緒に籠に入れて、持ち帰るのだ。

既婚者の現役狩人の男性は、各人が網を所有している。未婚者でも、同様な器量を示せれば、所有できる。網の幅は約一・二メートルで、長さは三〇〜九〇メートルある。こうした網を七〜三〇ぐらい半円状に設置し、藪や蔓に結ぶ。この網の裏に男たちは隠れる。通例、年輩者が中央に、若者は脇に位置する。

兄弟たちはそばに居たがる。他の誰かを助ける場合以外は、網の前を横切ってはならない。

網に対峙する形で、女たちは半円型に位置する。合図に合わせ、叫びながら、棒で藪を叩き始める。驚いた獲物は網に飛び込む。逃げようとするまで、殺さない。それからキンリュウカの毒矢で射たり、槍で打つ。一回目であまり動物が集まらないときは、新しい場所で繰り返す。十分に獲物が得られるか、諦めるまで続ける。小さい動物は女たちが籠に入れて野営地に持ち帰り、大きいやつは若者が肩に担いで運ぶ。翌日また狩りをするかしないかは、肉があとどれぐらい残っているか、天候がどうかにかかってくる。野営地を動かすか、日程を調整し直すため、一度、村へ肉を運ぶこともある。

ビルホール族のサル狩り

ムブティには、歓迎してくれる農耕民族が近隣にいるが、ビルホールにはそうした都合の良いものがない。女たちは身分を偽って、市場で、縄をコメ、布、刃物、鍋等に換えてくるが、男たちはある理由で森にとどまる。彼らはサルを殺して食うのだが、サルはヒンドゥー教徒にとって神聖な動物で、恵み深い神性であるベーダの猿神ハヌマンと同一視される。コンゴの村々では、ピグミーは半ばふざけて主催者の儀式に参加はするが、本来、凝った狩りの儀式を必要としない。それと反対に、ビルホールは、もともと儀式的であり、狩りの成功は儀礼の適切な演出と、祭礼のタブーを守ることにかかっていた。

ビルホールはマカークザルも獲るが、森で一番数の多いサルは木の葉を食べるヤセザルで、黒い毛皮と長い尻尾を持つ。こうしたサルは大きな群れをつくって餌を採る。男はそれぞれピグミーと同じくらいの大きさの網をこしらえ、所有している。結び合わせると、数百メートルに広がる。狩りに出るときは、男たちは鉄の斧を持つが、弓は持たない。実際、弓を所有する者は少ない。

サル狩りにみんなを連れていこうと首長が決心すると、体を洗い、清潔な腰巻きを身に付け、狩りに関係するそれぞれの霊に呼びかけ、名を呼びながら、コメを数粒地面に撒く。物売りに出ている女や、生理の女以外は、元気な者はほとんど連れていく。女たちは勢子の役をする。キャンプから出るとき、男たちは、後に残る女たちが自分らを見ないように気を使う。また、空の鍋や排便をしている人を見ないようにする。さもないと、狩りは失敗に終わる。

狩場に近づくと、伝令役を務める一人の男が、網を一カ所に集めて、首長に特別の杖を渡す。首長はその杖で網の山に触れる。首長は触れながら、祈りを捧げる。こうして網が奉献されると、狩りのさらなる準備を始めることができる。首長は斥候を送り、サルの居場所を特定する。場所がわかると、男たちは網を結びあわせて、広場の後方の竹竿の間に広げる。

男たちはチームに分かれ、特殊な側衛と勢子が両脇に陣どる。彼らはサルを木から追い、広場の地面におろす。それから網に向かって追いつめるのだ。網に引っかかれば、棍棒で武装した他の男たちが藪の隠れ場から現われ、殴り倒す。この仕事は、スア・ピグミーの網狩りよりもこつが要る。というのは、サルは賢い動物だからだ。木の上にいる間は、地面におろしたり、追い回すのが容易でない。儀式や決まりごとに表現されている不安感は、行程上何かがうまく運ばない時の予見から来るものだろう。

サルを殺すと、狩人の一人が板の上で竹の棒を擦って火を熾す。それからサルを焼き、切り分け、心臓、脳、その他の、その場で調理して食べる臓器を取り除く。まず首長が肉を少し炙り、霊に捧げる。男たちが一口ずつ食べた後、首長は残りの肉をある決まった儀礼に基づいて配分する。こうして狩人と勢子は分け前を家に持って帰る。

ビルホール族のバンド間共同シカ狩り

四月下旬から五月初旬にかけて、ビルホールに隣接する数バンドのメンバーが毎年行うシカ狩りのために力を合わせる。シカはサンバーまたはアクシスジカで、努力に報いてくれるだけ、大量の群れをこの時期に作る。この狩りには男だけ参加する。女たちは野営地に残り、厳しい性的タブーを守らねばならない。

さまざまなバンドのメンバーが集結するまで、伝令たちが首長間を往復して伝言を伝え、時と場所を決定する。首長は集まると会議を開き、規則に同意する。

各人は網、竹竿二本、斧、棍棒を持ってくる。道すがら鳥を射る弓を持つ者もいる。狩り場に来ると、あらかじめ同意されているように、一人の首長が全権を行使する。皆は自分の前に網を置き座り、これもまた特別に選ばれた伝令役が、一本の杖で網に触れて回る。彼がこの杖を座長の首長に渡すと、首長は空の神に祈り、彼らがやってきた方向を向き、手の中の杖を回す。祈りが終わると、霊を封じるために、やってきた道に杖を横様に置く。今度は黙ってもう一度祈りを捧げ、野営地に残した皆が邪悪な力に抗するように願う。

それから彼は、それぞれ約一〇人ほどの勢子をかかえる二人の側衛を指名し、網を結び合わせ、一列に広げさせる。狩りが始まり、サルの場合と同様に、勢子と側衛はシカを網に追い込み、棍棒で殴る。シカが殺されるたびに、殺した者のバンドの長（この狩り全体の長ではない）が、ある特殊な木の葉にそのシカの血を少し塗り、いろいろな丘や川に捧げる。その際、「今日われわれはあなたのヤギを奪いました（ヤギはヒンドゥーの生贄の動物である）。したがって、これを生贄に供します」とつぶやく。

最初の狩りがもし失敗なら、狩人として参加しているか、または単に付き従ってきたシャーマンが自分の杖で大地を打ち、一握りの木の葉を見て、どんな霊が狩りを妨げているか調べる。これはたいてい以前の狩りで死んだ先祖の霊と特定される。シャーマンが霊の名を呼び出すと、座長役の首長が、霊にタバコをひとつまみずつ捧げる。この後、また二回目の狩りが失敗すると、野営地に置いてきた女のうち、少なくとも一人が性的にふしだらであったと、首長たちは確信を持つ。狩りを見守る神々を怒らせ、報復として獲物を渡さなかったのだ。

ムブティとビルホールの網狩猟民の例に見る狩りとセックスの敵対関係

第1章で、性的行為と狩りにおける成功は互いに相容れないという、狩猟民の間の、一般的ではあるが、普遍的とは言えない感情について言及した。この認識は、動物の交尾の際、その警戒が弱まって、仕留めるのが容易であるという、彼らの共通の観察に一部関連している。しかし話はそれだけでは終わらない。ムブティとビルホールの網狩猟民の例がこの一般概念のテストケースとして役立つだろう。

さて、ピグミーはほぼ毎日狩りに出るが、いつでも好きな時に性交を行う。翌日狩りに出ようが出まいが関係ない。狩りの帰りに藪の中に入り込む者もいる。彼らにとって、セックスは狩りとは何らの関係も持っていない。女を連れていくことは、ピグミーにとって、野営地であろうと、森の中であろうと、淫らなことではない。だから農耕民である黒人の村を訪れるとき、野営地の全メンバーが赴く。もし農耕民の黒人がピグミーの女を妻のひとりにするなら、彼女はバンドを離れて、その村にとどまる。黒人は女が儀式を穢すことを気に病むが、この考えはピグミーにはあまり受け入れられない。彼らには森の生活があるのだ。

しばしば起こることだが、ビルホールがサル狩りをするとき、勢子として数人女を連れて行く。生理中の女は隔離して後に残すということ以外、性的なタブーは認められない。ただ、一緒に行かない女たちは生理中であろうとなかろうと、出かける男たちを目にすることを避ける。共同シカ狩りの際は、すべての女は後に残る。前夜は狩人は女と交わってはならない。待っている女は、複数のバンドにまたがる場合もあるが、男たちが戻るまで慎ましくしていなければならない。性的な行為が狩りを台無しにすると信じられているのだ。

以前に互いによく通じていた男女が、年に一度、異なったバンドのメンバーとして一緒になる場合、浮気の誘惑は大きい。だが、この大切な時に女のことで争うより、セックス抜きのほうが望ましい。このようにビルホールの呪術には根拠があり、同様の状況はムブティの網狩人には起こらない。

わな

網猟はわなに近い。というのは、狩人のいないところで働く仕掛けで獲物を捕るのがわなだからだ。しかし食料や獣皮が目的で、強くわなに依存している狩人は記録にはない。ただし、これらの仕掛けが垣根や柵と組み合わされたときは別である。例えば、クチン、アイヌ、ブッシュマンなどで、使用するときは必ずそばに誰か居る。

人が居なくて済むわなを最も必要とするのは、寒い北方に住み、衣料に毛皮を利用する者たちである。カナダやアラスカのインディアン、北アメリカのエスキモー、アジアのエスキモー、チュクチ族、その他の東アジアの狩人たちで、毛皮を着ている。彼らはみなボートや橇やリュージュを製造する技に長け、また道具も持ち合わせているため、かなり複雑なわなをこしらえることができる。

ハドソン湾会社や他の商売人がやってくる前までは、これらの民族は年中わなだけ作っているわけではなかった。例えば、捕鯨をするティガラのエスキモー、ティカラーミウットは、かつて家族で夏の間、オオカミやクズリ、キツネ、マーモットなどをわなや落とし穴に掛けに行った。オオカミやクズリの毛で、パーカの顔回りの襞襟を作ったり、キツネやマーモットの皮を柔らかく、暖かい下着にした。

こうした遠征にあたって、どんな種類の動物でも、一日に四頭以上はわなに掛けてはいけないことになっていた。そうでないと、こうした動物に変身する危険を冒すことになった。ずいぶん世代が前のことであるが、地元の逸話によれば、欲張りな狩人がこの禁忌を破ると、すぐに爪が伸びてきた。髪は獣毛に変わり、鼻は突き出た。夏の間、ティガラへ白人の毛皮商人たちがやってくるようになると、この魔法の呪文は破れた。ティカラーミウットは毛皮を乱獲したが、誰も動物には変身しなかった。動物自体は数が減り、見つけるのがむずかしくなったが。

わなの種類

わなを分類するにはさまざまな方法があるが、動物を捕まえる時の力学的考察を基礎に据えることが、最も機能的に体系立っている。つまり、動物自体の重量・運動量、バネのねじれ、吊るされる物体の重量である。後者の二つでは、バネまたは重りを解き放つ引き金の仕掛けが必要になる。

いわゆる鳥もちほど簡単な方法はない。木の枝にべたべたする物を塗り、とまっている鳥の足を捕らえ、飛び去れなくする。例えばオーストラリアのような、これに適したゴムが手に入る温暖な国で行われる。オーストラリア東南部やタスマニア西部では、アボリジニは比較的定住性であったが、地面に鋭い、先の尖った杭を埋め込む仕掛けを好んだ。カンガルーやワラビーがよく通る道沿いに据えて、跳ね回る獲物の足を傷つけるようにした。

垣根の穴越しに獲物を追い込む解放性の落とし穴に加えて、ブッシュマンは表面を隠した無人の落とし穴も掘っていた。動物自体の重量が決定的なエネルギーであるという点で、これは真の意味でわなであった。二種類あって、北部のものと南部のものがあった。北部ブッシュマンは乾季に穴を掘った。場所は水場へ向かう道程か、川岸であった。こうした落とし穴は通常の掘り棒で掘るが、約三・七メートルの長さで、深さも同じくらい、しかし幅は狭く、九〇センチ以下であった。内部は真ん中に残された土の壁で二部屋に分かれ、その壁は地面の高さほどはない。穴は獲物がやってくる方向に長く開けられ、藪で覆われた。かき出した土砂は別のところに捨てた。

足の長い動物は（ほとんどそうであったが）、最初の部屋に落ちると、分割する壁を乗り越えようともがき、壁に腹をのせて、前足と後足を前後にだらりと垂らす。キリンですら、こうしたわなで動けなくなる。

南部ブッシュマンは、前述のように獲物を追い込む種族だが、落とし穴も掘る。こちらは一部屋のもので、中央に鋭く、先の尖った杭があり、サイのような大型の動物も捕らえる。これは槍で殺す。

ベーリング海峡のシベリア側のチュクチ族は、もっと小さな、機能面ではもっと精巧な落とし穴を作る。餌を用い、また蓋のあるわなで、キツネを捕るのだ。凍った川へ行き、氷を室状に切る。一・六〜一・八メートル角で深さも同様である。これを氷の厚板で覆い、板にはちょうどキツネが入れるくらいの穴を穿つ。穴の下に、両側に埋め込んだ二本の杭で氷か木片の板をバランスをとって支えておく。そして餌を仕掛ける。キツネは餌を追って穴から跳び込み、揺れる仕切りに降り立ち、室の下の部屋に落ち、仕切りは元に戻る。もう出られない。室がいっぱいになるまで、他のキツネが続いて来る。

クチン・インディアンのカリブー柵のわなについては、すでに述べた。獲物の逃げ道に置かれた単独の輪わなは、単独の動物を捕らえるのに広く使われ、動物自身の力を利用する。ペノブスコット族のインディアンは、二本の棒に渡した横木から垂れた輪わなでウサギを捕っていた。先がすぼまった両脇の灌木によって、ウサギは輪わなに追い込まれる。首を輪に入れると、締まる。前へ跳んで逃げると、横木が落ちて、灌木へ引きずられ、ウサギは動けなくなる。輪わなは生皮でできているため硬く、獲物がかかるまで口が開いている。

エスキモーによって発明された仕掛けで、巧みさと単純さが合わさったものとして、ウルフ・トラップほど優れたものは他にない。これはバネの力と、オオカミ自身の体の熱を引き金に使う。両端がとがったクジラ髭の細片を巻いて、時計のぜんまい状にする。解けないように紐で結び、冬場に外に置く。凍ったところで、紐を切っておく。それからこれを肉片の中に忍ばせ、この肉も凍らせて、オオカミが現われた場所に仕掛ける。通りかかったオオカミが飲み込み、胃の中で氷が融けて、バネが解けて、オオカミの内臓を刺し抜き、痛々しい最期に導く。

木の柔軟性を使った仕掛けで、広く用いられているのは、バネ竿である。子供の頃、小さなカバノキに登り、重さでしなって、地上にゆっくりと降りると、枝ははねてもとに戻ったことを、おぼえている人もいるだろう。もし、枝を戻さないで、輪わなを先に付け、わなを地上に吊るすか置いたままにしたらどうだろうか。動物がわなにはまると、枝がはずれて、空中に引っ張られるというバネ竿ができあがる。

決定的な要素は引き金で、輪わなに付けられるのではなく――輪わなは垂れ下がっているか、棒で支えられている――、竿の先端の紐に取り付ける。紐はバネの力に持ちこたえるだけの強度がある。アメリカ・インディアンのマーモットわなは、輪わなを通り道の隙間に仕掛ける。紐が輪わなの後ろに通っており、マーモットが輪わなに首を入れて抜けても、まだ紐を何とかしなければならない。これを齧ると、首が絞まる。紐は噛まないが、餌は食うという動物には、地面に杭をさして、紐の先をぶら下げる。あるいは、先端を切った若木や低木は、根が張っているから、もっといいだろう。餌が紐に付いていれば、動物は取ろうとして、紐は外れ、動物は空中に舞う。

夏の間はバネ竿がうまくいくが、冬は樹液が枯れて、もろく、弾力がなくなる。代わりに狩人が使うのは、一種の撥釣瓶《はねつるべ》で、作用点にはバケツではなく輪わなを付ける。木の股でバランスをとった丸太で、太い端はどんな動物でも持ち上げるだけの重量がある。作用する原理は、吊るした物体の力の利用である。これから先は、獲物を絞殺するのではなく、押しつぶす落としわなに話が移る。

わなにはさまざまな種類がある。ブッシュマンも落とし穴を掘るだけではなく、つっかい棒で石板を支えて落としわなを作り、小さな動物を捕まえる。しかし、落としわなが最も広まったのは、前述のように、衣料として毛皮が必要な北部地域である。単純なわなよりも落としわながより有効なので、最もよく使われる。あるわなは二本の丸太で動物を押しつぶす。逃げられないように丸太に釘が打ってあるものもある。

アラスカのアサバスカ・インディアンが作るカリブーわなは、落としわなと輪わなの組み合わせである。木の枝から輪わなを垂らし、木の根元に斜めに支えた丸太の上端に穴を開け、輪わなの紐を通す。止め金で丸太を支えてあり、つまずくと、丸太が落ちて、輪がカリブーの首を絞める。

捕まる動物の重量や運動量に依存するわなは、足を引っかけたり、引き金を作用させる仕掛けは必要でない。鳥もち、杭、穴、首輪はそういう類だ。ペノブスコット・インディアンが使う巧妙だが単純なミンクわなもそうだ。木の幹の地上約一・八メートルの位置に穴を開け、口のところに二本の鋭い木の棒を挿し、上に向けるだけである。ミンクは穴まで登り、餌を取りに首を突っ込む。抜け出ようとすると、棒で首が傷つく。

　バネ竿や落としわなは引き金が必要である。使われる仕掛けの種類は、わな作りの才覚と、動物が行使する力の量によって変わる。あまりに強い力が必要なのでは、作用する前に動物に餌を持って逃げられてしまう。重い落としわなが、軽い引きで外れてしまうのはてこ比に問題がある。重りを宙に支えるものが二本の継ぎ木であれば、横に軽く引くだけで折れてしまう。これはエスキモーのクジラ銛の原理であった。二股の枝の間に木製の留め釘をぶら下げて、引っ張ると、分岐に沿って留め釘が動き、二股が太くなったところで放たれる引き金なら、引く力が弱くても働く。

　こうした精巧な機械仕掛けは、世界の中で北部地域だけに見られる、高度に進化した技術的複雑さのほんの一例に過ぎない。狩猟民に限って言うと、北海道を含む北東アジア、アリューシャン列島を含めた北アメリカ北部、エスキモーの国や内陸森林地帯のアメリカ北西岸でみられる。

結　論

　わなは特殊な二次的狩猟法である。またそれだけで使われる。食肉を供給し、極北地域で生存に必要な毛皮を供給する。多くの人の協力を必要とせず、勇ましいものとも言えない。社会構造に貢献することもない。神話になるような行為でもない。自分が役に立っているようにも思えず、高尚なものでもない。そういった狩猟は、次に見る一対一の大型動物の狩りにみられる。

第5章　大型動物の狩り

これまで調査してきた狩猟法のほとんどは、毛皮用のわなを除けば、主に食料としての動物を得る方法だった。人間は動物より賢いので、返り討ちに遭う危険はほとんどないから、動物を殺すための知恵を絞らなくてもよかった。今までの動物は人より小さかった。捕食性の動物は普通自分より大きな敵には刃向かわない。これはライオン、トラ、クマにも言える。

しかし知恵と武器の助けを借りて、人間はゾウやクジラといった大きな動物を敵に回すことができる。両者とも頭が良く、攻撃し返してくる。この意味で、大型動物の狩りはいくぶん危険を伴うが、その分栄誉に値する。気質、勇敢さ、技術等、誰もがこの狩りの素養があるとは限らない。この素養を備えた人は、同胞に分け与える食肉に応じて、尊敬を受け、秀でた人物と見なされる。

ヨーロッパの洞窟のマンモスの彫刻なり絵画を目にすると、大型動物の狩りはヨーロッパの先祖では、数千年前まで遡ることがわかる。しかし狩りをしたのはヨーロッパ人だけでない。アメリカ・インディアンもマンモスを殺していた。

数年前、これを書いている場所からたった数キロの、マサチューセッツ州イプスウィッチで遺跡が見つかり、多くの美しく意匠が施されたみぞ彫りの槍先が発見された。近くでは採れない燧石《すいせき》で作られ、約八〇〇〇年前のものと推定される。花崗岩の地層を浸食していた大陸の氷河が引いた後、現在塩沢である地帯に森林が広がった頃だ。ごく最近のことだが、地域住民が円盤形の骨を持ってきた。泥炭と青土の間で見つけたと言う。これはマンモスの距骨、つまりくるぶしの骨だろう。後になって、同じ場所で、同じ個体かまたは同種の別の動物の尺骨、つまり前肢下部の骨が出土した。

古代のインディアンはこうした燧石製の槍先をどこからか運び込んだか、買い取って、マンモスを殺した。彼らは巧みな狩人だった。というのは、マンモスは巨大で怪力の野獣であると同時に、悪知恵があり、ほんの数秒でも気を抜くと、人を鼻に引っかけ、地面に打ちつけ、踏みつけてぺしゃんこにしてしまうからだ。今も昔も、槍でマンモスを殺す体力と技を備えた人は、そうはいない。こうした才のある人は満足を覚えただろうし、名声も得ただろう。

ゾウ狩り——アコア・ピグミー

マンモスは現存のゾウの寒冷地版である。ゾウも現代の狩猟民には同様の好敵手である。リビア砂漠の奥深くの断崖には太古の壁画があり、足の長いゾウと一人の男の戦いを描いている。ゾウが勝利しそうで、おそらくピグミーであろう小さな男を鼻に巻いて、地上高く持ち上げている。

この戦闘が描かれた南部サハラ地域は、今ではほとんど月面のように不毛の地である。森林は南方に後退し、一緒にゾウや狩人、現代のピグミーも撤退した。ピグミーは今でもゾウ狩りをし、その詳細を知ることができる。というのは、トリーユ神父が——第4章で述べたように、首長の毒矢作りを観察した人だが——数回狩りに同行し、彼らの言動と歌を細かく記録したからだ。

これらのピグミーは、ゾウの国の、森や沼地に隠された常設の野営地に住んでいる。かつては年に数回ゾウ狩りを行い、一回に三、四頭も殺したが、手ぶらで帰ることもあった。彼らは巨大な白いゾウの存在を信じていて（白は死と亡霊の色である）、それは夢に現われ、助言をする。しかし、ゾウと霊的な交信ができる首長が白いゾウの夢を見ると、これは警告で、悪い予兆であった。直ちに野営地を余所へ動かさなければならなかった。狩りの最中、あるゾウが、ゾウに殺された狩人に似た歩き方や動作をすると、彼らは、死んだ男の魂がどういうわけか生きている動物の魂と一体化してしまったと、信じるのだ。仲間がゾウに踏み殺されても、悲しまなかった。彼は気高い死を遂げたのであり、ある意味でゾウの仲間に加わったのだ。実際には野営地は一人の人間を失ったとしても。

ゾウの群れが近くにいると報告されると、ピグミーたちは居ても立ってもいられなくなる。刺激とスリルと食べきれないほどの肉が見込まれるなど、ゾウ狩りほど面白いものは他にない。しかし遠征に乗り出す決定をする前に、首長は注意深くリスクを推し量らねばならない。最初に考慮すべきことは、犠牲は伴うものかどうか、そして何人くらいか、ということである。

そういったゾウの報告がなされたとき、ンキタという首長は、狩りの成功の見通しについて、霊に祈願した。すると夢の中で霊が、数人死者が出るだろうと告げた。この忠告を皆に語ると、男たちは、「われわれは空腹なのだ」と答えた。最終的な責任を回避したくて、ンキタは近隣の野営地の首長アクホールに使いを出し、狩りに参加しないかと誘った。アクホールは男も女も子供もみんな連れてやってきた。ンキタはこれはいい予兆だと考えた。

今度はアクホールが占うことになった。まず地面に晶洞石（内部が結晶化した空洞の石の塊）を置いた。野営地で一番小さな女の子が素っ裸になり、装飾品を付けずに、新鮮な水を運んで来て、晶洞石の開いた

ゾウの復讐
リビア国フェザン，イン・ハベターの壁画から

図20　ゾウが小さな男をひねりつぶす壁画。現在では草木のない地域で見つかっている（Leo Frobenius, *Ekade Ektab*, Leipzig, Verlag Otto Harrassowitz, 1937, Plate 63に拠る）

口に注いだ。アクホールはそれをてのひらで覆い、水の霊に呼びかけた。晶洞石は揺れ出した。アクホールは、手を動かして、みんなに見えるようにした。水は沸騰しているようにあわ立った。助手が花を持ってきて、アクホールが水に浸けた。そして水をはね散らし、大地に撒いた。多少乾くと、水が落ちて流れた地面の濡れた部分で占うのだ。真ん中に長い真っ直ぐな線が途切れずにあれば、道のりは遠く険しいが、最後は成功に導く。円は死んだ人を表わし、三角は死んだゾウを表わす。三角が五個あった。うまくいきそうだ。

しかし占いは一回だけでは十分でなかった。アクホールは地面に木の皮を広げ、八つの予言の品物を置いた。ちょうど「契約の箱」のウリムとトンミムのようなものだ。それは二つの雄羊の距骨と、二つのミズマメジカの距骨、そしてカメの甲羅が四つだった。すべて変わった印が付けてあった。雄羊の距骨は手

に入りにくかった。雄羊は黒人の村から盗んでくるしかなく、そこでは雄羊は飼育場で飼われ、厳重に監視されていた。ミズマメジカは生きて捕まえねばならず、蹄と角は切り落とし、死骸の残りの部分は、焼いて、灰にされた。

まず、アクホールはこの八つの品に、シロアリの油とアカスギの粉を混ぜたものを塗った。赤は結婚と出産を連想させる色である。これらの物を何回も投げて、どちらに落ちるか調べるが、一〇〇通り以上の組み合わせがあるという。距骨だけで、頭、底、外側、内側と四通りの落ち方がある。投擲が終わり、アクホールが予言するには、五頭ではなく、八頭のゾウが死ぬだろう。五頭は雄である。そして人間も一人死ぬ。トリーユ神父は彼らと共に狩りに出たが、予言は完璧に正しかったと報告している。神父自身もゾウを一頭仕留めたのではあるが。

狩りに出る前、この合同野営地のメンバーは歌を歌った。首長が独唱し、コーラスがつくもので、楽器の弓のブーンという音に合わせて歌われた。トリーユ神父は歌詞をフランス語に韻文化して翻訳した。以下のように英訳できる。重訳であることと、司祭の手書き原稿がさまざまに編集されたため、用語は完全に正確なわけではないが、真意は伝わるだろう。

ゾウの歌

すすり泣く森で、夕べの風の下、
漆黒の夜は、眠りにつく、幸福そうに。
空には星が震えながら逃れ、

ホタルが光り、消える、
上空高く、月は暗く、その白い光は失せた。
霊がさまよっている。
　ゾウ狩人よ、弓をとれ！
　　合唱――ゾウ狩人よ、弓をとれ！

臆病な森で木は眠る、木の葉は死んだ。
サルは目を閉じた、枝から高くぶら下がって。
カモシカが音もなく通り過ぎる、
冷たい草をかじる、耳をそば立てて、警戒して、
頭を上げ聴く、少しおびえて、
セミは静かに落ちる、羽音もせずに、
　ゾウ狩人よ、弓をとれ！
　　合唱――ゾウ狩人よ、弓をとれ！

激しい雨が打ちつける森では、
父親ゾウが重く歩く、バオウ、バオウ、
のんきに大胆に、力を信じて、
何者も打ち破れない父親ゾウ、

彼が押し倒す高い森の木々の中で、立ち止まり、また進む、
ものを食い、雄叫びをあげ、仲間を捜す、
父親ゾウよ、おまえの声が聞こえる、
　ゾウ狩人よ、弓をとれ！
　　合唱――ゾウ狩人よ、弓をとれ！

おまえの他に誰も居ない森で、
狩人よ、勇気を出せ、音もなく動け、走れ、跳べ、歩け、
肉はおまえの前にある、ものすごく大きな肉が、
丘のように歩く肉、
心を弾ませる肉、
炉端で焼かれる肉、
おまえの歯が食い込む肉、
美しい赤い肉、そしてわれわれが飲む湯気立つ血、
　ヨーヨー、ゾウ狩人よ、弓をとれ！
　　合唱――ヨーヨー、ゾウ狩人よ、弓をとれ！

それから、狩人たちは野営地を後にし、女子供が従った。偵察がゾウの足跡を見つけると、歩いてどのくらいたつか知るために、何人かが押しつぶされた土に舌をつけた。そして足跡を入念に観察して、性別

や年齢、背格好を言うことができた。

最初のゾウを確認すると、毒矢を浴びせられる近くまで忍び寄り、ある急所を狙って射る。しかしこの一斉射撃が何ら直接の効果を発揮しないと、特に勇敢で性急な男が命を賭した。ゾウの足の間に飛び込み、腹めがけて、毒槍をできる限り深く刺した。狙いと運が良ければ、胃に到達し、血管から毒を回せる。

刺されたゾウの最初の反応は復讐であった。鼻で男をとらえようとしたが、男はうまくジャンプして逃げた。ゾウは鼻を使って腹から槍を抜き、傷を泥で塞いだ。

ゾウが倒れて、死んでしまうと、女子供が取り囲み、「ンククル！ ンククル！」と甲高く叫んだ。ピグミーの嘆きの声だ。体を後ろに反らし、頭を腕に抱え、男たちは、「ゾウ様、ゾウ様」と言った。

そこで、担当の首長がゾウの死体に近寄り、弔いの歌を歌いながら、蔓植物の花冠を首に置いた。それから第二の歌を歌って、もうひとつ花冠を鼻に置いた。雄のゾウは去勢し、エリスロフロエムの葉に睾丸を包んだ。ある程度離れた森の中に運び、みんなで埋めた。この埋葬には第三の歌が伴う。各歌はそれぞれ以下のように訳すことができる。

［首長は花冠をゾウの首に置く］

我らの槍が道を外れ、
　ああ、父なるゾウよ！
殺すつもりはなかった、
傷つけるつもりはなかった、

ああ、父なるゾウよ！
戦士が命を奪ったのではない、
寿命が来たのだ、
我らの小屋を踏みつぶしに戻ってこないで、
　ああ、父なるゾウよ！

［首長は別の花冠をゾウの鼻に置く］

我らを怒らないで、
これから先、おまえの魂はもっとよくなる、
あなたは霊の国で生きる、
我らの父たちが絆を強めに共に行く、
　ああ、父なるゾウよ！

［ゾウの去勢後、睾丸を皆で埋めに行く］

ここにあなたは永遠に眠る、
これからは心安らかに、
あなたの子らはここにいる、

あなたの怒りが我らに降りかからないように。

ゾウの睾丸の埋葬から戻ると、首長はゾウの身体にのぼった。この生皮の高座で、模倣を盛り込んだ特別のゾウ踊りを披露した。また野営地を出るときと同じゾウの歌を歌った。ゾウが雌なら、鼻を飾って、第二の歌を歌った後、すぐに踊った。

首長が最後の演技を終えると、屠殺と祝宴が始まった。ピグミーはゾウの頭と鼻を切り、牙をはずした。深い穴を掘り、枯れ葉を燃やして火を熾《おこ》し、鼻を薫製にした。メインディッシュである。女たちは持って帰る残りの肉片を燻した。みんな肉が残っているうちはそこに居座った。もっとも、最後には蛆がわくのだが、その場合、蛆も一緒に食べた。宴会が終わると、女と子供はキャンプに帰り、男が後に従った。たくさんのゾウを殺したら、しばらくは帰らない。

ゾウ狩り——ムブティ・ピグミー

イトゥリ森林のムブティ・ピグミーは、弓追い狩人も、網猟バンドも、いずれもゾウを殺す。だが、今述べたような組織的なやり方ではない。また殺す数も少なく、年間零から三頭、ほぼいつも一頭だけである。エフェ族の弓使いは、実に賢いやり方でゾウ狩りをする。そばにゾウが居て、そのうちの一頭が特定のコースを辿るとわかると、いつも一緒に狩りをする数人で、通り道の両脇に身を隠す。ゾウがのんびりやってきて、一人の男が藪から前に飛び出すと、ゾウは立ち止まる。第二の男がゾウの後ろに忍び込み、片方の後足の腱を切る。ゾウは後ろを向くが、攻撃した者はもういない。そして別の男がもう片方の後足の腱を切る。ゾウは遠くに逃げられないので、ゆっくり料理ができる。

ムブティの網狩人はまた違ったやり方で、ゾウを捕る。自己満足と威信から、他人よりゾウ殺しを好む者たちがいる。そういう男は約一・二メートルの特殊な槍を持っている。剃刀のように鋭い鉄の槍先が付いている。新しいゾウの足跡に出会うと、身体じゅうにゾウの糞を塗りたくり、ゾウが人間の臭いをわからなくさせる。ゾウの内臓の音が聞こえるくらい近くに来ると、風があれば風下から忍び寄り、肋骨の下に槍を突き刺し、すぐに引き抜く。

アコアの狩人の場合、ちょうど闘牛のピカドールのように、槍使いに逃げるチャンスを与えるため、仲間がゾウの気をそらすのだが、単独で狩りをするムブティの場合、そうはいかない。ゾウが向きを変えても、男は棒立ちのままだ。ムブティに言わせると、まばたきするうちに、すぐあの世行きである。ゾウがこっちを見ていない限り、彼は突き刺し続け、傷ついたゾウは鼻を上げ、森へ突進して逃げる。

槍を手に、狩人はキャンプに戻り、他の者が居ないと、待っていて、自分の話を語り、槍を見せる。男も女も子供も集まって、武器を調べ、「うーん、刃にこれしか血がないから、たぶん死んでないな、逃がしてあげよう」と言う。

しかし血が槍柄のこれこれのところまで達していると、野営地をたたみ、ゾウの後を追い、死骸を探す。それは腐敗して、風船のように腹が膨れている。トリーユ神父がアコアと過ごしたのと同じくらいムブティと一緒に暮らしたパトリック・パットナムは、この膨張したゾウにたどり着いたピグミー族の、以下の儀式を目撃した。ゾウ狩人ではない一人の男が、膨れているところの肉を四角く切る。これを小さく刻み、そこにいるみんなの口に入れる。そして今切ったところの奥の層に進み、また分け与える。こうして次々と奥に進み、ついに表面が薄くなって、小さい風船状になっているところまで来る。

ゾウを殺した男の一番幼い息子か甥が選ばれ——いずれにせよ、狩人の親族で、一番若い者、しかもこの袋を噛みきれる者である――顔を押しつけ、噛みちぎれと命ぜられる。袋が破れると、子供の顔は臭い腐敗物で汚れる。子供は泣き叫ぶ。これは彼が一生忘れない経験である。他の人は生肉を好まず、調理したものが好きだ。

ここで分捕りあいが始まる。男たちはゾウの脇を切り裂き、内臓を引き出し、内部に潜り込んで、肉を叩き切る。やかんを持ってきたので、煮て、食えるだけ食い、残ったものを棚で乾かし、村の有力者に持って行く。象牙はゾウ狩人の特別のご贔屓筋にわたり、ギリシャ人かヒンドゥーの商人に売り払われ、狩人には少しの分け前が与えられる。

パットナムはこの袋噛みの儀式を説明しようとしていないが、明らかにある機能を果たしていそうだ。というのは、これが宴会を遅らせ、関係者は不快そうだったからだ。細かく検討してみよう。儀式の主人役は、ゾウ狩人でも、首長でもなかった。ムブティは首長を持たない。彼は全バンドを代表するある尊敬された人物であったに違いない。皆に聖餐式を施したのであるから。儀式は肉がバンド全体に属していることを主張していると解釈できる。この堂々たる野獣を殺した勇気ある男だけのものではないのだ。

続くエピソードに、少年の、むかつくような袋噛みがあるが、これは儀式のクライマックスであった。こんな扱いを受ける謂れはないが、彼は父か、叔父か、ゾウを殺した人の身代わりを務めているようであった。これは殺した者のふくれあがった自惚れを挫く方法であると結論できる。実際、一種のからかいであると言える。しかしそれだけでは終わらない点がある。このピグミーの狩人は迫る危険に自分の命を賭けた。さらなる要素としてつけ加わるのは、侮辱である。

さて、狩人に広くみられるルールとして、生命を奪った野生の動物に対して、からかったり、侮辱を加えないということがある。その理由として――もし理由があるとすれば――、そうした不敬が霊を怒らせ、以後の供給を制限されるということがある。意識下では、あるいは意識の閾では（どのレベルであるかというのは困難だが）、狩猟民は自然界の調和を信じていて、彼らの役割は謙遜と責任の合わさったものであると気づいている。この畏敬に満ちた感情はわれわれ現代人にも十分理解できる。

したがって、ピグミーはゾウの死骸を冒瀆し、からかっているわけでは決してなかった。鎮魂の儀式の劇的な頂点を迎えていたのだ。もし侮辱が意図されたとしたら、それは殺し手に対してで、息子という代理を通じてであった。しかし同朋たちは深く彼を辱めようとは考えてはいなかった。このように多くの肉をもたらしてくれた後で、しかもまた再び、与えてくれるだろうと期待しているのだから。これはまた少年に加えられたイニシエーション儀式と考えることもできる。ゾウ狩人としての彼の将来を準備するわけだ。だが、これは推測に過ぎない。

結論を急ぐと、最もありそうな説明としては、まだ辺りに漂っているゾウの霊に対して、すばらしい見せ物を演じていることになる。つまり狩人は間違いをしでかし、あるいは悪事をなして、その罪を罰せられているということだ。お詫びを受け入れて、霊は立ち去るわけで、その後の饗宴は目にしない。この説明が正しければ、ムブティの儀式をアコアのものと同一に一般化できる。アコアの場合には、歌詞と卜書きがわかったので、儀式を理解しやすかった。これはまたアイヌのクマ送りの儀礼の幻想性に通じてくる。それに関しては第15章で述べる。

捕鯨——珍しくも複雑な仕事

ゾウよりも大きな狩猟動物はクジラである。ここにはイルカやネズミイルカ、ゴンドウクジラなど小型のものは数に入れない。本当の捕鯨をするには、耐航性のあるボートで、海に出て行く乗組員が必要である。対象となるのは普通ヒゲクジラかライトホエール（セミクジラ）である。「適した《ライト》」と呼ばれる理由は、捕鯨してもいいクジラという意味である。脂肪が厚い層になっているので、殺した時に浮く。海底に沈んでしまうクジラを射止めても、意味がない。例えばハクジラの類である。捕鯨は危険である。怒ったクジラが船を転覆させるからだけでなく、銛打ちの足が索紐にからんで、海中に引きずられ、遠方まで引っ張って行かれてしまうからでもある。こういうわけで、捕鯨には厳しい訓練と注意深い準備が必要となる。一頭のクジラで全共同体を賄えるので、五〜八人組になって船員が複数参加する。特に獲物を曳航するとき、人手が要る。

この本で扱う民族で、捕鯨の道具を持っているものは少なく、またクジラの回遊する近辺に住むものも少なかった。したがってラブラドルのエスキモー、アラスカとシベリアのエスキモー、シベリア沿岸のチュクチ、そしてアメリカ北西岸のヌートカとマカ族のインディアンに限られる。十九世紀までに、商業捕鯨により、こうした民族の手に入るクジラの数は大きく減少した。

毛皮動物のわなの論考で、すでにティガラのエスキモーについて述べた。これは崖の上に位置する冬期のみの村で、砂州によってチュクチ海のアラスカのホープ岬に通じている。ティガラはちょうどホッキョククジラの移動ルートにあり、クジラは夏の餌場であるバロー岬の北、ボーフォート海に向かう。ホッキョククジラは、捕鯨可能なクジラの二大種族のひとつである。口の中に三〇〇本の髭が並び、鯨油は数トンに達する。

ティガラのエスキモーは自分たちをティカラーミウットと称するが、一九四〇年の時点で、約二五〇名だった。年に三、四頭のクジラを仕留めれば運がいいほうだった。一八五〇年にニュー・ベッドフォードやナンタケットから捕鯨船がやってくる前は、人口は約一〇〇〇人で、一五〜一八頭のクジラを捕獲し、捕れるだけ捕った。子孫たちが言うには、その当時は若い、柔らかい奴だけ捕って、大きな奴は氷を投げて追い返したという。

陸上でも海上でも、他の動物も捕るには捕るが、ティカラーミウットにとって捕鯨ほど——肉体的にも精神的にも——準備を必要とし、組織を必要とするものは他になかった。したがって、捕鯨は彼らの社会構造としきたりに則る生活に大きく影響を与えた。ティカラーミウットは、大きな四角い半地下の家に、親類が数家族暮らしていた。主人はたいてい船主で、つまりは船長だった。彼の長靴の上端は、白い毛皮の帯で飾られ、今日までの捕鯨の成功を表わしていた。ある意味で、海軍将校の袖の金モールのようなものだ。

この拡大家族の住居の他に、かつてはクラブハウスの役目をした、大きな建物が六軒ティガラにはあった。一九四〇年には二軒だけ残っていた。一月から、三月末〜四月初めにかけてユキヒメドリが来る頃、捕鯨船の乗組員たちは、家で、シーズンが来るまで道具の手入れに余念がなかった。あるいは、たいがいシャーマンによって演じられる儀式に参加したり、見物したりした。シャーマンの一人は、牧師の役をしたわけだ。

息子は父の捕鯨船——大きなウミアク——を受け継ぐことはできるが、他の人の尊敬を得、船員として乗船してもらえなければ船長になれなかった。捕鯨の準備の期間、船員の賄いは船長の妻がした。彼女はまた、捕鯨の最中と岸にクジラが曳航される際に、重要な儀礼的役割を演じた。

以下に述べることは、捕鯨の呪術に精通していない読者には、異質なものに思えるかもしれないが、これはわれわれが宣戦布告する前に、宣伝活動があり、激しい演説があり、集会があり、行進があり、勝利をもたらす神への祈りがあるのと同様にティカラーミウットには重要であった。

船長の妻の多くの務めのひとつに、木製の容器を携行することがあった。これで死んだクジラに水を飲ませることになっていた。また魔法の手袋をして、水桶から手を保護していた。猟期を通じて、彼女はすべての点で、正しい振る舞いの手本にならねばならず、クジラにはティガラで起こることがすべて見えるとされた。ほんのちょっとでも失敗すると、狩りがだめになった。彼女はアメリカ大統領夫人のように、愛想のいい、社交的な女性でなくてはいけない。クジラが喜んで身体を捧げるようにだ。エスキモーの迷信では、クジラは死なないことになっていた。単に外側のパーカ、つまり肉体を脱ぎ捨てるだけだ。魂は頭蓋の中に住み、屠殺しおえると、狩人は頭蓋骨を海に投げ返した。そうすれば新しいクジラが転生し、狩りは来年もうまくいった。

ある年の三月、まだ船員たちが道具の手入れをしている頃、シャーマンと、クジラの飲料つぼを手にした船長の妻はホープ岬北の砂州へ行った。これは昔の部落の廃虚があるところで、この話の語り手のフロリック・G・レイニーが考古学的発掘を行っていたところだった。一九四〇年のことである。シャーマンは、この土地の先祖と語ることで、何か役に立つ情報を手に入れようと思ったようだ。

シャーマンは太鼓を叩いて、「精霊」を支配下に置き、「降臨させた」。つまり、彼の特殊な霊的助力者が（ある儀式的方法で前に関係を作っておくのだが）、石の大地を抜けて、地下の家まで、目に見えず下りていったのだ。そこで霊は耳の長い人間のような生物を見つけるのだが、情報提供者が真面目にレイニーに語るには、「一種の無線技手」だそうだ。この技手はティガラで語られるすべての言葉を耳にできた。次回の狩りに悪影響を及ぼすものも含めてだ。

しかし地下の家は霊がひしめき、混乱に満ちていた。そこでシャーマンと船長の妻はさほど遠くない氷の割れ目に行き、そこで霊を下らせてみた。ここではうまくいった。シャーマンには、地下の人々はすでにクジラを殺したことがわかった。よい知らせだ。地下の男にはイヌのようなしっぽがあり、奥さんが居た。男が言うには、空に昇り、風を北に変えるという。クジラ漁には都合が良かった。そして奥さんのほうは海の下を潜り、「人々を養う女」の家へ行き、海を静めてもらうと言った。

シャーマンと船長の妻はクラブハウスに戻り、そしてシャーマンがこれらの縁起の良い霊的出来事を語ると、男たちは銛の手入れをはじめた。

狩りの時が近づくと、老人やシャーマン、そして船長たちが額を集めて、何日に捕鯨を開始するか決定した。決定は全会一致で行われた。なぜならすべての船がともに漕ぎ出すからだ。銛を打つ船は一艘だが、発見するチャンスは皆同様にあった。それから後になって曳航するには八艘の船が必要だった。風は北風でなくてはならない。強すぎてもいけない。流氷の中に、クジラが北へ泳げる水路がなければならなかった。

船を橇に乗せて水辺に引いてくる前に、各船長は特別な女性を一人選ぶ。自分の妻以外の女で、家の屋根に立ち、屋根の一番上に開けられた穴に向き、手に索紐を持つ。ずっと下で、紐は三つのしぼんだアザラシの毛皮の浮きに結ばれている。彼女の役目は屋根越しに浮きを引き上げることで、その後、浮きは膨らまされて、長い革紐で男たちの銛先に縛り付けられる。

こうした女性の援助者の選定は、ある特殊な事情によっている。漁の成功を願って首長はお守りを身につけるが、それには二種類しかなくて、生に関係する物と、死に関連する物である。前者の場合、最近子を生んだ女を選ぶ。後者の場合、最近家族の誰かを亡くした女を選ぶ。こうして選ばれた女の生き霊というか、精気というか、活力が、首長の魔よけの力を打ち消さないようにするのだ。

数々の呪術の儀式のあと、船員たちは船に向かう。船長は一番後で、妻が従う。持ち場につくと、船を押し出す。銛打ちは準備をする。船長の妻が氷上に横になり、漕ぎ手たちは戻ってくる。銛打ちが船長の妻を突くふりをしてから、代わりに水中に銛を漬ける。女は立ち上がり、村へ戻る。こうして船員たちは出発する。

一九四〇年のその捕鯨の開始時には、一〇〜一五人ずつ組になった乗組員が沖合二、三キロメートルのところ、流氷の端に四、五キロメートルにわたって散らばった。各船は舳先を前にして、流氷上に引き上げられ、いつでも発進できるように氷の塊で角度が保たれていた。索紐と浮きの付いた銛は船首の木製の股にもたせかけてあった。銛打ちは常に前方を凝視して座っていた。クジラが潮を吹くのを見逃さないためだ。

もし船のすぐ近くで潮が上がれば、銛打ちは立って武器を取り、他の船員はクジラの背中に向かって船を押し出す。銛打ちは銛をクジラに打ち込んだ後、ひねって銛先を軸から外し、三つの膨らませたアザラシ皮の浮きを船外に投げ入れる。それから銛打ちは船を漕いで引き返し、残りの船員が乗り込むと、また急いでクジラが沈降した地点まで漕いで戻る。クジラの身体が見えなくなると、銛打ちは独自の呪いの歌を歌いはじめ、船長も別の歌を歌う。この歌が他の船の船員の耳に届くと、彼らはすぐに漕ぎ出す。浮きが水面に浮かび上がると、その方向へ急いでかけつける。みんな第二の銛を打ち込みたいのだ。

クジラが浮かび上がるとき数艘の船が近くにいることもある。ある者はもっと銛を数多く打とうとし、長い切っ先の鋭い槍で急所を狙う者もいる。クジラが血液を吹き上げると、槍打ちは心臓を狙う。死んでしまうと、クジラはひっくり返って、背中で浮かぶ。すると最初に銛を打った者の船の船長が、クジラの下唇にセイウチ用の銛で穴をあけ、生革の引き綱をつなぐ。

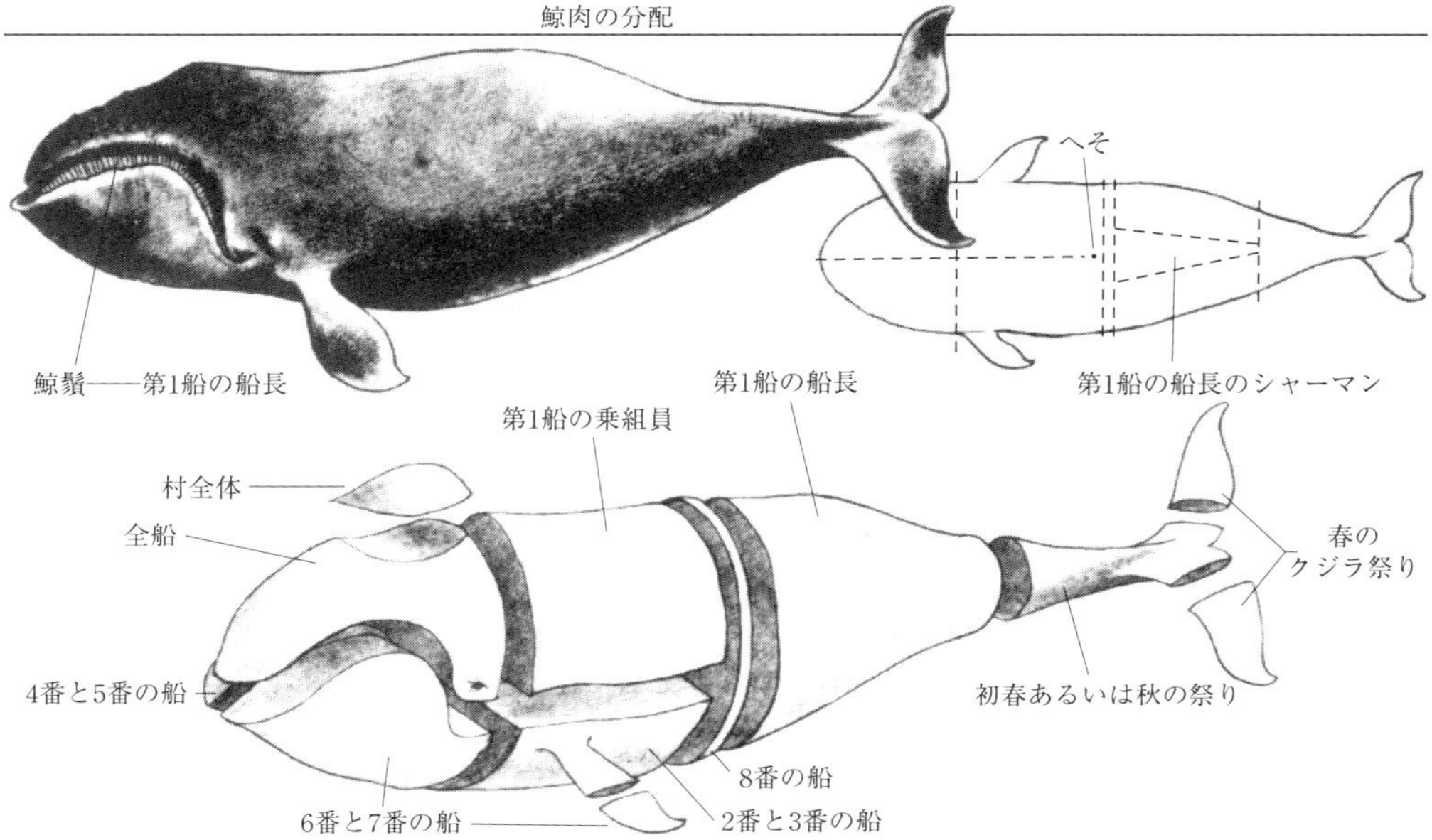

図21　ティガラの捕鯨船員がいかにホッキョククジラの屠体を分割するか（J. W. Van Stone, *Point Hope*, Seattle, University of Washington Press, 1962に拠る）

最初に現場に着いた八艘の船が一緒にクジラを引いていく。綱を引く位置はこの漁に加わった順番である。漕ぎながら彼らは勝利の歌を歌う。氷原に到着すると、クジラの尾を切り、最初の船に積む。それから各船から二人ずつ出て、クジラを岸沿いに引っ張って行く。引き揚げ場所に来ると、土の上が理想的だが、屠殺を始める。

第一船の船長は、ティガラの妻へ使いを送る。伝令は船がたどった道を正確に戻る。そして、櫂の先に付けたクジラの尾の切れ端を渡し、幸運のお守りとして携帯していた彼女の片方の手袋を船長の妻に返す。

クジラを曳航する前、各船のメンバーはクジラの体で自分に権利のある部分に銛を打っておく。こういう規則は、やかましい議論があるにせよ、厳密に守られている。各船長はしきたりに従ってある決まった部分を手に入れ、後で仲間と分ける。第一船の船長は鯨髭と、へそから尻尾まですべてを得る。ただ、へそのすぐ下約三〇センチ幅の部分は、八番目、つまり最後の船に行く。その八番目の部分と生殖器の間の腹部を、縦に細く削いで、第一船の船長から、彼のシャーマンに与えられる。へそから前の胴体部分も同様に第二と第三の船の船員で分けられる。彼らはひれ足の付け根のところも得た。頭部の下側は四、五番目の船に行き、六、七番目の船は唇を一つずつもらった。頭部の先端はすぐに切り取られ、そこにいるみんなで食べる。つまり村全部のものだ。尾びれは春のクジラ祭りまで取って置かれ、尾のつけ根は初春や秋の祭りに使う。[*]

＊ この記述は、フロリック・レイニーが出版した資料と、James W. Van Stone, *Point Hope* (Seattle, University of Washington Press, 1962) pp. 49–52 を合わせたものである。ヴァン・ストーンはレイニーの未刊行の手記を見ていた。

ヌートカの捕鯨

他にも多くの儀式が行われるが、現段階としては、これでティカラーミウットにかかわる言及を終わる。彼らから離れて、まるでシャーマンのように、約二八八〇キロメートル東南へ飛び、ヴァンクーヴァー島まで行こう。ヌートカ・インディアンの木工技術にわれわれは驚嘆したのであったが、彼らもティガラとは違うクジラを、違ったやり方で捕らえていた。主な獲物は、カリフォルニア産コククジラで、ヒゲクジラも捕るが、上等なものではない。ホッキョククジラが北へ移動した後、こうしたコククジラは数頭、時折ホープ岬にもやってくる。しかしティカラーミウットは良心的にほうっておく。

コククジラは、まるでサケのように群れをなしてやってきたものだ、とヌートカの民はよく言う。海岸沿いを泳ぐのを好み、昆布の海底で遊び、浅瀬で陽を浴びた。船の内外でよく人を襲うと知られていたが、それでも十九世紀のかなり遅くなって米国の捕鯨船がやってくるまでは、北西岸で完全に絶滅することはなかった。一八九〇年以降は、一頭も見られなかったが、朝鮮沖で再発見された。そこでは日本人が捕鯨している。あるものはこの太平洋の反対側からカリフォルニアへごく最近帰ってきた。

ヴァンクーヴァー島の海域はホープ岬近海よりも暖かく、凍らない。ヌートカ人はシーダー材の丸太で素晴らしいボートを作り、エスキモーのウミアクよりももっと遠くまで船を漕ぎだした。クジラを曳くのに八艘の船は要らないが、混乱に対処するため、ふつう二隻で出かけていった。片方は船の所有者で船長で、社会的に高い地位にあった。北西岸インディアンの階級基準である。

危険が伴うという意味では、ヴァンクーヴァー島沖の捕鯨も、ホープ岬と変わりなく、むしろ危険度は高いので、同様な心の準備を必要とする。この場合、数々の苦行を行って準備を整えるのは、船長自身の問題である。彼は荒れ地をうろつき回り霊感を得、魔の山に登り、恐ろしい守り神から水晶を盗んでくる。

氷のように冷たい流れで水浴し、忍耐力を試すために肌を軽石で擦る苦行をする。こうしておそらく霊感を高めるのだ。この孤独の期間に起きた出来事のいくつかは立証するのがむずかしいのだが、彼にとってはすべてが事実で、本当に起こったのと同じくらい象徴的に重要である。

ヌートカの船員は八人から成っていた。船の持ち主で首長でもある銛打ち、中央の三本の横木に座る漕ぎ手が六人、そして舵手である。船員と備品の配置は図22の通りである。ティカラーミウットは三個だったが、ヌートカは浮きを四個使う。銛打ちは船の右舷からクジラを仕留める。右舷から綱を繰り出せるように、船は直ちに取り舵をとる。うまく事が運ぶために、船員各自の役割を引き受ける。右舷の一番と二番の漕ぎ手は、浮きを投げ入れ、綱がちゃんと繰り出されるように見守る。左舷の第一漕ぎ手は、カヌーを安定させるように深く強く漕がねばならない。左舷の他の漕ぎ手は、銛打ちが仕留めるとすぐに左舷に舵をとるために、逆漕する。言い換えると、八人の船員で六つの異なった仕事を行うのだ。それも何分の一秒の同時性においてである。

ふつう、首長である銛打ちは、アザラシ狩り用の小舟に漕ぎ手を二人乗せて、伝令兼付き添いとして連れていく。クジラを打つと、岸に戻って村人に知らせるのだ。また、他にも一、二艘のクジラ船が従い、狩りを共にすることもある。これらの船は首長より年下の親類縁者に任され、首長の命令のもとに動く。誰がクジラを発見したにせよ、首長は最初に銛を打つ権利を持つ。夜明け、船員たちは広い水域を探索するため、離ればなれになるが、お互いの姿は見えている。クジラが見えると、乗組員の一人が頭上に櫂を振り上げて、他の船に知らせる。銛打ちは他の人と同様に船を漕いでいたのだが、櫂を船外に投げ捨てる。これは最後の、つまり三番目の右舷側の漕ぎ手が拾う義務があった。

クジラが潜行したあと、また現われると、舵取りはクジラの左後方に付けるように操舵する。銛打ちは、

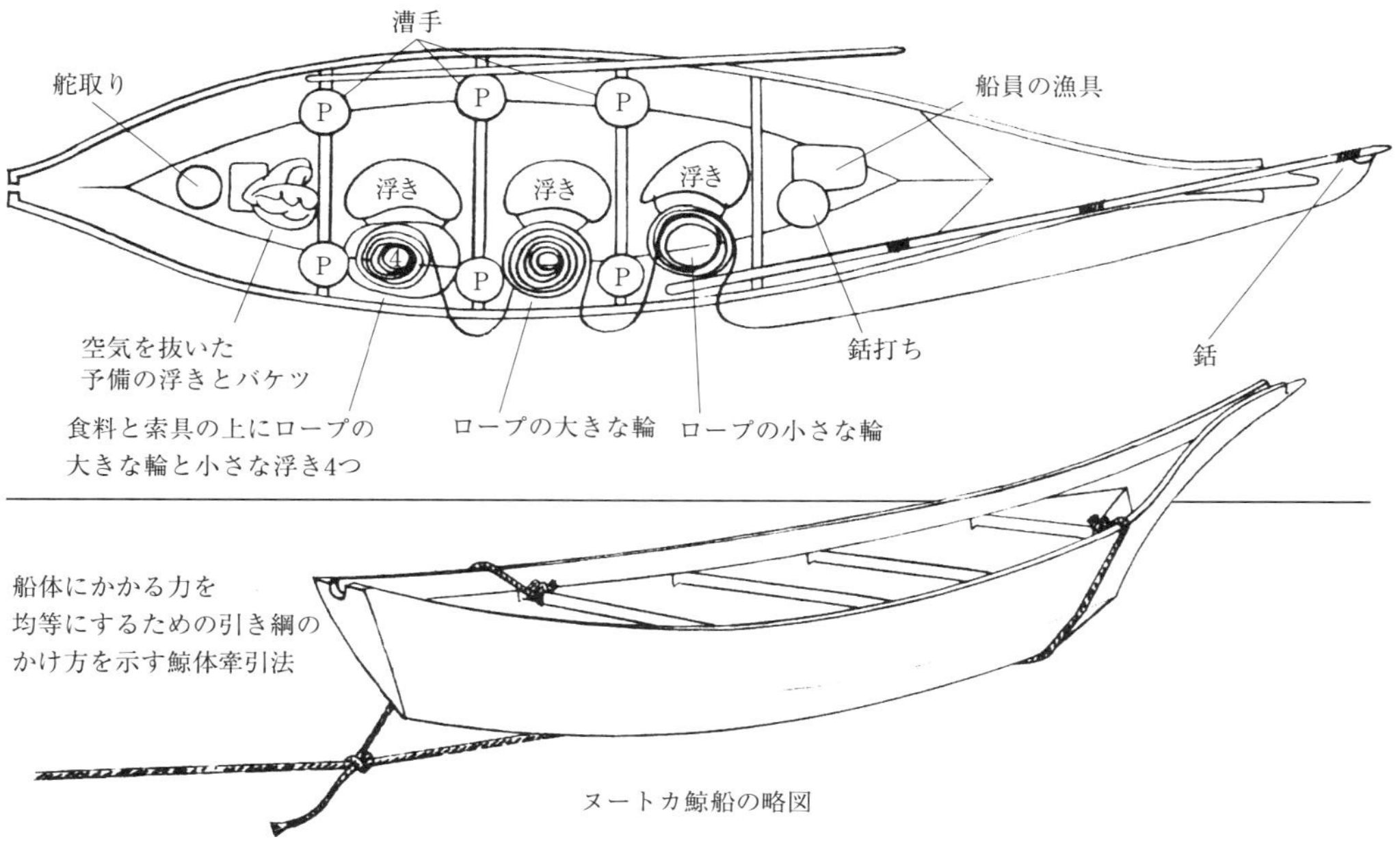

図22　ヌートカの鯨船，備品と索具（Philip Drucker, 1951に拠る）

こうして、舳先の右舷から、クジラの左脇腹に、手ずから銛を突き刺すことができる。その後、銛打ちは舳先の後部の仕切りの中へ身を屈める。右舷の漕ぎ手が繰り出す綱に絡まらないようにだ。左舷の漕ぎ手は船の向きを変える。

綱を断ち切ろうと空中に身をおどらせるクジラもあれば、尾で打ちつけるクジラもある。事前の儀式を疎かにした乗組員は、今まさに自分と仲間の運命を大いに気にするだろう。時には、カヌーは打ち壊される。時には、綱に足を取られて海中へ引っぱり込まれる。他に一、二艘の船が待機していたほうがいいのだ。時には、クジラが陸地が見えないところまで泳いでしまうことがある。その場合、船員の一人が儀式を怠ったわけだ。やっとクジラに追いつくと、まず竿に付けた長いナイフで尾の腱を切る。鰭にも同様にする。そうすると、クジラは泳げなくなって、血を吹き上げ、死ぬ。

しかし、死んでしまうと、クジラは口から水を吸い込んで沈む。そこで、船員がひとり飛び込んで、上顎と下唇に穴を穿ち、縄で縛る。それから結び目に浮きを二つ結んで、クジラの頭が沈まないように支える。一方、他のいくつかの浮きが胴体に付けられる。ティカラーミウットのときと同じく、引き綱は顎につなぐ。もう一方の端は、船の下を縦に通し、両方の船端にしっかりくくる（図22参照）。船が転覆しないようにである。

曳航は骨の折れる仕事だ。時には、針路を舵取りにまかせて、他のメンバーは夜眠る。時に、小さい船で伝令を送り、折良く増援が到着することもある。つまり他の船が曳航を助けてくれるのだ。クジラが浜にあがると、首長（船長）が肉を分配するが、それはかかわったメンバーの身分に沿った方法である。言い換えると、北西岸の社会制度はこの点に脈打っている。それは各個人がどれだけ漁に貢献したかよりも、漁獲高とか毛布の蓄財に基準を置くのだ。これはティカラーミウットのクジラの分配法とは全く異なっている。食糧供給の見地から言って、北西岸インディアンに比べて、エスキモーのほうが、クジラ肉の意味が大きいわけである。しかし両者にとってクジラ漁は大いなる楽しみであり、勇気の証であり、風紀統制の手段なのだ。

ヌートカの首長がクジラを浜に呼び寄せる

しかし、ヌートカ族はクジラ捕りのためだけに海に漕ぎ出すのではない。時には、彼らは群れを水中から呼び寄せて、岸に座礁させる。多少不気味な話を、フィリップ・ドラッカーは書いている。首長が断食して、四日間寒さに身を晒す。何名か助手が付き添うのだが、その役割は死んでないか確かめることだ。これはクジラが見える断崖の上の特別の小屋で行う。こっそりと人間の死体を手に入れて、首の後ろから口蓋に穴を開ける。こうしてできた穴に管を通す。死体に身を隠して、この管を通してクジラを呼び寄せる。ミクロネシアの人々がイルカを呼べるように、本当にクジラを呼ぶ方法を知っていたかは、不明のままだ。

第6章　漁

娯楽としてではなく、生業として狩りや漁をする人々の間では、狩りが主に男の仕事で、漁業はたいてい女に任される。魚をわなや籠で捕らえる場合は特にそうだ。漁業は狩猟より骨が折れず、チームワークも必要としない。

水生動物の生息場所は自然条件が厳しく、漁の道具は単純な狩猟武器に比べて、技術的にはるかに発達している。水中は、屈折率が高くなるため、狙いがむずかしく、魚を突いたり、射たりするのは容易でない。そして水圧により武器の速度と衝撃力は減じてしまう。狩人がときたま漁に使う槍や弓は、陸上動物に使う物より複雑にできている。

一方、逃げられない限りは、魚は殺す必要がない。そこで、基本的な漁業の道具は、捕まえるための、針と糸、網、わなである。陸上の狩猟が足で行われるのに比べ、漁はふつう船でする。船作りは、第三章で見てきたように、きちんとしたものを作ろうと思えば、時間と熟練を要するものである。

まったくあたりまえのことながら、漁は海岸沿い、枯渇しない川、湖に集中している。そして川や湖が冬場に凍結するところや、年に一度産卵のために魚の集団が遡上するところでは、季節労働となる。地形

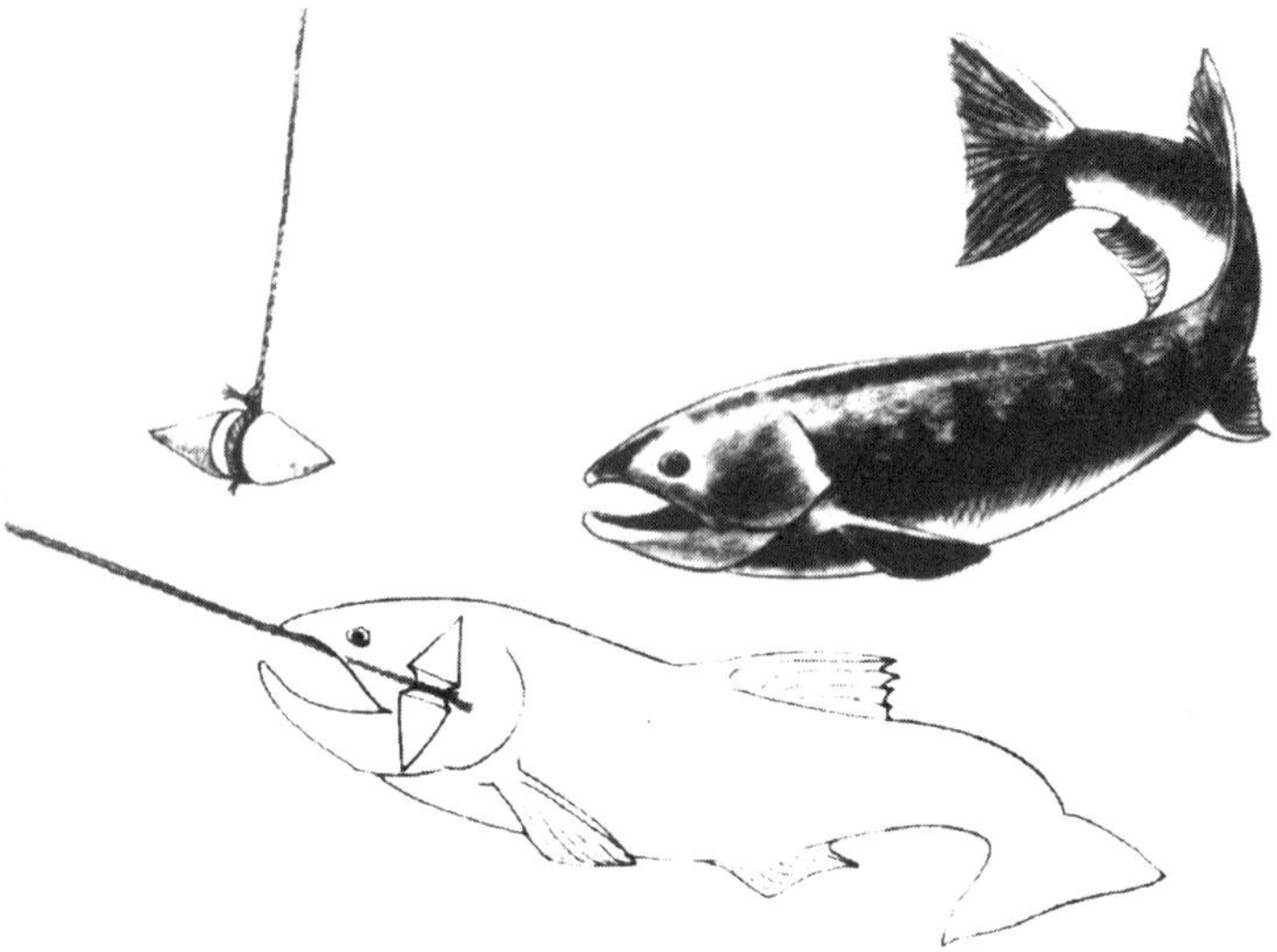

図23　エスキモーが使う魚用ゴージ

的な理由で、まったく魚が捕れない民族もいて、たいがい砂漠に住んでいる。魚が大量に捕れ食べられるのに、手を付けない部族もいる。魚嫌い*の典型例は、タスマニア人とアラカルフ人である。

＊　北西タスマニアとアラカルフでかつて魚が食されていたという考古学的証拠がある。

タスマニア人は干潮の間に採れるだけの貝を集める。潜って採ることもある。唯一、魚に注意を払うのは、女たちが貝を集める湾に、アカエイが侵入した時だけである。男らは、砕ける波に飛び込んで、槍を振り回して、有毒なアカエイを追い払う。

アラカルフ族も、貝がたくさん容易に手に入るので魚を捕りに行こうなんて思わない。魚を採る時間があるなら、海洋哺乳類を捕まえるほうが、よっぽど金になる。貝も哺乳類も、タスマニア人やアラカルフ族が住むような寒い海洋性気候の所では、大事な動物性脂肪源となる。魚は、脂肪より蛋白質が多く、両民族とも蛋白質は他の資源から豊富に得ているのだ。

漁業法——追い込みと針

手で捕まえること以外で、最も単純な漁の技術はオーストラリアで報告されたものだ。女たちが腰と腰を密着させて一列に並び、藪からちぎった枝を振り回しながら、浅瀬や水たまりを横切る。足を擦るように水中で枝を動かし、魚という魚を土手に追い出すのだ。

アンダマン島人もヤーガン人も、針をつけない糸を手に持って魚を捕る。糸の先に餌を結んだだけのものに錘を付け、上下に動かす。魚を水面におびき寄せて、素手でつかむのだ。糸だけで釣る単純な仕掛けには他に、エスキモーのゴージというものがあり、これは円錐形を二つ合わせた型に骨を削り、真ん中の溝に糸を結ぶ。魚が端からゴージを飲み込むと、糸を引くことで二つの頂点が喉に引っかかる仕組みだ。こうしたゴージは、ヨーロッパの旧石器期の狩人も使っていた。彼らはまた平らな骨に穴を開け、石のノミで割り、釣り針も作った。オーストラリア東海岸のアボリジニや、カリフォルニア・インディアンは、アワビ貝から釣り針を作った。まず円盤形に貝を擦り、真ん中に穴を開け、最後に枠の一部を切り取る。ペノブスコット・インディアンの漁具は、鳥の叉骨で作った釣り針だ。片端を石で擦って尖らせ、もう一方をシナノキの革紐に結ぶ。

最高級の釣り針は、北西岸インディアンのさまざまな部族がこしらえる。彼らはそれでオヒョウという大きなおいしい魚を捕る。ヌートカ族は、トウヒの堅い枝をケルプの球根に入れ、柔らかくなるまで火の上で蒸す。それからU字型に曲げ、両端をなるべく近づける。片方の端は少し外に曲げ、もう片方は内側

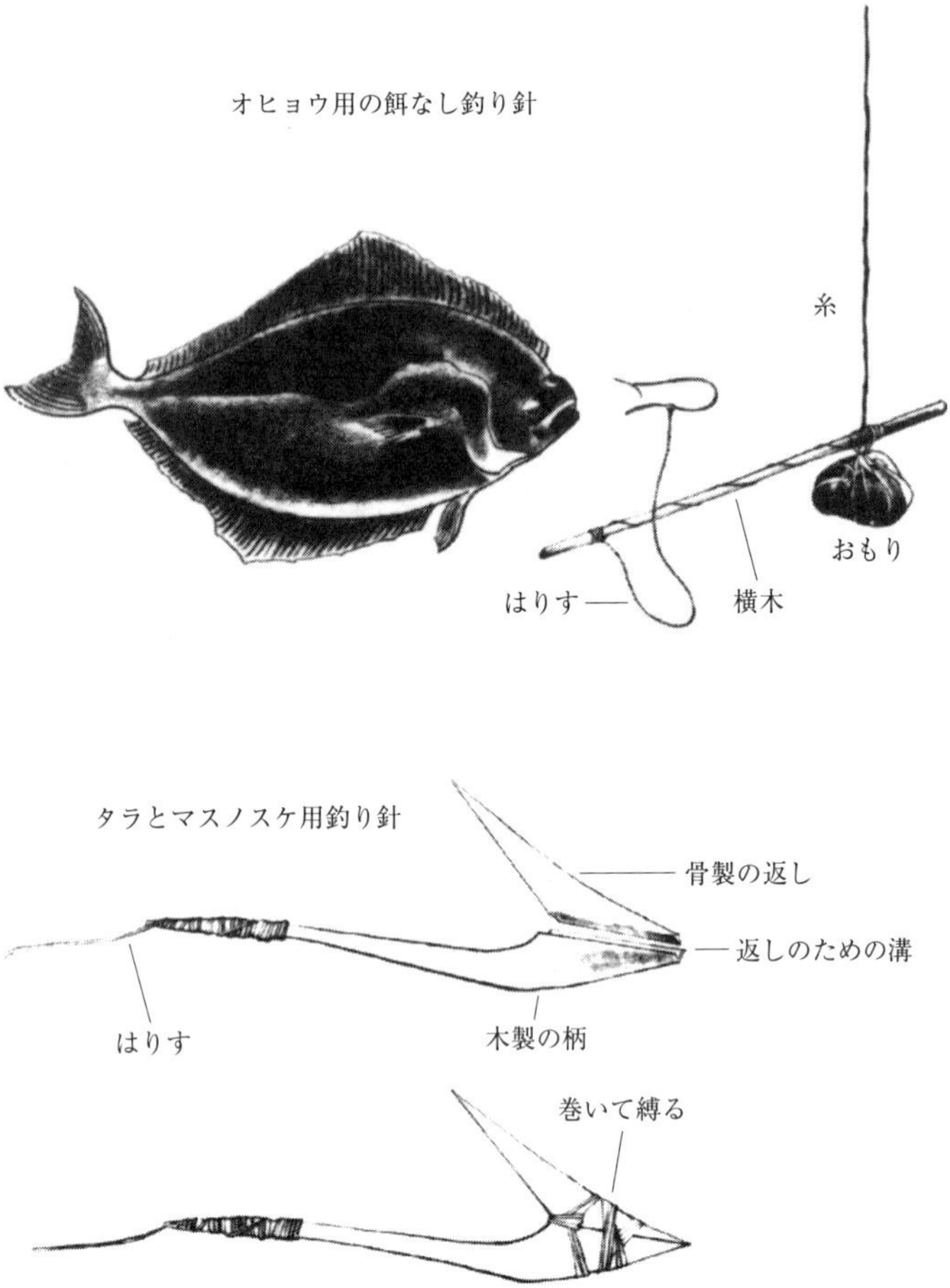

図24　オヒョウ，タラ，マスノスケ用ヌートカの釣り針（Philip Drucker, 1951に拠る）

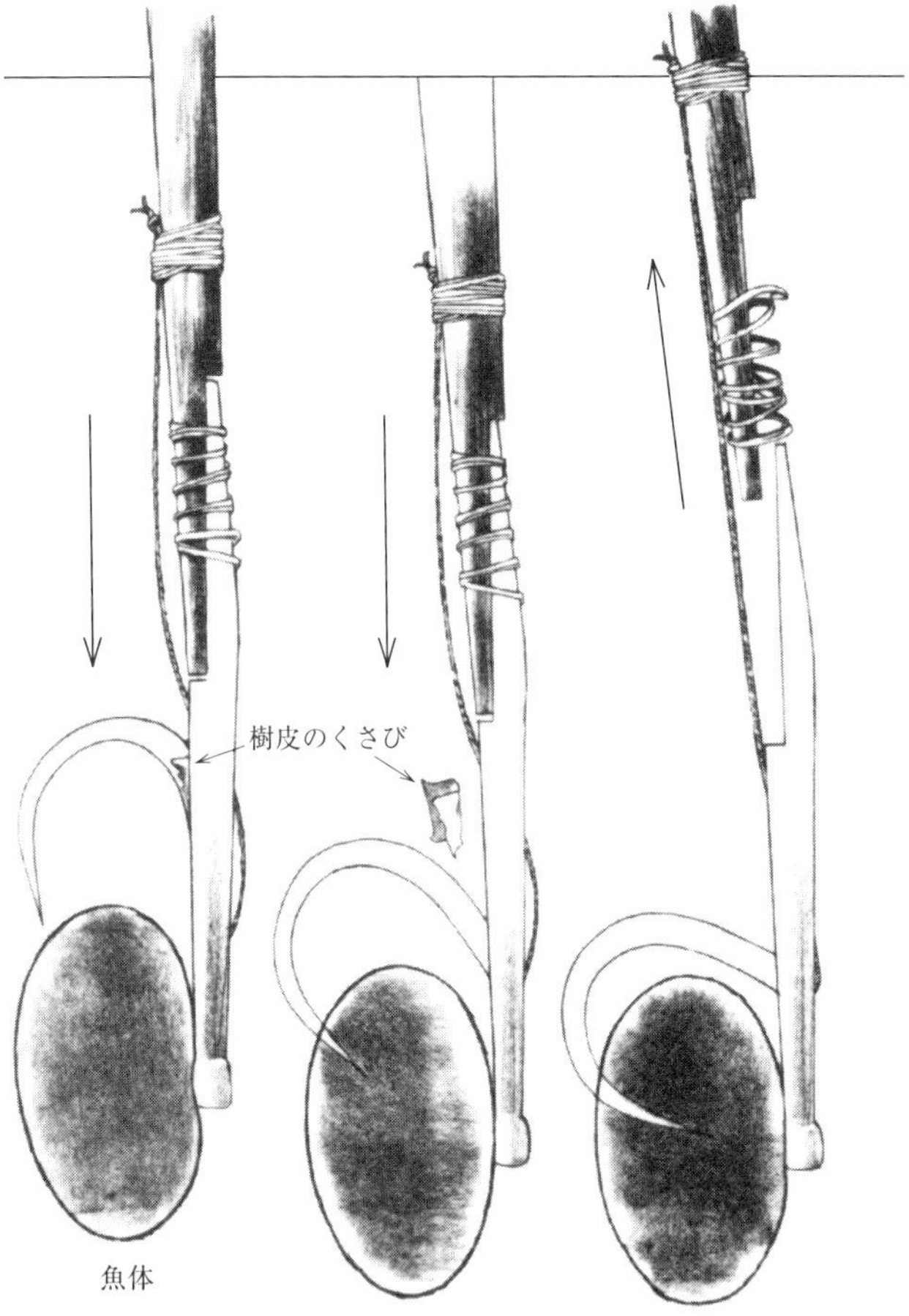

図25　アイヌのマレック。サケをやすで突く複雑な仕掛け。

に返しを付ける。イラクサの繊維製のはりすを針の返しのない方の枝の中央に結んで、はりすがケルプの道糸にからまないようにする。石のおもりで海底に仕掛けを沈める。もう一方を横木に結ぶ。オヒョウは他のカレイ類のように海底を泳ぐ。餌に食い付くと、しなやかなトウヒの針が広がってオヒョウの頭にはさまり、もう逃げられない。北国の民族は、こうしたU字針を二つ横木に付けて、天秤仕掛けを作る。

漁業法——くま手とやす

サケと並んで、ニシンは北西岸インディアンの主な必需食品であり、貯えが乏しくなった年頭にやってくる。岸に近い海面にニシンの群れが現われると、インディアンは二人一組で丸木船に乗り込み、出発する。一人は後部で櫂を漕ぎ、舵をとり、もう一人は船首に膝をつき、くま手を構える。長さ三〜三・七メートル、幅六、七センチ、厚みが一・三センチのイチイの柄で、先端三分の一のところに鋭い骨製の釘が並ぶ。船首の男は、まるで船を漕ぐようにくま手を操り、長く深くかき分ける。それから横様に上にかき上げながらひねり、魚を船内にしゃくりあげる。こうして二人は短時間でカヌーをニシンでいっぱいにする。このくま手は明らかに北西岸インディアン特有のもので、非常に効率のいい器具である。

一方、やすは広く分布するが、最も一般的なのは北半球とフエゴ島近海である。やすの使用には固有の制限が存在する。刺さったまま魚が逃げてしまうし、流されてしまうので、狩猟の槍のように投げて使うことはできない。手に握ったままでないといけないから、通例かなり長い。ものによっては三・七メートル以上もあり、水中で使うのに扱いにくい長さだ。特に海流や潮が流れているときにはそうである。

また、屈折の問題もある。魚の真上から見下ろしていなければ、本当には魚が居ないところに見えてしまう。そこで、ダムや堰の突端や、係留した船からの漁となる。ヤーガン人は、ケルプの綱で係留した船から魚を突く。彼らのやすは簡単な木製の柄にクジラの肋骨の槍先を付けたもので、銛の先のように返しがある。

北アメリカと北東アジアを含む北国の狩猟民は、槍先が多数あるやすを用いる。単純なのは、クジラひげのような弾力のある物質でできた二つに分岐した槍先をもつ。両先には内側に返しがある。魚は槍先の間に捕らえられ、もがいて逃げられないように、通例、股の真ん中にもうひとつ切っ先を付ける。

知られる限り最も複雑なやすは、アイヌのマレックというもので、ばかばかしいほど手の込んだものである。一・八～二・一メートルの木製の柄に、やはり木製の先端部（槍先）、そして可動する釣り針から成る。槍先は丸いこぶ状で、シカの角を使うこともある。マレックはあまりになまくらすぎて貫通しないので、鈍器として使う。魚を突くと、先端部に埋め込んだ鉄製の釣り針が外れて、槍先のほうへ向かって弧を描いて飛び出す。そして魚を突き刺し、槍先に釘付けにする。

釣り針の根元は先端部の脇から突き出ていて、トドの革紐でピンと張られている。針先は、木の皮の断片でスロット内に固定する。槍先が魚を打つと、衝撃で針先がスロットから外れて、紐が引き締まる。

残念ながら、こうしたマレックは何年も作られておらず、詳細な研究はできない。博物館で私が目にした唯一のものは、槍先だけだった。マレックがトドの皮の弾力性によって機能することは疑いないが、海から遠く離れた川岸に住むアイヌの漁民にとって、トドの皮は入手し難いものだっただろう。博物館の例や、古い絵によると、釣り針の端に紐が付いていて、槍先が魚を突いた瞬間に人が紐を引く仕掛けになっている。この方法では、見極めたり、狙ったり、魚を突いたりするだけでもたいへんなのに、同時に二つの動作をしなければならない。自動的に発射する形式のほうが扱いやすいはずだ。

アイヌ人は鉄製の釣り針を、日本人から交易によって得た。日本人は自分で使わずに、交易の目的だけに釣り針を作っていた。初期には、アイヌ人も似たような物を骨でこしらえていたこともあるのだろう。

針をどのように操作するにしても、マレックは熟練を要する道具だ。少年たちは練習に余念がなく、大人でも優劣に差が出る。これを使ってたくさんサケを仕留めて帰れば、自慢になるし、満足も得られる。手先の器用さの衰えていない老人にさえ操ることはできる。老人らは、氷上のワカサギ釣りの小屋のような、川の上に設けられた小さな小屋で夕暮れに漁をする。こうした小屋の床には穴が開いていて、そこからたいまつを照らして、老人は二年子のサケを突く。二年子は斑が落ち、銀色に輝いているので、たいまつでも見えるのだ。このサケは漁期の最後に海に下る。この時期だけアイヌ人はたいまつ漁を許可している。夕闇がかなり早く訪れるからだ。

春になると、イトウがのろのろとアイヌの水域の川底を遡る。イトウは五五キログラムにもなる大きな魚で、イワナの仲間である。リンネ式分類法では *Hucho perryi* という学名であり、多くの地元の名を持つ。カワマスもそのひとつだが、実は違う魚である。荒々しい魚ではないが、大きくて、特別なやすでないと捕らえられない。アイヌが作るやすは、三・七メートルの柄に、二股の先端部、銛の槍先に似た、着脱可能な骨製の槍先から成る。槍先と柄は紐でつながれ、どちらかの槍先が魚に食い込むと、外れて、漁師は柄を引っ張ってイトウを引き揚げる。

アイヌの漁民がサケやイトウを引き揚げて、針や槍先を抜いても、魚はまだ死なない。気絶させるため、各人はヤナギの六〇センチはある棍棒を持ち、頭をぶん殴る。棍棒はヤナギでなくてはならず、他の材木や石製ではいけない。というのは、アイヌの創世神話によれば、最初の人間の背骨はヤナギから作られたということだからだ。彼らはヤナギを神聖な木と考えるのだ。もし他の木材で叩くと、翌年はサケが上らないと信じている。

魚を矢で射る

特殊な状況下では、さまざまな民族が魚を弓矢で射る。例えば、アンダマン島人、特に貝類が手に入らない内陸の部族はそうである。彼らはこの目的で海の入江にやってくるし、また淡水の川でも弓を使う。入江でも川でも魚の逃避路は限られ、射手は弓を回収できる可能性が高い。こうした弓は、銛やイトウ用のやすのように取り外せる鏃を持つが、異なるのは、一つの鏃から二本紐が出て、矢柄の両端に結ばれているところだ。紐は弓より長いので、矢柄に巻き付け、少し弛ませてある。鏃が魚に命中すると、矢柄から外れ、ちょうどいい角度で魚の後を引きずられていく。やがて矢柄は沈み木に引っ掛かり、魚は捕らえられてしまう。

ガボンのアコア・ピグミーも、同様の状況下で魚を射る。トリーユ神父によると、鏃は湾曲しているものがあるという。貝でできているので、自然のカーブを利用しているのだ。この矢は曲がって飛ぶので、狙いがむずかしく、誰でも魚を射れるものではない。鏃が魚に当たると、斜めに貫通して、魚体に湾曲した穴が開く。反対側に出てしまえば、矢柄は真っ直ぐなので、曲がった穴にしっかり捕らえられる。

こうした話は、ほら吹き男爵の嘘のように聞こえるが、心に留めておくべきことは、トリーユ神父は並はずれて鋭い観察者であったことだ。さらに、彼が付け加えるには、実際に彼はこうした矢を収集し、パリの博物館に寄贈したと言っている。そこで目にすることができるかもしれない。

魚を毒で気絶させる

アコアの民はまた、浅い、静かな川の淵に毒を入れて魚を捕る。この目的のために、彼らは少なくとも七種類の植物・葉・種を砕いたもの・花などを使う。どれも毒矢には利用しない成分だ。最もよく使われるのは、センナの一種の花である。こうした物質が水に投げ込まれると、麻痺した魚が水面に上がってくる。すると、容易に捕まえられる。ベルギー領コンゴのムブティ・ピグミーも毒を持っているが、普段は魚を食べないので、この方法をとらない。*

* 子供は食べることもある。Colin M. Turnbull, *Wayward Servants* (Garden City, Natural History Press, 1965, p. 166).

オーストラリアでは、二〇種のさまざまな植物を魚の毒に利用するアボリジニもいる。彼らはエミューも同様に *Taphrosia purpurea* の葉の特殊な毒で捕まえる。しかし彼らは武器に毒は塗らず、人間を含めた哺乳類に毒を用いることはない。戦争の際には呪術的な「毒」を使うのだが。カリフォルニアの部族はカスミソウ、テッポウウリ、ウマグリの果肉等を使う。水に投げ込む前に、石の乳鉢ですりつぶす。

この慣習は広く散在するが、それは取りも直さず、こうした人々が似たような環境に暮らしていて、川の水が比較的温かく、多様な野草を食して、食用に適したものの特質を知るところとなったことを意味している。カリフォルニア・インディアンは、ウマグリの果汁の魚を麻痺させる毒性について偶然知ったに違いない。というのは、彼らは袋に入れて流れに浸して、苦い果汁を濾し出したあとで、果肉を食べるからである。

網で魚を捕る

敷き網やたも網は作るのは簡単だ。円形か長方形の枠を作り、女性のバッグを作るのと同じ要領で糸や細い紐を張ればいい。手釣りをする民族はほとんど網をこしらえる。

ムブティ・ピグミーやビルホール族が陸上動物を追い込む、大きな枠のない網は、狩人でも漁民でも他に類を見ない。一つ作るのにたくさん糸を必要とし、針で寸法を計ったり、簡単な解けない結び目で間を結んだり、結構技術を要する。こうした網には浮きとおもりも要る。また、もっと大事なことは、多人数で共同で準備して投げ込まなければならない。カリフォルニアの沿岸インディアンには、引き網を使う者もいたと言うが、記録にはその一例しか存在せず、ヨーロッパから伝わったものかもしれない。

アンダマン島人のウミガメ網は、硬い縄でできていて、島の沿岸でマレー人がナマコを捕るものを真似たらしい。また、オーストラリア南東部では、テニスのネットのようなもので川の上空のカモを捕るが、同じものを魚に用いる。数人でこうした網を棒に張り、いくつも水の中に垂直に立てて、泳ぎながら魚を対岸に追い込む。

やな、堰、わなで魚を捕る

第4章で、柵や囲いに動物を追い込んで捕まえる方法を述べた。こうした追い込みは、多くの勢子を必要とし、時に土地のいくつかの集団が共同作業しなければならない。効率を考えたら、獲物が団体で移動している時のみ、こうした柵や囲い込みを作る価値があるといえる。同じ原理で機能するのだが、魚のやなや、水中の柵は、はるかに努力が報われる。というのは、魚の群れは、潮の満ち干にせよ、産卵のために遡るにせよ、自分から柵に入ってくれるからだ。作るのも番をするのも、そんなに人数は要らず、野営地や村のごく近所に設置できる。

魚を生け捕るのは、動物よりずっと効率がいい。狩人は普通、一度に一匹しか捕まえない。わなは間隔を置いて並べ、作るのに時間と器用さを必要とし、番をするのに、ずいぶん歩かなければならない。魚のわなは近くに並べる。作るには、単に籠作りの技術だけでよい。女でも男でも番ができ、子供でもできる。多くの場合、わなは柵や堰と組み合わせ、魚を中におびき寄せる。わなや堰はまた、魚をやすで突くことを容易にする。

ガボンでは、アコア・ピグミーの住む川が、雨季に氾濫し、乾季に水位が下がる。水位が低いとき、石の壁を作り、水たまりを囲い込む。雨期には壁の上端が水没する。水が退くと、壁の中に魚が閉じこめられ、女たちは籠で集める。

オーストラリア北部のアーネムランドの海岸沿いに、古い石作りの堰が、今でも見られる。引き潮のときに魚を捕るのだ。アコアもアーネムランドのアボリジニも、石堰を作り修理するのに時間と労力を要した。アコアは同じ川で魚を捕る黒人の村人の近所に住んでいた。考古学者がアーネムランドで発見した陶器と、地元の風習から、アボリジニとインドネシア人の以前は未確認だった交流がはっきりした。それはハルマヘラ島からナマコ漁民が到着する以前で、十九世紀になって、アボリジニが何人かマカッサルへ連れて行かれる以前の話である。言い換えると、アコアとアーネムランドの両民族にとって、石堰は土地で生まれたものではないということだ。

ガボンとオーストラリアで石堰を使うのは、もともとタンパク質資源の豊富な土地で、もう少しだけ余計に供給する片手間の仕事かもしれない。しかし、寒い北の海域に住む他の民族にとっては、サケを捕らえることは主な食料源を得る大事な仕事で、多くの時間を要する季節労働で、生活全体に大きく影響するものである。

北緯四〇度から六〇度の、北大西洋と北太平洋海域は、サケの生息地である。毎年春から秋にかけて、季節に応じて異なった種類のサケが、大群で淡水域を遡り、産卵し、死んでいく。遡上する間、サケは急速に老化し、頭蓋や顎の形状が変化し、骨が軟骨に変じて食べられるようになる。サケは現地民に捕獲されなくても、結局は乱獲されてしまう。

産業の隆盛で、かつてサケが遡上した多くの川が汚染され、貪欲な国々の工船が塩水を離れる前から刺し網で捕まえてしまう。

むかしは、北海に注ぐ川は、季節のサケであふれていた。ヨーロッパ北西部の民の先祖たちは、この豊かな恵みの恩恵に浴していた。農業の導入以前には、サケはかなりの数の人々を支えていただろう。ドイツ語でサケを意味する *lachs* は、印欧語族によって、遠く東のインドまで運ばれた。サンスクリット起源の言語には、今でも *lakh* という語がある。「一ラークのルピー（貨幣）」という具合に用い、「一〇万」という意で、ひいては「無数」のことである。

十九世紀まで、大きく分けて二つ集団がサケの捕獲に明け暮れた。北海道のアイヌとアムール川流域の人々、それに北アメリカの北西岸インディアンとコロンビア川流域の民である。彼らは皆、やすを使うが、堰とわなを組み合わせて捕獲した。この章を終えるにあたって、ヌートカ族に代表される北西岸インディアンの道具と、アイヌの漁業の一年を要約する。また、毎年続けてサケが帰るように行う儀式について述べる。儀式が成功して大漁になることよりも、漁民の不安を和らげることのほうが重要な意味を持つのだ。

ヌートカの筌《うけ》

サケが遡上を始める前、各共同体の人々が冬の住居から海岸の夏の村に移動した後、男たちは潮を利用したわなを作る。モミの木を切り、大きな平たい石で打ち、泥に立てる。一つのわなが長さ三・七メートル、幅一・八メートルの長方形である。満潮時に魚が上を泳いで入る高さ（一・八〜二・一メートル）にする。格子や編み枝状に、棒の間をモミの枝で編んで、屋根と側面を作る。水は流れるが、魚は通れないほどの隙間を開けて編む（図26）。海岸側に二つの入口を開けておき、魚を捕りに人が入れるようにしておく。入口へ魚をおびき寄せるために、同じ材料で三つの柵を設ける。外側の二つはV字型で、真ん中の柵はわなの中央に直角に置く。柵はわな自体と同じ高さで、満ち潮の際には隠れるくらい低い。海岸の高水位線までは延びていない。サケは満ち潮で上を泳いで渡り、潮が引くと、中に導かれてしまう。干潮時に男たちが入り、海岸へ魚を投げ上げる。

魚が遡上を始める頃になると、男たちは同様だが少し小さな長方形のわなをこしらえる。このわなは底があって、持ち運んで魚を陸に空けることができる。河口の近くに対にして並べる。V字型の柵を川に渡して、魚を狭い入口に導く。

もっと上流では、サケの旅の次の段階のところで、男たちが円柱形の籠で捕まえる。一方の端が閉じていて、近くに魚を出す窓がある。長さ三・七〜五・五メートルの棒を並べて敷き詰め、柔らかいトウヒの枝四本を交差させて棒に縛る。そして棒が内側に来るように輪にして、トウヒの端どうしを縛る。このわなはハサミ状の棒の上に対に並べる。開口部を上流に向け、閉じている側は水から少し持ち上げる。木製のV字型の柵を上流にいろいろに組み合わせて、魚をわなに導く。そこでは魚は後に戻れず、流れの力に捕らえられ、死んでいく。

棒や枝を使った同じ方法で、彼らは筌《うけ》も作る。今度は円錐型で、広い口がある。細いほうの端は開閉扉がある。この筌もハサミ形の材の上に置き、広い口は水に沈め、細いほうは水から出しておく。すでに遡上しおえたサケを捕らえるのが目的である。筌より上流に男たちが位置し、魚を中に追いやる。水面より

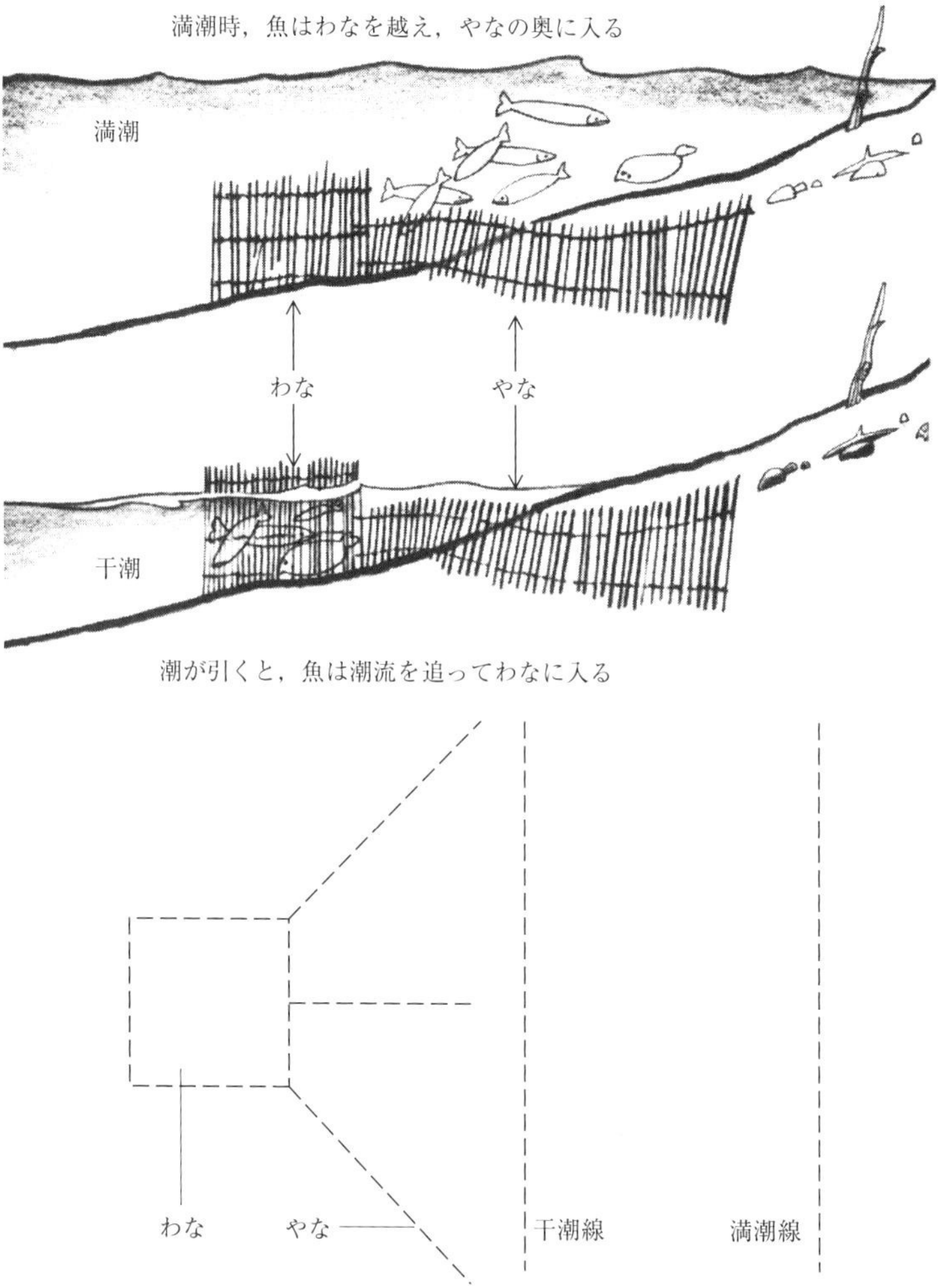

図26　河口の潮流に作られたヌートカのサケわなとやな（Philip Drucker, 1951に拠る）

円錐形の魚用わな

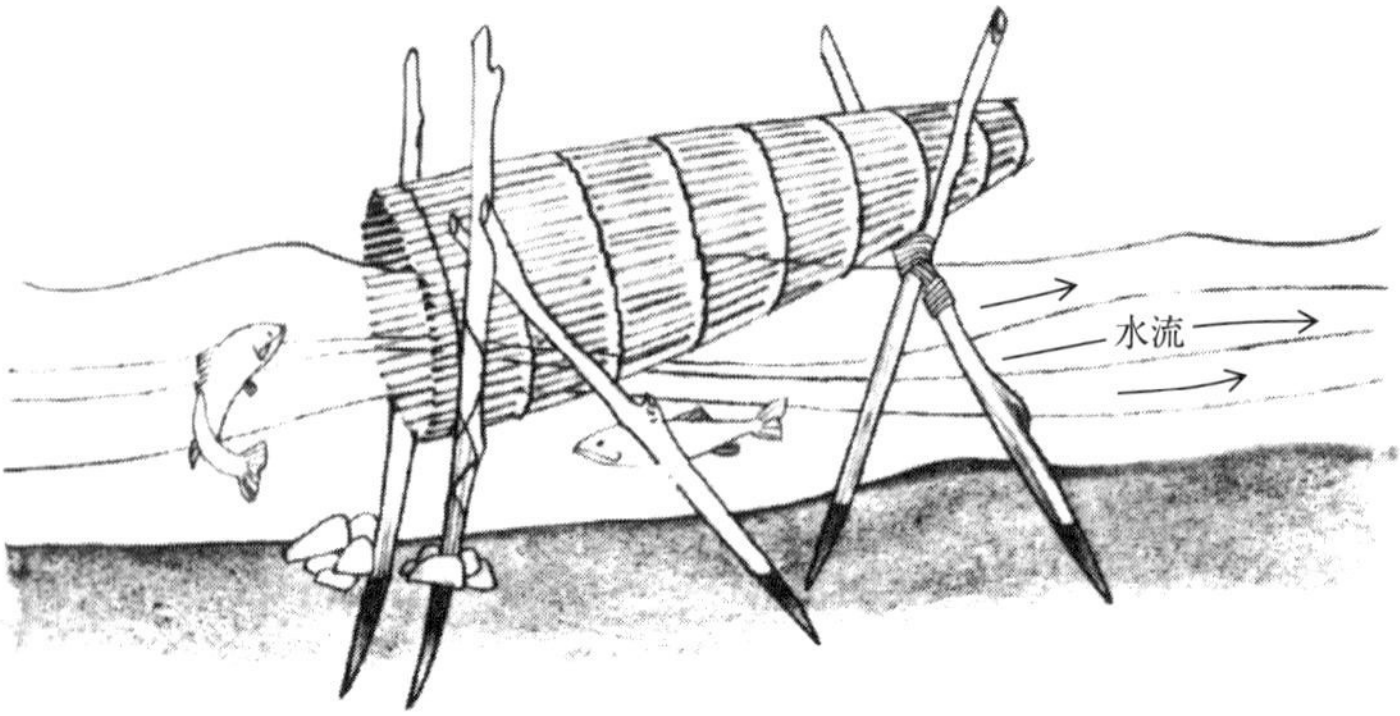

図27　川に設置したヌートカの円錐形魚用わな。遡上するサケはやなで方向をそらされ，水の流れでわなに運ばれる（Philip Drucker, 1951に拠る）

上にある端のところで、魚はあえぎながら捕まってしまう。男たちは扉を開けて、サケを棒で叩く（図27）。

魚を水から上げて捕らえるという、第四の仕掛けは、さらに上流の滝壺で使う。棒を敷いて棚状にし、角度を付けてバックネットを張る。滝を跳びそこなったサケが棚に落ち、そのまま集められてしまう。

アイヌの漁業暦

北西岸インディアンと違って、アイヌはそもそも内陸民であった。北海道には深い入江はないので、時折メカジキを狙う以外は、アイヌは沖に出て釣りをすることはない。漁をするのはサケが産卵する上流である。海洋哺乳類を狙う代わりに、アイヌは主にシカやクマを狩猟した。漁業、シカ狩り、クマ狩りと三つの季節が巡るため、以下のように一年はかなり忙しい。

三月初め――クマ狩人が小グマを捕る。
三月中頃――雪中シカ狩り。
四月中旬――置き弓をもってクマ狩人がまた出かける。

四月末——イトウが上りはじめる。漁業開始。
五月——イトウや雑魚釣り続く。
六月——ほとんど野草集め。
七月——男たちはわなを仕掛ける。サクラマス現われる。
八月——サクラマス漁。
九月——サクラマス終わる。サケ現われる。
一〇月初旬——サケ漁開始。
一〇月中旬——シカ柵設置。シカ追い。サケ漁続く。
一一月中旬——若者は山でクマ狩り。老人はたいまつでサケを突く。
一二月——活動なし
一月——山でシカ狩り。続いてクマ祭り。
二月——クマ祭り終了。

四月半ばまで漁期は訪れない。というのは、冬の間、川が凍結するからで、それからやっとイトウが遡上し始める。食料が底を尽きだして、一一月に捕ったサケの保存食や、冬シカの肉で暮らしている。新鮮な魚は大歓迎である。大きい魚ながら、イトウは群れでやって来る。コイ科の魚であるウグイも同じ頃やって来る。イトウは前に述べた長い二股のやすで捕まえる。ウグイは籠を仕掛けるのだ。

アイヌの籠は平板の底にヤナギ細工の円錐を半分付けたものだ。持ち運べて、河床の適所に固定するのは男だが、女が番をする。漁期が終わると、この籠はアイヌの家に持ち帰り、翌年また使うまで冬の間保管される。だが、ダムや堰、板場、見張り小屋などは毎年造り直す。春になると流氷が運び去ってしまうからだ。

秋になってサケに使用するときには、籠は堰のうしろに置く。入口は上流に向け、水路を外れて籠に入った魚は、流れの力で出られない。ウグイに使うときは、堰は作らない。その場合、入口は下流に向ける。流れで魚が戻されないように、入口の周りに、サメの歯のように鋭い、曲がる枝を内側向きに刺しておく。この歯にエラを引っ掛けて、見張りの女たちが捕まえるのだ。ウグイの季節が終わると、歯は取り除かれる。

このウグイ漁が続く間、男たちはイトウを突く。また、ナマズを漁る。ナマズは回遊性ではなく、川の水が凍っていなければ、いつでも捕まえられるが、もうけになるのは春だけである。使う道具は袋網で、三人必要になる。二人が両手で棒を支え、間に張った網が一杯になると、もう一人が紐を引いて網を閉じる*。

＊ 渡辺（参考文献参照）によると二人だけで扱ったそうだが、想像しにくい。

七月にサクラマスが上り始めると、前述のマレックを使って、突く。これには少々小振りのマレックを使う。大きいのは、もっと強いサケ用にとっておく。日中、サクラマスはのろのろと静かな淵の石の間や沈んだ木の下に隠れている。漁師は底近くにルアーを投げて誘い出す。この囮は鉄片を青い布で包んだだけのもので、白い木の皮で結ぶ。女たちが上着に縫うような布だ。端に五センチほどの白い骨を結び、木の皮と赤い布で尻尾を付ける。程良いスピードと動きで引っ張られると、この魅惑的な代物にサケは抗えない。

こうしてサクラマスが遡上し、男たちが土手やカヌーから漁を続ける間、女たちは木造の堰の上の板場に立つ。堰は、水面より低く、魚は、その上を泳いで、跳ぶように仕向けられる。板場から、女たちは、手網で上流側から捕える。網は口のところに二股の棒と可動する横木が付き、紐を引いて閉じる。

産卵が終わり、サケが下流に移動するとき、女たちは上流を向き、籠網で捕まえる。小屋の床のすき間から日中やすで突く男たちもいる。

第三の最も重要な漁期は、一〇月か一一月のサケの到来とともにやって来る。川が凍結する前の最後の遡上で、冬の間アイヌは保存食として、乾燥か薫製にしたサケに頼る。

この第三漁期になると、アイヌは遡上のいろいろな段階で、川の各所でさまざまな技術を行使する。ある時はサクラマス用の小屋から、日の出と日没時にやすで突く。日中魚が不活性の時は、土手からルアーややすで狙う。時期の終わりには、老人はたいまつで小屋から突く。冬至が近づき、このあたりの緯度では日は短いのだ。こうしたマレック使いたちは、上着を何枚も重ね着し、たいまつで手を暖める。同じ頃、女たちは、やはりたいまつのそばで堰から袋網を使う。

アイヌの漁業儀式

以上概略したような、三期にわたる出来事の流れは、全く日常茶飯事に過ぎないように見えるが、実はそうでもない。サケが遡上しない場合を考えに入れれば、アイヌは大きな賭けをしていると言える。冬季の生存はサケにかかっているからだ。実際、ある記録によれば、一七二五年石狩川にサケが遡上しなかった。その冬から春にかけて、二〇〇人以上のアイヌがあたりの渓谷で餓死している。

そこで要請されるのが、そうした厄災を忌避しようという儀式的・象徴的な試みである。ちょうどゾウ狩りやクジラ狩りと同様なのだ。アイヌの場合は、不注意や不敬によって自分らが為した悪事が、そのまま災難をもたらすのではないという、神による啓示が必要なのだ。

アイヌの神には階級が存在し、上位の神は、下の者に仕事を任せた。最上位がカムイ・フチすなわち火の女神で炉端の守護神である。この神は姿が見えず、屋内の言動をすべて見聞きし、それぞれの家で起ることをみな知っている。不品行があるとペトルン・カムイという川の女神に報告する。この女神は各川の源泉にいた。今度は彼女はそのことをチェプ・カムイ（サケの保有者）に伝える。チェプ・カムイは人間の姿をし、サケが遡上する河口のはるか外海の、アイヌのような家に住んでいる。ある年のサケに対してひどい仕打ちをしたりすると、彼の機嫌を損ねて、翌年にはサケを上らなくさせる。

そこで、サケが最初に産卵場に姿を現わすと、地元の村の首長が、火の女神と川の女神に対して儀式を執り行う。イナウと呼ばれる特殊な木の枝を削り、削り屑は切り落とさず、縮れたまま残す。これを捧げ、祈る。それぞれの枝には霊が宿る。それぞれに違った神が、または下位霊が降りてくる。各家の男が自分のイナウを作り、それから当主たちが川堤に運び、サケの産卵場の近くに立てる。

各部落の捕らえた最初のサケは首長のもとに集められ、火の神への生け贄と見なされる。サケを捕まえた男は、他の者たちを家に招き、獲物の残りを食する。サケの下顎はすべて残しておき、イナウを結ぶ。漁期の終わりには、首長が当主たちを呼び集め、また儀式を行う。サケの霊に別れを告げ、再来を期するのだ。サケの下顎とイナウを川に投げ入れ、祈りを捧げる。こうしてサケの霊はそれぞれ海中の川の神の家に戻り、捕らえられた後、適切な敬意をもって処遇されたことが、神の知ることとなる。川の女神を通じて、火の神から反駁する報告がなされていない限り、翌年もサケは上る。

行事の時期、漁の技術、付随する儀式の細部に関しては、渓谷ごとに異なってくる。また同じ川でも、支流により違ってくる。変化の要因は、海からの距離、サケの遡上の仕方、儀式の手続き等である。ある地域の慣習は、そこだけの特殊性を帯びる。よそ者が漁に参加すれば、へまをして翌年の獲物を損なう恐れがある。こうしたことが起こりうるため、地元民はよそ者を警戒し、漁業権を主張する。少なくとも、地形や漁法や儀式の複雑さが、漁業の効率と構成員の内部的連帯に寄与していることは確かである。

第7章　採　取

今日の午後、わたしは、書斎から三メートル以内で、野生のブラックベリーを一キロ半、二〇分で摘んだ。それから地元の新聞で、迷子になった一二歳の少年が、一人でニューハンプシャーの山でベリー類と小川の水だけで八日間も生き延び、無事生還したことを知った。野原や森は、かつてインディアンが食べた根菜や植物であふれている。「採取」は、人が周囲から食料を得る最も簡単な方法である。

われわれ霊長類の最も近親にあたる類人猿は、われわれの言う意味での「採取」はもともと行わない。その場で一つずつ食べてしまうからだ。ニューハンプシャーの少年もそうした。集団で野生の食料を取りに行く人たちも、同様に多少は食べてしまうだろう。しかし、ほとんどは家に持ち帰り、生のまま、あるいは調理して分け合うのである。

狩りや釣りと同様、採取する食べ物は普通、季節によって収穫量が違い、いつ、どこで取れるか、知っていなければならない。これは狩りよりは楽である、というのは、植物や動きの遅い獲物は、全く動かないか、動いても、遠くまで追う必要がなく、女子供でも捕まえられるからだ。さらに、動物や鳥の行動を知るより、植物や貝類・甲殻類の生態のほうが簡単だからだ。ヤムイモ、ハマグリ、イガイ、カメ、シロアリに対して奸計を弄する必要はない。このように、採取には狩猟や釣りほど偶然の要素が入る余地もなく、ヘビやハチ以外は危険も少ない。

こうしたわけで、直接的な儀式は、採取にはそれほど必要ない。成否を左右する偶然性は、獲物や魚の気まぐれという要素から、一般的な天候の周期にすり替えられているからだ。しかし、その周期が年ごとに変化をもたらす場合には、先がけて儀式が行われ、降雨や、草木の成長、昆虫の大発生に対しての、疑念や心配が取り除かれる。それから、果実が熟し、巣箱に蜂蜜が溢れると、簡単な初摘みの儀式が執り行われる。これは、農耕民の春の祭りにあたるものだ。

採取の道具は、狩りや釣りほどうまく設計され、複雑である必要はない。果物は手で摘めるし、せいぜい鉤の付いた棒で届くからだ。根菜、塊茎、小動物、そして昆虫とその幼虫などは地中、巣、朽ちた木の幹から掘り出す。木の実、ドングリは木から摘むか、ゆり落とす。種子類は棒で容器に叩き落とす。貝は、先がへら状の特殊な棒で岩からほじり出す。これらは女でもできる仕事で、しかも子連れでも大丈夫だ。

狩猟は熟練を要し、そのため家事の義務からは免除される。子供の世話などの日常業務は、通例、女たちにふりかかる。普通、狩人は男だけだが、例外として、女が勢子として網猟に参加したり、タスマニアでは女がフクロネズミを追って木に登ったり、北オーストラリア、メルヴィル島のティウィ族では年老いた亭主を養うため、妾たちがワラビーを捕ることなどがある。

気温が何カ月も氷点下であるような寒い、北の地域では、地面が雪に覆われ、果物や木の実は季節を過ぎ、塊茎、球根は手に入らなくなる。そういった土地では、女たちの仕事は、家事に集中する。特に暖かい衣服を作ることである。食物のバランスは採取食料よりは狩猟や釣りの獲物のほうに大きく傾く。しかし、地面が凍てつかない地域もあり、多様な果物が次々と熟し、木々はいつも葉が茂り、狩りはほとんど必要ないところもある。そういうところでは、反対に採取した食料が重要度を増す。男たちも根菜を掘り、ハチの巣に蜜が溢れると、集め終わるまで他の仕事はすべておあずけである。

トラとの協定――非狩猟民カーダル

狩猟をせずに根菜を掘るといえば、極めつけはカーダル族である。彼らは南インドのカルダモン丘陵に住む残存種で、ケララ州コーチンの西ガーツ山脈に定住する。

アラビア海から一六〇キロメートルもないとはいえ、海抜六〇〇メートルを超す彼らの土地は、険しいが、環境に恵まれた花崗岩の山地である。所々高い絶壁が切り立つけれど、おおむね豊かな多年生の森である。南東モンスーンの間は激しい嵐に見舞われ、北西モンスーンの時はもっと軽いやつに襲われ、さらに時々驟雨もある。

森には野生の果実、カルダモンの種、蜂蜜が豊富にあり、かつてカーダルの主食であったヤムイモが八種類と、その他の根菜、塊茎類がある。狩りの獲物は多様で豊富にいる。インドで誤って「バイソン」と呼ばれる野生の雄牛ガウール、トラ、ヒョウ、インドゾウ、アクシスジカ、ネズミジカ（ミズマメジカ）、白顔猿（マカク）、クロザル（ラングール）、多くの鳥などである。

狩猟の道具がないので、カーダルはガウールを殺さないし、肉も食わない。イスラム教徒が豚肉に対するのと同じ恐怖をもっている。白顔猿も食べない。人間に似すぎていると言う。ゾウの肉も、トラも、ヒョウも食べない。これらは高貴な動物ということになっているからだが、どうせ捕ることができないのだ。一説にはカーダルはトラと協定を結んだとされる。それで民族が生き延びたという話だ。多くの民の中で、カーダルだけがトラを恐れずにジャングルを歩ける。トラが背後から見詰めている時、気配を察知して静

図28　カーダルのヤムイモ掘り（U. R. Ehrenfels, 1952に拠る）

かに立ち去ることができると彼らは言う。今やカーダルは木材を乱獲する業者たちに騙されて、コメを食べたり、汗臭い洋服などという物を身につけるから、トラには普通の人間の匂いがして、危険である。体臭を変えたことで、トラとの協定を破ったのだ。現に、カーダルは今でもコメを食った者の糞便と、ヤムイモを食った者の便とを嗅ぎ分けられる。

一九四〇年代後半、U・E・エーレンフェルス男爵が、カーダル族の部落で最終的な調査を行い、人食いトラについて以下のような報告をしている。彼らが米食と衣服の習慣を始めた後、トラが二人の子供を殺して食ったことがあった。それぞれの死の直前には、ある老婆が数日間身震いが止まらないことがあった。以前にもトラが野営地に近づくと、この女は同じような状態になったが、その時はトラは立ち去った。

最初の子供が食われ、遺骸が見つかると、父親はその現場に赴き、四つん這いになり、その腐敗物に近づき、まわりに撒き散らした。父親は唸り、子供の頭蓋骨を歯でくわえ、這ったまま、そばに掘られた穴まで運び、中に落とした。それから同様にバラバラの手足を運んだ。最後に彼はこれら不気味な物体を、棒で穴の底まで押し込んだ。この苦行の間、父親はトランス状態で、それを目にした人々は、ヒンドゥー教のアイヤッパというトラに乗る神に憑かれていたと言った。しかし老婆の警告はヒンドゥー教徒が入ってくる前の名残であったかもしれず、父親の行為も、アイヤッパに憑かれている如何にかかわらず、もっと古い、たぶん珍しい振る舞いであったはずだ。

カーダル族は先祖が森で牧歌的な生活をしていた頃の、神話のような日々を回想するのが好きだ。枝からおいしい果実が低く垂れ、摘まれるのを待ち、太ったクロザルが低い枝に長い尾を垂らしてぶら下がっている。お腹が空けば、マンゴーやサルに手を伸ばして取るだけでよかった。しかしある日愚かな少年少女らが、「地中には他に食べ物がないだろうか」と、短い棒を持ってきて、掘り始めた。そして地表のすぐ下に、ほっくりしたヤムイモを見つけた。

カーダルがヤムイモを食べ始めると、果物は数が減り、取るのがむずかしくなった。サルの尾は短くなり、容易に届かなくなった。ヤムイモもまた取るのがむずかしくなり、地中深くに潜ってしまった。その時からカーダルはもっと長い、先端に石の付いた棒で掘らなければならなくなった。その時から食料を求めて、毎日もっと遠くまで、森を歩き回って掘ることを余儀なくされた。ついには、一八九〇年に、業者が森林鉄道を敷く頃には、もっと長い、金具を打った棒が必要とされた。これはカルダモンの種、蜂蜜、蜜ろう、カヤツリグサの枝といった物と交換に、業者たちがくれた。こうして幸福な日々は終わった。

その頃、カーダルは木の皮の腰巻きか、葉っぱしか身にまとわなかった。そして毎日、森の小川で水浴した。毎朝食料を取りに森に入った。彼らは家族を構成していた。男と、その妻、子供たちとイヌ。ほとんどの時間はヤムイモ掘りに使い、時には枯渇した河床の灌木で、ちっちゃなネズミジカを捕った。午後、家に戻ると、男は静かに妻に、「出かけて、薪を集めよう」と言う。彼らは森の中に姿を消し、そこで性交し、池で水浴する。その後、ヤムイモを調理し、食べる。夜の帳《とばり》が落ちる頃、森は騒がしくなる。カーダルは鳴き声と動く音で、どの動物か言い当てられる。夜にはホタルの大群が、葉陰の天蓋の下を飛び回る。信頼できる筋が伝える限りでは、生活に欠かせない要素であるヤムイモに関連した儀式は存在しない。

チェンチュ族――ヤムイモ掘りを余儀なくされた狩人

カーダルの国から六四〇キロメートルほど北北西に、チェンチュという別の採取民族がいる。男たちは弓矢でシカを狩ることもあるのだが、主食を同様にヤムイモに頼る南インド部族のひとつである。チェンチュ族はキストナ川（クリシュナ川）の北側の丘陵地まで追いやられているが、そこは開けた樹林草原で、獲物は比較的少ない。さらに、狩猟は地元の法律で公的に禁止されている。冬には彼らはもっと高い丘を動き回り、夏に水が少なくなり暑さが過酷になると、キストナ川沿いの石造りの家で野営する。

彼らは六種類のヤムイモ等の根菜を集める。一年中手に入るものもあれば、季節のものもある。最も価値があるのは、大きな、丸い球根で、雨季にしか育たない。男も女も各自が、先端に鉄の付いた棒と、籠を持ち、掘りながら、ヤムイモをいくつか焼いて食べ、残りを野営地に持って帰る。

女たちは毎日集団で出かけて、暗くなる前に戻る。一方、男たちは一度出かけると、三、四日は留まり、女たちが一日の行程ではたどり着けない地域の隅の方まで探索する。カーダル族と異なり、チェンチュ族の男女は一緒にはヤムイモを掘らない。ヤムイモの採取におけるこのような作業分担は、最近の狩猟獲物の減少に適応させたものであり、狩猟の原則に従ったわけである。

乾季は川堤で過ごすが、飢えの季節であり、チェンチュ族はだいたい分厚い殻の中の種子を石で割って生き延びる。豊穣の時期は四、五月で、二種類の野生のイチジクなど果物が熟し、マーワの花が地に落ちる。この季節には彼らは地域の真ん中の小さな村に定住する。

花が落ちるのを予期して、木の下の草を焼くことがある。拾いやすくするためだ。花は生で食べたり、乾燥させ、煮たり、発酵させたりする。古い話では、この醸造酒を飲んだらしいが、もっと近年になると二つの瓶と竹の管を用いて、蒸留することを覚えたらしい。彼らは強いアルコールでひどく酔っ払う。酒作りは違法なので、密造者のように蒸留器を森に隠している。五月の終わりに、マンゴーやイチジクが熟すと、人々は満ち足りる。雨季には多くの葉菜が芽生え、チェンチュはその葉を食する。

その酒癖と、無秩序な振る舞いと、そして他人が欲しがる土地を占領していたという理由で、キストナ川以北のチェンチュは一九五〇年と五一年に、警察により強制退去させられ、下流の平地へ追いやられ、農村に住むことを余儀なくさせられた。

旧世界熱帯地方の野生のヤムイモとミツバチ

インドに十数部族ある非農耕民のうち、主食として野生のヤムイモに大きく依存するのはカーダルとチェンチュだけである。同様な例は、アンダマン島、マレー半島、オーストラリアの一部に見られるが、タスマニアにはヤムイモはない。ヤムイモはヤマノイモ科に属し、そのうち最も食用に適するのはヤマノイモ属で、六〇〇種以上が世界中の熱帯・温帯地域に分布している。[*] 旧世界・新世界で共通の種は一つもなく、アジアとアフリカで同一のものが一つだけ存在する。疑わしい情報だが、新世界で食用の塊根がただ一例見つかっている。しかし、それは狩猟・採取地域では見られない。

* I. H. Burkill, "The organography and the evolution of the Dioscoreaceae", London, *Botanical Journal of the Linnaean Society, Botany*, Vol. 56, 1960, pp. 323–412. N. I. Vavilov, *The Origin, Variation, Immunity and Breeding of Cultivated Plants* (Selected Writings), Waltham, Mass., The Chronica Botanica Co., 1949–50.

アフリカ種は数は少ないが、ピグミーもブッシュマンも食べる。南部アフリカの亀甲竜は巨大なヤムイモで、七〇〇ポンド（三一七・八キロ）くらいまでになる。普通、突起した岩の間に見つかり、岩壁のおかげで水分を周りの土に奪われないで済む。ピグミーは、女だけがヤムイモを採取するが、ブッシュマンは男女とも集める。グイ・ブッシュマンと暮らしたエリザベス・マーシャル・トマスは、ある男が大きなヤムイモの存在を表わす地の割れ目を見つけたが、約一年忘れずにいて、時が至るとそこにやって来て掘り起こしたと語る。

実を結ぶために、ヤムイモは空を飛ぶ昆虫、特にハチに受粉してもらう必要がある。そこで、ミツバチの地域分布がヤムイモのそれとだいたい同じであることは、偶然ではない。ただ、ハチは他の多くの植物も受粉させるため、生息域が少し広い。タスマニアにはヤムイモはなくハチもいない。新世界に現存する狩猟採取民族もヤムイモを食べなかった。

タスマニアでは蜂蜜の代用食はハッカゴムノキと呼ばれるユーカリ種の樹液で、島の中央部の海抜六〇〇～一〇〇〇メートルの狭い地域に限られる。これは大きな木で、直径が三・七メートルにまでなる。バタンインコが突つき、フクロネズミが樹皮に穴を開け、アリが群がる。

先住民は、幹の地面近くに尖った石で穴を開け、木の根元に鉢を置き、樹液を絞る。黒戦争後、一八三〇年代にタスマニアからアボリジニを連れ出したG・A・ロビンソンが大きな木立ちに行ってみると、すべての木がそのように樹液を抜かれていて、こうした鉢にそれぞれ一リットル以上は溜まっていた。その液体は甘くて、リンゴ酒のような味がした。鉢のいくつかには樹液が白いペースト状に固まっていて、先住民はそれを食べた。

ミツアリとミツバチ

よく雨が降る北部と東部を中心に、オーストラリアの各地にミツバチが生息する一方、大陸の乾いた地方ではミツアリがアボリジニのメニューに載っている。ミツツボアリという種である。この種の働きアリはアカシアの虫こぶから滲出する砂糖を常食する。この虫こぶは小さなスズメバチによって作られる。枝を傷め、奇形にしてしまう。働きアリは、腹が膨れるまでこの砂糖を摂取し、それから地中の巣に戻り、子を生まない雌の口に吐き出す。雌の腹は直径一・三センチまで膨らむ。自分の体の八倍の重さにまでなる。重くて動けないので、雌は小さな足のかぎ爪で巣の壁にぶら下がる。他のアリが腹を空かせて、蓄えをあさりに来るまで、そうしている。アボリジニはいつアリミツが熟すか、どうやって巣を見つけるか知っている。特に女子供がヤムイモや他の食料を採った帰り道、土を掘って、輝く赤いアリをまるでキャンディーのように食べるのだ。

アメリカ大陸でも同種のミツアリは全く同じ行動をする。メキシコ・シティからアイダホ南部にかけて、海抜一五〇〇〜二一〇〇メートルに生息し、少なくともコロラドにおいては、虫こぶはヒイラギガシに作られる。夏や九月の初めの短い雨季にのみ、虫こぶは蜜を分泌する。アメリカ南西部やメキシコのインディアンは、ほぼ農耕化したが、この蜜包だけはむさぼり食う。水と混ぜて飲み物にもする。もっと北の非農耕インディアンが食べるのを聞いたことはないが、そういった情報は歓迎したい。

ミツバチは事実上、刺すものと刺さないものの二種類に分けられる。残念なことに、刺すほうが蜜をたくさん隠している。しかも手の届かないところにしまい込む。両者はアピニ亜科に属し、幼虫と蜜を保管する巣を作る社会的昆虫である。天然・養殖を問わず、アピニ科のアピス属が最も多く蠟と蜜を生産する。*

* Remy Chauvin, *Traité de Biologie de l'Abeille*, Paris: Masson et Cie., 5 vols., 1968.

インド・東南アジア・インドネシアは、世界一のヤムイモの生育地であるとともにミツバチの棲息域でもあるが、三つの種が目立っている――オオミツバチ、ヒメミツバチ、そしてトウヨウミツバチである。オオミツバチは高い木の枝、または絶壁の頂上近くの張り出した突起の下などに、大きな巣を作る。カーダルの国で私はそうした巣を目にしたが、三〇メートル以上も頭上にあり、巨大な乳房のように豊かに膨らんでいた。カーダル人たちも一緒に見ていた。と言うのは、蜜の季節がほぼ始まっていたからだ。こうした巣は七万室ほどの部屋を持ち、長さ一メートル、幅八〇センチに達する。一シーズンで二三〜九一キログラムの蜜を産出する。インドでは、市場に出る蜜と蠟の九〇パーセントはこうしたオオミツバチの巣から採る。

オオミツバチは攻撃的で、スズメバチのように人を刺す。時に致命傷となる。何匹か成員が巣を去ると、新たな群れがつくられ、同じ枝あるいは親木の別の枝に違う巣を作る。一本の木では、そういう巣が九二個も見つかった。夏になると、ハチは巣を去り、移住する。時には一八〇〇メートルの高さの山を越える。出発した地に戻ってくるとは限らない。新しい巣を一一二キロメートルも遠くに作るものもいる。こうした理由で、蜜が重要な食料源である民族にとって、オオミツバチが毎年同じ場所で見つかるという確証はないのだ。

もっと生息域が狭いのはヒメミツバチである。同地域に住むが、海抜四六〇メートル以下の平地にいる。木の枝に大きな球形の巣を作り、人を刺すし、蜜を多く生産する。

トウヨウミツバチは堅牢な岩穴に巣作りする。海抜二四〇〇メートル以上に住むことができて、オオミツバチやハナミツバチよりも高い緯度に住める。他の二種よりも蜜の量は少ないが、刺さない。代わりに人をつかみ、噛もうとする。このハチは、セイロンのヴェッダ族が捜し求める最も重要なミツバチである。そして、あまり遠くまで動き回らないから、他のハチよりも確実に手に入る。

アフリカのサハラ砂漠の南では、唯一アフリカミツバチと呼ばれる種が多産である。サハラの南端からカラハリ砂漠まで断続的に分布している。主に、森、サバンナ、砂漠の峡谷で見られる。ピグミーやブッシュマンの主要な蜜の供給源である。アフリカにはまた針を持たず、地上に巣作りするハチもいるが、生産する蜜の量はずいぶん少ない。

木から蜜を集める

高い木や絶壁から蜜を集める人は、二つの大きな困難に直面する。どうやってハチの巣にたどり着くか、そしてどうしたら刺されないか、ということである。危険の多い仕事で、屈強な男でも約一〇〇メートルも落下すれば、まず命は無い。食料集めとしては、ゾウ狩り・捕鯨に匹敵する危険度である。しかし報酬は莫大だ。家族親族全員、また数家族も饗宴にあずかれる。

ハチの巣が木にあるとき、登る人は一人でいいが、絶壁では、ふつう数人が必要になる。特に、蜜を採る人が上からロープで降りるような場合はそうだ。両方とも記録が残っている。ガボンのアコア・ピグミーの間では、男たちはミツオシエという、蜜を餌にする鳥の動きを観察する。この鳥は蜜の木に彼らを導き、上の方の枝には最良の巣が納まっている。すると男たちの一人が登るために選ばれ、ウマノスズクサという葉を搾った汁からハチ除けのペーストを作り、体じゅうに塗る。この草はヘビの咬み傷にも用いられ、シュクシャ（縮砂）の果実のねばねばする果肉を混ぜ、顔や手には特に分厚く塗る。

それから彼は隣の木に登る。腰に綱を回したり、蔦植物をつたっていく。もし木に蔓が絡んでいれば、それを切り、体を結びつけて、ハチの巣のほうへ身を躍らせる。足で幹にしがみ付くと、両手をハチの巣に突っ込む。一房ずつ几帳面に巣板を引き剝がし、葉に包み、持ってきた二本目の蔓で下の傍観者たちのところに下ろす。毎回巣板が下ろされるたび、下の人々は巣板を包む葉をもっと蔓に結び付ける。こうして彼は終始ウンカのようなハチに囲まれて作業を続け、巣が空になると下に降りる。

彼も地上の仲間たちもまだ蜜を口にしてはいない。仲間のところに戻ると、このハチ男は振り返り、地に唾を吐き、巣板のかけらを拾い、もし残っていればハチを追い出し、その巣を空中に掲げ、唱える。「右へ、左へ、汝に我は与える。右へ、左へ、滑る者、飛ぶ者、黒く光る者、暗く輝く者、汝に我は与える。これを我は汝に捧ぐ。受け取れ、食せよ、主よ」。

そうして彼は振り向かないで巣板のかけらを森へ後ろ手に投げ入れ、誰もそれに近づこうとしない。それから彼はまた唾を吐き、皆で蜜を食べ、宴が始まる。トリーユ神父はこの成り行きを目撃し、他のピグミーの間で同様なハチ踊りが披露されたのを目にしている。

イトゥリ森のムブティ・ピグミーの網狩人たちは、数家族のバンドで暮らしているが、蜜を集めるため、小さなグループに分かれる。一方、弓矢を使い忍び寄って狩りをする人々は、獲物を囲むため、またすぐに始まる蜜の季節に備えるため、大きな集団に併合する。いずれの場合でも、蜜採り人は腰に蔓を巻いて木に登ったり、隣の木に登り、手を使って蜜の木のほうへ渡ったりする。ほとんどのハチはあまり刺さないので、特別に虫除けが必要になることもない。しかし、ハチの巣はふつう木のてっぺんの朽ちた材の内部に作られているため、手斧で切ったり、火で堅くした硬材でたたき壊さねばならない。また、たいまつと木の管を持って上がり、煙でハチを燻し出す。彼らにもハチの歌とかハチの踊りがあるが、詳細は手に入っていない。

イタリアの人類学者にして冒険家であるリディオ・チプリアーニは、かつて小アンダマン島のエンゲ族のハチ採りを目撃した。木に登る男たちは別の植物性防虫剤を使用した。登る前に一人の男はチプリアーニが同定できなかった植物の葉を摘み、口へ詰め込んだ。緑色のパルプ状になるまで噛むと、体中に塗りたくった。特に髪に塗った。登っている最中も、葉を取って噛むと、ハチに向かって汁を吐きかけた。チプリアーニは自分でも噛んでみたが、味も臭いもしなかった。ハチ採りの最後にエンゲ族は海辺で長い宴会を楽しんだ。木製の椀に蜂蜜を何杯も、男たちが捕まえたブタを数匹、女たちが捕った魚が山のように。そして歌と踊りがあった。

崖から蜜を集める――インドとセイロン

インドとセイロンでは、絶壁に多くのハチが巣を作るので、別のテクニックが必要となる。チェンチュについて詳しく述べるが、他の民族もおおかた同じである。二、三人の男が頑丈なロープなどの装備を持って出かける。巣の上方の崖の突端に着くと、一人の男がロープの一端を杭か木に固定し、見張りが一人残される。見張りは降りる人の女婿か、義理の兄弟である。チェンチュはこういうことには実の兄弟を信用しない。ロープの端には棒が付けられ、蜜集め人はこれに立つ。降りる前に彼は神々の一人に祈りを捧げる。

ハチの巣が平らな面に付いているなら、ハチ男はまず乾いた葉のたいまつでハチを燻し出す。それから木製の刀で巣を切り取り、籠に入れる。この籠は上の見張りが持つ紐に結んである。上の男はこれを引き上げ、別の巣のためにまた下ろす。

しかし、ハチの巣が崖の張り出しの下に位置している場合、ハチ男は先端に釘の付いた竹の竿を持って降りる。そして、ちょうど前例で籠に付いた紐を持ったように、上の男は竿に付けた紐を持つ。蔓に下がったアコア・ピグミーのように、チェンチュのハチ男はロープを揺すって、ハチの巣に近づいて、釘で巣を突き、しっかり固定する。それからまた揺らし続け、接近して木刀で巣を切り離す。すると、上の男たちは竿ごと巣を引き上げる。

もしハチの巣が木にあり、幹が足場になる匍匐植物で覆われている場合、男は木に登り、ハチを炙り出し、巣を切り取る。しかし、木が太くて滑りやすく、また植物にも覆われていない時、矢に軽い紐を結び、巣に放ち、紐をピンと張って杭に縛り、蜜を紐に滴らせて容器に集める。セイロンでは崖ではなく岩場の裂け目にハチの巣があるが、ヴェッダ族は単純に梯子で登って採る。

ミツアリやミツバチは食料副産物を作り出すという点で例外的であるが、他の多くの虫は、幼虫でも成虫でもそれ自体が食べられる。オーストラリアでは、アボリジニの観察者は長らく先住民たちのオオボクトウの幼虫に対する偏愛に悩まされてきた。これは数種の蛾の幼虫で、特にボクトウガは好まれる。白く、四〜六センチの長さで、アカシアの根に見つかる。幼虫を集めるのに女たちは、それを常食とするフクロモグラと競争する。

ニュー・サウス・ウェールズの山の中では、毎年ヤガの成虫が思わぬ恩恵をもたらしてくれる。それにあずかるため、かなりの遠方から多くの人々がやって来る。昔は蛾の集まる岩の下で火を焚き、地面を熱くし、地面に落として、翅を焼いて籠で選り分けて、食べられるだけ食べた。残ったものは木製の槽にぶち込む。ペーストになったものは一週間保つ。時には煙で燻しだし、するともっと長持ちする。この蛾は甘く、最初の二日間は下痢をするが、一週間くらいすると、食べた人たちは太ってくる。

アフリカでは、ピグミーがシロアリとイモムシを集めて食べる。最も詳細な話は、アコアやムブティではなく、その中間の別の種族から聞いた。* シロアリはアリ塚を毎年同じ場所に作るため、ピグミーは探さなくても、どこに居るかわかる。野営地の各人は自分のアリをマーキングしてある。季節が近づくと、折々そこに出かけ、側面を切り開いて、シロアリがどのくらいまで登ってきたか見る。こうして間もなく群がって飛んでいく時期がわかるのだ。アリが群れる頃には、バンド全体が数日間小屋を後にする。アリは巣から出るとすぐ飛び始めるので、事前にそこに居なくてはならない。アリ塚の近くに各家族は風防を立てる。アリ塚の上に葉っぱで屋根を作り、塚のすそ周りに深い溝を掘る。

* Paul Schebesta, *Among Congo Pygmies* (London: Hutchinson & Co., 1933), pp. 202 ff.

風防の前でアリ塚に向けて火を熾し、火の前には穴を掘る。夕暮れにはアリが飛び始める。葉っぱの天井に当たって、溝に落ちる。火に向かって這い出て、穴に落ちる。女たちは掬って籠に入れる。普通、シロアリは焼いて食べるが、時に生で食べたり、ペースト状に叩いたり、ゆでたりする。アコア・ピグミーは、あるだけゆでてしまい、表面に浮いてくる油を掬い取る。この油は調理に使ったり、ポマードにする。赤い木の粉と混ぜて、体に塗るのだ。この油が強い匂いを放ち、部族以外の人は、我慢できないほどではないにせよ、胸が悪くなる。ムブティもシロアリを集める。イトゥリ森で、アリは一月か二月に激しい雨が降るとき、群れだしてくる。こうして、ピグミーに二つの季節の恵みをもたらすのだ。もう一つは、五月・六月の蜜の時期である。

バッタや移動性のイナゴの類は、世界中で農民や牧夫の悩みの種だが、獲物の少ない不毛の食料採取民には恩恵となる。一八〇〇年代半ば、モルモン教の草分けとなったハワード・イーガン少佐は、ネバダ州北部のディープ・クリークで行われるインディアンの「こおろぎ」狩りを記述している。彼の言う「こおろぎ」とは、大きな、黒いキリギリスで、触覚が長く、飛べない。

彼は、数日間かけて五、六個の溝を掘っている一群のインディアンに出会った。その塹壕は幅三〇センチ、深さ三〇センチで、長さが九〜一二メートルだった。端と端がつながっていて、丘に面していた。インディアンは、キリギリスが常食にする、堅い、乾燥した草で溝を覆う。盛夏の頃、インディアンはそれぞれ男女子供を含むように二グループに分かれる。各人は両手に草を束ねて持つ。各パーティーは壕の端から少し離れた地点に着くと、横一線に広がった。草束を前後に揺らしながら、だんだん「こおろぎ」を塹壕のほうへ追って行った。壕に近づくとペースを緩め、虫が茎の間から壕に這い入る時間を与えた。全部追い込むとインディアンは手に持った草に火を放ち、燃えたまま塹壕の中の草の上にばらまいた。大きな炎が起こり、煙がたくさん出た。そこから「こおろぎ」は這い出られない。妻たちは塹壕の半分の高さまで埋めているこんがり焼けた虫を掬いだして、大きな籠に入れ、背中に担ぎ、ヤナギの揺りかごの赤ん坊といっしょに背負った。イーガン少佐は、ひとりの女が四籠も背負って、赤ん坊を抱いて五、六キロメートル先の野営地へ運ぶのを見た。一度にすべてを運びきれないので、壕がからになるまで数回戻って運んだ。

食養学の見地からすると、昆虫はタンパク質を多く含むので、主食となり、かなりの数が群れているのなら、他の狩りをする必要がない。食虫性の鳥や哺乳類は他の食物をあまり必要としない。前記のような環境にある人間も然りである。

野生の果物の恩恵

植物の王国からもたらされる同様な恩恵のいくつかについて述べよう。オーストラリアの南クイーンズランドのある地域では、ナンヨウスギ科のビドウィリーという木が、三年に一度だけブニャブニャと呼ばれる実を結ぶ。約五センチの長さで、炒った栗の味がする。こうした木々は私有化されている。お互いに接近して植わっているので、実が熟すと所有者の家族が集まってくる。その数は五〇〇～六〇〇人にのぼり、数カ月も、実がなくなるまで食べ続ける。

絶滅して久しい南カリフォルニアのインディアンは、比較的不毛な、食物の少ない環境に住んでいたが、恵まれた場所ではとげとげの灌木がかなりたくさんあった。その中の、ピタハヤというサボテンは、南西部のベンケイチュウという背の高い印象的な木の仲間である。酸っぱい種類もあるが、甘いピタハヤは、鶏卵ほどの、緑色の棘の殻で覆われた丸い実を付ける。果肉は白か赤で、汁気が多く、とても甘い。果肉の中には小さい黒い種が散らばっている。果実は六月中頃熟し、約八週の間食べられる。十八世紀の頃、インディアンがピタハヤの藪に来て、たくさん実を摘んだ。手に入る限り饗宴にあずかり、腹を満たした。堆積した自分らの糞便から丹念に種を拾い、炒り、挽き、食べた。この慣習を記録したイエズス会のヤコブ・ベジェール神父は、これを二度目の収穫と呼んだ。

野草の種を集める

野草の種の採集は、疑いもなく広く行き渡った習慣であり、農業が栄える以前、世界の多くの民族に主食をもたらした。実際、西アジア、地中海地方、スーダン、エチオピア、そしておそらく中国でも、野草の種の採集が穀物栽培の起源であると広く信じられている。メキシコや中央アメリカでもトウモロコシの栽培に関して同じことが言える。農耕が野生の草の生える所で始まったということが、野草が豊富にあって食料供給の主な手段となる土地において、狩猟採取民族が少ないこととの主要な根拠である。

もう一つの要因はマメ科植物と穀物の特性に関係する。野草の種は熟し、なんとかして地に落ち発芽する必要がある。そこで種子を包む穎《えい》は最適な時期を見つけて自然に開き、種子をまき散らし、時に射出する。地上に育つエンドウ・インゲン・ソラマメ等のマメ類も同様である。野生の穀物やマメ類を収穫する人はいつその時が来るか知らなければならない。収穫者たちは種子を集めるのに十分な人数が揃わなければならない。さもないと地中に失われてしまう。

さて、かなり稀に致命的な突然変異が生じ、植物から穎が開く能力を奪ってしまう。または、先端や莢《さや》が壊れなくなる。こうした変異が起こると、種子は内包され、発芽しない。トウモロコシという特殊な例で言うと、もっと激烈な変異が起こった。原種に見られる個々の穎の代わりに、外皮が穂全体を覆ってしまった。コメ、ムギの場合でもトウモロコシでも、こうした変異から生じた利点に気が付くには、採取民はよく観察する必要があったはずだ。つまり、穂を選び、皮をむき、種を植えることで、彼（もしくは彼女）は、外皮に固く覆われた作物を育てられるようになったのだ。収穫したものはその場で集めなくても、脇に除けておいて、後で皮をむいたり、脱穀したりできる。この革新により、はるかに少ない人数で済むようになり、一人当たりの収穫高が増加した。好きなところに種を植えられるので、次のシーズンにどこで育つかについての偶然の要素が減少した。

カリフォルニアに、農耕せずに野生の種を大量に集めた民族という、人類学的な典型例がある。おそらくカリフォルニア・インディアンは今述べたような変異に気づかなかったか、観察して行動する才能がなかったようだ。しかし、この特殊な例では、もうひとつ理由が加わる。野生種が大量に育つカリフォルニアの気候は地中海性である。冬に雨が降り、夏に干魃がある。野生の草が好む気候である。カリフォルニアの人々は同様に種を育てる他の民族と交渉を持たなかった。穀物が栽培されていた最も近い地域は南西の他の採取民が住む不毛の地を越えたところにある。穀類の二番手はトウモロコシだが、これはカリフォルニアの草類と違い、夏に雨を必要とするが、この地では乾季に当たる。

野生の穀物を集める技術は非常に簡単で、主に女の仕事だ。彼らは草を刈り取ることはなく、片手に籠、もう一方に棒を持ち、草の間を単に歩き回るだけだ。籠の縁に一握りの茎を当て、棒で種を叩き落とす。

ロサンゼルス近郊の南部カリフォルニアでは、野草の種子が特に重要な食品である。もっと北のサクラメント渓谷のような地では、ドングリが主流である。少なくとも一二種類のオークの種が収穫される。男も女も子供も秋になると出かけていってドングリを集める。男たちや大きな少年は木に登り、長い竿で枝を叩き、ドングリを落とす。女たちや他の子供は籠を持ってそれを集める。

松の実も集められる。しかし峡谷よりも山麓の丘陵のほうが数が多い。丘の人々は五葉マツの球果を集め、火に入れ松ヤニを溶かすと、開いて種子が落ちる。この作物の幾分かを渓谷の人々とやり取りして、ドングリや他の商品を手に入れる。

こうした収穫の方法は、特にマイドゥ族に当てはまる。彼らのシカ狩りに関しては前に述べたが、その他の作物と合わせて、彼らは多量の食料を蓄積できたので、谷間に住む者たちは比較的定住で、二・五平方キロ当たり三人の人口密度に達している。採取民にしては高い数値で、農耕民に匹敵する。

比較的簡単に手に入り、冬場の消費用に蓄えられるこうした食物の豊富さが、マイドゥ族や他の多くのカリフォルニア・インディアンに十分な余暇時間を与え、多くの儀式が行われるようになったのだろう。その幾つかはなかなか手の込んだものだ。しかし、主要な儀礼は、獲得した食料の配給に特に結びついているわけではなく、人間関係一般にかかわるものである。他にすることのない冬場に行われ、面倒を避けるためにも組織だった活動が必要なのである。

貝類を集める

貝類の採取に戻ろう。これには二つのはっきりした目的がある。食料を得ることと、貝殻を得ることだ。ほとんどのアンダマン島人は海岸沿いに住んでいたが、干潮の間、ホンビノスガイに似たキュレネ貝や他の貝類を集めた。女たちは単に拾って籠に入れるだけだ。だが、男たちはカヌーで出かけて、海深く潜り、シャコガイやタイラギを採る。シャコガイは巨大な二枚貝で、鋸歯状の貝を持ち、潜り手の足に噛みつき、溺れさせるという悪い言い伝えがある。男たちがあえて挑むのは、シャコガイが肉厚だからだ。タイラギも潜って採る。この貝からカヌーを削る手斧をこしらえる。キュレネの貝からは切ったり削ったり、万能の道具ができる。

一九五九年、実際に目にしたことだが、アラカルフ族はいまだにイガイ、ハマグリ、ザルガイ、その他の貝類を求めて、マゼラン海峡の極寒の海に潜っていた。これをするのは女たちで、低い水温を我慢してもなんら影響は無いかのようだった。一世紀も前の昔、タスマニアの女たちが冷たい海で同様に潜っていた。タスマニアでは、最も海から遠い地でさえも、たった一〇〇キロメートルしか離れていないので、内陸の人々でも定期的にこの目的のために特定の入江や海岸を訪れる。海辺の人々は内陸の人間をあまり歓迎せず、乱闘が数例報告されている。

女が海に潜るのだが、男たちもいっしょにやってくる。貝のおこぼれにあずかるためだが、敵の急襲から女を守る目的もある。

女たちは首に籠を巻き、手に木製のへらを握り、かなりの深さまで潜り、海底の岩場に生えている昆布の茎をつかんで海底に留まる。最も深く潜るのはアワビを採るためだ。貝類の中で最も値段が張るが、一番岩場から剥がしにくい。やったことがある人ならわかるだろう。

アワビは大きくて固く丈夫な円盤状の筋肉を持つ。テンダーロイン・ステーキほどの大きさ、もっと大きくもなる。身は気候が寒いのでハマグリやイガイの柔らかい部分よりも長く日持ちする。アワビだけが内陸に持って行かれて後で食べられる。また、貝殻も有用で、島の中央近くの泉の周囲で、初期の探検家がアワビの貝殻を見つけている。穴は粘土で塞いであった。これは、誰か思慮深い人が、旅人の飲料容器に役立てようとそこに残していったものらしい。アンダマン島人はオウムガイの殻を同様な目的に使う。

装飾品または通貨としての貝殻の使用

適当な貝殻が手に入る人々が、道具として使う方法を見てきたが、貝はまた装飾品や通貨として使われる。貝殻のあるものは固く、光沢があり、色彩が鮮やかだ。耐久性があり、腐食しない。女の首につけた貝殻のネックレスが、海から遠くに住む人々にとっては、真珠のネックレスほども価値があるのだ。

タスマニアの黄土を入手できる内陸部族と、貝殻を他の生産物と交換しようとした沿岸の部族との間で、流血沙汰があった話が記録されている。内陸民が黄土を持ち寄ったのに、海岸民は空手で臨んだ。信頼を裏切ったということで数人の男が殺された。二つの物品の交換が原因となったが、両方とも食べ物でもないし、これといって実用価値のあるものでもない。言葉を換えて言うと、タスマニア人も、われわれ同様、実に「人間的」なのである。

装飾や通貨として使う貝殻を集めることと、食用の貝を集めることとの唯一の違いは、前者は生きていなくてもよい点にある。潮で流されてきたのを単に拾いさえすればいい。しかし、例外もあり、それはツノガイである。ツノガイは掘足類で、管状の殻を持ち、両端が開く。湾曲しているので、門歯のようである。北部カリフォルニア、北西沿岸、そして大草原に至る内陸まで、インディアンたちはこの貝を取引した。産地から遠ければ遠いほど値がつり上がるのだ。ツノガイは深海性の、太平洋岸の貝で、あまり岸に流れ着くことはない。ヴァンクーヴァー島のヌートカ・インディアンだけがこれを採取した。そのほとんどは二つの土地に集中していた。バークレー海峡と、もうひとつはタチュ岬の北西カフコスの村のはずれ。ヌートカの数部族の首長は、後者の貝殻を探し求める権利を世襲していた。

ツノガイは、海底近くの泥に住み、干潮時の水位よりずっと下で、また普通に潜って採るにも深すぎる。しかし、ヌートカの発明の才の前には、深すぎることはなかった。彼らはこれを採るのに、基本的に二段階から成る仕掛けを編み出した。最初の仕掛けは、五〜六メートルのモミの竿で、頭の丸い箒のように、先端にシーダー材の小割板が束になって縛ってある。中央に近い板は薄く、外側の板は幅広く、弾力がある。この先端は約二〇センチの幅で、十分に外に開いている。

仕掛けの第二段は、細長いシーダーの板で、真ん中に穴がある。穴の直径は箒の先より少し大きい。ここに箒の先を入れて縛る。板の両端には石のおもりが縛り付けてある。ツノガイ採りたちは、カヌーで外海へ漕ぎ出し、一人が、海底目掛けてこの仕掛けを投げ入れる。この男は竿のちょうど箒型の少し上部にくくりつけた紐を持っている。一本では普通短すぎて海底に届かないので、カヌーには何本か余分の竿を持って来ている。ほぼ一杯まで沈めてしまうと、次の竿を縛り付けて、海底に届くまで続けるのだ。底に着くと操作手は紐あるいは一番上の竿を引き上げる。こうして板の穴から箒状の先端を引き抜き、シーダーの小割板を締め上げるのだ。箒状の先端を船上に引き上げたら、くっついているツノガイを引き剝がす。

重労働だが、一つでも二つでもツノガイが採れれば、十分な利益と考えられている。最初の投げ入れで失敗なら、漕手たちは最初の位置か、その付近まで漕ぎ戻る。時が経つと海底近くから船が流されてしまうのだ。水深が深くて錨を降ろせないのだ。

ツノガイの代わりに貨幣が使われるようになって、この独創的にして不格好な方法は価値がなくなり、現代のヌートカ族には技術は忘れ去られてしまった。アイヌのバネ鉤式サケ用銛マレックのように、ツノガイ採りの発明の詳細は封印された謎として残るだろう。

第8章　食物と麻薬

きちんとした社会なら、食べることは単なる食物摂取を越えて重要である。食べることはゆかいな行為で、人はたいてい、共に食することを楽しむ。一日の仕事が終わった。火はあかあかと燃え、肉料理からおいしそうな香りが漂い、空いたお腹は待ち遠しく鳴り始める。そこで人々は腰をおろし、一緒に食事をする。ほとんどの狩猟民は自分たちの領域で採れる天然の産物に依存するが、食物は十分にある。毎日の活動的なアウトドア生活を送るために、満足な食事は欠かせない。

普通の状況下で、自分の共同体にいて飢えることはない。なぜなら食べ物を分け合うからである。公平な食物の分配は、地域集団メンバーの絆を強める。狩猟民社会がどのように組織されるかについては後で探究するが、前置きとして、誰が食べ物を分けるのか、誰と誰が一緒に食べるのか、料理するのは誰か、貯蔵の方法とは、などを知っておく必要がある。

いかに食物を分け合うか

食用植物を採り、足の遅い獲物を捕るのは、たいていは女性で、採集物は原則としてその女性の家族の

カンガルーの分配部位

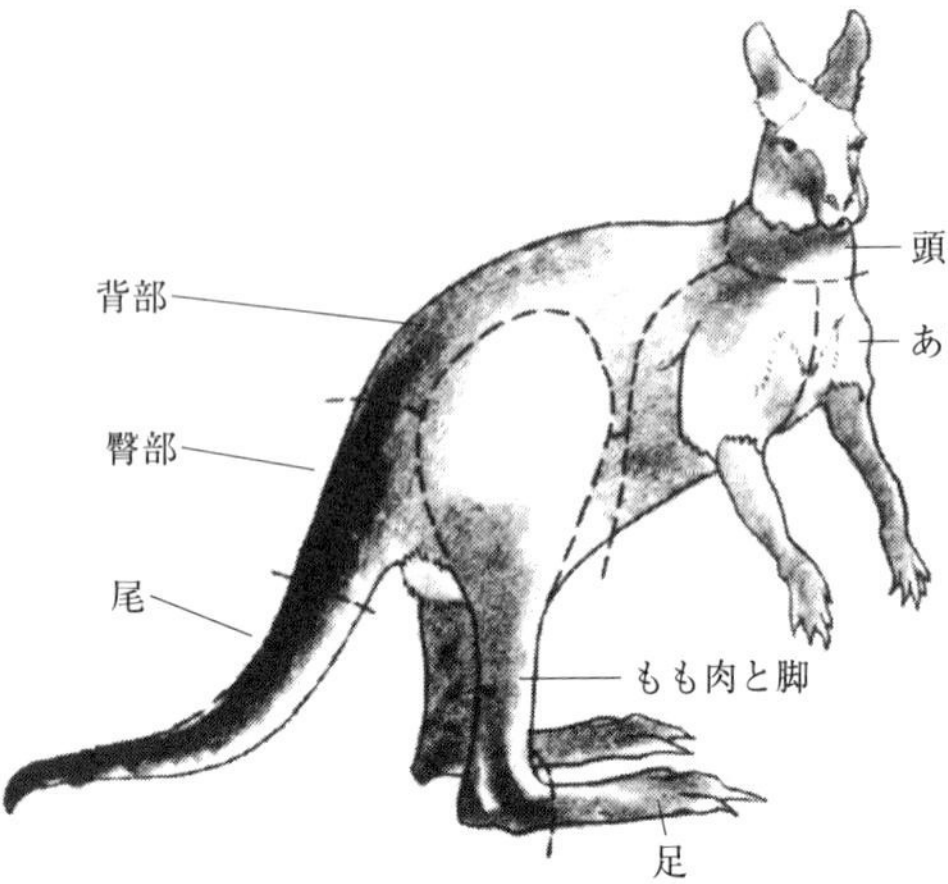

図29　狩人とその親族に分配されるカンガルー部位の分割方法
（Richard A. Gould, 1969に拠る）

ものとなる。ただし飢える者がいる場合は、他の家族にも分ける。甲殻類、魚類、鳥の卵やカメの卵についても同様である。しかし、狩りの獲物の分配は、別である。

動物や鳥を殺した男性が、それを自分の家族だけのものとしたら、一部はあり余るほど持ち、他は飢えることになる。また、狩りはたいてい二人以上で行い、共同作業によって首尾よくいくことが多い。もし、自分が仕留めたものに対し欲深いと、男どうし、家族どうしの対立が、社会単位を結ぶ経済の絆はもとより一族の絆を弱め、もしくは消滅させてしまう。人は食べ物が必要であると同じく、互いに仲間であることが必要なのである。したがって、狩りをするどの集団でも肉の分配が家族どうしの結びつきを継続する基本であり、厳しい手続きルールを守ることで平和が保たれる。動物の屍体のある部分が他よりもおいしいという場合は特に、ルールに従わなくてはいけない。

ティガラのクジラ漁師の例で見たように、クジラの極上部分は臍から尾にかけた三〇センチ強幅の締まった肉である。カンガルーの場合は尻尾である。ゾウでは鼻、バイソンは舌であろう。部分によっては解体の仕様明細に含まれないことがある。それは仕留めたその時、あるいは少し後で食べる部位で、例えば、オナ族が食べるグアナコの眼球の脂肪、ティガラ族の場合のクジラの頭頂肉と尾の肉などである。

誰が分割の責任者になるかは、狩りの構成や社会の人々の構成によってそれぞれ違う。ティガラ族では先頭の船の船長が責任者となる。南部アフリカのブッシュマンのいくつかの部族では、バンドの首長が責任者として野営地中央の聖なる木の下で肉を切り分ける。

ビルホール族はサルを狩ると、首長がその肉を少し焼いて狩りの精霊に供えた後、サルの内臓、尾、両足は勢子として働いた男女に等しく分けられる。網を提供した人はさらに後ろ脚を一本もらう。側面攻撃をかけた二人は後ろ脚一本ずつが分け前である。首長は、狩人としての分け前に加え、各獲物の首と背肉の半分を手に入れる。分配が終わってもまだ肉が残ると、もらう資格のある者の人数分に分割し、首長はさらにおまけがつく。狩りに行かず家に留まった者に正式分配はないが、妻とか近い親戚の男性からもらうことになろう。

毎年恒例のシカ狩りの後で男たちは獲物を野営地に運び、斧で解体する。頭部は火であぶって男たち全員で食べるが、妻が妊娠中の男は食べられない。それから首長が全部の首と背肉の半分を手にする。網の所有者は自分の網にかかった獲物の背肉の残り半分をもらう。側面攻撃をした者は前脚を一本もらう。先駆けは一頭の獲物につき一本の膝関節をもらう。残りは家族で分けられ、野営地に留まっていた者にも分けられる。

イトゥリ森のムブティ・ピグミーの場合は、地域内に存在する狩猟グループの数だけ分配方法がありそうだ。各グループは多くのバンドから成り立つ。網を使う狩猟民の三種類の制度と、弓矢を使用する狩猟民の三種類の制度について、コリン・ターンブルの記録が詳しい。それぞれ違いはあるが、共通する主要素は、男性が分配を行い、それに伴う紛争を長老が解決することである。六つの各グループはそれぞれの伝統に従って、獲物の肉を五～八の部位に解体する。部位をすべて挙げると、頭、背、肝臓、肩、胸、尻、胃、前脚、後ろ脚、性器である。

分け前は五～八種類の受取人に与えられる。六グループに見られる受取人とは、老人、活躍のめざましい男性狩人、勢子を務めた女性、さらに肉の運搬もした女性、子供、網の持ち主、その助手、槍の持ち主、イヌの持ち主でそのイヌと共に参加した者、このようなイヌの持ち主の父親、獲物を殺した者の姉妹または義理の姉妹、先に進んで最初の獲物を追い出した者、関係者みんな、そしてイヌである。

老人がもらう部位は、胃が三グループ、頭部が一グループ、臀部が一グループであった。そしゃくがあまり要らない比較的柔らかい部分であるからだ。背肉をもらう者は、その獲物を追ったイヌの持ち主の場合もあるし、男性狩人のこともあり、また、皆に公平に分けることもある。性器は成長するよう子供たちに与えるか、もしくはイヌのものになる。別地域のグループが協力して狩りをする場合は、地域による慣習の相違が紛争を引き起こしかねないが、現地のやり方を適応するのが立て前である。

階級別の肉の分配

スペクトルの反対側の先端に位置するのが、北西岸インディアンの食物分配の協定である。例として再びヌートカ族を挙げよう。指針となる原則は、肉を得るため誰が何をしたかではなく、むしろどの部位を得る権利を誰が相続したかである。ヌートカは首長の階級を認識していた。家の首長、部族の首長（一つの部族とは冬の村を共にする人々である）、またある時は連合の最高首長もいる。連合とは夏の村で二つ以上の部族が一緒に過ごす場合の全体の人々のことである。

ドラッカーは、ある男がアザラシを殺した例を挙げている。アザラシは大型で珍重されたひれ足類である。アザラシを殺した男は、連合の首長六人を招待して自分で宴会を開くか、あるいはアザラシを自分の部族の首長に渡して宴会を開いてもらい、お返しに贈物を受け取るか、そのどちらかを選ばなくてはならなかった。注目すべきは、首長たちはたとえ漁に出ていても呼び戻されたことである。最高ランクの首長はアザラシの胸、二番目は右前のひれ足、三番目は左前のひれ足、四番目は右後ろひれ足、五番目は左後ろひれ足、六番目は首の後ろから尻尾の先にかけて幅広く長く切り取った脂肪をもらった。残りの脂肪は同じ長さに切り分けられ、さらに低いランクの首長に分配された。首長たちは宴会で分け前全部を食べる必要はなく、好きなだけ家に持ち帰ることができた。もしアザラシが二頭、三頭と捕獲されたら、持ち帰りはそれだけ多量になった。

このような宴会に六人の首長を呼ぶのはアザラシの場合だけである。他の海洋哺乳類を仕留めた男は宴会を開くことになるものの、好きなように分配できた。クマやシカの場合も同じであった。ただし、男の首長が宴会を開きたいなら別で、その場合は首長が男の損失を埋め合わせた。

魚の分配は異なる手順に従った。ある漁場の権利を有する首長は、自分の代わりに部下を最初の一、二回の漁に行かせることで、漁期の始まりを告げた。それが済むと、首長の下の誰でも自由に漁ができた。しばらくして魚の干物ができ上がると、首長は部下に貢ぎ物として一部を回収させた。決まった割合が課せられたのではなく、各人が適当と判断する量を差し出した。回収した魚は後で首長が開く宴会に供されて、各人はそこに招かれ自分の分け前を食べることを了解していた。飢えることはなかった。魚は各人に必要以上の量があったからである。

ベリーや食用根菜類も魚と同じであった。首長は何組かの女性グループを自分の所有地にやってベリーを摘ませ、根菜を掘らせた。首長は女たちへの支払いを収穫の一部でもってし、残りの一部で宴会を開いた。それが済めば、誰でも希望者はこれら食用植物を採りに出かけることができた。

食物の交換

原則として狩猟採集民は、量の多少にかかわらず食物の取引をしない。自分たちの所有地で必需品がまかなえるからである。しかし例外はいくつかあり、特に北西岸の豊かなインディアンの間に見られる。そこではヌートカ族が捕鯨をほぼ独占し、余ったクジラの脂肪を、動物の袋状の内臓や獣皮に貯蔵する。そこより北に住む部族は、船でヌートカの村に来ると、この油を受け取り、代わりにもっと保存のきく品々を渡す。寒く乾燥した季節に野菜はほとんど手に入らないから、鯨油のような動物の脂肪は、切実に必要なエネルギーとビタミン類の供給源である。

鯨油の取引という珍しい例を別にすると、先に述べた諸例は一般概念として通用する。なぜなら、食料を得るために誰が計画的に定期的に獲物を殺すかについては、前述した例が、知る限りの狩猟民に当てはまるからだ。例外は、ある。インドのカーダモン・ヒルズのカーダル族の場合である。彼らは家族単位でヤムイモを掘りに出かける。たまたま動物を殺すことがあるが、それは他の行動をしていて偶発的に起こる行為である。また狩りをグループで行うこともない。わたしたちが知る限り、こうして得た肉を他の家族と分け合うことはなく、分け合う理由も特にない。この例外は、一般法則を証明する助けとなる。

生食と料理

わたしたちの祖先がまだ狩猟民だった頃、多くの食物を料理して食べた証拠はたくさんある。わたしたちは今でも果物、レタス、カキなどを生で食べるし、日本人は魚を刺身で食べる。この面から、わたしたちや日本人は狩猟民と変わらない。狩猟民のうちエスキモーは驚くほど多量の生肉を食することで知られる。事実、エスキモーという言葉は、アサバスカ語族の一つの言語で、生肉を食べる人を意味する。

野菜の供給が乏しいことから、食べ方はエスキモーの健康を保つための一つの方法である。カナダのハドソン湾西のバレンランズのカリブー・エスキモーにとって、燃料の木が乏しいことや、海岸から遠く離れていることから、料理それ自体が困難である。沿岸に住む親戚と違い、燃やすクジラやアザラシの脂肪もないから、火気のないテントやイグルー内で、身体保温のためカリブーの脂肪を食べる必要がある。それでもやはり、他の人々と同じく、エスキモーは皆料理をするし、それも進化した方法で料理する。すなわち、煮るというテクニックである。ほとんどの狩猟民の料理方法は、次に見るように、もっと単純なのである。

タスマニア人の直火焼き料理

ここで、午後の日陰が長くなってゆく光景を想像してみよう。男たちは狩りから帰り、女たちは薪集めから帰った。火はまっ赤に燃えている。夕食を前にお腹を鳴らす者がいるし、幼い子供たちはむずかっている。さあ、そこにある食料を料理して食べる時が来たのである。

このような時に何が起きたかを、記録してみよう。場所はタスマニア島のとある場所。日付は一八三一年一二月一一日、日曜日。ナレーターはジョージ・オーガスタス・ロビンソン。うす茶色の髪の、おだやかな話し方をする小柄な男性ロビンソンは、一八二九年から一八三二年の間、武器を持たず恐れることなく島中を歩き回って、敵対する住民に向かい、自分と一緒に沖合の島々に亡命しようと説得した。オイスター湾部族のマンナラージェンナの野営地に、誰かがワラビーを運び込んだ。そこの首長と共に移動していたロビンソンは、日記にこう記した。「この動物は、他の動物の場合と同じく、まず、そのまま火の上に投げ入れられた。毛が焦げると、火から取り出し、両手で焦げた毛をこすり落とした。このやり方はオポッサム以外全部の動物にかたくなに守られている。オポッサムの毛は火にくべる前に抜き取られる。首長はワラビーの毛を取った後、両手でワラビーの前脚をひねって切り離した。この方法は他の動物でも行われる。それから後ろ脚を切り離すと、次に指で腹に穴を開けて、内臓を引き出し、そこに焼けた灰を押し込んだ。外側はすでに焼けているから、これで食べる準備は完了した[*]」。

* N. J. B. Plomley, ed., *Friendly Mission, the Tasmanian Journal and Papers of George Augustus Robinson*, 1829–1834 (Hobart, Tasmania, 1966), pp. 548–49.

ワラビー料理が終わると、首長は肉をその場にいる人たちに分けた。骨、軟骨、皮、首長が取り出した内臓を除くすべてを、人々は半生のまま食べた。アザラシや灰色カンガルーのような大型動物は、切りはずして運び込む必要があった。カモやペンギンは、最初に焼いた後で腹を裂き、内部を火に当て再び料理した。根菜類、大方の菌類、生食できないその他の野菜は、火が衰え始めた後の灰の中にそのまま入れて焼いた。シダの根は運ぶには大きすぎるから、見つけた場所で小さく切って持ち帰って焼いた。シダの根は、焼いたカンガルーの皮を細く裂き、それと一緒に食べるのが普通だった。貝も海岸で焼くか、あるい

図30　燃える炭のなかでカンガルーを焼く図
（Richard A. Gould, 1969に拠る）

は内陸に持ち帰って焼くだけであった。

オーストラリア人の料理テクニック

今述べてきた料理技術よりもっと単純なものを見つけるのはむずかしいだろう。直火で焼くのがオーストラリア人の主たる方法であったが、それが唯一の方法でもなかった。鳥を料理する前に鳥を泥で包むことがあった。泥は火のなかで堅くなり、泥の殻を取り除くと、羽は泥と一緒に取れ、また鳥そのものの肉汁は失われなかった。つまり一種のオーブン焼きである。リチャード・グールドは男性二人が西の砂漠で狩りをして二匹のオオトカゲを捕まえるのを見て、それを最近の報告書に記した。二人はトカゲをそのまま火で焼いたあと、皮、骨、その他も含め全体を叩きつぶしペーストにして、指でなめて食した。

クイーンズランドでは、普通の直火焼きよりもっと進んだ方法が用いられることがあった。料理する人は誰もが動物の汚れを取り、腹に焼けた石を詰め、手足をはずして小さくまとめた。それを樹皮で包むと、熱い灰の穴に埋めて、上に砂をかけ、その上で弱い火を燃やした。もっと定住性があるビクトリアの部族の中には、ポリネシアスタイルそのままの土オーブン料理法で、食物すべてを料理する人たちがいた。彼らは穴の中に焼け石を敷き、その上に食べ物を葉で包んで置くと、さらに焼け石を置き、その上に土をかぶせた。石と一緒に湿った草を入れて、開けた穴から水を時々注いで蒸気を立てることもあった。でき上がった食べ物は柔らかく、水分をたっぷり含んでいた。

あぶり焼く、煮る、陶器

南部アフリカのブッシュマンは食べ物の多くを直火で焼くが、地面に突き刺した棒から肉片を垂らして火にかざし、あぶり焼きすることもある。フエゴ島インディアンも同じ習慣があるし、北アメリカの森林インディアンは木製の焼き網の上で魚を焼く。

大アンダマン島人が、ウミガメや野生のブタを手製の土器で煮ていたのは、ある意味で驚きである。地元でとれる粘土を使うが、練りは不十分で、普通のたき火の低い温度で焼いた未熟な手作り土器である。リディオ・チプリアーニがアンダマン島人の貝塚を発掘し、残っていた炭から年代測定をするまでは、他の技術面で非常に素朴な人々がなぜ土器を持っているのか謎であった。チプリアーニは、堆積場で見つかった土器のうち最も古いものでも西暦一五〇〇年以後であること、古いもののほうが良質であることを発見した。さらに、土器がもたらされる以前にブタはいなかったこと、島民が狩ったブタは飼育ブタの野生化したもの、ブタは土器作りを島民に教えた同じ船乗りが持ち込んだものであることもわかった。

人類学の分野はかつて、土器作りを農耕と結びつけ、複雑に関連する全体から切り離すことができない部分であるとしていた。しかし実際にはこの結びつきの根拠はないのである。農耕民族の中に土器を作らない人々もいるし、狩猟採集民の中に土器作りをする人々もいる。なぜ土器作りと狩猟が普通は両立しないかというと、土器は壊れやすいものであること、そして狩猟民はたいてい用具一式を持って移動するからである。アイヌは土器を作ったし、一部のアラスカ・エスキモーも作った。両者は、ほぼ定住者であったという共通点がある。

土器を使わず煮る

エスキモーとアイヌの他にも食物を煮た狩猟民はいる。そういった狩猟民はもっと壊れにくい器で料理する方法を知っていた。一つは、ソープストーンのような柔らかい石を削って、湯を沸かす器を作ることである。よく知られる北極エスキモーの特徴として、彼らはちょうどよく石が露出する場所を求めて、長距離を旅する。冬はこうした石なべに雪を入れて溶かし、飲み水を得る人たちもいる。動物の脂を燃やすランプも同じ材料で作り、ランプの上に、木製の枠からなべをつり下げる。南カリフォルニアの沿岸地域に住むチュマシュ・インディアンもソープストーンの器を作った。石を割った時の、一番下の部分は、油炒め用の器となった。

二つめは、カバノキなどの樹皮で、水が漏れないなべを作り、食べ物を煮る方法である。野生のサクランボの木が望ましいのは、その樹皮が厚くて丈夫だからである。なべと火の間は、お湯が沸くほどに近く、炎で燃えない程度に離しておかなければならない。これは、北アメリカのインディアン狩猟民が支配した森林地帯全域に共通の方法であり、北東アジアの方法でもあった。

三つめの技術は、焼け石で煮る方法である。木製や籠細工の器は普通なら壊れやすいが、水漏れしないその器に、水を少し入れる。その中に、火ばしで焼け石を火から取り出し、次々と入れて水を沸かし料理する。カリフォルニアのインディアンは籠で煮た。籠の中の熱い石をかき回すことが必要で、そうすれば食材はまんべんなく料理され、石で焼け穴ができることもなかった。インディアンはこの方法でドングリのマッシュを料理した。この料理はインディアン人口のおよそ四分の三の主食であった。

北西海岸地域では、肉のほとんどを同じ方法で煮たが、巧みに作ったシーダー材の箱を使った。一枚板で箱の四方を作るが、四隅になる部分にきざみを入れ、蒸気を当てて折り曲げた。北西岸インディアンは狩猟民世界のグルメだったとみえる。フランツ・ボアズはクワキウトル族の女性の一人から、およそ一五〇のレシピを集めた。その女性はボアズの協力者ジョージ・ハントの妻で、ハント自身は半分スコットランド人、半分トリンギットであった。クワキウトル族の南に住む隣人のヌートカ族は、箱で煮炊きする他に、食物を燃える薪の上であぶり、熱灰の中で焼き、マットをかぶせて蒸した。ヌートカ族はシダの根をたいして食べなかったが、蒸す技術は主としてこの料理に使われた。大がかりな宴会では、だいたい四コースから一〇コースの料理が出された。食べ物が多量にある時は、若い男性たちが主たる料理人であった。それ以外は女性たちが料理した。

料理する者なら誰でも知っているように、食べ物の用意は、単に熱を加えるだけではない。おいしくするための準備、食用にする下準備さえ必要である。ヌートカに戻って、わかりやすい例をあげよう。ヌートカ族は、時々アライグマの肉を食べるが、つんと鼻につく臭いがしてあまり好まれない。料理する前は、真水の入った箱に一晩つけておく。

野菜の多くは苦みや毒素があるから、食前に濾して取り除かねばならない。北オーストラリアの各地、特にアーネムランドでは、ソテツの食用木の実にこの下処理をする。女性たちは殻を割り、中の実を取り出して石の上でつぶすと、その果肉を三〜五日ほど、水をいっぱいに満たした溝に浸ける。それから果肉をケーキかパンの形にして、樹皮で包み、熱い灰の中で焼く。

中央カリフォルニアでは、ドングリ、ウマグリの実、野生のナツメグをすべて同じ要領で扱った。料理の前に粉にして、濾過したのである。ドングリはたいてい小枝で編んだ小さな籠に入れ、杭の上に置いて保存した。取り出す時は、籠の横を棒で突いて隙間を適当に広げれば出てきた。その他のドングリや種子は籠に入れて屋内に保存した。女性たちは殻をむき、すり鉢で叩きつぶした。中には据えつけの粉ひき場もあった。すなわち、露出した石のくぼみがそうで、何人かの女性がそこで一緒に作業ができた。一人が果肉を円状の砂の上に置き、上から水をかける。これを数回繰り返して砂から離してふるいにかける。これで準備が完了し、籠の中で焼き石煮をしたり、発酵させないパンのような堅いケーキを作った。乾燥肉、サケの骨、シカの脊髄などもすり鉢で砕いて、籠に入れて貯蔵した。

食物貯蔵

アイヌはサケを切り裂いて、家の軒先に吊るし、乾燥させ、薫製にした。家に煙突はなかった。北西岸インディアンもこの栄養に富んだ魚を同じやり方で多量に蓄えた。サケの貯蔵によって多くの農耕者の経済レベルにひけをとらず、冬季の数カ月を儀礼活動に集中することができた。

ティエラ・デル・フエゴ島やマゼラン海峡の寒い沿岸では、脂肪は腸、嚢《のう》、皮のなかに入れて貯蔵された。かつてヤーガンはソーセージを作ったものである。アザラシやアシカの腸を、ある長さだけ裏返して洗い、一方の端を縛ると、吹いて風船のようにふくらまし、もう片方を縛った。それをつるして乾燥させて、中に温めた脂肪を入れた。また、火の上に脂肪をつり下げて油を抽出し、貝殻の容器に滴り落とし、腸に入れて満たした。次に、腸の両端に木の栓を差し込んで結びつけ、そこから時々中味を取り出して飲んだ。同じ方法で血液のソーセージを作り、あぶって焼くこともあった。

アラカルフも同様に、皮の一部を直径三〇センチほどの風船にふくらまし、中に脂肪を入れた。次に、しばらくの間それを湿地に埋めて、発酵したら掘り出して小屋に架けておいた。誰でも欲しくなると、自分のてのひらに少々垂らして、なめることができた。もちろん脂肪は腐敗して悪臭を放ったが、熟しすぎたリンブルガーチーズと変わりはなかっただろう。アラカルフもヤーガンもクジラが陸に上がって死んだ後、その悪臭放つ脂肪を食べた。寒冷地に住み炭水化物に富んだ植物性食物が乏しい人々にとって、脂肪は重要な食料なのである。寒いイグルーに暮らすカリブー・エスキモーが、多量の脂肪の摂取によって身体を温めたように、海沿いに住むフエゴ島民が異臭を放つ脂肪を欲しがる栄養上の、やむを得ない理由があったに違いない。

狩猟民に麻薬は小事

明らかなことだが、よそ者が厄介をもちこむ前の狩猟採集民は麻薬を常習することはなかった。常習していたら、自分たちの土地を最大限に効率よく利用する作業に、あれほど精力を使うことはなかったと思われる。

まず、アイヌを除いて、アルコールを飲まなかった。アイヌがアルコールを飲むようになったのは、儀礼用ビールを醸造するためにアワの生育を始めてからである。平原インディアンがペヨーテを手にしたのは、白人によって掻き乱された後である。コンゴー・ピグミーは今はマリファナを吸うが、もし付き合いのあった農耕民である黒人がアラブ人からマリファナを手に入れなければ吸うことはなかった。ガボン・ピグミーはうち捨てられたプランテーションから、または窃盗で、バナナを手に入れることがなかったら、バナナ酒を作ることはできなかったろう。

あといくつか麻薬がある。チョウセンアサガオ、ハラタケ、ピチュリー、タバコである。チョウセンアサガオは南カリフォルニアでは若者の通過儀礼で食されたが、植物学者はこれがもともとアメリカ固有の植物であると確証してはいない。ハラタケは毒キノコで、LSDのように幻覚を引き起こす。東シベリアのチュクチ半島の名前はそこに住むチュクチ族からつけられたが、彼らはハラタケをかんだ。南カリフォルニアに住むインディアンのピタハヤの種のように、ハラタケは「二度目の収穫」があった。幻覚を求めたいときは、ハラタケをかんだひとの尿を飲んだ。

オーストラリア・アボリジニが持っていたのはオーストラリア原産の麻薬ピチュリーで、ある灌木の樹皮と葉から作られた。原料の植物を火であぶって柔らかくしてかみ砕き、アカシアの灰と混ぜて固めた。これは広く取引された。というのも、原料の植物は限られた場所でしか育たなかったからである。ピチュリーをかむ人は耳にはさんで持ち運んだ。これをかむと、例えば戦いのような緊張する場合の前など、落ち着いてどうにでもなれといった気持ちになった。彼らにはまた二種類のオーストラリア原産のタバコがあり、両方とも同じように扱い、取引された。喫煙は、十六世紀にインドネシア人漁師から教わったのが始まりで、同じ頃アンダマン島人もこの習慣を身につけた。

北アメリカ狩猟民の喫煙は、農耕民から始まり、南と東の方角に向かって周辺に広がった。カリフォルニア・インディアンは野生のタバコを摘み、北西岸のトリンギットは栽培した。彼らのたった一つの作物であった。こういった人々の間でタバコは例外なく儀式に使われ、通常の習慣に使われることはなかった。エスキモーはロシア人から直接あるいは間接に喫煙を習った。麻薬は、新しい病気や新しい食べ物、例えば小麦粉とかコメなどと並び、世界中の狩猟民人口の減少をもたらした栄誉の最たる部分を担っている。

加えて、さらに最近では、取引人や植民者の存在が引き起こす社会不安ももたらしている。

第9章　狩猟民の社会組織——地縁、バンド、親族

はじめに

この章から内容が、物質文化から社会組織へ移る。第2章から第8章まで、狩猟民の生活の技術について注意を向けてきた。これからは狩猟民が個人として、集団として、集団どうしの関係のなかで、どのように暮らすか、その方法に注目する。これまでも物質文化を現実に即して語る必要から、首長の役割と肉の分配など社会組織の一面を述べたし、狩猟の儀式の例もいくつか引合いに出した。狩りを成功に導くのは、まとまった組織である。追跡の成り行きに対する不安をやわらげて、より効率的に狩りをするためには、儀式が必要である。

後半の章の中心が社会構造と儀式になるからといって、技術を疎かにはできない。狩猟民生活はそれだけで完全な統一体であるから、理論上のカテゴリーに分解して、当人たちが意識しないような方法論的図式に当てはめることはできない。言い換えると、わたしたちの社会に見える、経済、政治、宗教、その他の行動分類に、狩猟民を分割することはできないということである。

狩猟民に、刑務所、制服の警官、休みなく業務する裁判所、公務員、聖職者階級というものはない。狩

猟民は自分たちのやり方で、ある程度の平和を維持するための複数の機能装置を持つ。そういう装置はたいてい融合している。それら装置を組み合わせることで、いわゆる犯罪率をわたしたちと同レベルに抑える。狩猟民とわたしたちの双方にある、正当化された犯罪としての組織戦争を考慮すると、狩猟民の犯罪率のほうが低い。

狩猟民の秩序を保つ方法をわかりやすく並べると、個人の地縁バンドへの組織化、バンド間の関係、親族、近親相姦のタブーとその関連事項、年齢階梯制、これら社会行動の要素が機能する場合のあつれきを最小にするための儀式、などがある。

人間関係をテーマとする研究には、二つの方法がある。まず、個から始めて家族にゆき、次にその個人が付き合わざるをえない人たち全員を扱い、そのつながりのネットワークから外へ向かってその個人の属する社会全体に至る方法。もう一つは、集団から始まり、集団の境界を決め、限定し、その後で詳しい内容に当たる方法である。歴史的にも機能的観点からも、二番目の方法が理にかなっている。なぜなら、地縁バンドはおそらく家族よりも古く、さらに狩猟民、非狩猟民を問わず、わたしたちすべてが属する種であるホモサピエンスより古いからである。

空間、領域、バンド

どのような組織でも、人間集団の基本は、個としても団体としても空間を有することである。空間における集団の状況から、他集団との関係がわかる。また他者に対する個人の立場を知ることで、集団の内部構成をより深く知ることができる。

世界の狩猟民のほとんどはバンドで生活する。一つのバンドはだいたい三〇〜一〇〇人強の集まりで、一つの領域を占有し、食物を共有する。一つのバンドの領域の人口密度は、二・五平方キロ当たり二人以上になることはまれであるから、領域はおよそ八〇〜数百平方キロになり、そこに湖、川、海岸線など、陸地と同じく食物供給に重要な場所の権利も含まれる。

現代社会と接触することなく平穏に生きる狩猟民バンドは、普通いくつかの家族から成り立つ。家族は夫と、一人あるいは複数の妻と子供であるが、さらに何組か年取った夫婦、連れ合いを失った妻や夫などがプラスされ、時に結婚相手の獲得競争に成功していない独身者も加わる。時折は訪問者が数名いることもある。バンドは季節ごとに分裂し、後で再び一緒になることもある。いずれにせよ、領地の所有者をめぐる問題などはない。

全部ではないが多くの社会で、男性は自分のバンド内で結婚をせず、近隣バンドから妻をめとり、娘や姉妹を、妻を得たバンドに差し出す。花婿はたいてい義理の親族になる人たちに、ささやかな贈り物をすることになろう。勇敢な狩人として射止めた獲物の肉もその一つである。花嫁を連れて帰る前に、しばらく義理の家族のもとに滞在して手伝いをすることもあろう。花嫁のほうは夫のバンドへ行くと、以前に連れて来られた自分の叔母や従姉妹に会うかもしれない。義理の母でさえその一人かもしれない。花嫁は他の女たちと食料集めに出かけるから、長く淋しい思いをすることは、普通ありえない。

このシステムの長所は理解しやすい。男性は誕生以来、自分の土地に住んできたから、岩や木のことごとくを知っている。季節による植物の変化の予定、シカが若葉を食べる所、ミツバチが巣を作りそうな場所、その他の日ごと年ごとに必要なすべての詳細を知っている。女性が知っておかねばならないのは、例えばベリー、キノコ、ヤムイモ、ムラサキガイなど動かない食材を、どこで見つけるかである。

男たちが共同で狩りをするのは、単独よりも効率が良いからだが、狩りは所詮孤独な仕事である。女たちがグループで作業するのは、たいてい親交のためである。男たちは当然のこととして肉を分配するが、女たちが肉より長持ちする野菜をよその家族に分けるのは、その家族が食物に欠乏している時だけである。だから男性ができれば自分の居住地に留まる理由はよくわかる。別の角度から見て、妻の移入は良い考えであるという理由もいくつか挙げられる。近親相姦概念の仕組みと、それを親族の層まで広げることで、外婚（所属している集団外との結婚）は近隣集団の関係をかなり滑らかにし、それによって、不法侵入があった場合、深刻な争いへの発展を減らすことができる。隣の領域で許可なく狩りをすると殺されるリスクがあるが、もし次の野営地に義理の兄弟がいれば、必要ならそこで狩りをする許可を得る見込みがある。また結婚後の訪問で義理の父と狩りをしたことがあったら、獲物をどこで探せばよいかもわかる。

あるバンドの男が隣のバンドの男の妻を盗んだら、両バンドの首長とか長老たちが会合を開いて話し合い、流血や長い反目にならない解決策を探すことになる。もし誰かが不審な病で死亡し、シャーマンが隣のバンドの男の黒魔術のせいだと告発したら、やはり同じような会合で事を穏便に済ますことができる。以上四点が、隣の野営地に義理の親族がいると有益である理由である。それを自分のものにするのが外婚で、それぞれ違うバンド出身の二、三人の妻を得たら、それだけ有利になる。

バンド内の人間関係

空間のどの場所を占めるかは、集団内の個人の対人関係における最重要事である。誰がどこに座るか、どこで食べるか、どこに寝るか、最初に建物あるいは囲いに入るのは誰で、その後の入る順番はどうか、誰がいつ話すかなどは、正式なしきたりで決定される。その結果、時は空間と合体し、人の相互関係の慣習的枠組みを与え、混乱を防ぎ秩序を維持する。ある個人が重要な行事で占める場所は、その者の集団全体における役割と地位を反映するのは、もちろんである。

　野営地で夜を共にする男たちは、昼間はたいてい野外にいて、広い範囲を巡り、ほとんど人に出会わず、口をきくこともない。狩りの場合は特にそうである。女たちは野営地の中や近くで過ごし、男たちより多くの人に会い、たくさん会話をする。夜になると男たちは日中の寡黙や孤独を埋め合わせるために語り、歌い、そしてたぶん踊ることも必要となろう。このため広い空間が重要である。子供も含め全員が互いに近く寄り添うことで、何が行われているかを見たり聞いたりできるからである。

　子供たちはこうして自分たちの行動の規則を自然に学んでゆく。自分がこれから出会うであろうあらゆる種類の人々に対し何をすべきかを、大人になるまでに正確に身につける。このような夜ごとの行事は、努力せずして無意識に身につく教育だけでなく、ドラマチックでわくわくする教育も与える。子供たちは目の前で、狩りの実演、仮面の男たちのパレード、シャーマンが空中から魔術的物体を取り出すのを見る。子供たちは教訓の味のついた物語に耳を傾ける。例えば、ある欲張りな男がいかに不幸になったかとか、ある強い男が美しい女性を喜ばせるためどんなに愚かしいことをしたか、といった話である。

　このような物語は形を変えてどの文化にも見られる。わたしたちにもおとぎ話があるし、次のような詩句もある。「ねんねんおころり　赤ちゃん　木のこずえ、風がふいたらゆりかごゆれる、大えだ折れたらゆりかご落ちる、赤ちゃん　ゆりかご　なんもかも」〔マザー・グースの唄〕。この調子よい文句を聞いて育った若い母親なら、ゆりかごに入れた赤ん坊をどこにつり下げたらよいか気をつけるだろう。もし、邪悪な人食い鬼が子供の排泄物を探して野営地の周りを飛び回っていると信じるよう育てられたら――鬼は排泄物を通して赤ん坊の魂を食べて、赤ん坊を病気にし、死に至らしめるから――若い母親はできるだけ早くトイレの訓練を始めるだろう。そうすれば野営地は清潔になる。

土地との象徴的絆

外婚制地縁バンド内の男性は、生まれた土地で暮らし続け、その土地を集団で所有する。このようなバンドは人類社会での最小の共通項であると思われる。しかし食料が特に豊かな所なら、個人がある特別の果樹とか、野生ミツバチが巣を作る空木とか、豊かな漁場などを相続したり、権利を主張したりする。そして漁場をめぐる北西岸インディアンの例のように、富が社会変化のもとになろう。

いずれにせよ、人と土地との絆は、大きな石、洞穴、高い木、池、川などの風景の特徴を擬人化することで強められる。これらは先祖の住む場所で、先祖は死後そこへ戻り、生まれたばかりの赤ん坊はそこから魂を得ると考える場合もある。あるいは（オーストラリア、インドの各地、その他の所のように）岩は化石になった先祖で、夢の時代に先祖がそこを通過したとみなすこともある。この意味内容はいつも明確とは限らず、質問したら、次のような漠然とした答えが返るかもしれない。「あの岩をご覧なさい。あれにはパワーがあるんです*」。

* W. E. H. Stanner, "Religion, Totemism, and Symbolism," in R. M. and C. H. Berndt, eds., *Aboriginal Man in Australia* (Sydney, Angus and Robertson, 1965), p. 231.

このようなバンドのメンバーは、妻のほとんどあるいは全員を近隣バンドから得るから、義兄弟のネットワークが全域を覆っている。通婚バンド集団とそれ以外を分けるのは、山脈、大河、その他の自然の境界である。ある中心から外へ外へと離れて行くと、話し言葉の方言の違いが現われ始め、ついには言語の境界線に至る。タスマニアでは、少なくとも九つの別個の言語が使われた。オーストラリアではおよそ五〇〇、カリフォルニアでは三〇以上であった。より適切な表現がないので、人類学者はこのような言語のまとまりを、部族として分類する習慣があるが、言語のまとまりのレベルほどには部族の組織のまとまりはない。少数だが狩猟民の中には政治的意味で本当の部族がいるし、部族間の連合体もある。しかしこれは、豊富な食物と優れた交通手段の組合せがあって初めて可能で、それがなかったら、たいてい農耕民や牧畜民に限られる。

地縁集団バンドはそれぞれ、少なくともわたしたちの視点から見ると、基本的に独立した国である。しかし、適切な取り決めができると、複数バンドが力を合わせることがある。例えば、アコア・ピグミーの二つのバンドはゾウ狩りのために協力するし、ビルホールのバンドは毎年共同でシカ狩りを行う。

以上述べたのは、多少とも標準的狩猟民である。次に親族構成や政治組織の多様な在り方を見てゆく。その前に、気になる二種類の例外を検討しておこう。一つは地縁バンドの消滅、もう一つは異なった地域の出身者から成り立つ合成バンドである。

疫病で滅んだ民、ヤーガン

十六世紀初頭以来、ヨーロッパの航海者や船乗りと接触したことで、ヤーガンは外から持ち込まれた病気で一八八四年までに滅ぼされてしまった。その年、宣教師トーマス・ブリッジズは、ヤーガン族のなかで布教活動を始めた。場所はティエラ・デル・フエゴのビーグル海峡のアルゼンチン側にあるウシュアイアである。当時ヤーガンは海岸沿いを一家族あるいは二家族の単位で移動していた。二家族の場合は、片方に結婚適齢の若者がいて、もう片方に同じく娘がいた。二人が結婚すると、親家族は再び別れる場合もあった。

歴史的背景を知らなかったら、今述べた状態はカオス的原始の社会組織と見えたかもしれない。トーマス・ブリッジズは生き残ったヤーガンをウシュアイアに集めた。ヤーガンたちはそこで以前の社会構造について話した。この内容はもう一人の当時の観察者、ハイアデスが確認している。

ヤーガンは沿岸や島の海岸沿いの地域を大きく五つに分けて暮らしていた。自然の境界線で分断され、それぞれの方言を話した。五つの各地域の中はさらに、湾、入江、小島群などの小地域に分かれていた。これらの単位は住民の住む場所の名前がついた。この小グループの単位を表わす言葉が、ヤーガン語の家であった。それぞれの「家」を形成する複数家族は自分たちの小型の国に強い愛着を持ち、貯蔵食物や採集したばかりの物を分け合った。しかし、あるバンドのメンバーが他のバンドの地峡をカヌーを引きずって通過することは自由であったし、ぐずぐずと留まらなければ、発火用鉱物や黄土のような希少物質を探して、互いの領域を通り抜けることもできた。また、浜に取り残されたクジラ肉のごちそうは寄り集まって食べ、その時は共に儀式を執り行った。家族より上のレベルの組織の規定はなかったが、各「家」にはたいてい一人以上は、思慮ある適切な判断を下すと言われる人たちがいて、人々はそういう人たちに忠告を求めた。

アラカルフ、西ショショニ、非狩猟民カーダル

一九五九年におよそ四〇人だったアラカルフは、最近はマゼラン海峡を端から端まで船を漕いで上下しながら、アシカ猟やイガイ採集をする。しかし古くは地域によってカヌーの型が違った。たぶん地域ごとの領域もあったのだろう。ネバダ州の西ショショニ・インディアンについて、イーガン少佐は十九世紀半ばに彼らがキリギリスを採取しているのを見たが、その時までにはすでにバンドもなく、領域もなかった。

馬に乗る親戚のユート族に襲われて、西ショショニ・インディアンは隠れて住まなければならなかった。ヤーガンもアラカルフも病気で滅び、社会構造を失ってしまった。西ショショニは強い隣人に侵略されて人口は減り、生存者はちりぢりになった。

同じ経過をたどった例は他にもあるが、性質が異なるものとして、少なくともインドのカルダモン丘陵のカーダル族を取り上げよう。カーダルは夫と妻の単位でヤムイモ掘りに出かける。エーレンフェルスがカーダルを詳しく調べ、具体的に述べている。彼らには領域はなく、生活する場所全体はせいぜい一六〇キロメートル四方で、人口は一九一一年で一二三八人、それが一九四一年には五六五人に減少していた。個人も家族もこの地域は自由に移動し、よければ一緒になったり別れたりするが、カーダル族すべては故郷の地の真ん中にある二つの山を先祖の二親と認め、自分たちはその子孫だとみなす。だから彼らは一つの民であり、故郷の地は彼らの領域であるが、特定地域集団としてまとまってはいない。わざわざ狩猟をすることはないが、簡単な掘り棒で小動物を殺すことはある。グループ狩猟と肉の分配がバンド構造のカギとなる要因だが、カーダルでは誰が肉を分配し、誰が何を受け取るかといった問題はほとんど存在しない。カーダルがヤムイモの高原に追いやられる前、どのように食物を得たか、どのように組織されていたかは、まだ解明されていない疑問である。

カナダ、インド、オーストラリアの合成バンド

変形タイプ組織の二番目は、合成バンドである。この形態のバンドができるのは、二つ以上の異なった地縁バンドが、中の一つのバンドの土地で統合する時である。しかし、二つ以上の集団のメンバーが集まってゾウ狩りやカリブーの包囲猟を行ったり、あるいはアルゴティスガ（蛾）、ピタハヤの実、陸に上が

ったクジラなどのごちそうを食べるような、季節や事ある時の行事は、これに当てはまらない。こういった集まりは終わると人々はそれぞれの所に帰るからである。北カナダとアラスカ内陸部ではアルゴンキン語族もアサバスカ語族のインディアンもしばらくの間合成バンドで過ごしてきた。しかし彼らは今では厳密には狩猟民ではない。この数世紀の間、白人取引人のためのわな猟師であったからである。それ以前は多くの狩猟民と同じ組織であったことが、古い話や言語分析によってわかっている。

南インドのチェンチュ族はやはり定住農民と共生関係にあるが、自分たちはもともと二人きりでジャングルに住んだ男女きょうだいの子孫であると言う。二人は子を生み、その子供たちがまた男女の子供を生んで同じように結婚したので、子孫の数がさらに増え、ついには外婚制度を持つ複数のバンドに分裂し、バンドはそれぞれの地域で住むようになったと言う。しかし山岳地に追いやられる頃までに、バンドはアカテツ科マーワの林の近くに合成村を形成した。マーワの木から好きな飲み物を作ったが、その他の時はそれぞれの地域から食物を得たのである。

合成バンドは北方中央オーストラリアでは十九世紀と二十世紀に存在したが、その形態が続いた期間は不明である。大陸の中でもっと水がある場所、特に南部と東部で、最初の植民者が到着した頃は、タスマニアのように普通の地縁バンドが見られた。合成バンドが見られたのはオーストラリアでも雨が不確実な所である。ある年のある地域のバンドは食物がほとんどないのに、隣のバンドは雨が降り草は緑に成長し獲物も増えたといった風にである。住む場所をあちらこちらへ変えるのはごく普通で、複雑な親族関係と儀礼的結びつきがあるから、過度の不和もなく共存が可能なのである。

さらに遡って、ヨーロッパ人の植民化が始まる前は、各バンドはもっと広い土地を持っていただろう。また占有地の部族の強制力は人々を圧する影響力があったと推測される。もちろん現今、家畜産地や布教施設に集まるアボリジニは、数多くのバンドからの難民で、アメリカの保護地区のインディアンがいろいろの部族の出身者であるのと同じである。今日、共生関係にある社会や、農耕民、商人、捕鯨者、植民者との接触による影響から完全に別離した合成バンドを探すのは難しい。そういった合成バンドが稀であるのは、バンドを持たない人々が稀であるのと同じ理由であろう。バンドの所有する空間は、今は広すぎるのではなく、狭すぎる。

境界線

当然のことだが、各地縁バンドで生きる人たちは、互いが出会った瞬間に争うことがないよう、なんらかの方法が必要である。結婚や共同狩猟の取り決めだけでなく、特殊な食物や物質の希少な供給場所に行き着くため、互いを儀式に招待するためにも必要である。十九世紀初め、一つの道がタスマニア人の手で記録された。考古学者もこれを確認している。考古学者は少なくとも黄土採掘場九カ所と、道具を作る採石場一一カ所を見つけた。実際はそれ以上あったに違いない。わたしたちは野営地跡がある道も発見した。野営地跡にとりわけアワビの貝殻があった。こういった道は黄土採掘地と採石場をつなぐだけでなく、両方をアワビ採集の海岸へとつないだ。道はまた、内陸で特に、部族の領域の境界線と一致していたようである。これら「道路」はある意味で国際的な国境線として常に焼かれ、バンドは武器で戦うことなくここを通過し、先ほど述べた物などを手に入れる可能性は大だった。

他には、ヤーガンに見られるように、旅行者は領地の境ではなく、領地の中を横切ることが許された。スリランカのヴェッダ族の国境は誰でもわかる尾根や川であったが、森の中の通り道には弓を引く男の絵が木の皮に刻まれた。誰にでもわかるストップの印である。一六三〇年、一人のポルトガル人がスリランカの森を通り抜けた。境界に着くと、このような木の下で弓を持った集団に出会った。男たちは彼を待たせ、その間、「長老」に使者を送り、旅人を通過させる許可を求めた。許可がおりると、射手の一人が旅人を次の境界まで護送した。そこでまた同じことが繰り返された。七日間で一二人のガイドが付き、同じ数の国境を越えたのである。

オーストラリアでは伝令を送って、部族の国境から遠く離れたバンドのメンバーに招待状を届けた。この使命に選ばれた者は、身体に色を塗り、はっきりそれとわかる飾りをつけた。要するに自分の安全を保証する認識しやすい制服を着たのである。手にしたステッキには、訪問の趣旨がわかるよう彫刻や装飾がされた。ステッキの刻みは会合が開催されるまでの日数を示した。もし二つの組織が同じ言葉を話すなら伝令は口頭でメッセージを伝えることができただろうが、そうでない場合もあった。どちらにしてもステッキが招待を正式で公式なものとしたのである。

カリフォルニアその他の北アメリカ各地でも同じ趣旨のメッセージは伝えられたが、少なくともカリフォルニアでは、日付はステッキではなく、紐の結び目で示した。これはもっと複雑な記録のためにインカ族が使ったペルーのキープ〔古代ペルー人の結縄文字〕の原形である。記憶を助けるこのような工夫があるからといって、人々が複雑な数の体系を知っていたとか、大きな数字の計算ができたことを示してはいない。そのような人々はほとんどいなかった。必要なことは刻み目や結び目を指で触れることであった。

親族名称はやっかいなテーマ

狩猟民の地縁バンドはどこでも多数の家族を抱えている。これら家族の多くは周囲の事情で互いにつながっている。また、家族はそれぞれ他のバンドに親戚がいることもある。親戚のことを話すときは、自分とのつながりを聞き手にわからせるための特別な言葉がある。それが親族名称である。狩猟民が会う相手や、共に行動する相手のほとんどは親戚であるから、これらの名称はわたしたちにとってよりも大切である。わたしたちの社会の実状は逆で、イトコがいても会うのは結婚式か葬式だけである。金持ちのイトコもいるだろうし、貧乏なイトコもいるだろう。「人名辞典」に載るイトコもいるかと思えば、精神病院に入っているのもいる。イトコの子供となると名前も知らないことがあるし、一〇〇〇キロ以上も離れて住んでいるのかもしれない。

わたしたちが一緒に働き、余暇を共に楽しむ人たちの大方は親戚ではないだろう。わたしたちの生活で直接の家族以外の親族の占める部分は非常に小さいから、そこが盲点となって、人類学の出版物で親族名称について読むと、その盲点は訳のわからない専門用語で拡大されてしまう。このテーマ全体はやっかいであるが、やっかい視することはない。狩猟民自身がよくわかっているのなら、少なくとも基本的なところはわたしたちも理解できるようになるだろう。

さまざまな狩猟民集団が使う親族名称の一覧表を見てすぐに気づくのは、ほとんどの場合（ムブティ・ピグミーを例外として）、わたしたちと比べて名称の数が多いこと、区別が多く、細かく線引きされていることである。アンダマン島人は兄、弟、姉、妹と別々の名称を持つ。母親が子供のことを言う時は、年齢の上下によって違った呼び方をする。ヤーガンにもこういった名称はたいへん多く、おじやイトコも、互いの年齢の上下による異なった名称がある。

年齢の上下をはっきりすることは、アンダマン島人やヤーガンその他の狩猟民にとって、家族の中に限らずバンド全体のメンバーどうしの間でも大切である。理由は、バンドが年齢階梯で構成されることと、兄弟姉妹がいくつかの年齢階梯にまたがることによる。こうなる理由は、狩猟民の妻が若くして（少なくとも初婚は）結婚し、月経開始から閉経まで子供を生むからである。しかし子供と子供の間は少なくとも三年は空ける。一番目が乳離れをするまで二番目ができないようにするからである。双子を二人とも育てることはあまりなく、幼児で死ぬ子供も多いから、年の差はさらに広がる。年齢差の広がりは、子供をもっと続けて出産する社会と比較して、兄弟姉妹間のライバル意識を低く抑える。また、兄弟姉妹の長幼を示す親族名称の違いが隔たりの感情を強める。

だから兄弟姉妹は親密な仲間にはならないだろう。仲間になるのは一緒に大きくなった近い年齢の他の子供たちである。姉は弟や妹をおんぶするけれど、それは対等の者としてではなく、母親の代わりとしてである。姉にとって仲間とは同年の友だちである。一緒に成人式を経験し、生涯の友となる。兄も同じで、弟に対する態度は父親やおじの代理である。年齢階梯の違いは兄弟姉妹を隔て、それは老年期や死まで続く。

近親相姦の基本的な三つのタブー

親族一般のうち、結婚相手を決定する場合の親族の影響について話を進めるが、その前に、事を単純にするため、誰と誰が婚姻してはならないかを、まず述べておこう。人間社会全体としてもこの問題は複雑で、社会階層、宗教、人種の相違など、さまざま要因によって異なる。しかし大多数の狩猟社会はかなりの範囲、いわゆる近親相姦のタブーと関連する。このタブーは、誰と誰が性的関係を禁じられているかを規定する。なぜなら、結婚はたいてい男とその妻の性的関係と出産の可能性を意味するからである。

ある社会では、一定の条件のもと、若い男性は閉経した女性と結婚する一方で、他の女性と性的関係を持つことができ、やがては性的魅力のある二番目の妻を持つことになるかもしれない。とにかく、狩猟社会が認知する近親相姦のタブーは、男性（あるいは、男性の両親および／または女性の両親）による結婚相手の選択となんらかの関係がある。これらの禁忌事項には三つの異なった基本タブーがある。父と娘、母と息子、兄弟と姉妹の性的関係の禁止である。これらの禁止は、本能とか時として生じる遺伝的結果の帰納的経験に基づいているのではない。禁止の決まりを破る個人がいても、それが結婚に至るわけではない。

これら基本タブーはかなりの程度、二種類の反社会的結果に基づいている。親と子の性的関係は、世代と世代を結ぶ確かな線を分断してしまう。その線こそ家族を団結させるのである。思春期に起きる兄弟・姉妹の性的関係は、家族と家族の間の通婚を妨げ、それらの相互依存を減じてしまう。もし結婚した女性が自分の兄弟と関係したら、夫と義理の兄弟の間が険悪な対立状態になってしまう。両者は婚姻によって親族となるが、文化によっては互いの信頼と助けが必要である。例えば、崖から蜂蜜を集めるチェンチュ族の場合、信頼して縄を守ってもらうのは義理の兄弟だけである。狩猟民の間ではバンド間の外婚がよくあるから、義理の兄弟は別々のバンドである。よって、この種のインセストはバンドとバンドの平和な関係をも危険にしてしまう。

ある文化では、兄弟と姉妹の結婚の禁止は、血でもって兄弟の誓いをした者たちの子供まで拡大される場合がある。オーストラリアの一部ではそうである。またボツワナの中央カラハリ動物保護区に住むグイ・ブッシュマン〔通称ブッシュマンまたはサンと呼ばれる人々のうちの一部族〕は伝統的に男性二人だけで狩りを行うから、その子供たちまで禁止が及ぶ。パートナー二人の付き合いは終生にわたり、二家族は一年のうち半分は奥地で自分たちだけで過ごす。二家族の息子や娘は兄弟姉妹のように親密に育てられ、その間の結婚は禁止される。

以上やその他を考察すると、子供時代一緒に暮らした兄弟と姉妹が性的親密さを求める気持ちは、父と娘、母と息子が引き合う気持ちより弱いらしいということがわかる。創世神話の多くは兄弟・姉妹の交合を実話であったかのように語るが、理由は明らかで、民族全員がたった一組の男女から生まれたことにする必要からである。こういった物語の最初の兄弟姉妹は一緒に育ったのではないし、他に結婚する相手もいなかった。子孫の数が十分に増大するやいなや、兄弟・姉妹の性的関係が禁止された。オイディプスのような母と息子の交合はさらに少ない。しかし父が娘を犯す、または犯そうとする物語は多く、その後で宇宙規模の自然災害が起こる。例えば、第13章で示す若き狩人のマンブクと七人の水の乙女の物語がその例である。

狩猟民は兄弟・姉妹の結婚禁止をさらに拡大し、父方と母方の両方のイトコ、あるいは片方のイトコまで適用した。ここで言うイトコは、実際のイトコ（ファースト・カズン）だけでなく、養子や他の方法でイトコとなった個々の人も含まれる。狩猟民の中には「イトコ」とはいろんな程度のイトコを意味し、当事者はそれが「近いイトコ」か「遠いイトコ」かわかっている。事実、兄弟や姉妹を示す言葉が、さまざまなイトコに対して実際に使われる。イトコの意味を父母両家系まで拡大すると、全イトコの婚姻が禁止される。イトコとまたイトコ（セカンド・カズン）の間も禁止される。極端な場合には父方、母方それぞれの共通の祖先の子孫と思われる人たちの間の結婚も禁止される。この最終の禁止でも禁止の限界がまたイトコタブーを越えることはめったにない。というのも自分の先祖の名前を全部覚えなければいけない人たちも三世代以上離れた全員の名前を言えることは稀であるからだ。

禁止が単系系譜のイトコまでならば、片方の家系のイトコだけが影響される。二人の兄弟の子供、あるいは二人の姉妹の子供は平行イトコと呼ばれる。父方の姉妹、母方の兄弟の子供は交差イトコと呼ばれる。

単系の子孫をたどる狩猟民はほとんどの場合、交差イトコは結婚できるが、平行イトコは結婚できない。単系のほうが、双系よりも制限が拡大されやすい。片方の家系の先祖だけを記憶しておけばいいからである。双系にわたる禁止は、またイトコを越えて及ぶことはめったにないが、単系における禁止は、神話の中で不滅になった共通の遠い祖先への信仰を通して、片方の家系上を、程度の差はあれ限りなく広がるかもしれない。

遠い想像上の祖先どうしが親戚である男女が、初めて出会って、互いが禁止される分だけ強く惹かれてしまうことがあるだろう。そして世間の近親相姦のタブーを守るのがむずかしくなったとする。二人は、結婚する、しないにしても、タブーから逃れる方法を探し、できれば駆け落ちを考えるかもしれない。こういった事例を次に見ていくことにする。

第10章　結　婚

理想的な配偶者の選び方

狩猟社会において、誰と誰の結婚が禁じられているかを見てきたので、今度はどういう結婚が許され、また期待されるかを考えよう。答えは簡単だ。理想的な結婚とは、お互いの関係が近親相姦のタブーの圏外にある男女が結び付くことである。

いつもうまくいくわけではないが、理想的なあるいは望まれる婚姻とは、影響を受ける人々にできるだけ迷惑を与えないもののことである。そこには、両家の両親や近い親戚や仲間が含まれる。とはいえ、男は遠く離れた所まで嫁探しに行く必要はない。できれば花嫁は同じ言語を話し、花婿の姉妹と同じ習慣に従って育てられているほうがよく、理想的には二つの家族はすでにお互いに知り合いであるべきだ。さもないと、新しく花嫁あるいは花婿が入るにあたって、よそ者という存在が、その集団が寛容できないほどの迷惑を与えるかもしれないからだ。

われわれの社会では、結婚するにあたり、民族、宗教、社会的階級、教育レベルが同じならば、比較的限られた近親相姦の制限枠を越えなければ、あまり血縁関係を考慮に入れなくても、関係する人々に迷惑を与えることなどない。だが、ほとんどの狩人の間では、階級組織を発展させた者を除けば、親族関係は熟慮に値する。

「イトコ」の関係が父方、母方とも同様に存在するとき、われわれはこの制度を「双系」と呼ぶ。その場合、男子は「従姉妹」や「また従姉妹」以外、すなわちまったく縁戚関係のない女子と結婚する。

狩猟民の間では、ほとんど例外なく、家系は父系制を基準とする。領域を所有し、そこで狩りをするのは一団の男たちだからだ。さらに、そこの制度が「単系」ならば、血縁が遡れない側の従姉妹が理想の花嫁になる。そういうわけで、「イトコ」は二種類存在することになる。男の子は母の兄弟の娘か、あるいは父の姉妹の娘との結婚を期待される。というのは、いずれの場合でもその本人の父系とは異なるからである。

こういう説明で読者が当惑するのなら、紙と鉛筆を取り出して、両親、兄弟、姉妹、両家のおじ、おば、そしてイトコの名をすべて書いてみてほしい。あなたが男性なら、父の姉妹の娘と母の兄弟の娘にすべて下線を引いてみなさい。あなたが女性なら、父の姉妹の息子と母の兄弟の息子にすべて下線を引いてみなさい。下線が引かれた名前は、あなたが単系で父系制の狩猟集団に生まれていたとしたら、結婚するのに適格とされていた名前だ。そこに生まれなくてよかったと思うことだろう。

こういう制度の下では、若者は理想的な結婚相手など見つからない。適格の女子が父方、母方にもおらず、いたとしても、自分の兄たちがすでに結婚してしまっている。適齢のふさわしい結婚相手が見つからないと、男子はまだ赤ん坊の女の子と婚約させられる。そうなると、たとえ結婚したとしても、性的な関係を持つまでに、彼女が成熟するのを彼はじっと待たねばならない。その間、彼は年上の未亡人を代わりに利用するかもしれない。それはそれでかえって好都合でもあるが。

これまでの各章で例にした主な狩猟民族の中で、以下の部族が双系の縁戚関係ならびに結婚制度をもつ。ほとんどのブッシュマン、ほとんどのピグミー、アンダマン島人、ヤーガン族、中米および北カリフォルニアのインディアン、ヌートカ族、セイリッシュ語族、アメリカ北西海岸のクワキウトル族、北部アサバスカ語族のほとんど、そして北極と東部のエスキモー。単系の制度は以下の中に見られる。オーストラリア・アボリジニ、タスマニア人、インドの狩人のほとんど、セイロン島のヴェッダ族、北アルゴンキン語族、そして北西岸インディアンの北部の部族。

制度が混じり合い、移り変わると、さらに複雑化してくる。例えば、双系なのに、おもに一方の家系、特に父方だけをたどる場合。これは説明が最も簡単で、われわれの制度に一番近い。われわれはふつう、父方母方どちらのイトコとも結婚はしない。われわれは父方の姓を名のる。そして女は結婚すると夫の姓を名のる。この例はオナ族、そしてベーリング海エスキモーに見られる。アイヌは後で述べる二重家系制度をもっている。インドの非狩猟民カーダルは、非常に珍しく、あらゆるイトコとの結婚を認めている。

明確に分けられる二つの制度、双系と単系のどちらかがより古く、より原始的であるということはない。それらは単に、すべての人が多少は互いに関係を持った社会における、結婚の二つの可能な形態であるだけだ。男性と女性に区別されたときに、この二つの選択を自然が与えたのだ。両者は科学技術的に最も素朴な部族にも、最も発達した部族にも同様に見受けられる。

親族制度がどのようなものであれ、妻を得るには三つの主な方法がある。女性の交換、捕虜にすること、「金で買うこと」(実際には物々交換)。最初のものが最も一般的である。捕虜による婚姻は結婚の儀式で演じられたりするが、現実には、タスマニア人やオナ族に限られる。「金で買う」結婚は、一方の部族が他方より富んでいるところに見られる。たとえば、アメリカ北西岸など。

いわゆる〈冗談〉関係

結婚制度はさておき、すべての人は知人を、二つの相容れないカテゴリーに分けている。尊敬と堅苦しさをもって接する、ある意味で煙たい人たちと、くつろいで、ざっくばらんに付き合える者たちと。前者には、親密さに関係無く、すべての年上の男女と、結婚相手に相応しくない異性のメンバーが含まれる。

第二のカテゴリーは二種類の人々を含んでいる。同性の同年輩の者たちで、互いによく会ったり、何かしたりする友達。例えば、狩りの仲間、ヤムイモを掘ったり、ドングリを集めたりする女どうし。それから、他の人と結婚していなかったとしたら、結婚していたかもしれない異性。同性どうしでふざけあうのは、傲慢さを減らし、人格形成のバランスを保つ。男女でふざけあうのは、結婚後に生じる性的衝動を晴らすことに役立つ。性交について、からかうように話したり、互いをはずかしめる「ごっこ」遊びをしたり、こっけいないたずらをしたりするのである。人類学の専門語で、こういうものを冗談関係と呼ぶ。このおふざけはいつも楽しいものとは限らず、時に度を過ぎて、姦通や喧嘩になることもある。

さまざまな社会において、誰が誰と「ふざけて」いいかは、そこの結婚制度しだいである。例えば、すべての男性が共通の祖先の出であるとされる単系の集団では、男子はすべての女子を自分の姉妹として扱わなければならない。そこで、他部族との集会に臨む場合には、彼らはまるで男子寮に閉じこめられていた生徒が、休暇になって帰省するのと同じような期待をもって出かけていく。

カーダル族の結婚

この章の残りの部分では、両極端を示すような事例を取り上げて、狩猟民族の結婚制度を例示する。カーダル族ほど異例なものは他にない。彼らは部族を形成せず、その象徴であるトーテムも持たない。家族集団としてそばに住む以外には、より大きな社会的な単位がないのだ。カーダル族は男女が一八歳ぐらいになると結婚する。結婚前の男女はとても自由で、ある者は許嫁がいるが、多くは恋愛結婚である。

インドの他の非農耕民族、非遊牧民族と同様に、彼らも単系の親族関係をもつが、その結婚相手選びは他と異なっている。一九四〇年代に記録されたカーダル族の結婚の半数以上は、男子と、実のあるいは類別上の父親の兄弟の娘とのものである。これは平行イトコ婚と呼ばれるもののひとつの形態で、食料収集民族の中では唯一知られている例であろう。カーダル族の結婚の残りのほとんどは、交叉イトコ婚であった。それはふつう男子と、母の兄弟の娘との結婚である。

カーダル族では離婚は頻繁である。ほとんどの中年の人は二、三回結婚を経験している。時には、前の配偶者と再婚する。エーレンフェルスはそれらの人々を研究し、一妻多夫を二例記録している。いずれの場合も、兄弟でない二人の男が一人の妻を共用していた。そのうちの一例では、一方の男が後に他の女と結婚し、よそに居住して、最初の妻の元を去ると思われていたが、時折そのはじめの重婚の妻のところへ通い続けていた。そしてついに二番目の妻が騒ぎを起こし、彼は通うのをやめた。妻が二人居る男たちは数人いた。

カーダル族はバンドをもたず、狩猟をしないので、各家族は自活する。分け合う肉もなく、ヤムイモをいつも貯め置くということもしないので、家族以外に包括的な社会組織を必要としない。もし、彼らの祖先が、ヤムイモが豊富な森林に追いやられる前に、狩猟を行っていたのならば、彼らもビルホール族やチエンチュ族やヴェッダ族のように、おそらくかつては単系のバンドをもっていたのだろう。歴史上の資料がないので、不明である。

クン・ブッシュマンと同名のタブー

独特な結婚制度をもつ民族に、カラハリ砂漠ニャエニャエ国のクン・ブッシュマンがいる。彼らは南西アフリカの北東部の、ボツワナとの国境に重なるガウチャの水飲み場周辺に集まっている。姻戚関係にある三六のバンドに分かれていて、構成員は八〜五七人だが、平均すると二五人いる。各バンドには首長あるいは首長がいて、誰がいつ、どこへ食物を採集しに行くかを決める。というのは、毎年の採集時期の見計らいが、食料の供給には重要であるからだ。首長は世襲で、長男が継ぐ。

クン族のバンドは複合社会で、若者は子供が二、三人生まれるまで、妻のバンドに暮らしに行く。それから、もしそのまま居座るつもりがないなら、家族を連れて、自分のバンドに帰る。もし首長の役を受け継いだとしても、帰ってくるまでは、その力を行使できない。その場合、弟が代理を務める。

若者と、父方母方いずれかの従姉妹との結婚は、理屈上は禁じられている。また義理の関係も含めて、親類どうしの結婚も禁じられることがある。男が結婚できない相手に七つのカテゴリーがあり、女にも七つある。すべて特別の用語で定められている。ローナ・マーシャル夫人はこのあたりを細かく調べたが、この規則が破られたのはたった三例しか発見できなかった。そのうちの二人の男は従姉妹と結婚し、もう一人は継娘とその母親両方と結婚していた。このことで彼は常軌を逸していると見なされ、ひどくいじめられたので、自分のバンドを去って、若い方と一緒に暮らしていた。

縁戚関係の理由で七つのカテゴリーの相手とは結婚できないのだが、禁則は、同名の異性を含むところまで及んでいる。カテゴリー内の名前と同じ名前の女性とは結婚できないのだ。すなわち、もし私の母がアリスという名前なら、私はアリスという名の誰とも結婚できない。マーシャル夫人が記録した六〇〇人のニャエニャエ・クン族の名前の中に、彼女は四六の男性の名と、四一の女性の名を、そして、平均して一二〜一五人の同名の者を見つけた。この名前のタブーによって、七つの禁じられたカテゴリーに加えて、さらに約一五パーセントの結婚可能な相手が引かれることになり、かなり結婚できる相手は減ってしまう。

同じ名前の二人が存在するとき、彼らは遠い親戚である。この同名のタブーの正当性は、以下のような名前の継承方法によって保証されている。父親は長男に自分の父の名をつける。もし複数の妻がいる場合、すべての長男に同じ名をつける。名が重複しても、皆ニックネームを持っているので、混乱はない。長女には父親の母の名をつける。次男にはその子の母の父の名をつける。次女には彼女の母の母の名をつける。息子や娘が二人以上いる場合は、父親の兄弟や姉妹の名をつける。

規則という性格上、この同名のタブーもある程度は融通性を持っている。与えられた名前は、成人するまでに変えることが許されているのだ。ある記録によると、他の娘に付けるために、女の子の名前が変えられたことがあった。しかしながら、この変更はその娘の結婚には何の変化ももたらさないかもしれない。というのは、新しい名前も古い名前と同じ出どころから採用されるからだ。

同名のタブーは、ニャエニャエ・クン族の冗談関係に次のような影響を与える。異性の冗談関係のリストがまったく同じという二者は、いないことになる。兄は弟が避けねばならない女たちとの冗談を許されることがあり、その逆もある。こうすることで、居心地のいい男女グループの形成が阻害され、姦通の機会が制限される。姦通は争い事の主な原因である。というのは、これらの人々は性に関して厳格で、また妊娠や授乳期には長い禁欲の期間が設定されるからだ。

直接的、間接的に、性は彼らの冗談の主題である。ちょうど、スコットランド人にとって金銭が、ドイツ人に糞便が、ヒッピーに警察が、そうであるように。男だけでいるときは、一人がもう一人の睾丸が大きいと言ってからかう。男女両方いるときには、男が美しい女性に、いかに彼女が醜悪かを、真顔で言って、からかう。

マーシャル夫人によれば、ブッシュマンは、小屋の中の完全なプライバシーの中でのみ、横になって背後から交接する。夫は興奮させるためにまず妻の小陰唇を引っ張る。陰唇は太股から二、三センチ垂れ下がっている。多くの自然人類学者が、この傾向が遺伝性のものなのかを議論した。マーシャル夫人は、男に二人の妻がいる場合、彼は真ん中に寝て、二人の妻が両はじに寝ることも、発見した。こうして妻たちは相手が何をされているかよくわかるのである。つけ加えるに、こうした一軒の寝所で夜を過ごすのは、一夫多妻制には珍しいことで、他の文化圏ではふつう妻はそれぞれに寝所を持っている。オーストラリア・アボリジニの間では、野営する場合、夫は一人の妻としか一緒に寝ることができない。そしてまた、好みではなくても、背後から交接しなければならない。というのは、起きているみんなが、ちらちら揺れる明かりごしに、視界の中のほかのみんなが何をやっているかが見えてしまうとき、その体勢で交接するのが、いちばん人目を引かないからだ。

オーストラリアの結婚集団

第9章では、北部中央オーストラリアにおける複合バンドの問題を論じた。この地域は、大陸の中でも、特に結婚制度が複雑さの頂点に達したところでもある。それはオーストラリア内だけでなく、世界的にみても複雑である。ここは天候が変わりやすく、予期せぬ雨が降る土地で、豊作と飢饉が不規則に繰り返される。遠くのバンドから嫁をとり、その土地がこちらよりも恵まれているなら、資源を分かちあえる友好関係を結べるわけである。次の年には立場が入れ替わるかもしれないことは、お互い十分にわかっているのだ。つまり、やむをえず、一時的により安定した環境に住む近隣のバンドどうしの関係になるわけで、

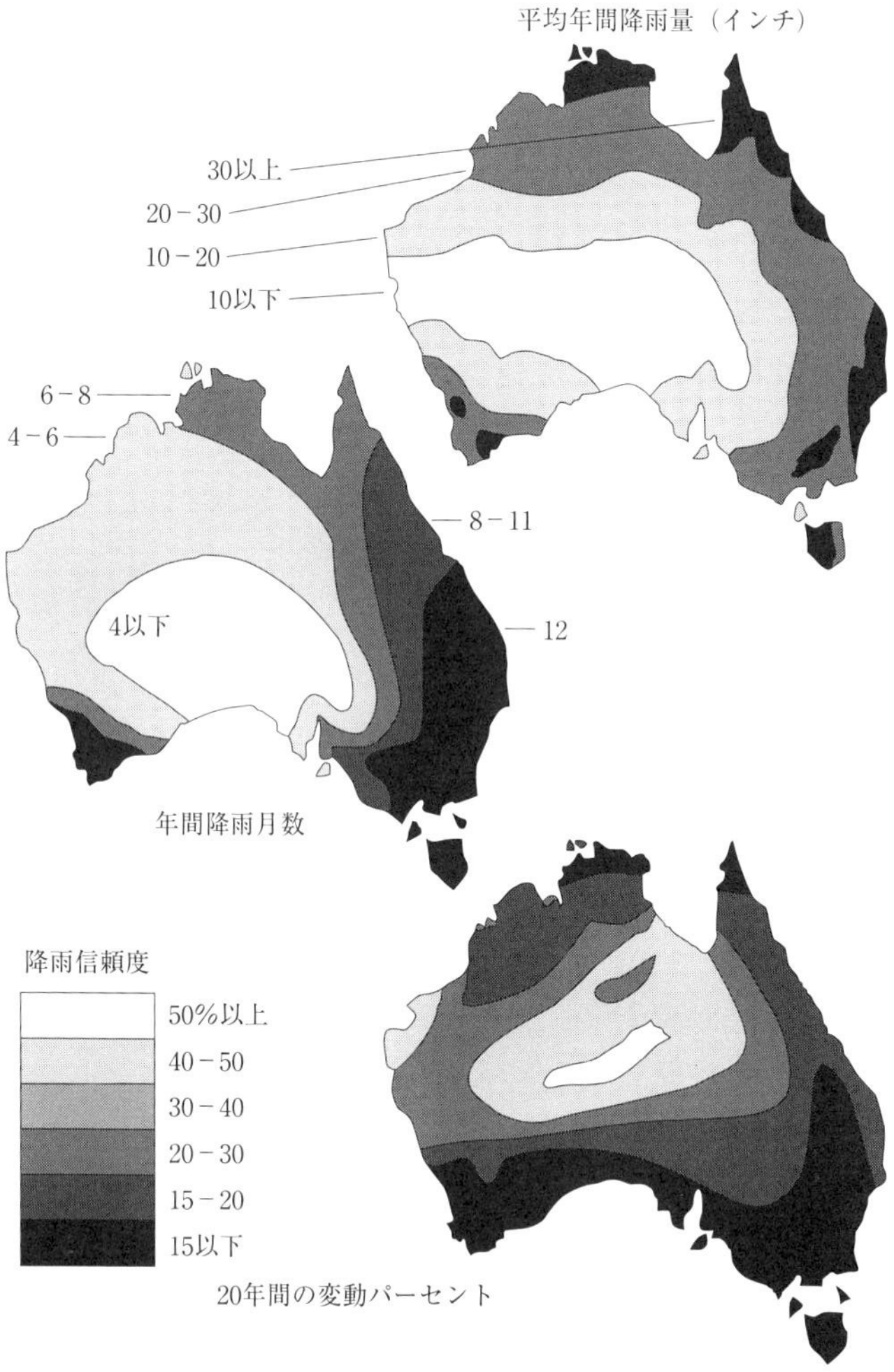

地図1　オーストラリアとタスマニアの降雨。先住民の定住密集地は降雨の最も多い，季節変化の少ない，変動のない所に見つかる。社会組織が最も複雑なのは，降雨の最も少ない，季節の変化の多い，信頼度の低い地域である。

相互の生き残りという同じ理由から絆を結び、強化する必要があるのだ。しかし、多くの者はあまりよく知り合っていないので、互いにどういう縁戚か、わからないかもしれない。だが婚姻の主な機会がこういった集会にある以上、そういう利用のされ方をする。

こういう状況の古典的な例が見られる中央オーストラリアでは、種族はたいがい四つか八つの結婚集団に分けられている。それら種族はそれぞれトーテムの名を持っている。たとえば、〈オオコウモリ〉の部族の男は、〈雨〉族の女と結婚してよいことだけ知っていればよく、八集団の制度の中では、他の七集団の女たちは、彼自身の集団も含めて、彼には不適格ということになる。しかし問題はそれだけでは終わらない。彼の息子は、〈オオコウモリ〉族にはけっしてならない。彼を〈オウム〉族としよう、というのは、〈オウム〉族は、〈オオコウモリ〉族と〈雨〉族の夫婦の子孫なのだから。彼は母親の属す〈雨〉族とは結婚できず、〈エリマキトカゲ〉族と結婚する。その子供は、第五の集団に属し、第六の集団と結婚する。そして〈オオコウモリ〉と〈雨〉族になるまで、八回これを繰り返す。

これはわれわれには非常に複雑に聞こえるが、そこに生まれて、死んでいくオーストラリア人にはそうではない。多くのバンドがその制度の中に参加しているので、イトコ婚が好まれる二バンド間での交換の時のような、花嫁不足になることはない。総人数は比較的多く、時には、二〇〇〜三〇〇人を含み、各集団には四〇〜五〇人いることになる。この制度は、人々を交流させ、遠くに住む人々の間に親密な関係を生じさせるので、実におもしろいことになる。ある男が遠く旅に出て、見知らぬ人に会う。親族の礼儀上、どうやって振る舞えばいいのだろうと考える。ボストン出の二人の老婦人が、先祖を数え上げ、ブラッドフォード州知事にたどりつくというかんじで、一人が「私は、〈オオコウモリ〉族です」と言うと、もう一人が、「私もです」とか「父がそうでした」とか「息子がそうです。私自身は〈オウム〉族です」と答えるだろう。結婚集団は単に結婚のためのまとまりではなく、クラブのようなものである。

この制度は人が工夫をこらし、比較的最近にオーストラリアに広まったものである。白人がもたらした抑圧の一つの形であるかもしれない。宣教師たちや牧場主らは、この制度を無意識に広めた。というのは、彼らは施し物をすることによって、多くのアボリジニたちをかなり遠いところから呼び寄せていたからだ。どの程度まで、オーストラリアの結婚集団の構成員が本当にかかわっているかは非実利的な問題で、この制度が機能しているという事実に比べれば重要性はない。地域によって、複雑な現われ方もするし、社会人類学者の間でも、まだわかっておらず、意見は一致していない。

タスマニア人の結婚と求愛

タスマニア人の間に存在した結婚制度については、われわれはほとんどなにも知ってはいないが、それは、南東オーストラリアの森林地帯のアボリジニたちに見られるような、近隣の領域を所有するバンドどうしの女性の交換であっただろう。この交換は、いつでも同等で平和的なものとは、必ずしも言えなかった。ある話では、入植者がやってくる前、ホバート市の近くに住んでいたあるバンドは、近隣の者に襲われ、止めに入った男たちを殺され、女たちは連れ去られた。他にも略奪結婚の事例がいくつか語られている。時には、隣のバンドの男に結婚する権利があるのに、彼女も両親も彼を好まなかった場合、彼は彼女をあきらめるよりは、彼女を殺してしまったと言われている。

タスマニア人の求愛の方法もまた凶暴なものだ。G・A・ロビンソンは、オイスター・ベイの男ウーラディが、花嫁のブルーニー・アイランドのトゥルジャナナという女をいかにして口説いたかを述べている。二人ともロビンソンに随行したメンバーの一員で、トゥルジャナナは一八七六年に死ぬまで、最後の生粋のタスマニア人であった。

夜、トゥルジャナナが部屋へ下がったとき、ウーラディが忍び込んで、横に寝た。彼は切っ先の鋭い木の棒で、彼女の胸を突いて、寝かさなかった。トゥルジャナナが逃げようとすると、ウーラディは彼女を捕まえ、一緒にくっついて歩いた。彼女はしばらく抵抗し、この夜這い男に辛辣なことも言ったが、ついにはあきらめ、そしてこの二人はウーラディが死ぬまで一緒にいた。

オナ族の原初的氏族と婚姻

ティエラ・デル・フエゴの北の草深い地域を占有していたオナ族は、きっちりと境界を引かれ、名付けられた狩猟の領域を三九カ所所有していた。あるものは山から海へ延び、他のものは山に囲まれていた。それぞれの領域には、四〇〜一二〇人居て、オナ族の総人口は三〇〇〇〜四〇〇〇人であった。オナ族は父方母方両方のイトコとの結婚を禁じていたが、父方母方それぞれの親類には別の呼び方が与えられていた。そして、各領域の男たちは、父方の先祖によって土地に結びついていると、感じていた。このように、各領域の男たちは原初的父系氏族を形成していた。

タスマニア人と同様に、結婚の一つの形態は略奪であった。このことは、単に旅行者が聞きかじった話ではなく、ルーカス・ブリッジズという、宣教師の息子であった人が観察した事実で、事例を挙げて報告してある。妻を求める男が、彼の国を隣と隔てている尾根を渡り、一人の少女に会う。彼女は野営地から野営地に移る間に、他の者から取り残されたのだが、彼はその女を弓矢で脅し、国境を越えて連れ去ったという。*

＊　略奪結婚は、アラスカのクチン・インディアンの慣習でもあった。

ルーカス・ブリッジズはもう一つの話を残している。山から来たオナ族が、サン・パブロ岬から来た他の集団と出会った。山の男たちは暖かく迎え、一緒に野営地に誘った。皆が楽しんでいるとき、浮かれ騒ぎの最中、山の男たちが立ち上がり、岬の男たちを撃ち殺し、女を奪った。そういった虐殺の最中であろうとなかろうと、捕らわれた女が逃げようとすれば、返しのない矢で女の足を撃ったり、手が届けば、殴った。戦勝品として、母と娘を捕らえた男は、二人をかこって、両方と寝ることができた。オナ族における状況は、ブッシュマンのそれとは違う。ブッシュマンの場合、母と娘両方と結婚すると、若い方と一緒にキャンプを追い出された。ブッシュマンの結婚は、互酬的な出来事であり、結婚してはならない多くの親類のカテゴリーがあるのだが、オナ族はイトコどうしだけをタブーとし、敵対するバンドからの略奪結婚とは、また話が別なのだ。

もっと紳士的な妻の娶り方もあった。ブリッジズはかつて、若いオナ族の若者が、ある木の下に立っているのを見た。そこでは少女と両親、そして弟がキャンプしていた。少女は、若者が渡した弓と矢を持っていた。彼女はしばらくそれをもてあそび、弟に渡した。彼はそれを所有者に返した。これはプロポーズで、彼女は断ったのだ。しかし若者はさまざまな機会にこれを繰り返し、ついに彼女は立ち上がり、自分で弓矢を若者に返しに行った。彼女は屈服したのだ。

アイヌの二重出自

ブッシュマン、オーストラリア人、タスマニア人、そしてオナ族は今も昔も遊牧民である。狩りや採集の季節がくると、総世帯、あるいは数家族の集団で、領域内を動いて回った。しかし、別のタイプの狩猟民もいて、女はほとんど家に残り、男が領域や海に狩りに行った。この点で、これらの民族は、イロクォイ族のような、耕作民とよく似ていた。イロクォイ族の女たちは、トウモロコシ、マメ類、カボチャなどを育て、主食にした。そして男たちは、季節ごとの狩りや、戦争まがいの略奪に行った。イロクォイ族は母系制の組織をもっていた。女が家に残る狩猟民の間では、母親の権利のようなものが確立するか、あるいは、少なくとも、母方の家系の重要性が認識される。定住する民には、すべての装備品を持ち運ぶ必要がない。彼らは財産を蓄積し、その財産が富や地位や社会的階級の違いを生み出す。農耕以外で、女を家に留まらせ、しかも財産と地位の蓄積を許す状況で起こり得るものには、魚、特にサケが豊富に採れる環境がある。トウモロコシ、マメ類、カボチャのかわりに、サケを採取するのである。

アイヌ人の集落は、一連の住居と離れで構成され、川堤にあった。一つの集落に、三つ以上の世帯があることはめったになかった。三世帯という数が、互いに助け合って、家を建て、魚を採り、食料を分けあう住人の数だったのだ。三家族以上いた場合は、助け合う集団が複数存在したわけで、そこは複合社会だった。

各アイヌ集落の男たちは、共通の出自に基づく父系制の集団に属していた。それは記憶にある限り何世代にもわたるものであった。これらの父系制度はトーテム制であった。たった六つの集団の名しか知られておらず、存在したのはそれら六つだけであったのかもしれない。各集団は動物や鳥などの霊的存在の名を持っていた。その六つの名は、クマ、キツネ、オオカミ、ワシ、タカ、そしてシマフクロウで、最後のものはミミズクの一種である。各家系の祖先は、当該の霊的動物から系統を引いていると考えられていた。例えば、次のクマの例のようにである。彼らの伝説によれば、一人住まいの女のところへ、見知らぬ男が訪ねて、身ごもらせた。男はクマに姿を変えた。その息子がクマ族の創始者であった。

これら六つのトーテム集団のメンバーは、谷の上にも下にも広がっている。あるものは、他のものより集中して、一定の集落に住んでいた。集落は異なっているが、共通の祖先を持つという認識が、一種の団結心を隣接する集団に与えていた。日本に制定される前で、別の谷から来た男たちは争いあうのが通例であった。付け加えるに、アイヌにおいては、六は神聖な数字で、ものを数えるときの基準でもあった。

一方、アイヌの女は、自分たちの出自を母にたどり、八つのトーテム的存在のどれかに属すと考えた。そのうちの四つは男のものと共通だった。その八つとは、川の女神、クマ、シャチ、キツネ、オオカミ、ワシ、ムジナ、そしてノウサギだった。*さて、女たちは外婚の基準としては、四世代の出自しか認識していなかった。つまり、当事者の女、その母、母の母、そしてその母。もし女が、母方の曾々祖母の名を知っていたとしても、結婚に関しては何の関係もなかった。

* ここでのムジナは文献ではタヌキと呼ばれていた。というのは、あるものはその顔に黒い縞があったからだ。実際には、イヌ科の地域種 *Nycteutes procyonides viverinus* Temminck で、クマが冬眠する穴の近くの岩のくぼみに住み、クマの家来と考えられていた。

女は、腰の回りに隠れた帯をしていた。それは野生の亜麻の繊維で編んであり、抽象的に彼女の母親の女の家系を象徴する。身体を見せることに非常に慎ましいので、女はその帯を男に見せたことはない。男は、母親の母方の祖母から血を引く女とは結婚できないと知っていたのに比べ、その帯の意匠の名と意味については知らされなかった。少なくとも、はっきりわかっていることといえば、妻がそういう帯をしているな、ということだけであった。

時折、若者が、母親の母方の祖母から系統を引くのではなくても──彼は知らないのだが──、彼の母親と同じ模様の帯を身につけている少女と結婚したがることがあった。その場合、地域の女たちが集まり、その結婚が許可し得ると決定し、少女の母親の承諾を得て、少女には違った模様の新しい帯を与えた。その際、花婿も、他の男たちも、何か異常な事態が起こっているとは知る由もなかった。

この帯の秘密はとても固く守られていて、アイヌ文化を研究する者でさえ、わかっている限りでは、その存在すら知らなかった。一九三四年になってやっと、スコットランド人医師で、彼らと一緒に暮らした、ニール・G・マンロウが二人の女性の患者の信頼を得ることになった。彼は、診察の都合上、目の前で服を脱いでくれないかと説得した。女たちは秘密を明らかにし、この制度を彼に説明した。彼女たちが言うには、昔、その模様をカムイ・フチという火の女神から受け取ったという。女神は、他にも秘密の力を与えた。火を消す能力も含まれていた。かつて、マンロウ医師は彼の藁葺の家が火事になったとき、女たちが家の方向に向かって木の枝を振っているのを見た。秘密の帯の力で炎を消し止めようとしていたのだろう。

アイヌ共同体は小規模だったので、こういった結婚の規則のため、各渓谷ごとに、女が嫁ぐ際に上流・下流へ移動した。こうして、男の父系社会よりも集落の人々をもっと親密に交わらせることになった。ほとんどの場合、男は生まれた土地に住み、おもに儀式の時だけお互いを訪問する。特に冬期のクマの供犠である。これは、アイヌ文化の中で、最も劇的で、また広く知れわたった習慣である。

男の六つの、そして女の八つの部族は、すべてが階級的に同等と考えられていたわけではない。男のクマ族は他より優れていた。女の部族のうちで、男の部族にはない二つは、ある意味で劣等の地位を占めていた。

ムジナ族には、他の動物や鳥の名にみられるような、霊的存在がなかったのかもしれない。というのは、ムジナはクマの家来と見られていたからだ。ノウサギ族は最下位に位置するが、ある美しい若い娘の系統を引くと言われている。彼女は、うかつにも森で秘密の帯を編んでいるところを、ある若者に見られてしまった。そこで彼女は彼との結婚を義務づけられ、ついには女神に姿を変えた。そうして女の子孫を守り、子供が三つ口で生まれるのを防ぐという。この家系の地位の低さは、祖先のふしだらに由来する。

エスキモーにおける多様性

それではわれわれは新世界の中で最北、エスキモーの住む国々へ赴こう。シベリアのチュクチ半島から東部グリーンランドまで広がり、南方は西のコディアック島から東のラブラドル半島までまたがっている。エスキモーの住むところでは画一的であると考えおそらく小学生でも、エスキモーの文化を知っていて、エスキモーの住むところでは画一的であると考えるだろう。しかし、すでに前出の道具の文化で見てきたように、エスキモーは捕鯨には行かないし、雪の家を建てるのはごく少数で、みんながイヌぞりに乗るわけではない。そしてみんながクジラの脂肪でランプを灯すわけではない。社会的、精神的な文化の多くの側面において、こういった多様性が見られる。言語においてさえ、そうである。

今日、約一万六〇〇〇人のエスキモーがアラスカに住み、一三〇〇人ぐらいがソビエト連邦（一九二七年当時）、一万一〇〇〇人がカナダ、二万五〇〇〇人がグリーンランドに住む——最後の数字は混血の人々を多く含んでいる。そして、ほとんどのエスキモーは北極圏周辺に住んでいる。ヨーロッパ人と接触

極地エスキモー
東グリーンランド人
西グリーンランド人
イグルリック・エスキモー
バフィン島エスキモー
ネツィルク
カリブー
エスキモー
ハドソン湾
ラブラドル・エスキモー

地図 2　エスキモーの分布（Hans-Georg Bandi, *Eskimo Prehistory*, College, Alaska, University of Alaska Press, 1969に拠る）

したときは、五万人ぐらいいただろう。アラスカには二万六〇〇〇人ほどいただろう。言語学的な、そして考古学的な資料によれば、彼らは、紀元前三〇〇〇年以前に、アラスカから出現したと信じられている。

エスキモー語は、アリュート人の言葉に最も近い。シベリアの、チュクチ族や、コリヤーク族や、カムチャダル族の言語とも関連がある。そしておそらく、確証はないが、インド・ヨーロッパ語族とも関連を持つ。彼らはアジア的な民族で、アメリカインディアンとはいくつかの遺伝学上の点で違いがある。特に顕著なのは、試験したすべてのグループが、血液型Bの遺伝子を持っていたことである。アラスカには、二つのエスキモー語があり、一つはノートン湾の北のもので、もう一つはその南のものである。北アラスカの言語はそこから東に広がり、さまざまな方言を経て、グリーンランドにつながる。グリーンランドへは、ヨーロッパ植民地が消滅した後、十四世紀にエスキモーがやってきた。南アラスカの言語は四つの方言に分かれ、ひとつはシベリアのエスキモーによって話される。ひとつはヌニヴァック島で話され、もうひとつはノートン湾からアリューシャン半島までのアラスカ本土で話される。最後のものはコディアック島とプリンス・ウィリアム湾の周辺で話される。これらの言語の違いは、ある程度までは、親族関係や結婚の規則を含む文化的差異を反映している。

古くからあるエスキモー型の血縁関係は、広く人類学上の文書等に引き合いに出されるように、われわれの制度と同じ単なる双系のものである。これはまた他のところでもよく目にする。双系にあっては、兄弟姉妹は、父方母方双方のイトコと区別され、イトコの中に区別はない。人は父母どちらの側のイトコとも結婚できない。この制度はカナダの北部やグリーンランドに見られる。アラスカのほとんどでは、父母両方の出自が認識されてはいるが、父方の、つまり平行イトコを表わす言葉と、兄弟姉妹を指す言葉が同じである。こうして、平行イトコは結婚してはいけないが、ある集団では交差イトコは結婚していいこと

地図3　エスキモーの言語とアラスカの交易場所。エスキモー語はエスキモー語とアリュート語を含む。エスキモー語は北部と南部言語に分けられる。北部エスキモー語はアラスカのノートン湾の北から，西グリーンランドで話される。南部エスキモー語は4つの方言に分かれ，①シベリアと聖ローレンス島，②ヌニヴァック島，③ノートン湾からアラスカ半島の地域，④コディアック島と南東岸で話される（図の通り)。交易場所には，ネルソン島，フーパー湾，コツェビュー湾のホッサム入江がある。

になる。

　未婚の者どうしの性的関係は自由である。商売仲間に妻を貸し与えることは珍しくない。しばしば貸し与えられた妻はこれを好ましくない、と言うのであるが。地域的に結婚相手が見つからない場合をのぞいて、結婚はその共同体内部で行う。特にアラスカでは、エスキモーはかなり大きな村に住んでいるので、そうである。一般に、新婚の者は女の両親の許に住みに行く。少なくとも彼ら自身の家を手に入れるまでは。

　男たちのクラブハウスについては、捕鯨に関連してホープ岬のティガラの共同体のところで触れたが、ほとんどのアラスカのエスキモーとグリーンランドにも見られる。若い男はふつう父親と同じハウスに属するが、替えてもいい。少年たちはそこに寝て、時折、既婚の男性も来る（その妻たちが食事を運んでくる）。冬場は、一つのハウスのメンバーが他を招待し、そこで凝った儀式を行ったり、贈り物を交換する。

　エスキモーは一般に、無償の友情でよく知られていて、食物や他の持ち物を分けあう。また態度が寛大であり、こちらがひどく反社会的な振る舞いに出なければ、争いを避ける傾向にある。しかし、アラスカの比較的大きな村では、捕鯨の船長の地位は威信を与え、また商人たちも得られた富を完全に分配し尽くせないことになり、それが人間どうしの差別を生む。プリンス・ウィリアム湾のチュガッシュ族は、その結婚のルールはあまり記録がないのだが、ちょうど近隣のアメリカ北西海岸のインディアンと同様に、実は主人と奴隷の制度を持っていた。ここのインディアンには、アイアックというひとつの部族があり、その領域をチュガッシュ族が取り囲んでいる。

　ベーリング海の文化は、捕鯨に基づいているが、紀元前一八〇〇年頃アラスカのベーリング海岸の北部に発祥し、聖ロレンス島とシベリアの海岸に現存していた。特に、セイウチの象牙を彫刻する芸術が花開いたことで特徴があり、現代になって流通が始まるまで、何らかの形で残っていた。例えば、ティガラの民族の文化に代表されるようなものである。これは、カナダ北部やグリーンランドにエスキモーが広がっていくずっと以前に、その全盛期を迎えていた。

ここで考古学や年代記に言及した理由は、それが現代のエスキモーの中での、社会的複雑さや結婚の基準の多様性と深くかかわるからである。この点で、カナダやグリーンランドのエスキモーの社会制度の単純さは、その地域における捕鯨の衰退という比較的現代の影響によると考えられそうだ。エスキモーの中には、カリブー狩りのために内地へ移住して行ったものもいた。

アメリカ北西岸——結婚、富、そして階級

それではアメリカ北西岸インディアンを詳しくみてみよう。その発達した技術についてはしばしば言及したが、狩人たちの間でも他に類を見ないほど複雑な社会構造を持っていた。その理由は彼らが実際には定住をしたからで、食物が豊富にあり、優れた海洋輸送手段を持っていたからだ。彼らは太平洋沿岸約二四〇〇キロの地域と多くの島々にまで広がっていた。はるばるアラスカはプリンス・ウィリアム湾から北部カリフォルニアまでである。

彼らは八つの主なグループに分けられ、それらは、トリンギット族、ハイダ族、チムシアン族、ベラ・クーラ族、クワキウトル族、ヌートカ族、沿岸サリッシュ族、そしてチヌーク族である。そして多くの小さい部族があるが、そのほとんどは大陸の合衆国内にある。彼らは異なった言語を話し、それぞれは方言に分かれている。北部のトリンギット族とハイダ族の言語は、遠くアサパスカ語群と関連している。ベラ・クーラ族、クワキウトル族、ヌートカ族、そしてサリッシュ族の言葉は、アルゴンキン語族と同じに

分類されるアルゴンキン・リトワン語族に属す。チムシアン語とチヌック語はペヌティ大語族に入る。ペヌティ大語族は中央カリフォルニアに集中し、マイドゥ族の言葉を含む。マイドゥ族については前述した。これらの民族のあるものは、内陸の部族の血筋であることは十分にありうる。彼らは山々を越え、あるいは渓谷を渡り、沿岸の水辺と入江の豊かな海産物を収穫しに来たのだ。一方、他のものたちはそこに長く住み、なんら東の地方とはつながりを持たなかっただろう。この北西岸インディアンの言語のリストは、衒学趣味で出したわけではない。こういったものは、北西岸の部族の社会構造の研究には欠かせない。構造の相違は言語に端を発しているからだ。

これらの部族は自分たちを北部と南部に分けている。北部には、トリンギット族とハイダ族が入る。ともにアサパスカ語群である。それからペヌティ大語族のチムシアン族が入る。それにハイスラ族が入る。彼らは、地域的に分割されたクワキウトル族の北部の一族で、チムシアン族と非常に近かったため、その文化の影響を受けたのだろう。南部には、ベラ・クーラ族、クワキウトル族の大半、ヌートカ族、沿岸サリッシュ族、そしてさらに南の小グループのほとんどが入る。

主な違いは、北部の人々は、単系の出自で、徹底して母系であり、かなり複雑な社会集団を形成する傾向があるのに対し、南部人は、父親を家系の頭と考え、父方母方両方の出自をたどる。北部にあっては、新婚夫婦は花婿の母方のおじの家に住む一方、南部では、花婿の父の家に住む。北部人は平行イトコ婚を禁じている(つまり、男子は父親の兄弟の娘と結婚できず、女子は母親の姉妹の息子とは結婚できない)。交差イトコ婚は好まれる。トリンギット族とハイダ族は父方の交差イトコ婚(花婿の父の姉妹の娘)だけを認める。チムシアン族は母方の交差イトコ婚(母の兄弟の娘)を好む。こういう詳細はわれわれには些細なことで退屈でさえあると思われるが、次の段階を理解するためには言及しなければならない。それは、

地図4　北西岸のインディアン
（Bill Holm, *Northwest Coast Indian Art*, Seattle, University of Washington Press, 1965に拠る）

個々の家族やバンドよりさらに複雑な社会構造の性質である。北西岸インディアンの生活にあっては、家族もバンドもとても影が薄い。これらの部族の母系社会の傾向は、狩人一般の中では稀で、定住の農耕民族に最も普通に見られる。それについては〔二四三頁のアイヌの二重出自に〕前述した通りである。

クワキウトル族やベラ・クーラ族以南の部族では、結婚に際しては、父や母の親戚とは絶対に結ばれない。クワキウトル族はまたイトコとの結婚を好むが、ヌートカ族や以南のほとんどの部族はイトコやまたイトコの結婚を禁じている。またイトコの子の代になったら、選択は自由で、他の、富とか階級といった要素が問題になってくる。言葉をかえると、金が目当てで結婚しろというわけではないが、金のある人と結婚するのがいい。母方の名声が高くても、子供にとって悪いことにはならない。われわれの文化に育った者なら、こういった考えは理解しがたいわけではない。少なくとも、三〇過ぎの人なら。六〇歳以上の人ならもっとよくわかるだろう。

家族や所帯を越えた組織のことになると、北部人は南部人よりずっと複雑になる。彼らは比較的単純な親族構造を、細かすぎるほど階級を強調することで埋め合わせていた。北部のトリンギット族とハイダ族はそれぞれふたつの半族に分けられていた。トリンギット族にあっては、〈大ガラス〉族と〈オオカミ〉族で、ハイダ族にあっては、〈大ガラス〉族と〈ワシ〉族であった。これらの半族は外婚制で、男はみな別の半族から妻を得なければならないことが、婚姻の規則で定められていて、男はその地位を母親から受け継ぐ。これらの半族には政治的権力はなく、政治はもっと小さな集団が担う。政治集団はリネージが発展したもので、ほとんど氏族と言っていい。*それによって半族が構成されていた。各リネージはその出自を母方の一人の女の先祖にたどる。半族にもリネージにも家紋があり、彼らが信じるところでは、実際の先祖だったか、あるいは何らかの形で先祖を助けた動物や霊的存在の姿をしている。

＊サハラ砂漠のトゥアレグ族のように、母系の出自は奴隷制と関連しているかもしれない。トゥアレグ族の貴族が黒人の内縁の妻との間に何人子供を得ようと、彼の正妻から生まれた子だけが階級を得る。

トーテムと呼ばれてはいるが、これらの家紋は、ヨーロッパの紋章と同じく、いかにその人物が、家系の両方の血筋を通じて、高貴であるかを示す。当初はこの家紋は家や、箱や、他のものに描かれていたが、交易によって金属の道具が導入されると、ハイダ族がトーテム・ポールを発明した。こういった道具を手に入れて以来、ハイダ族は海岸を行ったり来たりして、ほかの人たちのために、トーテム・ポールを彫ってあげた。彼らはそれでかなりの報酬を得ていた。

チムシアン族は、ペヌティ大語族で、アサバスカ語群ではないので、半族は持たなかった。海岸に住む人々は四つの母系の氏族に分かれていた。〈ワシ〉族、〈大ガラス〉族、〈オオカミ〉族、〈ゴンドウクジラ〉族である。これらの氏族は外婚制で、各分家は一四の部族を形成し、各部族はともに越冬する集団であった。それについてはヌートカ族に関して以前に言及した。

われわれはすでに、ヌートカ族が、父系制を構成していることと、父系制の首長が持つ重要性について述べた。子供は、権利と特権を両方の家系から受け継ぐ。これはクワキウトル族の場合も同じである。クワキウトル族は、故フランツ・ボアズの業績によって、北西岸のインディアンの中でいちばん知られている。一八四九年から一九三〇年にかけてのポトラッチの時期に、クワキウトル族の文化は絶頂期に達し、衰退した。衰退の二つの要因は、ハドソン湾会社製のウールの毛布が導入され、財産と通貨として使われたことと、白人がもたらした疫病による人口の減少であった（一八四九年以前にクワキウトル族が何をしていたかは、ほとんどわかっていない）。

さきに述べたように、クワキウトル族は一七かそれ以上の部族に分けられ、各部族はヌミマという多くの集団に細分化されていた。各ヌミマは縁続きの家族の集合である。全部族は、社会的重要性に従って階級がつけられ、純粋なクワキウトルは第一位であった。各部族の中では、ヌミマもまた階級があり、ヌミマの中の個人もすべて序列化されていた。このようにすべての人はクワキウトルの社会での地位が決まっていたが、必ずしも生まれたときに地位を得るわけではなかった。部族の中で一位を占める首長が、権利と特権を受け継いだ人に少しずつ授けるわけで、もし首長が望めば、自分の好きな人に、所有者のない権利と特権をさらに与えることができた。新たな疫病で、多くの人が死に、権利が余っていたのだ。

これらの権利の中には、肩書きや、ある歌を歌う特権や、特殊な儀式のお面をつける権利や、ある踊りを踊る権利や、ポトラッチの際にある場所に座る権利や、儀式の時にある順番で名前を呼んでもらう権利や、魚がよくとれる場所で漁をする権利などが含まれていた。権利は、家族の両方の家系から受け継がれ、奴隷でない限り、みんながいくつか権利を持っていた。だが、とても多く持つ人もあれば、あまり持っていない人もいた。首長の息子は早いうちに高い地位を手にいれるので、クワキウトルの社会では、階級が年功をしのいでいた。

インディアンは社会における各人の地位を認識していた（この点ではまったく同じ人は二人は存在しなかった）。しかし、彼らはまた、ある人々は他の人よりも偉いということも認めていた。そして、われわれの貴族や庶民にあたる言葉を持っていた。貴族は仲間内で結婚し、その子供は庶民の子と遊ぶことは許されなかった。これらの分類のきっちりした境界線を見つけるのはむずかしいが、こうである。冬に踊りを踊る社会で、踊りに加わる権利を受け継いだ人々と、それをただ見るだけの人々。冬の踊りは念のいった演出が施されており、火が消されたとき、真っ暗闇の中で、書き割りが変えられる。大梁の上に隠れている小道具係が、紐を引いて、木製の鳥を部屋の中に飛ばせたり、仮面の操作をする。伝声管を使ってトンネルから役者を入退場させる。神秘的な声が床から響いたりする。

クワキウトルの制度にも融通性はあった。特に優れた彫刻師やボート作りの男は、首長によっていくつか特権を与えられた。その功労が評価されたのだ。あるいはその子供たちに与えられることもあった。時期が来る前に、地位を引き上げるため、首長が自分の孫を養子にすることがあった。そして、反社会的人物は、受け継ぐべき権利を全く得られないこともあった。

奴隷は戦争の際に捕虜にされた他の部族のインディアンで、多くは北部カリフォルニアの奥地の出身であった。チヌーク族の商人が、ツノガイの殻やヌートカ族のカヌーと交換に売るため、北へ連れて行った。首長は、もし望めば、奴隷を殺すことができた。ときには、新しい家が建つとき、家の柱の下にいけにえとして埋められた。あるいは、縛られて、浜辺に横たえられ、訪問してくる首長のカヌーの「ころ」にされた。そんな運命ならば、奴隷は逃げようとするはずだと、読者は考えるだろうが、彼らには行き場がなかったのだ。捕まっていた場所はふるさとからはるかに遠く、ボートがなくては行けないのだ。隣接する部族の捕虜は、逃げ延びる可能性が高かったので、ふつう買い戻されたり、交換された。

海岸線を、奴隷がやってきた国のほうへ下がっていくと、前に述べたように、希薄ではあるが、北西海岸の部族と文化が似通っている、多くの小グループがある。北西カリフォルニアでは、ユロック族やワイヨット族は富すなわち貝殻の貨幣に関心を持ち、年ごとの儀式で、家族の財産を見せびらかしたりする。ポトラッチの時のようにあげてしまうわけではない。

ユロック族は富とセックスは両立しないと信じていて、財産を蓄えてある家の中では性交しなかった。実際、金持ちは、冬場は儀式の季節なので、セックスは控えて、夏場、戸外で妻と関係を持った。富には、川岸で釣りや狩りをする権利も含まれていたが、内陸の狩りの権利は共同のものであった。

争いも多くあり、殺しの報酬も支払われた。金持ちは、借金を払ってやる形で、親族から子分を集めることができた。こうして、取り巻きを組織することができた。金持ちはまた、貝殻の通貨を支払って、戦争をやめさせることができ、名声を高めていった。ユロック族にはまた、捕虜ではなく、支払えない借金を抱えて奴隷となる者もいたが、その子供たちは、自由の身であった。

結婚は、父方母方両方のイトコとまたイトコの間だけが禁じられていた。花婿かその両親が婚資を支払った。暮らしていた村が小さかったので、外から花嫁を探さなければならなかった。この慣習は、当該の部族のみに限られたことではなく、カリフォルニアの北部や中央では一般的で、その経済活動を前述したマイドゥ族などが該当する。南部カリフォルニアでは事情が異なり、多くの部族に、外婚制の半族があり、その活動には多くの儀式があり、この状況は北部中央オーストラリアの場合に似ていた。これらについては、第15章で述べる。

ペノブスコット・インディアンの半族

北部アルゴンキン・インディアンのほとんどは、商売としての毛皮のわな漁師になる前は、父方と母方のイトコを区別していた。平行イトコ婚を禁じ、交差イトコ婚を許すというより好んでいた。こういう型の結婚は、オナ族のように、原初的父系制の出現を促した。

しかしメイン州のペノブスコット・インディアンは、さらにこれを進歩させた。彼らは常設の冬場の村を持ち、そこから男たちが狩りに出た。二四の父系制に組織され、六〇〇〜一〇〇〇人の人口で、各父系に二四〜六〇人いた。これらは拡大家族であった。家族には動物の名が与えられ、陸の動物と水の動物にカテゴリー分けされていた。各家系は木に彫ったトーテムの派手な絵によって、狩場を区別していた。また、起源に関する神話も持っていた。陸の人々には別々の神話があったが、水辺に暮らす人々は共通する一つの神話を持ち、それは以下のようであった。昔、巨大なカエルが世界中の水を全部飲み込んだ。そして干魃になり、皆が乾きに苦しんだ。英雄グルスカベがそのカエルを殺して水を解き放つと、水は川々を勢いよく流れ、海までそそぎ込んだ。洪水の間に、ある者たちは土手から流され、水棲の生き物に姿を変えた。地上に残って、人間の姿を保つことができた好運な親戚は、仲間が姿を変えた生き物の名を受け継いだ。クマ族は、クマにさらわれ、逃げだすまで一緒に暮らした少女の子孫であった。

これらの家系は、陸上動物、水中動物ともに階級があった。カエルの仲間は、水中動物の中で最上で、陸上ではリスが最高の階級だった。ペノブスコットの首長は、ふつうカエル族かリス族の中から選ばれた。ときにはクマにその名誉が移ることもあった。ペノブスコットが自分たちで首長を選ぶことはなく、メーン州オールドタウンのワバナキ同盟の会議で、他の部族の首長たちによって選ばれた。そこにはパサマクウォディ族やマレシート族も含まれていた。

「陸の家系」対「水の家系」という図式は、結局、半族を構成していた。村の家屋の配置がそれを反映していた。どちらの家系も一つ家に暮らし、競技をして対戦した。狩人には珍しいが、半族組織はメリマック川の南の農耕民インディアンには一般的で、そこからペノブスコットはすでに耕作を取り入れ始めていた。

アコア・ピグミーの花嫁選び

アメリカ北西岸インディアンの場合には、富が階級を生み、花嫁の売買を許していたことをわれわれは見てきた。同じ原理が、二十世紀のはじめ頃、ゾウを狩猟していたアコア・ピグミーに当てはまった。彼らはゾウ狩りで得た象牙でファン族と取引をした。交換される品物には、花嫁に人気のある安い宝石などが含まれていた。女たちも魚を捕ったので、報酬を得ていた。結婚は、アコアの村どうしの外婚であった。それは、トリーユ神父によって記録された、次の二つの話が示すところである。

最初の話は、『キジバトと三人の求婚者』と呼ばれるもので、以下のような要旨である。

エベ川近くの野営地に、むかしククル（キジバト）と呼ばれる少女が住んでいた。彼女の父は、コレレ、つまり「隠れて寝る者」であった。少女は強く、均整がとれ、肌は赤く輝いていた。油と赤い木の粉をたくさん使って、こすっていたからだ。そしてたくさんの首飾りをしていた。釣りと料理がうまく、踊るときはヘビのように身をくねらせた。お尻がゆらゆらと揺れ、人はお尻が二つあるように思った。髪はいつもきちんと編まれ、油が付けてあった。結婚する年頃になり、若者たちはみな彼女を争った。

父親が、三人の求婚者から結納を受け取り、他の者はあきらめた。三人のうち、最初の者は、セク（チンパンジー）であった。彼は力が強く、毛深く、頭と手足が大きくかった。戦いでは誰にも負けず、木々の中を、サルよりも速く走り、サルを捕まえた。彼の矢は獲物をすべて打ち倒し、すでに二頭のゾウを殺していた。そして、ゾウの尾の毛で作った首飾りをしていた。女たちは彼を追いかけ回していた。

二番目は、ベレビリ、つまり「森の矢」で、彼がいちばん多く結納を納めた。背が低く痩せていて、陽気で、幸福で、いつも歌って踊っていた。口笛や口まねで動物を呼び寄せた。彼の小屋にはいつも肉がふんだんにあった。女を口説くのがうまく、すでにいくつかの野営地に子供がいた。女と見れば、追いかけ回した。

三番目は、オクタ――毒キノコ――という名であった。というのは、彼が生まれた日、母親が父親にキノコをたくさん食べさせた。その中に悪いのが一つあって、父親は腹が痛くなって、腸捻転になって死んでしまった。毒キノコはキジバトの父にあまり多くを支払わなかった。いっそ金をもらわなければ良かったと思ったほどだ。毒キノコは、狩りも釣りもしなかったが、彼の小屋には肉がたくさんあった。他の人たちが持ってくるからだ。彼は偉大なシャーマンで、偉大な治療者であった。ある人は、夜になると魔術師にもなると言った。片目の隅が充血しており、歯が一本突き出ていて、片方の肩がもう一方より上がっていた。人と目を合わさず、女たちは彼が来ると逃げだした。

キジバトの結婚の時期がやってきた。三人の男たちは、ククルを求めて父親の野営地に行った。チンパンジーは、「彼女は俺のものだ」と言った。森の矢は、「彼女を誰にも譲らない」と言った。毒キノコは、「彼女を俺から奪う者は殺す」と言った。

この場面で、話をしている詩人は、夢中になっている聞き手たちに質問するのだ。「誰が彼女を手に入れたか？　どの男だ？」その夕方の残りの時間は、男や女や子供たちが、それぞれ別の理由を挙げて、自分の考えを大声で主張し、議論するのだ。その騒ぎは夜まで続いた。

さて、もう一つの話は、『若者と三人の娘』と呼ばれる。

ある時一人の若者が、結婚したいと思った。彼の父は、他の野営地の三人の娘の父親たちに申し入れてあった。若者の名は、エフラといった。狩りがうまく、体を油と赤い木の粉で塗って、蔓植物でできた花輪を着けていた。それは妻を求める若者の印だった。エフラは最初の野営地に出発した。道のりは長かった。十字路にさしかかると、左側にカメレオンがいた。良い兆候だった。

最初の野営地につき、中央に座ると、彼は言った。「万歳。健やかに」。それが慣例的な挨拶だった。彼は男たちと話した。当該の娘エキュイは釣りに出ていた。彼女が戻ると、籠は良い魚でいっぱいだった。

エキュイは籠を小屋に投げ入れると、母親に言った。「ここで座って休んでいたんでしょ。私は疲れたわ。お母さんが料理してよ」。

そして母親が調理し、木の皮のお皿で皆で食べた。エフラはよく食べ、「ごちそうさま」と言った。食後に礼を言う習慣的なやり方だった。

翌日エフラは、二つ目のキャンプに歩いて行った。長い道だった。彼は空中のムササビを撃った。命中した。深い川の近く、沼地を越えたあたりに、彼は青い煙が一筋薄くたなびくのを見た。野営地だった。彼は入って行き、座ると言った。「万歳。みなさん、健やかに」。男たちもそれにならって答えた。

しかし彼が会いに来た娘パモは、そこにいなかった。母親や友達と釣りに行っていた。戻った時、彼女の籠の半分だけ魚が入っていた。彼女は釣りはうまくなく、籠を編むのも、わなを作るのも下手だった。母親は娘に教えたことはなかった。母親は、「私は疲れたから、食事の準備をしなさい」と言った。

そこでパモが魚の鱗を落とし、香りのよい薬草と塩こしょうで、調理した。エフラはたくさん食べた。とてもおいしかった。彼はもう少し食べ、それから言った。「お腹がちょっと痛い。それから少し疲れた」。そして森へ行き、排便をし、戻ると、ピグミーが食後いつもやるように歯を磨き、「ごちそうさま」と言った。熱い煎じ汁を飲むと、眠った。

翌日、彼は弓をとると、最後の娘が住む、三番目の野営地に歩いて行った。彼女の名は、モト――器用な手――といった。エフラはそこで自分の父と出合った。父はエフラの訪問の目的をあらかじめ知らせに来たのだ。男たちと挨拶の交換が終わると、エフラの父が、「あそこにモトがいるぞ」と言った。

「そう。あれがモトです」とエフラは言った。

彼女がそこにいたのは、父親の首長が外へ連れ出したからだ。エフラは彼女を見て、そのネックレスの数を数えた。彼女は若く、力強く、良く発達した胸をしていて、乳首は前にまっすぐ突き出ていた。彼女にはすでに子供がいて、多産系であり、幸福な結婚をしていることをあらわしていた。エフラは彼女を見て、「すばらしい」と言った。

すると、首長が、「私の娘はよい子だ。セックスの仕方を心得ている。おまえは幸福な男になるだろう」と言った。

エフラは、「釣りはうまいか？」と聞いた。

首長は、「魚を捕りに、水に足を浸けるのが嫌いなのだ。夫が肉をたくさんとって来ればいい。おまえはいい狩人だと聞いている」と言った。

エフラは、「料理はうまいか？」と聞いた。

首長は、「薪を集めに森に行くのを恐がるのだが、おまえが集められるだろう」と言った。

エフラは、「肉の調理の仕方を知っているか？」と聞いた。

首長は、「炉でやけどするのがいやなのだ。だがセックスの仕方は知っている。子供がたくさんできるだろう。おまえは幸福になるだろう」と言った。

エフラは考えさせてくれと言って、自分のキャンプに戻ると、考えた。数日後、彼は結婚したのだが、どの女を選んだのだろうか？　セックスのうまいモトか、料理のうまいパモか、釣りのうまいエキュイか？

いつものように野営地では騒ぎが始まる。だが、詩人は答えを言わない。翌日、詩人はトリーユ神父にこっそり、エフラは三人全員と結婚したのだと、言った。一度にではない。もちろんそうできれば、そうしていたが。そうではなく、順番に結婚したのだ。まず若いときは愛を求め、年輩になって料理を求め、最後に年老いて狩りができなくなったら、食料の供給を求めたのだ。

こんな魅惑的な話が、七〇～八〇年前のアコア文化における通常の行動をよくあらわしているとは思えない。どうだろうか？　登場人物は英雄や女傑だし、その道徳的な含みに加えて、こうした話自体が、ピグミー民族の娯楽のひとつなのだろう。

第11章　政治と争い

内外の平和を守る

この章の目的は、前に何回も言及してきた、ある話題に焦点を絞ることである。信用すべき法体系や、専門職の警官や、常備軍がない、狩猟民族や採集民族の集団が、いかに自分たちの中やお互いどうしで、つまり内外において、法律や秩序を守るかを、説明するのが目的である。

部族内での平和を維持させる仕組みはたくさんある。あるものは、複雑でなく、もっと機械的である。そこには、家族内あるいは家族間での調和の維持も含まれる。大人の知恵に対する尊敬を、若者に少しずつ教育していく必要がある。その教え方は、年上の人を観察し、真似る方法、乳離れから思春期に至るまでの、仲間集団での遊びによる方法、感動的な教訓話を語る方法、そして人生の重要な時期、または狩りや漁りが暇な時期に行われる儀式や祭儀による方法がある。

時には、こういう仕組みだけで内的平和を十分に保つことができる。ただし、社会組織が非常に単純で、集団自体が小さく複雑でなく、季節ごとの活動があまり変化せず、そして、個人を区別する基準が貧富の差によらない、などの条件に合えばである。集団が大きく、内部が縁戚関係や階級や財産で差別されている場合には、こういう仕組みでは不十分である。その場合には、はっきりした政治の構造が出現することになり、指導者や追従者や一連の命令系統が意識されてくる。

地理的に分割され、自治をしている集団どうしで平和を守ることは、内的平和を保つより、はるかに重要で、かつむずかしい。というのは、仲間どうしよりも互いに顔を合わすことが少ないし、隣接する集団が違う言語や方言を話すかもしれないし、従う習慣や行動基準が異なっているかもしれないからだ。そういう場合には、内的平和を保つための補助的な仕組みなどあまり効果がなく、もっと正式の政治組織が必要になる。こうして、内政のみならず、戦争や商取引の際にも必要がなかった首長制が出現することになる。

さて、不和を生む行動や条件は、自治集団の内部にも、また集団間にもあるが、以下のものである。食料供給の不平等、他者との分配がうまくいかなかったとき、痴話喧嘩、特に姦通、呪術のせいにしなければ説明のつかないような、不思議な、突然の死、そして領域を侵したとき。最も単純な構造の集団では、みんなに対して横柄で、反社会的行動があるとき、当該の人物——男とは限らないが——を追放あるいは処刑する正当性が保証される。「殺人」は殺された者の親類だけにかかわる問題で、たいがい何代にもわたる宿恨となる。「追放と処刑」は——結局は同じことになる——全体の同意の下でなされ、その仇討ちは行われない。牢屋はなく、いくつかの例外を除けば、裁判もない。しかし呪術による死の場合、呪術師の身元を確かめる審問が行われる。被害者とは違うバンドに属する呪術師であった場合、審問はバンド間の集会で開かれる。その場合にはお互いの同意で一件落着となり、戦争は避けられる。

ボツワナのグイ・ブッシュマンには首長がおらず、各バンドで最も長くて居住する家の年輩の男や女が、領域のさまざまな場所のどこで狩りをするかを、他の人にアドバイスする。姦通が見つかると、バンド内で争いが起こる。被害者である夫とその妻は互いに殴りあってもいいが、ひどく傷つけてはならない。その後に仲直りしない場合は、離婚して別れる。そうなると、夫は妻の愛人をひどく罵り、二人で怒鳴りあい、悪口を言い合うが、めったに手は出さない。バンドの他の人々が騒音にいやになると、二人をなだめ、和解をもたらす。もし失敗すると、二人のうちの片方が、バンドを離れる。

最近リチャード・B・リーの研究でわかったことだが、ドウブ地方のクン・ブッシュマンは首長を持たず、小さなバンドで食料を探しに出る季節には、めったに喧嘩がない。四〇人ぐらいで水飲み場に集まると、争いが時折起こるが、ふつう姦通が理由である。全員の目の前で、男が妻と争い、女どうしが争い、男が他の男と争う。

争いは「本気の果たし合い」で――少なくとも最初はそうで――、とても騒々しい口喧嘩で始まる。敵どうしは互いに、性的な侮辱の言葉を投げつけあう。それは最も親密な冗談関係で使われる言葉だが、今度は本気である。しばらくすると、当人たちは落ち着くか、どうにも取り返しのつかないところまで行って、格闘になる。それは、女なら小陰唇が黒いと言われたときや、男の陰茎が死人のようにむき出しだと言われたときだ。彼らは割礼はしないのだ。

格闘の際、男が女と、あるいは女どうしで争う場合、女は武器を持たないので、使用されない。喧嘩は、組み打ちと、殴り合いで、行き詰まったほうが負けで、相手を倒したら終わりになる。男どうしの喧嘩は、近親でも無縁でもないので、カテゴリーとしては中間の縁者に属する。男は取っ組み合うのでなく、毒矢で射たり、毒の槍を投げたりする。向き合って戦い、敵の飛び道具をかわす。狩りの時よりは正確さを欠く射ち方をし、何回も失敗する。時折、傍観者も誤って射たれ、女子供まで死ぬことがある。毒は回るまでに六時間かかるので、人に当たると、みんなで傷を開き、血を流させる。毒を吸い出そうというのだが、でも傷は命取りになる。武器のあるなしにかかわらず、喧嘩の後で双方の親類や支持者が集まって、やかましく話を始める。仲直りさせようというのだが、死にかけている当事者たちは耳を貸さない。すべてが終わると、そこにいる全員で恍惚の踊りに加わる。治癒に関連した儀式の一種だが、そのうち男も女も過呼吸により半ば意識のない状態に陥る。こうして事態を収拾し、当事者全員の関係をなんとか平常に戻す。

一人の男が多くの人間を殺しすぎると、みんなで集まって、そいつを殺そうとする、とリーは述べている。他の人がいないときに彼を尾行し、飛び道具で射ったりして処刑する。だが、これは危険な仕事で、彼は暗殺者たちに気づき、射ち返したりする。使命を達成するまでに、処刑人の側に多くの犠牲がでることがある。*

* この報告は、ハーバードにおいて、一九七〇年五月五日に行われた、リチャード・B・リーによるセミナーの、私の記憶を基礎にしている。ローナ・マーシャル夫人と、娘のエリザベス・マーシャル・トマス夫人の、ニャエニャエ・クン・ブッシュマンに関する業績には、戦闘の報告はない。が、マーシャル夫人は個人的に、昔そういう戦闘が起きるのを聞いたことがあると、述べている。それに先立つ五つの報告例には、クン・ブッシュマンとケープ・ブッシュマンの、バンドどうしの戦闘があった。双方とも弓と槍を使っていた (I. Schapera, *The Khoisan Peoples of South Africa*, London, Routledge and Kegan Paul, 1930, pp. 157–9)。

ピグミーの多様性

政治機構に関しては、ピグミーは多様性に富み、戦うべきか否か、そしていかに戦うべきかについて、さまざまな見解を示してくれる。ガボンのアコア族は、村と呼んでもいい常設の野営地に住み、首長をもつ。前に述べたように、首長がゾウ狩りを準備したり、戦闘において部下を指揮する。戦闘は、野営地の内外を問わず、仲間どうしで喧嘩したというアコア族のファン族が、隠れ場所を発見し、襲ってきたときに、起こる。野営地を明け渡す時間がないとき、彼らの敵のファン族は木にのぼり、ファン族を毒矢で射る。しかし、野営地の内外を問わず、仲間どうしで喧嘩したという証拠はない。だが、ある話では、一人の女が、夫を殺してくれるように、夫の弟を説得しようとしたが、うまくいかなかったと、述べている。ある野営地では、第二首長と呼ばれる者があり、ファン族と取引するのが仕事だったが、どう見ても危険な役だった。

ムブティ族は、川や山で仕切られた、はっきりした領地に住んでいる。前述したように、網猟師の蜂蜜の季節や、狩人の包囲猟の間は、一緒に住む人間の数は変動する。しかし、個々の家族が他のバンドの親戚を訪問しても季節に関係なく変動する。妻の家族のところへ泊まりに行ったり、ただ単に他の人に会いたいから行くのである。こうして、各野営地には、さまざまな滞在期間の、多くの訪問者がいることになる。

クン・ブッシュマン同様、その親族構成は双系性で、若者は、自分と縁戚にあると思われる女とは、結婚してはならない。しかし、名前を授ける特定の方法や、名前を吟味するシステムを確立していないため、結婚を禁じられるのはせいぜいイトコまでである。そして、亡くなった先祖の記憶はそれほど長く遡れないので、結婚を禁じられるのはせいぜいイトコまでである。

彼らの社会構造は、親族関係よりは、年功を基礎とする。より年輩の男女が、キャンプ移動の時と場所などを、最終決定をする。この決定は熱のこもった議論を伴う。騒ぎがうるさくなりすぎると、皆が尊敬する年輩の男が、座の中央に進み、静かにするように促す。騒音が森を汚していると説明する。森は一般に、父や母の象徴で、庇護者と食料供給者を表わしている。こうして決定が下される。

そうした信望のある年輩の男たちとは別に、バンドには少なくとも一人のやっかい者がいる。彼は他の人たちとほんの少し離れたところに住んでいて、大目に見てもらえるのは、彼がおどけ者か、話がうまいからだ。

資源が欠乏すると、黒人の取引仲間の村を訪ねようと、バンド全体で決定する。ただし、ここでの「取引仲間」という言葉は、ムブティ用語では、それほど形式的でない関係を示している。ムブティ族は肉を持ち込み、おそらく象牙を一、二本持ってくる。そして屋根ふきなど、多少の仕事を手伝わされる。そのお返しに、村人のバナナを食べ、バナナ酒を飲む。壺や鏃やナイフをねだる。大体において、取引は形式ばった交換ではない。ピグミーは肉を贈り、村人の携帯物をいくつか巻き上げるか、「失敬」する。またはイヌを「借り」る。ピグミーは、親しくもてなしてくれた主催者を「食った」と表現する。

村では、ピグミーは歌や踊りで主催者を楽しませるが、これは森の歌や踊りではない。黒人たちに「首長」と呼ばれる一人の男がいる。彼はピグミーのバンド全体の一番手ごろな仲介者だ。だが森に戻れば、彼の権威は即座に消滅してしまう。黒人は、前回の訪問以後結ばれた、ピグミーの夫婦の結婚式を執り行う。だが、ピグミー自体は格式張った婚礼を行わない。

首長制を装うことに加えて、ピグミーは、単系である黒人の家系と、そうでないピグミーの家族の間に、個人的な絆を作り上げる。この絆は、共通の成人式において、双方の男子に割礼を施すことで確認される。村にいるときは、誰が誰と一緒に割礼されたかをもとに、家系の中に冗談関係を受け入れるのだが、森に戻ると、そんなことはすっかり忘れる。

ピグミーだけの森では、個人的意見を自由にやりとりするときは、各年齢層すべてが含まれる。年輩者に対する尊敬以外は、バンドの構造はほぼ無政府的であるが、一見無礼講な意見の交換が、バランスを保ち、ときたま妻を叩くことはあるが、ふつう暴力沙汰には発展しない。ここにまた、騒音が森を汚すという考え方が、家庭内の秩序を保つことに、象徴的に役立っている。

ムブティの国の東、ウガンダの西の遠いところに、ピグミーの他の二つのバンドがある。本書では今までのところ、触れてはいないが、バンドにはたった二〇〜三〇人しかいなくて、この二つはかつて互いに争ったアムバ族の末裔である。彼らピグミーは、総力をあげて戦いに参加した。敵対するアムバ族はもちろん、お互いの間でも戦った。特に森の奥で好戦したと言われている。他にも数例引用することもできるが、これらのことは、共生的な状況にあるとき、または敵対者と外部で接触する時、ピグミーの政治構造と、戦闘の慣習は、一時的に変更されることを示している。ブッシュマンのように、地域的影響を受けるようだ。

アンダマン島人

アンダマン諸島でも、主に大アンダマン島民と小アンダマン島民の、地域的相違点がある。大アンダマン島民は、南北二つの小グループに分かれ、北部には三つの部族があり、南部には五つあった（地理的・言語的分類である）。小アンダマン島民は三部族で、小アンダマン島のエンゲ族、北センチネル島の住民、そして南アンダマン奥地のジャラワ族であった。

全部ではないが、ほとんどの大アンダマン島の部族は、さらに沿岸と内陸の数バンドに分かれている。それぞれに領域があり、約四〇〜五〇人の人がいる。クン・ブッシュマンやピグミーと同様、単系の親族組織を持ち、イトコ婚を禁じていた。初期の報告では、各バンドは政治的に自治していて、判断に優れた一人の男が、首長として、いつキャンプを動かすかを決定し、しばしば狩りを指揮し、狩猟パーティーの未婚のメンバーが持ち帰る肉を配分し、男どうしのいさかいを調停した。首長の妻が女の中で同様の役を演じた。ふつう沿岸のバンドには一人の総首長が、内陸のバンドに関してはもう一人別の総首長がいた。総首長の役目は、同じ部族内の異なった数バンドが、年一回総首長のバンドを訪れる際、平和を維持することであった。彼らは踊ったり、宴会を開いたり、贈り物の形で物品を交換したりした。総首長の仕事は楽なものでなく、その努力にかかわらず、争いは時として起こった。集会では、総首長が一人より、二人いたほうがよかった。というのは、沿岸の人々と内陸の人々の間には、互いに軽蔑や反目があったからだ。*

* 二十世紀はじめ頃までに、大アンダマン島民の人口があまりに減りすぎて、こういった物々交換をするバンドがなくなり、争う相手すらいなくなった。ただし、ジャラワ族を除いてである。彼らの主要な敵は、インド政府によって送り込まれた囚人や、他の移住者たちだった。一九一一年までに、首長制度は消滅した。このことから、A・R・ブラウンは、よく引用される彼の論文において、大アンダマン島の社会は政治構造のない社会だとほのめかした。参考文献参照のこと。

古くは、アンダマンの首長になれるのは、年下の者たちを引きつけ、友達になりたいと思わせるような、美徳を持ったキャンプ内の若者だった。ふつう彼はよい狩人で、寛大で、とりわけ、穏やかな人物だった。未婚の若者たちは、彼と一緒に狩りに行きたがり、彼のカヌーを作るのを手伝いたがった。こうした生来のリーダーは他のバンドからも若者を引きつけ、彼らは住まいをたたんで加わったりした。リーダーの妻は、ふつう女のリーダーだった。こういった影響力のある人物が、結局は首長になり、年ごとの集団間の

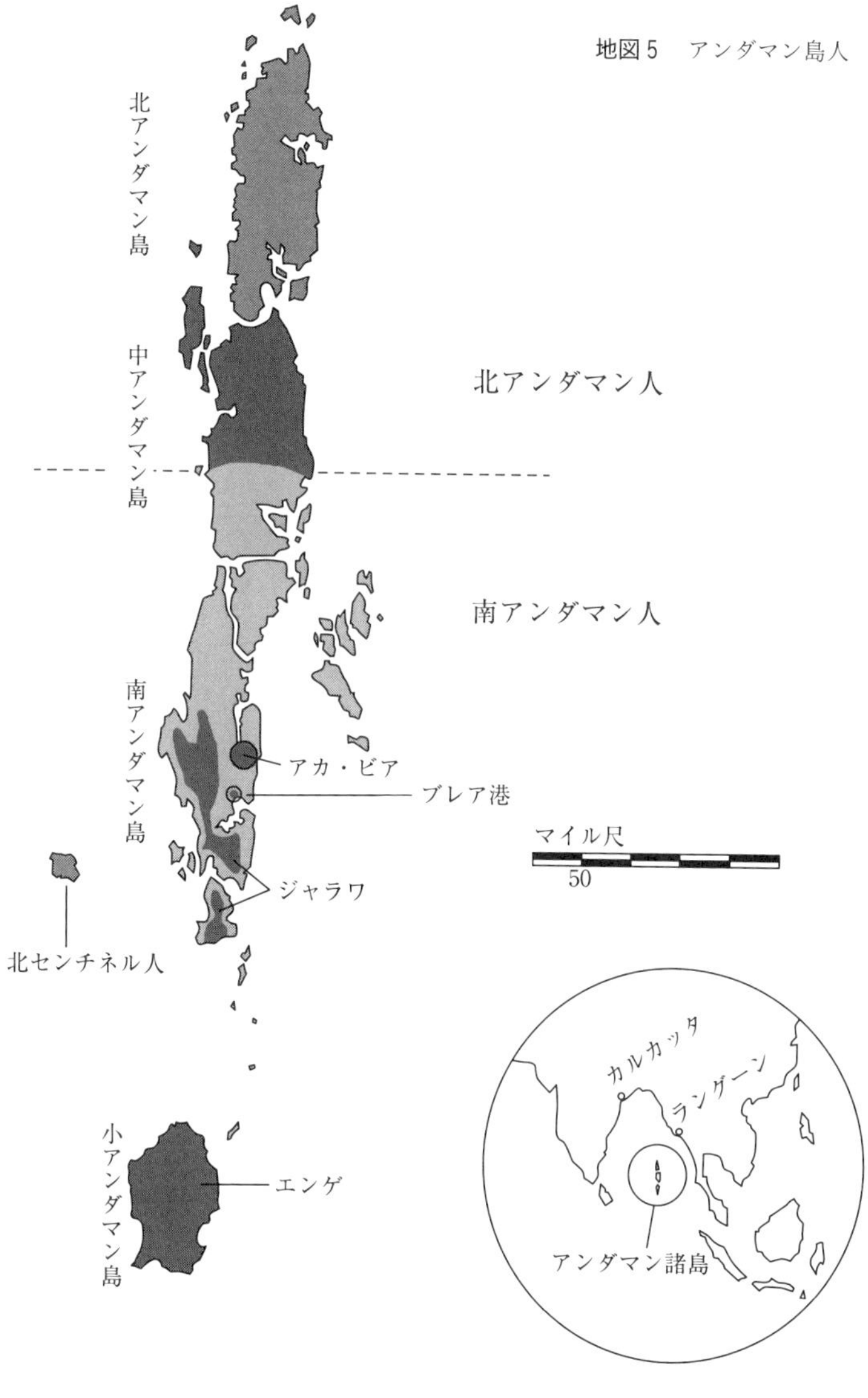
地図5　アンダマン島人
北アンダマン島
中アンダマン島
北アンダマン人
南アンダマン人
南アンダマン島
アカ・ビア
ブレア港
マイル尺
50
ジャラワ
北センチネル人
小アンダマン島
エンゲ
カルカッタ
ラングーン
アンダマン諸島

集会を準備した。リーダーと共に住むためにバンドを替える若者の流動性と、集団間の集会で儀式が行われる結婚や養子縁組みが、外婚の傾向を強めているが、それに関しては厳しい規制はない。

集団間の集会においては、総首長と各バンドの首長がいるので、その場ですぐに血を流すことはふつう避けられたが、不満は蓄積され、復讐が後で実行されることもあった。出発する前、攻撃する側は赤い黄土とパイプ白土を体に塗り、装飾品を全部身につけ、棒を何本か削って、ベルトやヘアーバンドに差した。また弓を棒でこすり、よく射てるようにした。そして出かける直前に踊りを踊った。

明け方、まだ皆が寝ている間、あるいは、午後、調理や食事で忙しい時、被害者の野営地が襲われる。侵入者は、ジャングルをぬけて忍び込むか、カヌーで近づく。彼らは突然被害者にのしかかり、逃げられない男女をすべてすばやく射ち、怪我をしていない子供を連れ去り、養子にした。また、運べるだけの食料と備品を盗み、残りはめちゃめちゃにしたり壊してしまった。

もしバンドを再建できるのに十分な数のメンバーが集団に生き残っていれば、復讐できる人数にまで成長し、長い反目の歴史が始まる。北アンダマン島では、他には珍しく、宿恨は特別の調停の儀式で解決された。これは女たちによって行われたが、その理由は、反目を抱き続け、男にけしかけるのは女たちで、喧嘩をやめようと思えば、夫を従わせるのはたやすかったからだ。

平和を求める女が一人か二人、首長によって、他のバンドの女たちのところへおくられる。集会が開けるかどうか探るためだ。もしよければ、最後に襲撃をしたほうのバンドが、他方を野営地に招く。その舞踏場は男たちによって、塀で二分されている。この塀は土中に埋めた柱の列で、籐製の横木が上部にくくり付けてある。その横木からちぎった木の葉の幕が垂れている。

頃合いよく、この土地のバンドであるA集団が、この塀の向こうに立ち、塀にもたれかかるようにして、両腕を突き出す。訪問者であるB集団の男たちは入場し、Aの男たちの前で踊る。それからBの男の一人一人が、Aの一人一人を揺さぶり、Bの女一人一人が、Aの女一人一人を揺さぶる。それから皆で座り込み、泣く。それは彼らの通常の友好的な挨拶の形である。約二日間にわたり、両集団は一緒に踊ったり、狩りをした。

バンド間の争いや反目についてはここまでにしよう。加えるに、予想されるように、時にはキャンプ内で問題が発生する。各バンドにはふつう、ぐうたらすぎてみんなと一緒に狩りに行かない者も含まれていた。姦淫にふける者も数人、目上の人にきちんと尊敬を示さない者も数人、食料や他の所有物を他人と分け合わない者も、短気な者もいるだろう。こういった人物はたいがい大目にみられ、もし食料を持ってこなくても、食べさせてはもらっていた。だが人に好かれなかった。彼らに対する唯一の罰は、バンドの仲間に評価されないことで、これは、集団の少人数性と、社会的緊密性を考えると、重大だった。

盗みはあまりなかった。というのは、みんな他人が何を持っているか知っていたからだ。盗みは即座にばれてしまった。不義も隠すのはむずかしかった。ほとんどプライバシーがなかったからだ。寝取られ男が妻を殴り始めると、女の親類が止めに入った。相手の男を殺すには、復讐を覚悟せねばならなかった。だから夫は、ただ相手の男を呪って、悪口を言うだけだった。姦通はめったに繰り返さなかった。殺人に至るからだ。

バンド内での殺人はめったになかった。男は相手に腹を立て、がみがみ怒鳴り、八つ当たりに物を壊した。ときおり男どうしで矢を射合ったが、わざと相手には当たらないようにしていた。こうなると、首長以外はみんな森へ姿を消し、首長は後に残り、仲裁を始めた。首長に矢を放つものはあまりいないのだ。

もし男が本当に矢で相手を殺してしまったら、殺したほうは森へ逃げ込み、騒動が静まるまで、数週間

地図6　フエゴ・インディアン

アラカルフ
マイル尺
10
マゼラン海峡
プンタ・アレナス
ヤーガン
ビーグル海峡
ホーン岬
マゼラン海峡
オナ

野宿をした。夜中一人で野宿することは、ジャングルの精霊の恐怖を思うと、十分な刑罰だったのだ。身を隠している間、彼はまた被害者の霊魂が自分を襲わないように手だてを講じなければならなかった。赤い絵の具を体に塗らなければならず、できればマングローブの枝の細片もたくさん身に着けた。武器にさわったり、食事をしてはならない。妻か親友が食事を運び、口にいれてやるのが習わしだった。

もう出て行っても安全だと告げられると、彼はそうした。清めの儀式を行い、その後、ふつうの生活を始められた。しかし、一年以上は小枝の細片を身に着け続ける。森でも野営地でも、復讐はめったになく、あったとしても、被害者に一番近い家族がした。野営地の他の者には責任がなかった。*

＊　大アンダマン島民の、政治組織、戦争、グループ内での争いに関する以上の記述は、多数の部族のデータを集めたものであり、われわれが気づかない地域ごとの変化もあるだろう。エンゲ族、北センチネル人、そしてジャラワ族に関しては、われわれはほとんど何も知らない。それは、大アンダマン島民のように事実上滅亡してしまったからではなく、インド政府が文化人類学者を含め、訪問者を締め出しているためである。

エンゲ族は、海岸沿いの独立した村に住み、それぞれに土地の首長がいるのだが、わずかな文献にはそれに関する言及がない。おそらく内陸部には人がいなくて、バンド間の集会の必要があまりなかったのだろう。戦争に関する唯一の言及には、かつてはエンゲ族はカヌーで周辺の農耕民を襲いに、ニコバル諸島まで出かけたとある。大アンダマン島民は、危険を冒して公海まで出ることはなかった。北センチネル人についてもあまり知られていないが、ジャラワ族に関しては、首長と共に住み、島の他の民と長いこと戦争をしていたそうだ。イヌを飼っていなかったのは、吠えて自分たちの所在を敵に教えないためだった。われわれが知っているのはそれですべてである。

ヤーガン族

ヤーガン族は、大アンダマン島民と同じように、単純に組織されていた。同様に彼らもボートの民だった。その小さな地域的なバンドは、議会も公式の首長も置いていなかった。しかし、各バンドでは、一人の年長者が非公式の権力をふるっていた。その地位は世襲ではなかった。彼は見識のある人で、一族に助言を与えていた。別に強制したわけではないのだが、みなはそれに従った。彼の知恵の言葉は命令ではなかったのだ。時には彼は他のバンドの連絡係と話し合って、儀式のために人を招く手配をした。

もしバンド内の誰かが反社会的な行動をすれば、彼の親しい親戚が——必ずしもさっき述べた年長者ではない——、まず違反者の親族と相談し、それから本人の所へ行き、やり方を改めるように忠告する。争いを避ける試みである。しかしこういった忠告がましい作戦が、いつも成功するわけではない。実際、内部の喧嘩はかなり頻繁であった。ブッシュマンと同様、ヤーガン人は、面と向かって言おうが陰で言おうが、侮辱には敏感で、すぐに腹を立てたからだ。喧嘩はバンド全体というより、二人の人間の間で始まった。親族グループに広まることはあったけれども。

女は腹を立てると、殴り、かみつき、髪を引っ張るので、もし人前なら、他の女たちやついには男たちが引き離そうとする。しかしもし当人たちが本当に決着をつけたいのなら、敵対する二人は、森や浜辺に出て行き、喧嘩を続ける。知る限りでは、殺し合いまではなかったのだが。

世間話の最中に侮辱されたり、嘲笑されると、男たちは喧嘩になる。そういう会話につきものの、想像上の中傷でもそうなる。例えば、男が自分のほうを見ながら、よく聞こえない批評を第三者に言うのを目にする。こうして始まる恨みは、何年も抑制されたのち、やっと行動に移される。というのは、ヤーガン人は食料を得るのに非常に忙しいからで、恨みを持った人は、ちょうどいい機会を待つのだ。侮辱されても、仕返しする勇気のない弱い男は、一年ぐらいひっそり暮らすために家族で移動する。

トーマス・ブリッジズ牧師は、ウスアイアでの布教の記録を残しているが、二人の男が争って、一週間後に片方が死んだらしい。その後すぐ、被害者の親族が六艘のカヌーで復讐に来た。両陣営は戦争の化粧をした。殺人の意匠は、目の下の半円から、赤い縞が縦に外側に、頬を広がっていくものだった。犯人のほうは逃げ出してしまい、大騒ぎと恐ろしい脅しと身ぶりの後、殺人者の母方の甥が、見のがしてもらうために、ほとんどの所有物を復讐者たちに譲らなければならなかった。犯人自身は、被害者の従兄弟に隠れ家を見つけられ、したたか殴られた。

地球の反対側でのこの大乱闘の原因は、姦通の疑いだった。これはほとんどの殺人の火元だった。また、理由なく妻を捨てる男は、女の親類に殺される。こうして両家の宿恨が始まる。しかし、もしある男が、妄想から人を殺そうとするなら親類に止められる。自分たちにふりかかる結果が恐いのだ。一八七一年から一八八四年までに、トーマス・ブリッジズ牧師は二二の殺人を耳にした。しかしヤーガン人に関する最高の権威であるマーチン・グジンデ神父は、その数を二倍と見積もるだろう。

単系組織社会の統率と争い

ここまでは単純に組織化された社会における統率と争いの例を引用してきた。グイ・ブッシュマンとアムバ・ピグミーを除いて、ほとんどの場合、出自は双系的にたどられる。暴行の発生率は場合によりまちまちであるが、出自が両方たどれる場合には、各人は、兄弟でない限り、異なった親類のリストを持つという原則は同じである。親戚の数も多くない。争いは、バンド間というより、バンド内で起こるのが特徴的で、それを止める強い権力というものは、あまりない。もっと組織的で対外的な戦争は、リネージや氏族、公的リーダーといったものを中心とした、単系親族の間に起こる。あるいは双系的組織の社会であっても、階級や階層、貧富の差のような、親族とは別の組織を基礎とする社会に戦争は多い。

オナ族

オナ族は、ヤーガン人の北の隣人であり、原初的な形とはいえ、単系組織社会の一例になるだろう。前章で述べたように、彼らは、父方、母方で、イトコ、おじ、おばを区別していた。そして両方のイトコとの結婚を禁じていた。父系制が十分に発達した社会における、バンド間のイトコ交換がもたらすような絆を欠いていたのである。その三九の領地には、基本的に父系制の出自で組織されたバンドが住んでいた。そしてクジラが打ち上げられたり、格闘競技が行われるとき、隣接するバンドのメンバーが一緒になった。各バンドにはリーダーがいて、その権威は戦時やバンド間の交渉において示された。

衝突の原因はふつう、獲物を追っての不法侵入と、女の略奪だった。その両方とも宿恨となった。しかしそれはバンド内部というより、バンド間の問題だった。グアナコは境界など守らなかったので、ほとんどの領域を区切る稜線を越えて追いかけたくなる。しかし、イヌが境界を越えて追いかけただけでも、報復を受けることになる。獲物は隣接するバンドの共用物だったので、人口は一般に一定に保たれる必要があった。隣のバンドの人口を減らそうという動機から、襲撃が行われることもあった。

そういった襲撃の際に、人々は儀礼的な服装をまとったり、戦争の化粧をすることはなかった。集められるだけの男を集めて、境界を越え、突然敵に襲いかかった。敵は逃げだし、仕返しをするために、できるだけ人を集めた。オナ族は捕虜を虐待せず、興奮して皆殺しにならない限り、男は殺すが、女子供は自分のグループに引き入れた。

もしあるバンドが襲われて、報復ができない場合、年をとりすぎて捕虜にもなれないような老女を遣わして、格闘試合を申し込む。双方は適時に出会って、向き合う形で半円を描く。襲われた側の一人の老人が立ち上がって、相手になぜ自分たちが怒っているのか、長い演説をする。そして挑戦者の一人が立ち上がり、腕を伸ばして、リングに相手を引き入れる。二人は立って格闘し、相手を地面に投げ飛ばそうとする。敵が消耗したときにだけ中止になり、代わりが出て、挑戦者がいなくなるまで続く。試合の間、両グループは、相手方を誉め讃え、試合が終わると、お互いに自分たちの考えを表明し、挑戦者たちは帰る。

もし戦争にも格闘にも満足しない男がいると、彼は敵に対して一対一の戦いを申し込む。挑戦者は敵の野営地の外に裸で現れ、敵は彼に向かって六本の矢を射る。挑戦者はそれを避け、一歩ずつ前進する。もし彼が生き残れば、挑戦者は敵に対して同様に矢を放つか、あるいは逃げるのが下手な親戚に対して矢を射る。この試練の間、退却するのは非常に不名誉である。多くの場合、一方の男が死ぬか傷つくかした。

いつかは平和に戻る。それは第三者によって調停される。双方の各人が、鏃がなく、牛の皮で包んだ円盤が先端に付いた矢を五本作る。怪我はするが、殺さない配慮である。各人は最も悪いと思う敵に矢を射る。敵は射ってくる人に向かって走りながら、すばやく五本射る。こうして参加者のほとんどはある程度は怪我をし、しかも同士討ちもあるが、一番憎い奴にはガンと一発お見舞いできるのだ。この痛いけれども、致命的ではない行事で怨恨は晴れるのだ。

オナ族の政治的状況は、強力な権威を欠いた、双系的で、緩やかに編成された組織から、主導権がほとんど具体化した、単系の組織への移行を示している。それはまた、個人に端を発するような、組織化されていない喧嘩や乱闘から、グループどうしの、共同作業としての襲撃やら試練といったものへの変化も表わしている。この共同作業という主題について、次にタスマニアとオーストラリアを見てみよう。

タスマニア人

タスマニア人に関しては、その親族の規則は知られていないにもかかわらず、最近の資料から外婚的な、父系制のバンドに暮らしていたことがわかっている。またかなり勇ましい報告も数例ある。それらから知るところでは、かなり力のある地域の首長がいて、少なくとも何件かは世襲であった。例えば、オイスター・ベイの部族の首長は、背が高く、力の強い男だった。格段に長い槍を使う良い戦士だった。彼は胸の中に精霊が住まっていると主張し、それが敵の所在などの特別な情報を与え、襲われそうな時には警告してくれるのだ。

島の北部での戦闘において、あるバンドが絶望的に数が劣っていることがわかった。逃げるのは恥と思った二人の若者が、後に残ることを志願した。そして他の者が逃げる間、そこを離れるのを拒んだ。退却を助けるために、彼らは勇敢に自分たちの命を犠牲にした。

同じバンド内のいさかいをおさめるため、敵どうしは他人を交えないで、殺すことのない決闘をした。各人は狩りに使う棍棒、ワディで武装した。順番に、ワディを頭上に振り回し、しばらく演説する。それから敵の頭めがけて強打し、相手は回避術を駆使してその一撃を受けとめる。一方がもうだめだとなれば、そこでやめる。

ウーラディ、義理の姉を強姦し殺す

ウーラディは、第10章で述べたように、精力的にトゥルジャナナに言い寄った、G・A・ロビンソンの忠実な助手だったが、自らの話によれば、かつて以下のような理由で、義理の姉を強姦し、殺したことがあった。ウーラディの兄の一人が、遠くのバンドの女と結婚した。夫は彼女を深く愛していたが、彼女は夫の元を去り、仲間のところへ戻った。一人で妻を探しに出た夫は、たくさんの領域を横切り、彼女を見なかったかと、いろいろの人に尋ねた。ついに彼は妻が二人の男と、数人の女と一緒にいるのを見つけた。

彼は槍を研ぐために立ち止まり、男たちを襲った。一人の男は逃げると見せて、戻ってきて、ウーラディの兄の後ろへ回り、背中から槍で突いた。それから五人で犠牲者のところへ寄ってきて、ひどく攻撃した。妻も彼の頭を大釘で殴った。ウーラディの兄はこうして死んだ。

家では、兄の仲間たちがいつ帰るかずっと待っていたが、長い時が過ぎてから、一人の男が探しに行ってみようと名のり出た。これもまた長いこと探した挙げ句、木のうろで死体を見つけ、骨を持って帰った。ずっと後になって、加害者の仲間数人が、大釘をふるったかつての妻も一緒に、ウーラディの国の川に卵を集めにやってきた。土地の人々は彼らに飛びかかり、多くを殺した。そのときにウーラディは義理の姉を強姦し、殺したのだ。この話の最後にウーラディは自分の兄のことを、「大男で、偉大な戦士だった」と言っていた。

オーストラリア人

オーストラリア先住民の政治組織について考えるとき、オーストラリアは一つの大陸で、狩猟採集民族だけが住むものとしては唯一の大陸であることを、心に留めておかねばならない。物質文明の証左の分布に関しては、地域的な多様性を見てきたが、領地の利用や、結婚制度にも大陸的な相違点がもっとあった。オーストラリアの政治組織にも同様に違いが見られる。

大陸の水の豊かな地域では、特にヴィクトリア州やマリー川流域では、最初のイギリス入植者は、比較的定住の集団を発見した。自分たちの領地を持つ父系制の氏族で、有力な首長らによって治められていた。移住者たちは首長を王と呼んだ。一八〇三年に入植者の一行が、現在のメルボルンがある、ポート・フィリップ湾の北西部を調査していた。初期の記録によれば、「彼らは多くの現地人に会い、銃で威嚇すると、ちょっと逃げだし、そしてすぐ王とともにまた集まってきた。王は意匠を施したターバン風の王冠をかぶり、いつも御輿に乗って男たちにかつがれていた。止まるも進むも望みどおり、直ちに行われた」[*]。

＊ J. Shillingshaw (1870), cite by A. W. Howitt, *Native Tribes of Southeast Australia*, London, 1904.

おそらくオーストラリアで最も本格的で、最も複雑な首長制は、マリー川下流域のジャラルディ族のもので、その一帯は大陸で最も人口が多い地域の一つである。前世紀の中ごろ、各領地の氏族はそれぞれに首長と議会を持っていたが、全部族を治める最高首長もいた。各氏族の議会の委員は、中年者と老人それに優れた若者も数名加わった会合において選ばれた。いくつかの例では女も選ばれた。

部族全体の議会は以下のことを取り扱うために開かれた。死の原因の究明、姦通や駆け落ちの訴訟、呪術の告訴、通商団の派遣、他部族からの来客の接待、仇討ち遠征の人選、儀式の日程と場所と招待客の決定。

部族の最高首長は伝統的にマングルバという氏族から選ばれた。最高首長は確固たる信念を持ち、温和で、慣習に精通し、呪術使いの疑念があってはならない。第二の氏族であるマナンガ族が最高首長の顧問を出した。第三氏族のリンディングスジャラ族が最高首長の一番目の妻を、第四氏族のリウリンドジャラ族が二番目の妻を与えた。

最後の偉大な首長はブラミで、父の後を継いで一八五六年から一八五九年まで職に就いた。ブラミと、各氏族の長と、ある種の顧問官は、フクロネズミの毛皮を四角く切って縫い合わせたマントを着ていた。ブラミのマントは最上の毛皮でできていて、小型ユーカリ樹（***Eucalyptus domosa*** または ***oleosa***）の皮のふさの縁が付いていた。こういった役職以外の者は、イグサや木の繊維を編んで四角くしたものでできたマントを着ていた。

ブラミの主な顧問の一人に、母の兄弟のダラミンドジェリがいた。彼は雄弁であるだけでなく、審問に出席した人々の病状を見て、その原因が呪術師の呪具であると見破ることもできた。ダラミンドジェリは、自分の陳述をうまく申し立てられない被告の裁判において、弁護士の役をした。もし誰かが被告を脅そうものなら、ダラミンドジェリは、「彼を叩くなら、私を先に殴れ」と、他の者たちに忠告した。ダラミンドジェリの妹は、有力な呪術師で、呪術に関する裁判では多く助言をした。そして時には、兄が彼女を制止する必要があった。*

* Ronald M. Berndt, "Law and Order in Aboriginal Australia", in R. M. and C. H. Berndt, eds., *Aboriginal Man in Australia*, Sydney, Angus and Robertson, 1965, p. 179.

こうした裁判の大半は、女が原因のもめ事と、審問で呪術の疑いがあるときだった。その両方において、特別な座席の指定がなされた。原告が首長の右に座り、被告が左に座った。女を含めた氏族がその双方について、それぞれを支持した。首長が、その人たちになぜ集まったか尋ねることで、開廷した。素直に話し、何も隠さぬように命じた。すると、年輩の者たちが最初に話しはじめ、若者がそれに続き、女も一緒に話した。議論が声高になり、感情が高揚してくると、ある男が立ち上がり、道化の役を演じた。注意をそらして、聴衆を笑わせた。頃合いを見て、首長は静かにするように言い、それから議論を振り返った。そのあと、直接的な告発と否認があり、最後に首長がもう一度沈黙を促し、被告の有罪か無罪を宣告した。

呪術に関連していない裁判においては、その場ですぐに刑罰が執行されることもあった。法廷のメンバーが、棍棒で、有罪の人物を殴るのだ。頭にも一定の回数の打撃を与える。あるいはそのかわりに、彼はその氏族から追放され、母親の仲間と共に住む。そこでは彼は狩猟と魚捕りの権利を制限されている。もし被告が呪術の有罪を受けると、手は下されないが、呪術的な保護を奪われる。誰でも彼に呪術をかけていいとされ、彼が死んでも、審問は開かれない。こういった状況では、人はそんなに長く生きることは期待できない。

北と西の果てでは、首長制はないし、またその必要もなかった。四種類の異なる人の集まり、つまり、土地所有の氏族、食料採取の混合バンド、複雑な結婚階級、そしてトーテムを強化する友愛団体が、通過儀礼の制度とともに、公式の指導部の代わりをつとめていた。

それとわかる権力は、分別ある、十分に手ほどきを受けた、通例一夫多妻の、三〇～四〇歳の集団の手にあった。そして女や若い男の統率は、彼らの間で分掌されていた。強烈な個性の持ち主たちの対立は、必然的に起こるものだが、主に女のことや、呪術の疑いで、個人的な争いが起こった。しかし昔からの行動様式の教えが徹底しているため、ほとんどの争いは中断された。さもないと、気候的に不安定な土地で生き延びるのに必要な、相互援助のための部族のネットワークを、たびかさなる戦闘で断ち切ってしまうからだ。

人類学者は、この集団責任の制度をふつう長老制（*gerontocracy*）と呼ぶが、まちがった名称である。というのは、ギリシャ語の *geron* は老人を意味するが、これらの男たちは、人生の盛りにあるからだ。アボリジニは早くから白髪が混じるので、年寄りに見えたのかもしれない。また白髪混じりの頭が、権威の象徴であったのかもしれない。もっと良い言葉は、ギリシャ語の *polios*「白髪混じりの男」にちなみ、*polioc-*

racy になるだろう。

こうしたごま塩頭たちは前例に従って統治したが、重大な局面が訪れると、居合わせた人や関連した人が火のそばに集まり、全員一致の決定に至るまで、物事を話し合った。そして、もし方法が見つかれば、行動を起こした。ある男が許されない罪を犯したならば、彼らは闇夜に、人毛で編まれ、エミューの羽を紐に通して人間の血で固めたスリッパを履いて出かけた。死体まで続く足跡は、はっきりとはわからず、他人が跡をつけても無駄だった。

棘で人を殺す

見つからずに人を殺す方法の一つに、もし殺人者が幸運であればの話で、また必ずしも実行されるわけではないが、寝ている人の体に、細い骨や堅い木のようなものを刺すやり方がある。人間の肌のある部分は他よりも感覚が弱いことはよく知られている。そしてわれわれの多くはたぶん、わが身に針を刺して見せびらかす人を目にしたことがあるだろう。もし犠牲者が戸外で、裸で、ぐっすり寝ているとき、肌は冷えていて、そのほうが都合がいい。棘を使う男がその箇所にまずフーと息をかけておくと特にいい。棘が完全に肌に入ったら、静かにそこを撫でておけば、目につく形跡は残らない。目をさまし、起き上がり、動き回ると、棘もまた位置を変え、ついには生命器官に達し、死を引き起こす。感染の可能性がないのは言うまでもない。

実地調査にあたった人の中には、こういうことに疑念を示す人もいて、体の中に鋭い痛みを感じた人が、誰かが自分に棘を使ったと考え、恐れて、心労のあまり死んでしまったのだと考えた。またこれが本当にあったのだと断言する者もいるが、目の前でやってもらった人類学者もおらず、どんなにアボリジニの棘使いたちが肯定しようとも、われわれには判断がつかない。いずれにせよ、われわれの考え方では、棘使いは呪術とは異なっている。

しかしアボリジニの考えでは、こういった区別はありそうにない。呪術はオーストラリアでは頂点を極め、魔女の台所を満たすだけの献立が記録されていた。そのほとんどは当該の犠牲者の体からとったものや、腐った死体や、特別の棒や骨を使う。例えば、恋人につれなくされた男は、思い定めた女が小用をした地面を捜し当て、魔法の棒をそこに刺す。すると女は生理の間、異常に出血し、ついには死んでしまう。

骨で指す

こういった方法の中で、オーストラリアで広く行われる、いちばん知られたものに、骨状の棒で指し示すやり方がある。道具は三つの部分で成り立っている。骨状の本体と、それにつけた紐、そしてある種の椀である。呪術師が犠牲者に向かって、大体三七メートルのところから、または少なくとも見つからないだけ遠いところから、棒で指すと、その人の血が、目に見えないうちに空中を伝って棒に入り、紐を通って、椀まで運ばれる。そしてそれと同時に呪術師が持っている魔法の棒や小石が、逆方向に動き、犠牲者の体内に宿り、病気にさせる。

それから犠牲者の魂が、血の後から椀の中に入る。そしてろうの塊で逃げられないように封をされる。魂が捕らえられると、呪術師は道具をエミューの羽で包み、埋める。その間、犠牲者は病が続くことになる。数カ月後、呪術師は隠したものを掘り出して焼く。すると犠牲者は死ぬ。そういうことをシャーマンに審問で指摘され、問われた男は、運命が決まった。棒指しは確かに存在した。それを実際に行っている男たちの写真が残されている。

マンジェラニーの二対の決闘

実際の喧嘩について述べよう。前に述べたように、その主要な理由は、女に対する嫉妬や、呪術以外には他に説明がつかないような死に関する嫌疑である。時にはこの両者は一つの事件に混在していた。例えば、マンジェラニーで二十世紀初頭に起こった四人の男の二対の決闘のようなものである。マンジェラニーは、南オーストラリアのエア湖の東七二キロメートルほどの、大牧場である。決闘の原因も二つの呪術でもあった。最初にある男の娘が死に、次に妻が死んだ。最初の遺体を見た医師は、「死亡証明書を書けと言われていたら、二人の死因はまったく違うとしていただろう」と語った。*

* G. Horne and G. Aiston, *Savage Life in Central Australia*, London, 1924, pp. 13–15. ホーンは医師、アイストンは騎馬警官だった。

件の男の名は、ムルカ・ビル。彼は娘ポリーの死の現場である、マンジェラニーより南に住んでいたが、死の知らせを聞くと、娘に呪術をかけたのが誰か探そうと、北へ向かった。彼は協調性のない男で、いつももめ事を起こしていた。マンジェラニーの氏族の首長やシャーマンは彼を冷遇した。そこでムルカ・ビルは探索中、妻アリスとともに、一つの土地から他の土地へ転々とし、あらゆるところで面倒を起こした。棒指しの犯人をつきとめられないまま、夫婦はマンジェラニーへ帰って行った。ある日、カノワと呼ばれる土地から来た人々のバンドが、牧場の反対側の小川をやってきた。アリスの息子が彼らと共にいた。小川は氾濫していたが、彼女は息子に会おうと、泳いで渡り、戻ってきた。水は冷たかった。アリスは死んだ。

そこでムルカ・ビルはマンジェラニーの男たちを、妻と娘に棒を使ったことで訴えた。そしてムルカの母の兄弟で、ジェネラルという男が、ムルカ・ビルを支持し、復讐を求めた。マンジェラニーの首長は会議を招集し、地元の二人の男と告訴した二人とが決闘を命じられた。ムルカ・ビルは片腕が不自由だったので、左腕のないディナビリという男と対戦させられた。ジェネラルは力が強い男で、名高い戦士だったが、ディナビリの甥の、カルンタというほっそりした若者と戦わされた。それぞれの野営地の中間にあたる、セブン・サンドヒルで決闘が行われた。

各人は、普通のブーメラン六本を、髪の毛で編んだ帯で三本ずつ両脇にはさみ、戦闘用の四本歯のブーメランを背中に差して武装した。必要なときに手が届き、抜けるように、武器の柄の部分は頭上に出ているようにした。ディナビリは病気の牛を射殺するための拳銃を持っていたが、決闘の前に、他の男に渡してあった。ディナビリが死んでしまった場合は、彼に代わって所持するためだ。

カルンタは左利きだった。彼がジェネラルに向かってブーメランを投げたとき、逆方向から入ってきて、防御のために持ち上げたジェネラルのブーメランをかすめて、ジェネラルの太い眉を切り、目に当たった。するとディナビリはムルカ・ビルに向かって行き、隻腕で次々とブーメランを投げた。それからその手で長い戦闘用ブーメランを握ると、頭上で振り回し、ムルカ・ビルの胸に向かって打ち下ろした。血縁を公表されていない審判が、「それまで」と言うと、争いは終わった。

北クイーンズランドの集団戦闘

マンジェラニーの二対の決闘は、一八八〇年代に北クイーンズランドのハーバート川の源流近くで起きた集団戦闘に比べれば、たいした事のない出来事だった。この集団戦闘は、デンマークの動物学者カール・ルムホルツを含む、約三〇〇人の観客に目撃された。彼は次のように記している。*

* Carl Lumholtz, *Among Cannibals*, New York, Scribner's, 1889, pp. 119–27.

この戦いは、一一月から三月にかけて暑い季節に起きた、三つか四つ連続した戦争の一つだった。参加した人々は、歩いて来れる距離の、父系制トーテム数部族のメンバーだった。戦場はハーバート川沿いの草地だった。その地方の残りはほとんど丘陵で、深い森林だった。獲物は少なく、略奪婚が多かった。この一年間、男たちは暑さに不満を募らせてきた。この時期には暴動や争いが至るところで起きた。

バンド総員が、男も女も子供も含めて、この争いのために草原に集結した。道すがら野営をしてやってきた。月経中の女たちすら一緒に来た。だが戦場に入ることは許されず、川の近くにいなければならなかった。数日にわたって、男も女も化粧の材料を求めて近隣を捜し回ることに余念がなかった。それは黄土や白土、蜜ろうなどで、見つけると、首長に渡した。首長は戦いの朝、それらを支給した。するとみなは自分で、またはお互いに忙しく化粧した。顔だけに塗る者もいれば、全身に施す者もいた。派手な、人を驚かす個性的なデザインで、二人の男だけが頭から足まで目映い黄色だった。北東クイーンズランドの他の先住民と同じように、男たちの多くは、縮れたパプア族のような髪をしていた。その髪を逆立てて、アフロ型のかたまりにしていた。戦いの前には蜜ろうを染み込ませて、釘が何本も出たような形か、堅い塊にした。人目を引くだけではなく、ヘルメットとして役立った。

男たちは槍、ブーメランや投げる棒の束、長く重い木製の太刀で武装した。各人は柔らかい木でできた丸い盾を持ち、その表面は赤や黄色や白で個人の意匠が施されていた。準備のできた闘士は片手で前にまっすぐ剣を差しだした。剣は重いのでかなりの力が必要だった。

化粧したり武装の準備で、男たちは日中の時間のほとんどを費やした。戦いの準備が整う頃には、午後も遅くなり、ついでながら、多少涼しくなった。ルムホルツが同行したバンドの男たちは、戦場の片側に一列になり、飛び跳ね、叫び、大声でときの声をあげ、恐ろしげな格好や目付きをして、武器を振り回した。それから列のまま戦場を横切って行進し、女たちを後ろに従えて、敵もまた連なっているところへ進んで行った。盾は左手に、木製の剣は右手に持っていた。敵たちは皆、三〇〜四〇枚の黄色や白のオウムの冠毛を頭に飾っていた。

双方立ち止まると、冠毛を付けた三人の男が大きく跳んで走ってきた。丈の高い草のところへ来ると跳び越えて、着地すると、頭が見えないほどに身を屈めた。ルムホルツの集団から約一八メートルのところに達すると、三人は立ち上がり、身構えた。

すると相手方の三人が、前に進み、身構えた。そして同時に三人が決闘を始めた。各人は敵に剣で切りかかり、こうしてこのうち一人の男が降参するか、盾を割られるまで、続けられた。六人の中で重傷を負った者はいなかった。しかしこの練習試合の間に、仲間たちが次第に興奮してきて、互いに槍やブーメランや棍棒で攻撃し始めた。何人かは怪我をした。

こうした明らかに無差別の乱闘にも、規則があり、槍先が盾を貫通して負傷した者は、資格を失った。一方年輩の女たちは、地に落ちた武器を集めて、男たちに渡した。ある男が倒れ伏すと、女たちがかばい、やってくる攻撃者を物掘り棒で打ち据えた。

一組だけでなく、数組の敵対者たちが、その日は日没まで争った。太陽は、戦いが始まって約半時間で沈んでしまった。まだ終わらなかったので、翌朝約一時間続けられた。そして戦いを止めて、帰って行った。この一連の戦いで、誰も殺されなかったが、数人は負傷した。数週間後に行われた次の戦闘では、一人の男が体に棘の付いた槍を受け、数日後に死んだ。

この団体戦の主な目的は人殺しではない。またうっ積したもやもやを発散させる仕組みがすべてでもない。確かに発散はするのだけれども。女の獲得が動機らしい。これについては、ルムホルツが次のように述べている。「多くの者がその夜、夫を替えた。原住民たちはしばしば妻を略奪したので、こういった原因から生じたいざこざは、borbory（戦闘）によっておさめられた。勝者が女を取るのだ」(p. 124)。「borbory の結果、数回家族の変動が起きたことがある。男たちが妻を失い、女たちは新しい夫を得たのだ」(p. 127)。

女をめぐる争いは、オーストラリアでは特に頻繁であった。というのは、年齢の不一致があったり、足などに肉体的欠陥がある嫌な男に嫁がされたり、また愛人制度が広く行き渡っていたからだ。呪術的な愛の歌に刺激されて、婚外交渉を半ば許容してしまうことがある。婚外性交には寛大なのだが、暴力の危険を伴っている。オーストラリア・アボリジニの性生活は、ある意味で、終わりのないフランス喜劇のようなものではないだろうか。狩猟はオーストラリア人にはたいした刺激にはならなかった。有袋動物はあまり賢い動物ではないからだ。男たちの力を試すゾウやトラやクマはいなかった。ただ女と、その女を他の男と争う機会があっただけだ。

アラスカのエスキモー

ヌニヴァック島やティガラでは、エスキモーは一つの村に定住した。各村は政治的に独立していて、中央の統治機関や首長はいない。各家族は自律しており、主な活動の中心は男性のクラブハウスであった。

リーダーシップはヌニヴァックでは商人が、ティガラでは捕鯨船の持ち主が非公式に行使していた。ヌニヴァックでは争いや人殺しの報告はなかったが、ティガラでは古い時代に数例殺人の報告がされている。これらは故人の親戚によって復讐が為され、団体として行動を起こすことはなかった。ヌニヴァックの男たちは、助けが必要な場合、フーパー湾やネルソン島の商売仲間に加わって、内陸のエスキモーと戦うこともあった。内陸のエスキモーがボートでやってきて、ヌニヴァック島を襲撃した例や、それを撃退するのにヌニヴァックの男たちが戦った報告もあった。

同様のことは時折ティガラでも起こった。最後の襲撃の際、地域の慣習に従って、夜明けに村の東の端で太陽が昇るのを見せるため、赤ん坊を抱き上げていた一人の女が、襲撃に来た集団を見つけて、警報を発した。ティガラの男たちが撃退しに飛び出してみると、裸足の侵入者たちはすでに敗走するところだった。足元が暗いので、村人がティガラと本土を結ぶ狭い砂州に設置した、カリブーやセイウチの尖った骨製の柵に、足の裏を刺されたのだ。

北西岸インディアンの政治構造と内部の平和維持

前に述べたように、三つの主要な最北の部族は母系氏族（もっと正確にはリネージ）に組織され、氏族は非居住者の胞族（氏族の集団）にまとまっていた。一方、クワキウトル族とヌートカ族は双系の親族関係を認め、階級化された首長の下、各村の拡大家族の家屋単位に組織されていた。「部族」や「種族」と呼ばれてはいるが、トリンギット族、ヌートカ族、といった名称は、本当は言語学的な分類で、正式の政治的地位を持ってはいなかった。

統治の基本的な集団は、二家族以上の住民で構成され、冬の村の場合、それぞれ約四〇人を数えた。各家族には首長がいて、そのうちの一人が他より身分が上であった。各村は政治的に独立していたので、他と戦争することもあった。漁業の季節には、多くの冬の村が、夏の村として統合されることもあったが、一時的な同盟としてともに行動するにも、構成メンバーはやはり別個のものだった。

親族組織が異なるので、北部人と南部人とでは内部秩序の維持のし方もまた別だった。ヌートカ族の男たちは女のことで争い、多妻制の妻たちは、世界の他の地域と同様、夫の愛情を争った。騒ぎの理由には、変死の原因を呪術のせいにした場合などもあった。こういった喧嘩は、大声で罵りあって、髪を引っ張ることに始まるが、暴力の段階まで達することはめったになかった。他の人たちが仲裁するからだ。育ちの良い人は無礼や侮辱に対して怒りを表わさないようにしつけられており、背を向けて去って行くだけだ。

見物人が、喧嘩している人の両家系とつながりがある場合、喧嘩に加わることはないが、不平等な仲裁役を演じることがあった。地位のある人は喧嘩をして信望や身分を失うことは望まなかった。フィリップ・ドラッカーは、彼の調査した中央ヌートカ族では、わずか二件の殺人と一件の自殺しか報告していない。南部部族においては殺人も自殺もめったになかった。

トリンギット族においては、事情は全く違っていた。* 個人に対する犯罪というものはなく、すべて氏族に対する犯罪と見なされた。単系組織なので、他人が肩を持つことは、ヌートカより容易だった。ある氏族の男が他の氏族の男に殺されると、被害者の氏族は一団となって、死んだ人の地位と同じ身分の男の死を要求した。この犠牲者に選ばれた人は、静かに判決を聞き、勇敢に死んでいった。こういった状況下では、殺人の例は比較的多い。

* K. Oberg に拠る。参考文献参照。

北西岸インディアンは皆戦争をしたが、われわれはヌートカ族とその連合に話を限定しよう。これら血なまぐさい争いは、もちろん内的統一の機能を果たしてはいたのだが、特に妻が敵側から嫁いでいるような場合は、二つの忠誠心に引き裂かれることになった。比較的静かな部族内部の社会生活に比べて、彼らの戦闘はとりわけ残忍であった。

部族間の戦闘の一つの理由は、領地や漁場の持ち主を根絶し、その財産を奪うことだった。こういった場合、原因となるのは白人が到来する前は人口の増加と、不平等な資産の分布だった。例えば、アホウサート人はサケのいる川を所有していなかったが、クレヨコット族はケネディ湖に持っていた。ケネディ湖は海岸沿いを走るトフィノ入江に注ぎ込み、クレヨコット族に属していた。一方、クレヨコット族はサケが遡上しない中間期に食料を供給してくれるニシンやオヒョウの漁場を持たなかった。商取引は主食よりも食料品以外が主だったので、アホウサート族とクレヨコット族は食料を理由に戦争した。

部族間の戦争の他の理由としては、部外者から加えられた、首長に対する侮辱の仇を取ることがあった。ある例では、敵の集団が海岸で首長を捕らえ、殺し、死体を柱にくくり、地面に内臓があふれ出るくらい腹部を切り裂き、性器を切りとり、鼻腔を貫通させて、紐を通し、口の上に性器を縛ってあった。他の例では、首長が死に、家来が死体を高級なラッコの皮にくるみ、通りがかりの者が見て、弔意を表せるように木の上に置いた。部外者が通りかかり、木に登り、そのラッコの毛皮を盗んだ。

戦争の第三の理由は、亡くなった首長やその息子の魂の、黄泉の旅路の道連れをつくるためだ。時に悲しみの会葬者たちがこの目的で海岸で奴隷を殺した。あるいは他の部族と戦争して、首長の地位に見合う道連れをたくさん確保した。この慣習は当然そんなに特殊ではない。シュメール人、古代の中国人、スキタイ人、ナチェズ・インディアン、そしてマヤ族も皆同じことをした。だがこれらのどの部族も狩猟民や採取民ではなかった。ヌートカ族がこの慣習に従っていたという事実は、彼らがいくらか文明への道を歩いていたことを示している。

ある部族が他の部族を襲撃する理由があると、会合が開かれ、多くの陳述がなされた。村の最高首長が決定を下すことになっていたが、他の首長たちに意見を変えさせられることがあった。特に戦争首長と呼ばれる、襲撃や戦闘に長けた者たちだ。首長たちが決定を下すと、以後、漏洩を避けるため秘密裏に集会を開いた。敵の領地出身の女たちもいたからだ。

首長たちは攻撃する地域を最近訪れた者から情報を集めて、時に目当ての敵の中に親類のいる者を秘密に遣わしたりした。首長頭は最近誰がどこで何をしていたか、誰がどの家のどこの場所で寝るのかを事細かく知りたがった。

最高首長、またはこの目的に選ばれた特別な戦争首長は部下を徴集し、その数は時には三〇〇～四〇〇人に及んだ。攻撃する相手より大きな軍隊にしようとした。部下を所帯ごとに分隊に分け、上陸の練習をさせ、秘密に指令を出した。戦争首長の象徴は片端か両端を尖らせたクジラの骨の棍棒か、先の尖った石の棍棒で、頭蓋骨を打ち砕くのに使われた。首長はこれらの棍棒に特別の名前を付けていて、アーサー王の剣エクスカリバーに匹敵するような、「孤児作り」というような名前だった。首長はまたワピチの皮あるいは広葉樹の枝をより合わせて作った鎧を着ていた。他の男たちは先端を炎で鍛えたイチイの槍や狩猟用の弓や投石器で武装した。

その目的が敵を根絶することだったので、普通の作戦は夜中の奇襲だった。戦闘用のカヌーでの海戦はなく、計画が失敗しない限りは昼間の攻撃はめったになかった。失敗とは連絡ミスとか、敵に気付かれて朝まで足止めを食わされたときだ。もし敵が襲撃を知っているときは、歩哨を立てる時間があったり、通り道に落としわなを仕掛けることができた。一八七〇年代初頭の戦争終結直前の一例では、防御側はシーダーの丸太を裂いて二重の矢来を組み、銃眼を付けて砦を強化した（その頃には鋼の斧を持っていた）。襲撃は男たちが家にいる儀式の時が好まれた。各分隊は襲う家を割り当てられ、相手の名前と座る場所や寝る場所を教えられた。平和を装ってやってきて、儀式に参加することがあった。そして戦争首長の合図があると、敵を刺した。だがこれを行う場合、戦争の化粧をする暇はなかった。

普通、彼らは顔を黒く塗った。戦争首長は木炭の代わりにオオカミやクーガーの骨を炭にしたものを使った。各人は髪をまげに縛り、敵につかまれないように両端の尖った骨の串を数本挿した。この物々しい装備を整え、儀式の真っ最中や、想定される敵が寝静まった後、飛び込んで、逃げられないように家々の戸口に見張りを立てた。

タイミングが奇襲の成功を左右した。戦争用のカヌーが普段の上陸の場所から少し離れたところ──望ましいのは岬を廻ったところ──に陸揚げされた後、カヌーを守るために歩哨が後に残され、各分隊は別々の道を進んだ。暗い夜には、はぐれないように手をつなぎ合わねばならなかった。分隊どうしの連絡はオオカミの遠吠えや夜鳥の啼きまねで行った。こうして各家は同時に襲撃されることになった。

家の中では襲撃者はすべての人を殺した。首をはねる間、女や子供たちは裏から逃げだした。一方、かってについてきた若者や少年たちは物品を略奪し、奴隷を手に入れた。うまく行けば、襲撃者たちは家に火を付け、いつもの上陸場所へ赴いた。この間、歩哨がカヌーを移動させてあった。略奪品を積み込むと、奪えなかったカヌーは壊してしまった。

戦士たちは歌いながら家に戻った。そして討ち取った首を柱の上に掲げた。それから四日間、首を浜辺に晒し、その後森に隠した。捕虜にした女子供は奴隷になった。首長を生け捕りにした場合、皆の前で拷問にかけるために連れ帰った。もし助かりたかったら、恥ずかしい行為をしろと命じた。もし命令に従うと、嘲って、やはり殺してしまった。だが苦痛と屈辱に耐え、地位にふさわしい忍耐と威厳を示すと、少なくとも名誉のうちに死ぬことになった。もし略奪品が多すぎたりすると、勝利した首長がポトラッチの際に分配した。

敵が全員殺されたり、奴隷になると、あるいは生き残りがよそへ逃げてしまうと、勝った側が負けた者の漁業権と紋章を手に入れた。これらの権利は、相続し、結婚で得た権利ほど、確かで名誉あるものではなかったが、戦いに破れるまでは、勝利者がこれらを所有した。

度重なる交戦にもかかわらず明快な勝利が見られない、長く引き延ばされた戦争は、平和の儀式で結論を見た。これを申し入れた村の首長が、二年かけて大きな家を建てた。そして敵を招き、他の二つの村のメンバーも呼んだ。四日間皆で踊り、宴を開き、最後に、招待側の若い首長の一人が、毛布にワシの綿毛を満たし、踊りながらまき散らした。かつての敵だった最高首長が、この行為が吉兆であると言い、ワシの羽が、戦士たちが行った悪事をすべて覆い隠したと言った。首長たちはみな賛成し、ホストの首長がポトラッチを開催した。こうして客たちは家に帰った。ヌートカ族は以後戦争をしなかった。

第12章　専門分化、富と交易

狩猟採取民の経済

大ざっぱに言って、狩猟採取民の経済生活は二つのカテゴリーに分けられる。両者は一本の物差しの両極端を示しているようだ。一方はタスマニア人、ヤーガン人、そしてカラハリ・ブッシュマンのそれで、年ごとに移動するので、蓄財する機会があまり無く、富を蓄積することができない。もう一方にカリフォルニアや北西岸インディアンがいて、比較的定住性で、食料も豊富にある。財産を集め、貯めることができるので、貧富の差が生ずる。この二者の経済体系を区切るはっきりした線は引けないのだが、違いは明らかである。

必要以上に食料を所有する者は、食料の専門家に与え、交易に適した高級品と交換してもらう。彼らは、われわれの機械技師やダイヤモンド研磨工のように常勤の専門家ではないが、なんでも屋ではなかった。言葉を換えると、われわれのような工業社会に近づきつつあり、この複雑さと悩みを味わい始めていた。

それに付随して、専門化と交易が社会構造の中核を形成し、階級の出現を促し、新たな種類のリーダーや、商人や商売首長、商売上の大立て者の原型を生み出す。商売首長は共生社会では、白人、ヒンドゥー教徒、日本人、マレー人と取引するのに最も必要ではあるが、仲間と交易を行う狩猟民の間にも見られる。いずれの場合でも、富はさらに富を生み、金持ちどうしで結婚するようになる。身分のある者が華やかさと見栄を誇り、年功序列を凌ぐことになる。

純粋な家事労働と異なり、商業活動には主に三つの段階がある。原料を手に入れる。加工する。製品を交換したり、売ったりすることだ。ふつう製品は、運んだり、ある期間貯蔵したり、交易したりするために、比較的小さくて、簡単に腐ったり壊れたりしないものがいい。原料は限られた場所でだけ見つかる物か、いろんな場所にあっても加工するのに専門家の習熟した技量を必要とする物であるべきだ。

狩猟民が原料を求めて動き回る例についてはすでに述べた。タスマニア人が黄土の鉱山や軟体動物のいる海底へ行ったり、アラカルフ族が黄鉄鉱を求めてデソラシオン島へボートで渡ったり、エスキモーがソープストーンの採石場へやかんやランプを作りに行ったり、ヌートカの首長や従者がツノガイの殻を得ようと沖合で捜したりした。

狩猟採取民の中に、経済的な専門家を期待するのは無理である。長い年月をかけて男女の労働の分化が起こり、男の仕事は狩猟と戦いになった。男は自分で道具やボートやそりを作ったりするが、簡素な家屋を建てたり、簡単な食器や衣料をこしらえるのは女の仕事である。そして女たちは料理や育児にかまけて、専門性を持つ時間があまりない。男性の専門家が育つには二つの条件が必要だ。毎日食料を捜さないでいいだけ十分に食料があること。そして金を払える人たちがその専門家のサービスや製品を必要とすることである。

どこでもこれらの条件が満たされるわけではない。事例は北アメリカの太平洋岸地域に多く見られる。かつては西ヨーロッパ、中東の国々など、狩猟採取生活から農業や牧畜に移行した、食料の豊富な地域でよく見られたことは疑いない。これはとても昔のことで、推論の域を出ないのだが、考古学的史跡から判断して、ある種の道具はとても手が込んでいて、また規格が統一されているので、作ったのは専門家であっただろうと考えられる。道具や材料や装飾品が供給元から遠く離れて取引されたことに関しては、確かな根拠があるようだが、それも確実性という点からみれば、範囲は限られる。

太平洋岸では、技術を持った専門的職人たちが十九世紀まで生きていた。そして細部にわたる報告例が手に入る。例えば、中央カリフォルニアのマイドゥ族の分家は専門職を父系制で分配していた。あるものは鏃をとがらせ、あるものはサケのダムを作った。もし血族でない人物がそういった技術に長けていれば、適切なリネージの養子にされた。村は異なったリネージの人間を入れられるので、この親族を基礎にした労働の分担は、社会構造に経済的要素を与えた。

カリフォルニアで最高の専門職は籠作りだった。北西岸では毛布を織ることだった。幸運なことにアメリカの博物館には、読者の興味を引くこれらの毛布が数多く展示されている。

カリフォルニアの籠作り

カリフォルニアの南部では、草の束を芯にして、漆の木の皮やイグサを巻き付けて籠を作る。北部では、ハシバミの枝を縦糸にして、針葉樹の根をより合わせて作り、より合わせた部分に色の付いた木の皮を巻いて装飾的な模様を生み出す。

中央カリフォルニアではこれらの基本的な二つの技術が重なり合い、籠作りは専門的な役割を帯びる。陳列品が作られ、貯蔵など日常に使う容器が編まれる。一重のものや、三重のものや、綾織りや格子のもの、柳細工のものがあった。ポモ族は合衆国で一番籠作りがうまく、正確な模様の編み籠を作る唯一の部族だった。ヨクーツ族は首のところに羽の付いた壺状の籠を作った。モドック族は横糸に羽の軸を敷き詰めて装飾した。各部族はこうして独自の籠様式を持っていたので、容易に見分けることができた。

マイドゥ族は生活に必要な数以上にこうした装飾籠を生産した。というのは、要人の死の数年後に行われる葬儀において、薪の上で籠のほとんどが燃やされたからだ。こういった弔いの籠は実用的と言うよりは、象徴的なものだった。これらを作るときは、単純な道具しか使われず、人間の指以上の力を使わず、一人で作業を行った。他の人によって扶養される専門家の技量だけが必要だったのだ。

スクと呼ばれるこうした専門家は、同性愛の、女装した男性だった。* 彼らは女として生活し、儀式に必要な高級の、羽で装飾された物品を作って暮らしていた。男の数に入らなかったので、儀式には参加できなかった。狩猟社会では同性愛はめったになく、文献にも記載はほとんどない。

＊ マイドゥ族には男装の女性もいたが、その役割は三九九頁で後述する。

北西岸の専門家——チルカット族とセイリッシュ語族の毛布織り

北西岸のインディアンの間では、男は皆ある程度はなんらかの専門家である。例えば、ヌートカ族では、カヌー作り、木彫、石槌作り、アザラシ狩り、クマ、シカ、ワピチのわな作りなどが専門職だった。こうした技術は父から子に教えられ、修行において重要だったのは、それぞれの職業にまつわる秘密の儀式を学ぶことだった。成功に不可欠であると見なされたのだ。政治的な主導権以外に、首長は捕鯨に長じていた。シャーマンの役は、ある特殊な個性を必要とするので、世襲ではなかった。

機織りのように、女の専門職もあった。第2章においてわれわれは、北西岸インディアンは湿潤で穏やかな地域に住んでいるので、山を渡り歩くとき以外は洋服を身に着けないで過ごすことを見てきた。天候のいいところでは、男たちは裸でいるが、必要なときは肘まであるシーダーの皮でできたレインコートを着た。寒いときは、ケープの下にローブつまり「毛布」を着込んだ。

機織りは狩猟採取民にとって珍しいだけでなく、こうしたローブは織物芸術の傑作だった。織る技術は個人のものと言うより、地域全体のもので、女が織るのだが、準備には男も加わった。この技術が発達した二つの部族は、トリンギット族のチルカット族と、ファン・デ・フカ海峡やジョージア湾に住んでいたセイリッシュ語族の数部族だった。ヌートカ族とヴァンクーヴァー島の東端に共生していた部族もあった。

チルカットの織物はチムシアン族にもとの起源はある。チルカットの女がチムシアン族のある首長と結婚し、技術をおぼえた。女が死んだ後、その親類の女たちが形見の手作りの品をもらった。ローブではなく、チムシアンがよく作る踊りに使う前かけだった。家に帰ると女たちは注意深くほどいて、どんなふうにできているか調べた。そしてこの技術をローブ織りに借用し、新しい生業は栄えることとなった。チルカット族はこのローブを他のトリンギット族に売った。そういった他部族がこれを祭りで展示したり、埋葬に使った。

ほとんどの材料はよそから取ってこなければならず、男も女も作業に参加した。だが作業分担はあった。ローブの縦糸はシーダーの皮をより合わせて芯にした。これは南から取ってきた。芯にシロイワヤギの羊毛を紡いで巻き付けるのだが、これは男が山で狩猟する。横糸も同じ羊毛の糸である。完成した織物にはスギの皮が見えることはなかった。

染料は青、黒、黄、白の四色で、特に青は狩猟民では珍しい色であることが注目される。この色を作れるものが自然の中にあまりないのだ。チルカットの女たちは、青色を尿の中に輸入した銅を浸して作った。

他の二つの色も、植物を尿に浸して作った。ベイツガの皮から黒を、山の地衣類から黄だ。白は完全に洗った羊毛の自然の色だった。

男は織り機を作った。それは横木一本の垂下式だった。男たちはまた模様板も作り、毛布に織り込まれる図柄に従って彩色した。そして女たちが図柄を写し取るときに使う物差しを作った。

女は手で糸を紡ぎ、染色した。一枚の毛布を織る準備に数カ月を要することもあった。それから縦糸を一列に並べ、その端を横木に結び、ある特殊な織り方で一番上で先端どうしをより合わせた。そこから下に向かい、横糸は一本端まで通すのではなく、模様板の枠ごとにローブの身頃を織った。こうして枠板ごとに精緻な模様を再現できたのだ。丈を計り下端が丸い形状になるようにした。そして糸の下端を束ね、汚れないように動物の腸で保護した。こうして各枠組みごとの縦糸が一つの束に結ばれた。

機織りの工程は、より合わせることと、綾織りの組み合わせだった。横糸の二つの小縄を二本の縦糸により合わせ、下へ進むごとに横糸一本分だけ交互にずらして綾織りにした。模様板ごとに各部分が完成すると、付け刺繍で端をつなぎ合わせた。模様板と同じ方法を使うので、つなぎ目は目立たない。それからローブの脇と下端をブレイディングという別の技術で縁どる。

チルカット族のローブの手織り作業はこのように男女双方の協力と、よそから取ってきた材料を必要とし、製品は輸出された。マイドゥの籠作りのように常勤の専門職ではなく副業的で、昔のニュー・イングランドの農夫が冬場に家の裏の小さな店で靴を作っていたようなもの、あるいはモロッコの山上の部族がかつて銃床を作って売っていたのと同じである。ちょうどいい木材があり、また家族を養うには土地が狭すぎたのだ。非農耕民、非遊牧民におけるこうした共同作業の例をわたしは他に知らない。

セイリッシュ語族のローブ織りは数種類の技術を要する。すべては詳述されていない。材料もチルカット族よりは種類が豊富だっただろう。張力を持たすために重い木製や骨製の紡錘車を付けた木の紡錘で糸を紡いだ。シロイワヤギの羊毛だけでなく、飼っているプードル種のイヌから定期的に刈り取った巻き毛も使った。私の知る限り、狩猟民は他には人間の毛しか刈らない。オーストラリア・アボリジニは、綱を作るのに女の頭を刈ったが、機織りはしなかった。

これら二種類の毛糸に加えて、セイリッシュの機織りはいろいろな植物繊維を使ったが、シーダーの皮はあまり使わなかった。粒の細かい泥にたたきつけて羊毛をきれいにした。この工程はヨーロッパの機織りが布を縮充する方法に似ていた。彼らはまた縦糸をアイダーダウンで紡ぐこともあったが、これは横木一本の垂下式の機で織った。彼らの一番有名な二本横木の機ではアイダーダウンが張力に耐えられなかったのだ。

セイリッシュ語族の二本棒の織り機は他に例がないわけではない。高地には長方形の枠を用い、ウサギの皮でロープを織る部族がいた。しかしセイリッシュ語族の女たちの織り機の使い方はもっと緻密だった。二本の垂直棒の間にまず丈夫な紐を結び、ピンと張る。そして生地の縦糸になる紡ぎ糸を一玉準備する。縦糸は切らないので、十分な長さが要る。その一方の端を垂直棒に結んだ紐に結ぶ。それから下の横木へ通して、枠の裏へ回して、上の横木を通して、また紐のところまで送る。こうして端から端へ縦糸ぜんぶを掛け終わるまで続ける。

それから横糸を織るが、今織っているところがいつも目の前に来るように、縦糸を引っ張って生地全体を上へ回す。こうして筒状の織物ができることになる。織り終わり、切って、紐を引き抜けば、輪になった端と端が分かれるので、長方形の毛布になる。この基本の技術で、チルカット族よりも速く仕事ができるのだ。女性の織り手は、与えられた時間でさらに多くの毛布を作り、しかも織物の図柄を自由に変えられた。横糸の色も自由に変え、自分の模様を創り出すこともできた。セイリッシュのこうした手法で織られたロープは高く評価され、広く取引された。コロンビア川の河口まで海岸を下って行った。

北アメリカの太平洋岸地域での籠や織物作りの技術があまりに優れているので、この地域で発生したものなのか否か、という疑問がわく。この地で発明されたものとは限らず、コロラド川沿いの農耕部族の起源かもしれない。プエブロ・インディアンが遠からぬところに住んでいて、凝った籠やロープ織りの技術はこうした農耕民族の間に生じ、ボリビアまではるか南下したのかもしれない。

答えは決してわからないのだが、もっと重要なことは、こうした派手な籠やロープが沿岸民族の文化の必要を満たしていたことだ。経済上のというより社会的必要だった。精巧な籠はただ焼かれるため、派手な毛布は実用というより見せびらかすために作られた。しかしながら、こうした手作業が多くの人を従事させ、時に男にも女の作業をさせ、交易を促進していった。

単純な交易——アンダマン島人とオーストラリア人

狩猟採取民族に限って言えば、交易には二種類ある。一つは二部族以上の狩猟採取民の間で品物を交換すること。もう一つは共生交易で、ムブティ・ピグミーと黒人農耕民の隣人、ビルホール族と村の商人、そしてカナダ・インディアンの毛皮猟師とハドソン湾会社がある。最初の交易についてここでは話すが、二番目のものはわれわれの専門から外れている。

人類学者によって言及された最も単純な交易の方法は大アンダマン島民のものである。前章で、年ごとのバンドの会合の開会、進行、戦闘になった場合について触れた。A・R・ブラウンによれば、こうした会合は取引のためではなく、バンド間の関係を固めるためだということだ。お互いに同じものや似ているものをやりとりするのだ。つまり、弓をあげて、弓をもらって、友達になるという。

この意見は一部しか事実でない。というのは、会合がまだ行われていた頃の古い記録によれば、こうした経済上は不必要な交換の陰で、実用品がやり取りされていたからだ。例えば、内陸の砂岩やグリットストーンの小さい板は、木工のやすりやサンドペーパーに使われた。カメやジュゴンの脂肪と黄土から作ったポマードは、これは明らかに海岸のものだった。

前章において、オーストラリアのヴィクトリア州で、最初の入植者がアボリジニの「王」に出会った時のことを述べた。ランスフィールド近郊、今のウィリアム山のふもとで、入植者たちはビリ・ビレリというアボリジニに会った。彼は天然の採石場で作業していた。石を掘り出し、ばらばらにして、破片を荒く削っていた。後で研いで斧頭にするのだ。

ビリ・ビレリは採石場とその周辺を所有する氏族の首長で、あらかじめ使いをよこして値段を決めてもらえば、他部族の人間でも石を売ってくれた。買い手は石切り場へ来て、近くに野営した。彼らは約束したフクロネズミの皮製のローブなどをビリ・ビレリに与え、斧の材料を持って帰った。もし他人が来て、ビリ・ビレリがいないときは、妹の旦那が――別の氏族の首長だったが――呼ばれて代わりをした。

誰が取って来たにせよ、石と交換した品物は集められ、数人の血族で分けられた。みんな違う氏族の首長で、交換品を分け合う権利を相続したのだ。こういった役職は世襲だった。首長には他の男よりも多くの妻がいたので、長男に必要な資格が欠けている場合、代わりに後を継ぐ息子がたくさんいた。いずれにせよ、いま述べたのは、富に対する相続権をもとにした行政組織のことである。

クイーンズランド州のケープヨーク半島へ北上すると、多様な、遠距離交易の協定を目にする。これについては、ローリストン・シャープが一九五二年に言及しており、ビリ・ビレリの話からは約一世紀半あとのことである。シャープの話はイール・ヨロント人についてで、彼らは槍を石斧と取引していた。彼らの国は平地で、新しい地形で、沖積層だったので、適当な石がなかった。石は六四〇キロ南にある石切り場から取り寄せるしかなかった。

南方の交易仲間の仲介を何回も繰り返して、やっと石は手に入った。石を槍と交換した。その槍は先端にアカエイの逆とげが付けてあり、人体に入るととげが砕けて、ひどい傷を残す。イール・ヨロント人もこの槍を作ったが、もっと北のやはり石斧頭を欲しがっている人々から得ることもあった。

そういった槍を一ダースも引換えにして、一つの斧頭を得た。しかし二四〇キロも南へ行けば、この交易ラインの中間だが、一本の槍に一本の斧頭が相場だった。採石場の近くでは、一本の槍で数個の斧頭が手に入る。特別な交易階級というものが存在するわけではなく、イール・ヨロントのほとんどの男は交換に参加した。交易はこの地の社会構造に影響を与えた。斧は高かったので、男たちが所有した。薪を割ったり、他の目的に利用する女たちは、夫から借り受け、終わったらすぐに返さなければならなかった。少年たちも同様にした。斧を所有することで、成人男性は性差と年功に従った権力を行使できるのだ。交易はまた商売仲間の友好関係に貢献した。

シャープがイール・ヨロントを訪れる少し前に宣教師たちが近隣に派遣された。親切にもその最初の活動は、鋼製の斧をみんなに配ることだった。男にも、女にも、子供にも。悪意はなかったのだろうが、あやうくイール・ヨロントの世界は崩壊するところだった。男は妻に対して権威を失い、ジェネレーション・ギャップが生じ、商業仲間の関係も消滅した。

アラスカ・エスキモーの富と交易——ヌニヴァック

新世界へ戻り、二つのアラスカ・エスキモーの社会において、富と交易が安定した社会的・政治的枠組みをつくる役に立っている様をまず見てみよう。これらのエスキモーについては前章ですでに述べている。ヌニヴァック島のアゴヒゲアザラシの猟師と、ホープ岬ティガラのクジラ捕りたちだ。

ヌニヴァック島は全長約九六キロ、幅六四キロである。北緯約六〇度の一年中氷結しない海水の中にあり、アラスカ海岸からは約三二キロ以内にある。海岸へは手漕ぎあるいは帆走のウミアックで容易にたどり着ける。一九四〇年の時点で島民は七つの漁村に住んでいた。小さい村には一軒ずつしか男子舎屋がなく、大きな村でもせいぜい二、三軒だった（ヌニヴァックの方言で、男子舎屋はカジギと呼ばれ、人類学の文献で広く使われる）。

正式に明確な政治的役割を持っているわけではないが、ヌニヴァックのある者は首長と呼ばれる。公の支持によりこの男たちは似たような称号を受ける。称号は二つの村が集まって行う合同競技または式典において、多量の財産を供出したことへの報酬である。贈り物となる品目は獣皮、毛皮、脂が付いたままの皮など、ほとんどが動物製品で、各家庭で作られる衣類や武器といった手製品ではなかった。家庭では備蓄の品物を別棟の倉庫に保管した。金持ちの家には倉庫が三つもあった。食べ物に困る貧しい家庭もまた数軒あった。彼らは金持ちの家で働いて食料を稼いだ。仕事は、薪用の流木集め、カヤック作り、毛皮の洗浄と縫製だった。

金持ちの子はたいがい裕福なのだが、金持ちで居続けるには、狩りと商売がうまくなければならなかった。ヌニヴァック族はアザラシやセイウチを殺したが、クジラは捕らなかった。春先の漁において、カヤックでアゴヒゲアザラシを仕留めると勲章ものだった。アゴヒゲアザラシは大きいので、銛を打ち込んだ時、持ちこたえるのがたいへんだった。ティガラの男たちの漁では、流水の上のアザラシを銛で打った。

もし海に逃げたら、綱を引き込まれないためには、二人の男の力を要した。アゴヒゲアザラシの皮は、ボートの覆い、長靴の底、皮の裏打ちに使われた。一歳のアゴヒゲアザラシの皮は大陸のエスキモーとの商売で特に貴重だった。島内ではあまり村ごとの商売は行われなかった。というのは、西の端に住む村民を除いては、島民はみな海から同じ物を手に入れることができたからだ。村の近くの険しい崖にはウミガラス、ツノメドリ、ウミスズメの群生地があり、村人はこれらの鳥の皮を六枚ずつの単位で商売した。この単位をノットという（ところで、六はアイヌにおいても聖なる数字で、商売の単位でもあった）。

また村人は他人から何かを借り受けることができ、借金を次の時期に他の物で支払うと約束することがあった。例えば、儀式の前に清めの風呂に入りたいが、薪が足りない場合、こういった条件で薪を借りることができた。もし踏み倒した時は、罰としては評判を落とすということだけだったが、十分な刑罰だった。

島外の交易は他のエスキモーとだけした。一八八〇年以前はヌニヴァック島人はフーパー湾やネルソン島の人々とだけ交易した。この二部族は海辺に住んでいて、めったに海にはやってこない内陸のエスキモーと交易した。ヌニヴァックの商人は道具に使う翡翠《ひすい》輝石や青い染料を作る藍鉄鉱を商売で手に入れた。前者はコブック川近くの翡翠山脈で、後者はネルソン島の鉱床で採れた。

これらの鉱物以外に、フーパー湾とネルソン島のエスキモーは、ヌニヴァック島人と同じ商品を持っていた。したがって、一八八〇年頃まで、仲買人をして利益を得ていた。

ヌニヴァック人はアザラシの皮、油、鳥の皮などの海産製品は余分に持っていたが、衣服に必要なリスやクズリの皮はなかった。毎年七月か八月初旬に、ウミアクの所有者が親戚や親しい友人の男を三、四人集めて、航海に出た。各人はそれぞれの食料と商品を積み、ウミアクの操舵はみんなでやり、困ったときは助け合うが、商売はてんでバラバラに行った。稼ぎは各人のものであるとして、ウミアクの所有者は船賃など求めなかった。

ティガラの商人

ティガラは、ホープ岬の先端に村が一つしかなかった。一八七〇年には七つあった男子舎屋が、一九〇〇年頃までには二つに減った。この男子舎屋について言及したのは、ティガラとヌニヴァック島の双方において富の分配と大いに関係していたからである。夏の間は、数人の老人を村に残して、ティガラの人々は各地に散った。

春のホッキョククジラ漁は終わっていた。本土のカリブー狩りに行く家族もあれば、バルガと呼ばれる小さい白いクジラを網にかけに行く者もいて、交易に行く者もいた。ティガラの交易は家族単位で行った。商品を運ぶボートは必要としたが、ヌニヴァック商人のように、でたらめに乗り込むわけではなかった。アザラシやクジラの油、クジラ髭、セイウチの牙、その他海産物が商品で、イヌが海岸へ引っ張って行った。イヌがいない家では自分たちでウミアックを引いて行った。

南東のコツエビュー湾のハザムの入江にある商業中心地や、北東のウトルギャッグ川の河口の別の中心地へ行く家族もあった。ハザムの入江では内陸からやってきた別のエスキモーの一行に出会った。内陸の人々はカリブーの皮、魚の干物、コブック川近くの翡翠山脈でとれる翡翠輝石、マンモスの象牙、黄鉄鉱などを運んできた。また内陸のエスキモーやアサバスカ語族のインディアンが作った衣類や道具も持ち込んだ。この大きな市場へは、ティガラ人だけでなく、他の沿岸エスキモーも集まった。ノートン湾の岬から来たエスキモーはスアード半島を横切り、一六〇〇キロは優にある行程をやってきた。やはりスアード半島のシシュマレフやプリンス・オブ・ウェールズ岬からも船荷は到着した。ベーリング海峡のダイオミード諸島や遠く南のキング島、シベリアのデジネフ岬からも来た。

一六四九年にロシアのコサック人がシベリア北東のアナディルスクに交易所を作った。そこはデジネフ岬から直線距離で西南西約六四〇〇キロに位置し、まだヨーロッパの交易品がアラスカに届く以前だった。ハザムの入江はこうした商品の流通センターになった。ベーリング海峡のエスキモーは仲買いを行った。毛皮や象牙が西へ渡り、かわりに硝子のビーズ、鉄、煙草、茶、シベリアトナカイの皮などがやってきた。

ウトルギャッグ川の河口にある北部の交易所では、ティガラはもともとアザラシの皮や油を、内陸インディアンの衣料用のカリブーの皮と交換するだけだったが、十九世紀にハドソン湾会社がマッケンジー川のほとりに取引所を建てて以来、ティガラや他の沿岸エスキモーたちは英国の交易品を南から手に入れ始めた。また同様にロシアの交易品を東から手に入れた。ナンタケットやニュー・ベッドフォードなど北東部から捕鯨者たちとの直接交易が始まる二〇年ほど前のことだ。

これら北東部の捕鯨者たちがやってきて、ホッキョククジラを殺戮し始める以前は、ティガラの交易家族たちは、夏の間に漁をしなくても、春に貯蔵した肉で生活することができた。不凍海にクジラが帰ってくるまで待ったのである。しかし秋になってホッキョククジラが姿を現わさないと、困ってしまった。川へ出かけて行き、氷越しに刺し網でサケ、マスなどを捕った。それも彼らが長距離の遠征を取りやめ、地元で北東部の船乗りたちと取引を始めると、終わりになった。

ヌニヴァックやティガラの富

さて、ヌニヴァックやティガラのエスキモーが富をどうやって手に入れたかはわかったので、残る疑問は、彼らがそれをどうしたか、富の所有と分配がいかにこの二グループの社会構造に影響したか、である。両者ともに氏族や部族のように単系親族で組織されておらず、首長もいなかったのだ。

まず第一に、双方の集団において、財産は世襲ではなかった。とはいえ、富を蓄積する才能は、ある程度は遺伝性のものであり、富を手に入れる情熱や技量や指導力といったものを持つ人間は、どんなときでも尊敬を集めた。第二に、富める者は村の他の者に分配した。また村が多数存在するヌニヴァックでは隣の村の住人にも分け与えた。相続にしても分配にしても、男子舎屋内のメンバー構成や舎屋どうしの確執といったものが分配制度の一部を担っていた。

ヌニヴァックでの分配方法のひとつに、「使者の饗宴」と呼ばれるものがあった。主人役を務めたいと願う男は、木の杭を作り、赤く塗って意図を表わした。随時男子舎屋にこれを置き、車座の少年たちに見えるようにした。すると一人の少年が買って出て、これを招かれた男たちのところへ運ぶことになる。少年はまた各人に宛てた小さな枝を配る。

一方、ホスト役の舎屋では客と交換する品々が集められた。贈り物には、生皮の紐を巻いたもの、セイウチの腸の束、アゴヒゲアザラシまたはゴマフアザラシの皮、さまざまな毛皮、そして槍やカヤックなど手工芸品があった。ホスト側のメンバーは惜しみなく物を提供し、その程度は各人各様だった。といっても、目立って他を凌ごうという意識はなく、単に与えられる物を提供しただけだ。

定刻に客がぎょうぎょうしく到着すると、ホストたちは外で出迎え、男子舎屋まで招き入れた。贈り物は家の外のまた別の杭に下げられていて、客はそれをおろしてお返しに他の品をくくり付けた。お返しはホストたちのものになった。双方の男たちが受領した物を配分した後、まず一番年長者が最初に自分の取り分を選び、年功序列で順に選んだ。女たちはこの分配をかなり興奮して見守った。

その後、ホスト側の出費で宴がもうけられた。そして内に入り、ホストたちがショーを見せた。異なるリネージの長たちがそれぞれ別の、「トレイ」と呼ばれる木製の山車を、客に向かって前へ後ろへ押し回す。各「トレイ」はそのリネージの先祖の偉業を型どった彫り物の模型なのだ。「トレイ」の片方の端は天井から釣り下げられていて、もう片方の端を持って押す。重いので二人がかりで押すものもあった。この見せ物の後、客はホストにさらに贈り物をして、去って行った。

ティガラでは、氷が割れてクジラがやってくるまで、捕鯨ボートの船長が船員とその家族を養い、狩りに行かせずに道具の手入れをさせる。船長は熟練した工芸家を雇い、木製の壺を作らせる。船長の妻が持ち運び、クジラに水を与える儀式を行う壺である。妻はまた老婆を雇い、特別の手袋を縫わせる。壺を運ぶときにする手袋である。これに関しては、第5章で言及した。

捕鯨に続く春の祭りの間、新しい船長を迎え入れる儀式が執り行われる。この式典のひとつに、有名な毛布トランポリンがある。木の三脚で四隅を支えられた、セイウチの皮を準備する。皮の端には握るところがぐるりと付けてある。皆でそれを握り、皮をピンと伸ばし、人を空中に放り投げる。うまい人は四・五メートルも飛び上がり、着地する。

最初に跳ぶのは、その年生まれて初めてクジラを仕留めたボート所有者である。彼は鯨髭の束、長靴の底、皮類などの貴重品を持ってトランポリンに上がり、投げ上げられながら、皆の輪の中に品々を投げ込む。時にはプレゼントを贈る人の名を叫ぶこともあるが、特に老人たちが群がって奪うのに任せることもある。次に希望する船長が続いてやってもいいが、普通は、今までに三、四頭のクジラしか殺したことのない人だけである。その後は誰が乗ってもかまわない。ある時は、息子が初めてアザラシを殺したという母親が跳んだ。彼女が投げた贈り物は、女の親戚が集めたものだった。

秋には、ライバルの男子舎屋のメンバーがゲームで争い、そのあと宴会が開かれる。こうした男子舎屋の宴においては、共同体内の貧乏な人や不幸な人には金持ちの人が、食物を与えた。ゲームで負けた方の舎屋は、肉や、腱や靴底など食料以外の物を勝った方の舎屋へ運び、皆でその肉を食べ、その他の物はホストの家の年長者たちに分け与えた。こうして人々は皆の立場を守った。貧しく、狩りに出られないほど年をとった老人たちは、食事や品物を与えられ、健全な対抗意識が保持され、金持ちは妬みから解放された。こうした制度のもとでは共同体内の喧嘩は最小限にとどめられた。

北西岸の交易

ヨーロッパ人が北西岸にやってくる以前は、インディアンは衣料だけではなく、銅やその他多くの原料も交易していた。ロープを作る材料のリストについて見てきたとおりである。例えば、ヌートカ族は、サメを殺し、その油を必要とする遠い北部の部族に供給した。またツノガイの殻やカヌーを輸出し、奴隷を輸入した。チヌーク族の商人は、峡谷の滝からファアン・デ・フカ海峡までコロンビア川を支配していた。滝壺は、海までの航海の出発点だったが、そこにチヌークは商売の中心を置き、陸路で行けない土地に住むインディアンと活発に品物を交換した。海峡をやってくる者には通行料を要求した。

一七七八年にジェームズ・クック船長は北西岸インディアンが鉄を使うのを目撃している。おそらくロシア製品か、日本や他国の難破船の残骸だろう。クック船長は鉄製品をラッコの皮と交換した。中国で高値で売れると知っていたのだ。十九世紀には英国の会社間の諍いが原因で、ボストンの船がこの儲かる商売の後を継ぐことになる。銃器を含む金属製品を北西岸に届け、そこから毛皮を広東に送り、中国茶をボストンに持ち帰るのだ。

　白人との海運交易が増えてくると、インディアンの財産も増えていった。一方、新たに疫病が持ち込まれ、インディアンの数が減少した。その結果、社会的階級の中で、埋まらないポストが増え、権力の奪い合いに発展した。争いは、例えば、ルパート砦のクワキウトル族のポトラッチの儀式でピークに達するが、それについては故フランツ・ボアズの記述が詳しい。トーテム・ポールと同様、ポトラッチがさかんになるのは、白人との接触後で、もともと人為的につくられたものだった。ポトラッチはカナダ政府が禁止していた喧嘩の代用品だったのだ。

第13章　神、精霊、神話と物語

なぜ狩猟民に神が必要か

狩猟民は、まわりの世界を自分の文化を通して見る。例えば霊魂に関する信仰では、霊魂は夢を見るとき人を離れ、死ぬと永久に肉体から去ってしまい、どこかへ行くのだが、霊魂に何が起きるか神話を創って説明する必要がある。人に霊があるように、動物や時には木にも霊がある。狩場では、岩や池や丘にも他の霊が住んでいる。川や滝の急流、暴風雨の岬、深い洞窟などの危険な所には、厄払いしないと災難を与える霊がいる。

太陽、月、星、風の影響も説明しなければならない。これらにも霊がいるのだ。太陽は男か女か？　昼下がりの太陽が開けた大地を焦がす熱帯では、太陽は欲情に満ちた女性であるだろう。そして月は彼女に骨までしゃぶられた男性。北極のほの暗い光の中では、太陽は慈悲深い男性だ。虹は大空の架け橋以外の何ものでもなく、雷は天候を支配する神の怒りそのものである。

なぜサケが膨大な数で川をのぼる年とのぼらない年があるのか。それは海中に男が一人住んでいて、自分のサケがどう扱われるかによって、調整しているからだ、という信仰がある。この考え方はアイヌに見られ、彼らは入念な儀式を行い、漁の成功を祈念するのだ。北西岸のインディアンは、サケは海中の家に住んでいる人間だと信じていた。サケの皮の衣装を着て、我が身をいけにえとして捧げに来るのだと言う。食べた骨が川に帰されれば、毎年生き返って来るが、怒らせたりすると、戻ってこない。ここから、季節の最初のサケの扱いに関する儀式が生まれ、サケの霊に対する祈禱が行われるようになった。儀式は複雑かつ長くなり、専門の人間が、実際には僧侶が、執り行うようになった。食料を自給する民族では僧侶はよく見かけるが、狩猟民ではきわめて稀であった。

人間が必要とするから、神々は存在する。タブーを犯すと、神を怒らせて、病気になったり死んでしまうと信じているなら、禁忌を破る前によく考えるようになるだろう。落盤しそうな洞穴があって、入ると恐ろしい亡霊につかまると聞けば、絶対必要なとき以外は入らないだろう。神々や霊魂の信仰は、危険な領域を象徴化したものである。これにかかわる神話や儀式は、適切な態度を促すためである。この適切な態度が非社会的行動から人々を守るのである。

創造主と祖先——二つの異なった制度

遠い昔、神々が地上を歩き回った時代があった。あるいは空から降りてきた。大地が創られ、空に太陽、月、星が位置を占め、英雄たちが谷を岬を形作り、動物は言葉を話した。ある狩猟民はかつて一人の創造主がいたと信じている。創造の仕事を終えると、隠居して引きこもり、人間との接触を断った。時々戻ってきて干渉したかもしれない。物事が悪い方に行こうとしたとき、浮き世のささいなことを正しに来たのだ。たぶんそのうちまた来るだろう。

他の狩猟民は、創造主のことは言及しても、あまり関心は払わない。彼らは物事の起源を先祖、すなわち大地を形作った英雄たちに帰する。狩猟民のリストに目を通して、文化に関する情報を調べると、信仰における この違いは、社会的政治的組織の違いで説明できる。社会的差別のあまりない人々は信仰を分かち合う。なんらかの差別を受けている人々は、個別のシンボルを使って違いを強調する。

人間は多かれ少なかれ、どうやってこの世に生まれたか、そしてどうして暮らしている土地にやってきたか、この二つに興味がある。概して、単独の、威厳のある、遠い創造主を信仰するのは、ずっと同じ土地に住む人々である。彼らの多くは出自を双系的にたどり、祖先にはあまり関心を払わない。単系の者もいるが、他と同様に暮らしている。

これとは反対の立場には二種類ある。一つは、単系の氏族かその延長として組織され、混在するバンドや村にメンバーが散らばったものだ。こういった各氏族のメンバーには儀式において行う特別の務めが生ずることがある。二つめは、出自のたどり方とは関係なく、富や階級を大いに蓄積できた者たちである。彼らは全体的な創造主よりも、個別の祖先の伝説的な偉業を大事にする。神話や儀式はこういった祖先たちが主人公である。

唯一の創造主を信じているのは、ブッシュマン、ピグミー、大アンダマン島民、セマン族、フィリピン・ネグリト、南西オーストラリア・アボリジニ、それからたぶんタスマニア人、ヤーガン人、オナ族、中央・東部エスキモー、北部アルゴンキン語族、そしてほとんどの北部アサバスカ語族である。

祖先を信仰しているのは、オーストラリア北部と中央部のアボリジニで、ここでは複雑な単系社会組織が支配的である。それから北西岸のインディアンで、そこでは出自のたどり方よりも富と階級が強く影響している。アイヌのように混在あるいは移転する野営地もそうであった。アイヌの神学では創造主の概念がいまだ強いが、それに加えて、淡水や、海水、サケ、そしてさまざまな陸の動物、特にクマなどを支配している分野別の神が多数存在する。六つの父系に属する男たちは、時折、それぞれのトーテムの祖先に対して、目立たない秘密の儀式も行うのだが、主な儀式は全員が共通に信奉する神や精霊に関係する。北西岸での事情とは異なり、アイヌのリネージは明確に階級分けされておらず、個人の資産はあまり重要性を持たない。*

＊ もし人類学の専門家が、右に示した私の見解と、ウィーンのメドリングのクルトゥアクライスレーレ学派の結論に類似点を見るならば、異なった方法によって同様な結果が導かれるということを知ってほしい。ウィーン学派の目的のひとつは、世界で最も原始的な人々の宗教を研究することで、一神教が人類の信仰の原初の形だったという考えを証明することだった。私の目的は、さまざまな狩猟民が社会的・政治的に組織される方法と、彼らの最大の関心事である精神世界の枠組みとに、何らかの関連があるかどうか、確かめることだった。

神話の性格

創造主、文化の伝達者、祖先の壮大な偉業は、何年も人々の心に、感動的な、畏怖を覚える神話として記される。キリスト教原理主義者にとっての創世記のように真に迫るものだ。作り話の題材というのは、世俗のことが中心だが、超自然的なことが扱われることもある。世俗と神事を分ける基準は存在しても、かなり曖昧なものだ。神話も作り話もともに道徳的な意味を持つ。両者において、近親相姦の不幸な結末、月経の血液の不浄さ、みなし子がいかに疎まれるかなどと、さらに多くの反社会的行為が鮮やかに描かれる。

字義通りに忠実に行う典礼と異なり、神話や物語は語るにつれて洗練されてくる。というのは、上手な語り手は観客の反応を観察して、どの挿話や詳細が一番興味を引くか、見きわめるからだ。うまくいく所はふくらませて、だめなのは切り捨てるのだ。彼はまた、どこで打ち切るか、そして翌日まだわくわくしている観客に、どこから次の話を始めるか、よくわきまえている。こういった理由で、挿話の年代的な順番は逆転されることもある。

年代の勘違いは物事の正確な記録方法のない人々にとって、ごくありふれたことである。タスマニア人は、ジョージ・A・ロビンソンに、月はイギリスから来たと言った。ノヴァ・スコシアのミクマク族は、彼らのいたずら好きな文化英雄グルスカべが教会の鐘をつぶしてしまったので、日曜の朝みんなを起こすことができないと言う。

タスマニアの神話——天文学の起源

タスマニアの神話を例に話を始めよう。道具の観点から、彼らは最も原始的な狩人である。取っ手の無い一枚岩の道具や木の槍を使い、人工の水瓶を持たず、火をおこすことを知らなかった。彼らは首長の下、単純な、外婚的、領地内のバンドに暮らしているようだった。年に一度、数バンドのメンバーが、共同で狩りをした。こうした年中行事に参加する集団は共通の言語を話し、オーストラリアの意味でいう部族を構成していた。彼らの宇宙の観察の仕方は多彩である。この事項に関する情報はほとんどが、ジョージ・A・ロビンソンにウーラディが伝えたもので、このウーラディの口説きのテクニックについては第10章で、兄の未亡人に対する強姦と殺人は第11章で述べた。

タスマニア人にとって、星座は重要であった。というのは、星の位置で森を野焼きする時期、貝を求めて海岸を歩く時期、営巣中のハイイロミズナギドリを捕りに沖合の島まで泳ぐ時期を知ったのだ。古代の多くの民族と同様、彼らには星座や惑星の形態が男や女、そして人間や動物の身体の部分に似ているように見えた。空の黒点は、それはすなわち南十字星のいわゆる暗黒星雲のことだろうが、土地の男たちが槍で突くアカエイだと思われた。女たちが貝採りに海に潜るとき、男たちがこの危険な魚を槍で退治したのだ。

彼らはまた星にそれぞれ名前を付け、季節ごとの位置を知っていた。ある特定の三つの星が垂直に並ぶと、晴天を期待できた。このうち二つは明らかに南十字星のアルファとベータで、三つ目は白人の目には見えたとしても、ほとんど確認できないくらいかすかに光る星である。夜、流れ星が落ちると、彼らは大声をあげ、頭を覆った。予測できないそういう出来事は心を惑わせるのだ。

起源に関する神話も星の知識に大いに依存していた。南の空の明るい星カノープスを、ブルーニイ島民はドロマディーナーと呼んだ。海からやってきて、敵対する星モイハニーと戦ったという。モイハニーはもう空にないので、確認できない。戦いの後、モイハニーはルイザ湾に落ち、大きな石に変わった。その石は当時現存していた。モイハニーが落ちた後、彼の妻が後を追って地上にやってきて、海に住んだ。後に子供たちもやってきて、母親の胎内に宿った。モイハニー夫妻は多くの子に恵まれた。

後になって、月が北西からやってきた。月は最初オイスターベイに逗留し、カンガルーやアワビはもっと居てくれと願った。月がアワビを焼いていると、太陽が来て、彼女を連れ去った。激しく迫られたので、炎にあおられて、月の片側が焦げてしまい、彼女は海に落ちた。だがこのたくましい誘惑の後、彼女は空にのぼって、太陽を夫にした。その子供が虹である。「月を見れば、火傷した黒点が見えるよ」とウーラディは言った。

しかし太陽も月も創造者ではなかった。大地を切り開き、川や島を作ったのは、モイハニーだった。彼は最初の人間、パールヴァーも創った。モイハニーはパールヴァーを土の中から引きだしたのだ。別のある種の生物は地中に残された。ロビンソンはこういった地中の霊を悪魔と呼んだ。

パールヴァーはカンガルーのような尾を持ち、足の関節がなかった。だから立って眠った。ここに至って、モイハニーの敵のドロマディーナーがパールヴァーを救いに来た。尾を切り、傷に脂を塗り、治療した。それからパールヴァーに膝の関節を与え、こうしてパールヴァーは座ることができた。「これはじつに具合がいいね」とパールヴァーは言った。

パールヴァーのペニスには穴がまだなかったが、モイハニーはこれも直してあげた。ララーと呼ばれるアリに化けるか、アリを遣わすかして、穴を開け、パールヴァーは機能できるようになった。

モイハニーはまた、ブーマーと呼ばれる大きな灰色のカンガルーも、地中から引っ張りだしてきた。自由になるとブーマーは海岸まで跳ねて行ってしまった。そこで座って潟を創ったのだ。

一方、カンガルーネズミ、ウォンバット、ハリモグラなどの穴居性動物を創ったのはドロマディーナーで、この動物たちは人間が眠っている間、順番に近づいて来て、石を投げつけた。眠っている人たちは半ば目覚めて、また眠りについた。こういうことを繰り返して人を悩ませたので、人間は目を覚まして、地面の穴に彼らを投げ込んだ。こうしてハリモグラなどは穴に住むようになった。もう勝手なことはさせまいとして、人はこれらの動物を食べることにして、以来食用にしている。昔はアワビも言葉をしゃべったが、今は話さない。アワビを採りに潜る前、女たちは浜辺の岩に立って、歌を歌い、「卑猥な」踊りを踊った。この踊りの細部に関しては、ロビンソンは恥ずかしくて記録できなかった。この儀式がアワビを誘惑して岩にしがみつく力を緩めさせるためであったのか、知る由もない。

タスマニア人による火の起源

火の起源に関する神話は地域により異なる。オイスターベイ部族の首長は、天の川の二つの星が手を擦り合わせて火をおこすと言った。そしてパールヴァーを創ったのは、モイハニーではなく、この二つの星だったという。パールヴァーは天の川からタスマニアに歩いて下りてきたのだ。この二つの星とは、おそらく双子座のプロキオンとガンマだっただろう。ハンプシャー丘陵のビッグリヴァー部族の先住民たちは、パールヴァーは稲妻が木を焼いたときに初めて火を手に入れたと言う。これは道理の立つ理屈だ。西部部族の、マクォーリー港の住民たちは、白人を見たことがなかったが、火を得たのは、白人が喉から吐きだしたときだと言った。ロビンソンの側近だったもう少し文化の高い先住民はこれを聞いて笑ったが、冗談として語られたとは信じ難い。白人がタバコを吸うのを耳にしたか、新たにやってきた白人の肌は死人のようなので、神話的な存在と思ったのかもしれない。

森を焼く火は悪霊ラギオラッパーによってもたらされた。彼は大きなたくましい黒人の姿で未開の奥地に住んでいた。何らかのタブーを犯した者には病気や死を与えた。この場合タブーとは、稲妻が引き裂いた木や、火葬が十分でなかった古い骨に触れることなどだった。しかしその他のタブーのほとんどは、ラギオラッパーとは関係がなかった。というのは、他のものは風や雨という火の敵対物と関連していたからだ。

危険な場所にいる悪霊——タスマニアの場合

ラギオラッパーは、さまざまな部族においていろいろな名で呼ばれているが、浮遊霊で、風や暗闇と関連していた。他に「土地の守り神」があり、特定の地形、特に危険な場所に住んでいた。かつてロビンソンは海辺の洞窟を探検しようとしたが、同行した現地人たちは、ほんの数メートル入って引き返し、恐怖に叫びながら、逃げ出してしまった。「悪魔がくるぞ！」と言っていた。洞穴の中でたぶん潮流のような、水がほとばしる音を耳にしたのだ。

ビッグリヴァー部族の領地北西部にあるハンプシャー丘陵では、冬場に深い雪に見舞われる。多くの住民が寒さで死ぬと、住み着いた悪霊が他の部族出身者を殺したと信じられていた。北部海岸沖の無人島には、別の悪霊が住んでいた。ここに巣をつくる海鳥や卵を採りに、住民たちは泳いで行く。しばしば途中で溺れた。

概して、悪霊というのは、雷や稲妻、死、病気といった住民を悩ませる現象とかかわっていた。その数は良い精霊を凌いでおり、良い霊の報告は一例しかない。この良い霊は北東部族の領域の、スワンズポート近くに住み、そこでは危険を冒さずに、たくさんの白鳥の卵を集めることができた。

首長や、ウーラディのような重要人物、偉大な戦士、そして語り部たちの体内には霊魂が宿っていて、必要なときに助けを求められる。オイスターベイ部族の首長の胸には霊が宿っていて、レーダーのように働いた。霊に呼びかけると、胸の筋肉がひきつった。住民のバンドの位置を探知したり、白人が近づくと警告を発した。夜、彼の体を去り、他の人には見えない光で、先に立って先導したと言う。

他の人々、多くの場合女たちは、遺骨の中に住む使い魔を持つ。カンガルーの毛皮を、表面を内側にして縫い、小さな包みを作り、中に火葬にした灰を入れ、体に結んでいる。しばしば女はそれを取り出し、話しかける。そして時折棒で打って、中の悪魔に妊娠させてくれるよう頼む。西部族の若者が、魔よけに話しかけると、喉が乾いていると言った。そこで彼は水を一杯飲み、お腹の所に押しつけていた。

こうした魔よけは治療にも使われるが、あまり効果はなかった。女たちが貝採りに潜っているとき、男たちは浜で待っていた。退屈しのぎに彼らは昆布を投げ始めた。大きな塊が、ある男の股間に当たり、苦痛にのたうち始めた。ある老婆が自分の魔よけを出して患部に当てたが、効果はなかった。他の女が掌を暖めて、股間を優しくさすり始めた。良くなったと言うまで続けていた。

オーストラリア――歌手ミラウォングとプレイアデス星団の起源

北部オーストラリアのアーネムランドには、歌手として知られる詩人がいる。これはガボンのアコア・ピグミーの場合に似ている。ミラウォングという歌手が話すには、彼がこの才能を得たのは、少年の時、森で四日間道に迷ったときであった。うろつき回って消耗したので、大きな木の下に座った。大きな裂ける音がして、幹が開いた。小さな男が出てきて、ミラウォングを木の中に導いた。そして降りていくと、地下の国があり、小人の部族が住んでいた。彼はここで四年間暮らし、必要なことはすべて教えてもらった。そしてまた木の下に連れ戻され、仲間に発見された。四日間迷子だったと告げられた。

かつて彼はビル・ハーニーという、アボリジニの深い理解者に、オリオン座とプレイアデス星団の起源を語った。話は三部に分かれ、第一部は、マンブクという若い狩人が水の精ミリジュンに出会い、結ばれる話。第二部は、ミリジュンと六人の妹たちがなぜ水の精になったのかという過去。第三部は、水の精たちがディンゴに姿を変えられ、後にプレイアデス星団になる様子。マンブクはディンゴの支配者のオリオン座になる。

第一部――カエプトの木が茂る国に、滝があり、その断続的な流れは、七人の水の精のせいだった。彼女たちは魔法によって姿を変えられた、人間の姉妹だった。近親相姦のタブーに巻き込まれたのだった。滝の上で、流れに一線に並んで水をせき止めると、水は細く滴るように流れた。手を放して両側に別れて水を解放すると、激しくほとばしった。

この水の精たちはナマズのようにぬめぬめして、髪が長く、爪が鋭かった。非常に美しく、魅力的な愛の歌を歌った。男が耳にすると、そばに来るように強いられた。こうして男を捕え、死ぬまで抱きしめた。川や水路で見つかる死体はその犠牲者だった。

あるとき、マンブクという若い狩人が、この娘たちを目撃した。彼女たちは飛び込んで、彼の所へ泳いで行ったが、見失うまいと、最初の娘が水から顔を上げたのが早すぎたのか、男に髪を摑まれた。彼女をだき抱えると、彼は猟のために野焼きした土地を通って連れ去った。他の六人は、火と水は相性が悪いので、追いかけることができなかった。

捕えられた水の精は恐がって、言葉もなく、マンブクにはどうにもならなかった。そこで火を熾すと、青竹を燃やして煙を立てて、娘を投げ入れようとした。すると彼女の体からぬめりがずれ落ちて、毛穴からヒルが火に落ちた。少年のような乳首をした普通の美しい少女だった。娘はマンブクの言葉で話し、名前はミリジュンだと言った。

マンブクとミリジュンは森を歩き、食料を豊富に手に入れた。ハチや水鳥がミリジュンの頭に群がった。ヤムイモの乾いた茎が音を立てて、どこを掘るか教えてくれた。マンブクの仲間の所へ戻ると、ミリジュンは年寄りや病人に優しかった。ある夜、二人で木の下に寝ていると、ミリジュンはマンブクに自分のことを語った。これは次の物語に続く。

第二部（回想）――ミリジュンの父はドゥニアという名だった。彼はある感潮河川の岸に住んでいた。

狩人であり、鳥撃ち、漁師、そして丸木カヌーの職人だった（軟材の選定と目印をつける方法、丸太を伐る技術、商いのやり方の長い説明が続く）。ドゥニアの妻はニヌアルといい、「夢見る魚」というトーテムの出身だった。夫婦には七人の娘がおり、ミリジュンが長女だった。ミリジュンと次女は思春期に達した。ドゥニアが水揚げ場からキャンプへ魚を運ぶのを、二人が手伝っていたとき、父親は娘たちを誘惑しようとした。

ニヌアルはこれに感づいたが、口にはしなかった。そして高いバオバブの木の上に小屋を建て、七人の娘を連れて行った。ドゥニアが漁から戻ると、いつものように運ぶのを手伝ってくれと、娘たちに言った。しかし返ってきたのは、木の上のニヌアルの虚ろな答えだけだった。相姦のことに気付いたな、と驚き、持っていたオオカミウオのとげが背中に刺さり、傷を作ってしまった。上にのぼって来ないか、とニヌアルが誘い、つかんで引き上げてくれる蔓を降ろしたので、許してくれたのだと思い、つかまった。

空中高く吊るされ、頂上にさしかかると、ニヌアルが石斧で蔓を切った。ドゥニアは三回回転しながら、地に落ちた。ニヌアルは、「自分の娘を誘惑する奴は死ぬのさ」と叫んだ。

ドゥニアは沼に落ちて、消えてしまった。大きなワニが這い出てきて、ドゥニアの声で、こう言った。「いや、俺は死なない。何度も生まれ変わってやる。部族のしきたりに逆らう奴の影を食べて、満月ごとに太ってやる」。

満月になると、ニヌアルと娘たちは、月の表面にドゥニアの顔を発見した。そして虹が月を囲んだとき、母と娘たちは木の上の小屋から降りてきた。それから満月のたびにドゥニアの影が落ちて、何度も何度もワニに食われた。ドゥニアはまた月に帰り、タブーを破った母から生まれた多くの赤ん坊の影を食べるのだった。

ドゥニアの部族には「夢見るヨシゴイ」の老婆がいて、不死だった。死の精霊と戦って不死の秘密を得た年長者から、盗んだのだ。官能的な歌で彼からだまし取ったのだ。

夜がくる前に足跡を消しておかないと、このヨシゴイの女が子供たちの霊を捕まえて、その影をドゥニアに食べさせてしまうのだ。まだ自分の娘に欲望を抱き、そして誰にも娘を与えまいとして、ドゥニアはヨシゴイの女に、娘たちを水の精に変えさせた。これがマンブクがミリジュンを見つけ、妻にするまでの話だった。

第三部（雨季が始まる）――乾季の間はミリジュンは普通の奥さんのように振る舞ったが、雨季がくると、落ち着かなくなった。ある晩、大きなバオバブの木の下に二人が寝ていると、マンブクは油断していたが、金縛りになった。雷のゴロゴロいう音が聞こえ、垂れ下がっている蔓をつかめとミリジュンに命ずる声がした。彼女はそれをつかんで、登り始めた。やっとマンブクは動くことができて、跳び起きたが、妻を捕まえるには遅かった。そして彼女が登って行くのを見ていた。それから、大きな雷鳴がし、どしゃぶりになり、ミリジュンは沼に落ち、また水の精に戻った。これはヨシゴイの女の魔法のせいだった。
マンブクは沼の縁に座り、妻を見た。背後で枝が折れる音がした。振り向くと、一人の老人がいた。これはナルツで、「夢見る太陽」の首長だった。彼は洞窟に住んでいて、毎日光と熱を与える太陽の女神を送り出すのは自分だと、マンブクに告げた。「困っているのか？　助けてあげようか？」とナルツは訊ねた。

マンブクはナルツに打ち明けた。

「太陽の沈む方向［西］へ行き、何日か後、（彼は五本指をあげた）私の洞窟に来なさい。入口の前に乾いた地面があり、側には焦げた丘がある。夜には近づくな。太陽の女神がそこで眠るので、吐息でお前を火傷させるからだ。昼に行って、たいまつを炉のそばの穴に投げ込み、走って逃げるんだ」。

ナルツの指示に従って、マンブクは洞窟に入った。壁に多くの壁画があり、炉を見つけ、毎晩女神が寝る穴を見た。たいまつを投げると、轟音が聞こえ、熱風が吹き付けるのを感じ、逃げた。肌はひびができて、太陽の女神が空から地上に熱い風を送ったので、物みなすべてが干涸びてしまった。マンブクは急いで木の皮で容器を作り、最後の水を満たし、木々も鳥も死に絶えた土地を走り回った。


ここでミラウォングは話を中断し、マンブクはミリジュンのことであまりに腹を立てたので、女神と一悶着起こした話をハーニーにした。


マンブクは水が涸れる前に七人の姉妹の池に到着した。そこで彼女たちが魚のようにぬるぬるに覆われているのを見た。近づくと、雨滴を感じ、雷鳴がした。

ミラウォングが言うには、「火と太陽は水の精を熱し、雨と水は元気にする」ということだった。

水の精たちは池から飛び出し、走った。マンブクも後を追った。走りながら、狩りの時に足にスピードを与えてくれるエミューの歌を歌った。逃げる少女たちは、盛りのついたディンゴのように吠えた。マンブクがもう少しで追いつくところで、娘たちは滝の所にきて、ディンゴの姿で空にむかって滝を泳ぎ始めた。彼も後を追った。こうして少女たちはプレイアデス星団つまりディンゴの群れになり、マンブクはいつもそれを追いかけるオリオン座になった。
ディンゴが子を生む寒い季節になると，黒人はオリオンの昇るのを見て，イヌを捕まえて食べる。太っていて，いい食料だ。

この神話を語るとき，ミラウォングは暗黒星雲の強力な精霊の話もした。これは南十字星の黒点で，オーストラリア人のみならず，タスマニア人にとっても，重要性を持っていた。ミラウォングが語る精霊は，雷，雨，嵐などを起こし，年長の夫を捨てて，女が若い恋人と逃げたりすると，女を罰した。こういう女には火の玉を投げつけた。火の玉は地中に潜り，また昇って，女の頭をかすめて飛んで行く。これは警告である。もしまた駆け落ちすると，今度は直撃して殺す。

ミラウォングがハーニーにこの話をした際，色男で通っていた若者がぶらりやってきたが，ミラウォングは若者にも聞こえるように声を少し大きくした。そしてハーニーに目配せした。それから変身させられた別の女たちの話もした。この女たちも魅惑的な歌を歌うが，こちらは赤いアリ塚に住んでいた。滝と同様，これも避けた方がよさそうだ。最後にミラウォングがハーニーに打ち明けたところによると，彼は一度女を口説こうとして，水の精の歌を買ってきたらしい。だが，歌ってみても効果がなかった。売った男が歌詞を書き換えてしまったようだった。

この宇宙の神話には多くの役割がある。まず，オリオン座とプレイアデス星団がなぜ空にあるか，その時以来ずっと何をしてきたかを説明する。ちょうど似たようなギリシャ神話が，人に古代とのつながりを思わせるようなものである。同じような話は，インドのチェンチュ族の神話にもある。またこの話は，短気な太陽の女神がどこで眠るか，月がなぜ満ち欠けするのか，教えてくれる。

神話には道徳的な意味合いがある。不義を犯す者には、超自然的な罰が下る。たとえ歌声に惑わされても、男は賢い女に秘密を打ち明けてはならない。女を喜ばすためだけに、地域の環境を危険にさらしてはならない。子供、老人、病人には優しくしなければならない。

聞き手に細かい指示が与えられるのは、狩りや漁の仕方、カヌー作りの木の選定、カヌーの製造、取引の仕方などである。マンブクと七人の水の精の神話は、このように物語と、道徳的教訓と、技術的指導の組み合わさったものである。右に示したように、簡潔に要約されているが、これはアーネムランドの若者たちが受ける造作もない授業科目を構成する多くの神話や物語の一つなのである。

アンダマン島人の起源神話——嵐の女神プルガ

一世紀ほど前、あるアンダマン島人がE・H・マンに天地創造の神話を語った。彼らは多くの精霊を信じていたが、もっとずっと重要なのは一人の女神、プルガだった。彼女は南西のモンスーンを象徴し、四月から一〇月にかけて激しい風と雨をもたらすのだった。地球と人々を創造し、まさに原初の時から、アンダマン島人に降りかかったほとんどすべてのことにかかわっていた。プルガは土地の人が食べる野生のヤムイモやセミの幼虫や、剣に柄を付けたり、靴の滑り止めや縄に使う蜜ろうを全部所有していた。女たちがヤムイモを掘る時は、プルガをだますために、茎から上の部分だけ戻しておかなければならない。夜明けに鳴くセミを殺してはならない。奇襲に最適な時間だから、見張りのために残すのだ。蜜ろうは貴重な産物だったが、蜜ろうを加工する際燃やしてはいけない。こうした不遜な振る舞いはプルガを非常に怒らせ、悪天候を起こして人々を罰した。

最初にプルガは大地を創造した。地下のジャングルから生えている大きな椰子の木の頂に大地はある。ジャングルは薄明かりが射し、死者の霊が住んでいる。地下には海がないので、霊は陸の動物を狩る。赤ん坊や幼児の霊は、イチジクの木の下に住み、実を食べている。殺人者など悪人の霊は、東の空のとても寒い世界に行く。この世界とこちらをつなぐ橋は、時折虹の形で目にできる。

次にプルガはトモという男を創った。現在のアンダマン島人のように黒人だが、背が高く、髭が生えていた。アンダマン島人は背が低く、髭はないのだ。アンダマン海峡の近くのウォタエミという場所にプルガはトモを住まわせた。ウォタエミは大アンダマン諸島の中島と南島の中間で、ジャングルのある唯一の場所だった。プルガはトモに実がなる木々を教えたが、雨季には食べてはいけない物もあった。彼女はまた火も与えた［あるヴァージョンでは、彼女はトモに、二種類の薪を互い違いに積み上げさせ、その薪が燃え始めるまで太陽に座らせておいたという］。

火を手に入れたので、プルガは今度はトモにブタの調理の仕方を教えた。当時は哀れなことにブタには耳も鼻も無く、養われなければならなかった。こうしてプルガは去っていった。空の現在の住まいか、列島で一番高い山、サドルピークの昔の家に帰ったのだ。

最初の女はチャナ・エルワディといった。トモに食料と火を与えた後、プルガは彼女を創ったという。ウォタエミのそばで泳いでいるチャナをトモは見た。そして陸に上がり、二人は一緒に住むことになった。チャナは二人の息子と二人の娘を産んだ。南アンダマン島の西端、ショウル湾にあるキッド島に上陸した時、すでに彼女は妊娠していた、という説もある。いずれにしても、現在のアンダマン島人はチャナの子孫である。

そのうちブタの数が増え、餌をやるのが厄介になった。そこでチャナ・エルワディはブタの頭と鼻に穴を開けて、自分で食物を探せるようにした。こうしてウォタエミからジャングルがひろがったのは、ブタの居場所をつくるためだったのだ。プルガが森を広げたのか、トモが矢に付けて射た矢羽が木に育ったのか、わからないが、こう土地が広がるとブタを捕まえるのが困難になったので、今度はプルガが弓矢の作り方と狩りを教えに降りてきた。またプルガはある時チャナ・エルワディに、籠と網の作り方、代赭石《たいしゃせき》と白粘土の使い方を教えにきた。

プルガはトモとチャナ・エルワディに、雨季は日が暮れてから働くなと告げた。というのは、セミの幼虫が手斧で木を切る音で頭痛を起こすし、プルガもうるさいからだ。彼女はまたアンダマン諸島のすべての言語と方言の祖語を教えた［E・H・マンの情報提供者によると、起源の言語はいまだにウォタエミで話され、そこの男たちは背が高く、髭を生やしているという］。

ある日トモは大きな魚を仕留めた。魚が尾で激しく大地を叩いたので、入江に裂け目が入ったという。トモはとても高齢まで生き、子孫は非常に増えた。プルガは彼らをつがわせて、火や他の装備をさせて、島中に送った。これらの夫婦が部族を生み、その方言のもとになった。最後にトモは溺れて、一匹のクジラになった。これはカメの敵である。チャナ・エルワディも溺れて小さなカニになった。

トモの孫のコルウォットが後を継いでリーダーになった。この男がカメを銛で突いた最初の者だった。コルウォットの死後、民はプルガのタブーをおろそかにし、彼女を怒らせ、洪水を招いた。洪水は世界をおおったとも言われ、プルガの旧居サドルピークだけは残ったとも言われている。逆巻く大波は二組の男女を残し、皆を呑み尽くした。四人はたまたまカヌーで出ていたのだ。水が引くと、ウォタエミに降り立った。四人を除くすべての生命が地上から死に絶え、すべての火は消えていた。

プルガは動物を再び創造した。だがまだ火はなかった。そこでカワセミがプルガの所に飛んで来た。

彼女が炉端に座っていると、燃えている薪をくわえて、盗もうとした。だが薪は重くて、プルガの上に落としてしまった。プルガはとても怒って、薪を拾うと、カワセミに向かって投げたが、当たらなかった。薪はウォタエミに落ちたが、まだ燃えている。

二組の夫婦の子供たちは増えて、地上に溢れた。しかし、子供らはプルガの洪水の話をしはじめ、彼女を殺す決心をした。プルガは四度目、これを最後に地上に降り立ち、「射つなら射ちなさい。私の体は木でできている」と言った。そして民が自分に背き、自分のヤムイモを掘り、自分のろうを灯し、禁忌を破ったと言った。もうこれ以上タブーを破るな、企みを図るな、と告げ、消え去ると、二度と戻らなかった。そして民はプルガに忠実になった。

こうして沈黙を守っているプルガも、いつの日にか大きな地震を引き起こし、大地は逆さまになるだろう。そして生きている者はみな下界に落ち、祖先の霊が地上に戻るだろう。こうして霊魂は病気も、老衰も、死も、結婚もない世界で永遠に生き延び、また永遠の若さを得るだろう。

この神話はいくつかの点で注目に値する。まず南西のモンスーンに関する不安を示している。アンダマン島人にとって、ボートで出かける際、それは危険を呼ぶからだ。火を消す雨をもたらし、寒く不快にさせるからだ。しかし毎年こうして災厄を運ぶ女神が、また創造主で、文化の担い手でもあったのだ。彼らは自分たちの祖先が髭のないちびではなく、タスマニア人のように背の高い髭の生えた黒人だったことを知っているのだ。ブタははじめ養わねばならない動物、つまり家畜として表現されているが、たぶん本当にそうだったのだろう。アンダマン諸島には土着の陸上動物がいなかった。* 放射線測定によると、ブタも、陶器も、煙草のパイプも紀元一五〇〇年以前の大アンダマン島の堆積物には見出されない。その頃マレー人の海賊や商人がアンダマン諸島を襲い、アンダマン島人を奴隷として連れ帰り始めた。

＊ ジャコウネコを除く。これは東南アジアやインド＝マレー諸島原産で、藁葺き屋根に住み着く寄生性があるので、マレーの船乗りによってアンダマン諸島にもたらされたらしい。

右で言及しなかった神話に、洪水の最中、舷外浮材が不要な大きなカヌーを作るための、椰子の木が絶滅したと書いてあった。舷外浮材はこの土地の発明ではなく、おそらく一五〇〇年前後に流入したと考えられ、ウミガメを銛で突く漁は、それ以前にはなかったらしい。漁の成功は、沈没したヨーロッパの船から取る鉄に依存していたからだ。アラビアのダウ船にも、マレーのプラフ船にも鉄はあまりなく、縫って鋲で止める方式だった。この神話には口承伝説としてなかなかのものがあり、われわれのジョージ・ワシントンと桜の木の話のように信憑性がある。

ヤーガンの五層の神話──完璧な制度

二十世紀初頭に四回にわたってヤーガン人を訪れ調査した、故マーチン・グジンデ神父の功績により、彼らの信仰について多くの情報がある。チャールズ・ダーウィンが宗教を持たないと定義したにもかかわらず、その神話は豊かで複雑である。

ヤーガンの宗教と神話には五つの逸話がある。そのうち関連があるのは二つだけである。一つ目の逸話は身分の高い神ワトーイネワに関するものだ。ワトーイネワは実体がなく、目に見えず、空以外に住処がない。「天におわす方」と呼ばれ、父とも殺戮者とも呼ばれる。彼は天候を支配する。ヤーガン人が従うべきすべての規則を定め、ひどくこれに反する時は、その違反者か親族、特に赤ん坊に死をもたらす。人はその名を口にするのを嫌う、というのは家族の死を思い出させるからだ。カヌーで漁に出る前や、好天を望むとき、人はワトーイネワに祈り、戻ると彼に感謝した。葬式の時は彼は殺人者と呼ばれる。これは後で撤回されるのだが。五〇年以上にわたり、イギリスの宣教師たちはヤーガン人のワトーイネワ信仰を知らなかった。ある一人がグジンデに話したように、「誰も尋ねなかったからだ」。

二つ目の逸話は最初の移住者に関するものだ。この土地の創造を説明する神話はなく、常にここに存在したことになっている。移住者は北のオナの国からやってきた。その中に老太陽神がいた。彼は一度あまり大地に近づきすぎて、焦がしてしまった。それで山の頂に木がなくなったのだ。当時は女たちが男を支配していた。女たちは太陽神を締め殺そうとしたが、彼は逃げ出し、空に昇って消えた。

その息子レムという若き太陽神が後を継いだ。レムは美男子で、狩りがうまかった。虹は彼の兄弟で、月の女神は虹の妻である。兄弟は二人とも容姿が美しく、虹は体を美しく彩色していた。ある戦いで背が曲がった。相手はレムが水に引き込み、投石器で殺した男たちの親戚だった。殺した理由は、虹男が、死んだ振りをして寝ていると、前述の男たちが目の前で妻と妹たちを強姦したからだ。

三番目の逸話は性の役割の逆転と、人が動物に変身した話である。

古くは女が男を支配していた。男は家事をし、カヌーの船尾に座った。女が男を支配できたのは、男が入るのを許されない共同小屋を所有していたからだ。そこで肩まで届く円錐形の仮面を着け、お化けのふりをして、男たちを恐がらせたのだ。

レムは狩りをして女と小屋の幽霊を養わねばならなかった。ある日、狩りから戻ると、二人の少女が池の端で絵の具を体から洗い流しているのを見た。彼はそっと近づき、会話を聞いた。少女たちはいかにうまく男たちをだましたかを話していた。レムが少女たちに飛びかかると、二人はアヒルに姿を変えた。レムは男たちに知ったことを話した。そこで彼らは一番背が低く、足の速い男を女たちの小屋に送った。男は仮面をぜんぶひっくり返し、逃げる途中、沼地の鳥に変身した。

次々に足の速い男たちが走り込み、足の速い男はいなくなってしまった。男が走り込むたびに、女たちは尻に矢を射たり、槍を投げた。これらの槍が尾になり、男たちはさまざまな種類の動物に姿を変えた。またほかの男たちが女たちと戦ったが、女で変身したのは、二人しかいなかった。小屋に火がつき、レムはバケツで水をかけた。それは大きな波を招き、動物のあるものを海へ押し流した。そこで海の生物になったのだ。

それから、レムと虹と月の女神は空に昇り、人間は後にあまり残らなかった。ほとんどは子供たちだった。男は今や女の秘密を知り、それからは男は女に秘密を隠した。そのときから男たちは男性の役割を担い、性交の際、女の上に乗るようになった。それ以前には、女が上に乗っていた。

レムの大波の話とは別に、洪水の話もあり、五つの山の頂を残して水浸しになり、わずかな人間と動物が生き残ったという。ある話の流れでは、月の女神は美しいと同時に意地も悪かったが、彼女が洪水を起こしたという。別の話では、ワトーイネワの許しを得て、メガネトキが洪水をもたらしたという。月の女神が大きな吹雪を引き起こし、雪は氷に変わったという。その氷がとけた時、海は山の中腹まで水位を上げた。ヤーガン人はそこを最高位として印を付けた。明らかにこの洪水は性の逆転と時を同じくしているが、明言されてはいない。

第五の逸話は、二人の兄弟、年長と年少のヨウロックと姉に関する起源の神話である。他に妹たちもいたが、あまり重要でなかった。このヨウロック兄弟と姉が最初の移住者に属していたかは、確かでない。二人の兄弟は、すべての場所、動物、植物、あらゆる物に名前を与え、姉と三人ですべてを考え出した。姉が槍や矢の鏃を作るため、火打ち石で火をおこすことを考えた。年少のヨウロックが月経の起源にかかわっている。ある時、彼は美しい女と交わっていた。これはある男が兄弟のもとに送った多くの妻たちの最後の者だった。兄弟はこの女性を共有していた。女は彼に言った、「あなたのペニスはお兄さんのより大きいわ」。

彼女は兄がこれを聞いているのを知らなかった。兄は聞いていたが、黙っていた。すると年少のヨウロックのペニスが巨大に膨れ上がり、血を吸った。こうして女にメンスが始まり、以来女たちに月のものが起きるようになった。ヨウロック兄弟が創造を終え、年老いると、妹たちとともに空に昇り、星になった。

タブーの違反を罰する高貴な天候の神、洪水、人間が動物になったり、動物が人間になる話、すべてを名付け、考え出した文化英雄の存在は、かなり一般的な神話のモチーフで、性の逆転の話は珍しくはない。概括して(グジンデ神父も同じように感じたと信じるが)、これらのフエゴ島神話は、古代世界の香りがする。おそらく非常に古いものだろう。

トリックスター・ネネバック——オジブワの喜劇的英雄

フランク・G・スペックは、メイン州のインディアンの権威であるが、オンタリオ州テミギミ湖のベア島に住んでいるオジブワ族の語るネネバックという神話的人物の伝説も記録している(Canada, Dept. of Mines, Geological Survey, Memoir 71)。この伝説は北部アルゴンキン語族の多くの神話の典型である。ネネバックは北アメリカ・インディアン伝承で言うところの、トリックスターで、何か滑稽なところがある。

ある時、若い娘が初潮を迎えた。彼女は丘の上に連れて行かれ、一人で一二日間断食した。そこで夢を見た。太陽の夢を見た。父が言った、「太陽を見てはいけない」。ある日誤って、太陽を見ると、妊娠してしまった。そして彼女は太陽と住むことになった。しかし家を出る前に、父に言った、「すぐに孫に会えるでしょう。炉のそばで、木の皿を逆さに伏せて置いて下さい。四昼夜そのままにして、毎朝その中を見て下さい」。

父は言われたようにした。最初の朝、彼は太陽の息子ネネバックが皿の下に座っているのを見つけた。続く四日間、朝見てみると、ネネバックの四人の兄弟を一人ずつ見つけた。そこで皿を取りのけた。一人は角を生やしていた。そいつを西に送り、他の三匹を北、東、南に送り、ネネバックは家に置いておいた。

ネネバックはおじいさんに尋ねた、「どうしてぼくにはお母さんがいないの?」しかし言い逃れの答えしかもらえなかった。ネネバックは砥石を岩にこすりつけて聞いた、「ぼくにはお母さんがいるの?」砥石は答えた、「うん、いるとも」。そして事情を語った。ネネバックはすぐに大きくなり、おじいさんに、なぜ他の兄弟のように自分を送り出さなかったのか、聞いた。おじいさんは、「おまえがここに必要だからだよ」と答えた。

それからネネバックは多くの冒険をした。ある夏、魚が捕れなかった。西の風が激しすぎたのだ。そこで西の弟を殺そうと決めた。おじいさんは、「いや、殺すのではない。もっと優しく吹くようにさせるのだ」と言った。

ネネバックは弟を捜しに行った。弟を殺さなかったが、片方の角を折ってやった。西の弟は、他の兄弟に、風を送らないように言った。すると湖は汚れ、魚がいなくなった。ネネバックは四人の弟に、そうたびたびではなく、時には吹いてくれるように言った。彼らはそうした。今度は万事うまく行った。やがてネネバックのおじいさん、おばあさんは死んでしまった。

ネネバックは一人になったが、おじいさんが必要なことはすべて教えてくれていたので、自分でなんでもできた。こうして彼は旅に出た。最初の日、山を三つ越え、一羽ずつガンを殺した。ある湖に来ると、疲れてしまった。火を熾し、砂を熱くし、足を上に出してガンを投げ込んだ。彼は眠りたかったが、誰かがガンを盗むのを恐れた。それで自分の直腸に見張っているように言った。

彼は眠った。四、五回、「誰かが来るぞ」と言って、直腸に起こされた。だが直腸はからかっているだけだった。ネネバックは棍棒で直腸を打つと、また眠った。起きてみると、砂から足は三組出ていたが、胴体はなくなっていた。どうして教えなかったか、直腸に聞いた。罰として、火を熾すと、直腸を焼いてしまった。

歩いていると、尻が痛くなり、気分も悪いので、引き返して、自分の足跡をたどった。だがそれが他人の足跡のように思え、干し肉のようなものを拾って食べた。シジュウカラが、「ネネバックは自分のかさぶたを食べている」と言った。それから本当に具合が悪くなった。歩いていくと、ウズラの雛の一団に会ったので、母鳥はどうしたのか尋ねた。「お母さんは行っちゃったの」と雛たちは答えた。そして名前を聞くと、「飛びついて、人を脅かすんだ」と言った。そこでネネバックはうんこをかけた。以前はウズラは白かったが、その時から茶色になった。

ネネバックは崖の端に着くと、先端のところで休息のために横になった。一方、ウズラの父親が戻り、みんなどうして茶色になったか尋ねた。話を聞いて、父親はネネバックの後を追い、崖から落とした。落ちる途中、かさぶたがはげ落ちた。それを見て、父親は「オジブワ族はこれでスープを作れるぞ」と言った。かさぶたが飢饉の際に食される食用菌類のイワタケに姿を変えたからである。

ネネバックは他にも多くの冒険をし、半ば滑稽な災難にも見舞われた。そうこうするうち、知らない間に、ある地形、さまざまな種の動物の容姿や生態、そして洪水に関しても、責任を引き受けることになってしまった。この滑稽な挿話は、湖の畔に彼が大きなヘビを見つけた時に始まる。ヘビはスムースウォーター湖の南の連水陸路の高い岩肌の尾根に変わった。その湖の砂浜に着くと、巨大なオオヤマネコが数頭、弓の届かないところに居た。そこで彼は朽ちたカバノキの切株から皮を剝ぎ、小さなテントを作り、中から覗き穴を開けて、見張った。浜にこの妙なものがあるので、ヤマネコたちはもう一匹大蛇を送り、巻き付けて倒そうとした。だがうまくいかなかった。というのは、中でネネバックがしっかりと押さえていたからである。ヤマネコが近づいてきたので、ネネバックはボスネコの雌を一頭射って、傷を負わせた。雌は矢が脇に刺さったまま、湖を見おろす断崖の穴に逃げた。ネネバックが滑り降りた崖の反対側だった。この穴の中にヤマネコたちが住む洞窟があったのだ。

翌朝、ネネバックは、雌ヤマネコが逃げ込んだ穴の前で、誰かが物をがたがたさせながら歌っているのを聞いた。それはヤマネコを治療しようとしている呪術師の女性だった。ネネバックが女を棍棒で殺すと、巨大なヒキガエルに変わった。彼はその皮を剝ぎ、身にまとった。歌いながら穴に近づくと、ヤマネコの子供たちが、「呪医さんがお母さんを直しにきたよ」と言った。洞穴には入口が一つしかなかった。子ネコらは戸を開け、ネネバックを入れ、もてなした。そこで彼は矢を抜くと見せかけて、実は深く突き刺した。こうして雌は死んだ。ヒキガエルの皮の穴から睾丸がはみ出していたので、子供たちはネネバックの正体がわかった。

彼は逃げだした。彼の後から巨大な洪水の奔流があふれ、湖の水位が上がった。地上が完全に水没する前に、ネネバックはなんとか丸太を伐り、筏を組んだ。いろいろな動物が後を泳いでくるのを見て、筏にのせてやった。しばらくして木の根で縄を作り、ビーヴァーにくくり付けた。潜って泥を持ってこさせようとしたのだが、失敗した。毛皮に空気を貯め込めるジャコウネズミにやらせたが、少し泥を持ち帰り、戻る途中に溺れてしまった。ネネバックは言った、「この泥を乾かして、しばらくすれば大地が戻る」。

地球は球のように丸いとは知っていたが、どのくらい大きいか知らなかったので、カラスを飛ばせて、報告させようとした。道中食事をしてはならないと命じた。カラスは彼に逆らい、死んだ魚を食べた。筏に戻ってみると、白かったカラスの羽は黒く変わっていた。次はカモメを送った。この鳥も白かった。魚は一口しか食べなかったので、翼に黒い斑ができた。最後はフクロウを遣わした。たらふく魚を食べて、戻ってこなかった。だから羽毛は昔のままである。フクロウが魚を食べた場所は今ではアウル湾と呼ばれ、湖の西岸にある。

泥もすでに乾いた。大地は現在の形状を取り戻した。丘、森、川、湖、沼地が戻った。そしてネネバックは動物に筏を後にさせた。彼自身は西へ行き、まだそこに居る。仰向けに横たわり、歌いながらテントの柱を叩いている。この世の終わりの三年前までは、そこにいるだろう。その時が来たら動物とオジブワ族を訪問しに、世界を回る旅に立ち上がるだろう。世界が終わるまで、彼は死なない。

このトリックスターの物語は、ここに記録したよりも長い。広い視点からすると、二つの特徴的な要素が顕著である。ネネバックは時にかなり愚かに表わされる。彼が解き放つ宇宙的現象はしくじりや偶然の結果である。彼は滑稽でもあり、真面目でもある。

この神話にはスカトロジー的要素もあり、氷点下の雪深い中で、排便しに外へ出られない人々の、糞便処理という重要な問題を反映している面もある。これは緊張を強いられる問題で、社会的不和の原因と推測できる。したがってまた、より温暖な地域に住む人々の神話に表現される性的な問題よりも、もっと冗談の主題になった。

ヌニヴァック・エスキモーの語る太陽と月の起源

北極圏にも近親相姦の話は存在する。ルース・ランティスによって記されたように、ヌニヴァック島のエスキモーの間には、太陽と月の起源の話がある。ある時、一人の男がある女と結婚したが、子はなかった。そこで夫は孤児の甥を養子に迎え、自分の息子として育て、そのように名付けた。

男たちが男子舎屋で寝ていると、男の妻のランプが二回消えた。そして妻は横に誰か体の冷えた人がいるのを感じた。立つと、その訪問者はいなくなり、正体はわからなかった。夫に話すと、夫は男子舎屋で誰が出て行くか見張っていようと言った。それは甥だった。甥はまた継母を訪問し、入口にいた夫はそれを見た。少年は継母の長靴とパーカを脱がせようとした。彼女はランプを取ると、逃げだした。少年は自分のランプを持って、家中継母を追い回した。女は天に昇り、息子は後を追った。女は太陽になり、息子は月になった。若者は永遠に彼女を追いかけている。

一度息子は継母に追いつき、押した。すると継母は落ちて、ヌニヴァック島のメコリュック村の湾の反対側に降りた。その土地は土が焦げ、そこでは何も育たない。何もかも燃えてしまうと心配した住民は、呪術師に祈禱させ、太陽を元に戻した。

こうした物語は際限なく語り続けられる。しかし、人は一般に、自分の回りの世界の起源に関心を持ち、人間行動の主な関心事を、神話や物語の形で表現するということを示すためには、十分語り尽くしただろう。分化していった社会における、氏族、リネージの祖先の行状を語る神話には触れていない。というのは、多くの神話は多彩な儀式において演じられるからで、それにふさわしい第15章で、儀式そのものとともに語る。

第14章　誕生、成人、死における通過儀礼

第14章、第15章のはじめに

前章では、文化を共にする人々に対する社会制御システムを概観した。ドラマチックな神話や物語という手段は、少なくともわたしにはかなり魅力的なシステムと思える。これら生気溢れる物語は、狩猟民の科学知識レベルに合った、得心のいく方法で、宇宙全体を説明する。さらに、社会関係のトラブルを最小限にとどめる行動様式を狩猟民に教えるから、仕事への集中力を欠いて食料供給を危うくする事態が回避できる。

しかし多くの文化で、人間のライフサイクル固有の悩み、すなわち生物学的出来事を通して個人にふりかかる悩みを和らげるには、神話と物語だけでは十分ではない。例えば、女性の妊娠の自覚、出産、保育期間、子供の成人、病気の可能性、そして必ず訪れる死などである。神話や物語は説諭的である。しかし、本章で注目する儀礼は、治癒力を有する。儀礼は、当事者がある状態から次の状態へ移行するのを滑らかにするだけでなく、その者と最も親密な関係にある人々の人生に、必要な適応を支援する。出産とは赤ん坊が増えること、成人とは子供が減って、大人の男あるいは女が増えることである。死の結果、未亡人、

やもめ、孤児が残される。これら精神的外傷となる人の増減について何かを講じなければならない。わたしたちの混乱した現代社会でさえ、たいてい何かがなされる。

女性が妊娠に気づくその時から子が生まれるまで、また普通はその後の乳離れまで、夫婦の日常的関係は中断する。赤ん坊は母親の注意の大部分を占めるので、もし上に子供らがいたら、子供どうしの関係も一時的に調子が狂う。成人期——思春期——は血管を流れる性ホルモンが原因で若者は反抗的になる。生理の始まりも、危険な物質である血液と関連する。どちらの場合も、成人期に達した若者を乱れさせない手段を講じなければならない。

女性は更年期を越すと、社会的地位は高くなるかもしれない。周期的出血に伴う禁止事項から解放されるからだ。同様に、年を重ねても精神が弱まらない男性は、蓄積した知識、判断力、人格が独自に組み合わされ、尊敬と権威の集まる地位に上るかもしれない。死は衝撃をもたらす。衝撃の強さは、故人の年齢や共同体での重要性に、ある程度左右される。

病気は誰にも降りかかるものではない。なぜなら突然死、それもしばしば暴力的な死に遭う人々もいるからだ。しかし病は、誰でも年齢にかかわらず襲うかもしれないので、原因を診断する専門家と、治療を行う治癒者の仕事が必要であろう。二つの役員を時に一人の人物、シャーマンが負うことがある。またシャーマン不在の場合もある。これについては第16章で見ることにする。

結婚が引き起こす動揺は、成人期と時期が近接するから目立たないことがある。他方、全く動揺が起こらない場合がある。二人の結合が次第に固まっている場合である。結婚という現実は花嫁と花婿だけでなく、既存の二家族を巻き込む社会的現象である。それ自体は生物学的出来事でなく、両家の成人期の二人の要求を満たすことでしかない。もし花嫁が幼い少女ならば、実行は数年延期されるだろう。結婚がどれほど注目されるかは、その他の社会的出来事への関心に左右される。わたしたちの社会は結婚式に大騒ぎする傾向があるが、まるで結婚式がない社会もある。

一九〇九年、A・L・ファン・ヘネップは「通過儀礼」という用語を生み出した。狩猟民を含むすべての文化の人々が、生物学的、社会的、またその両方の意味で、ある状態から別の状態に移行することを容易にするために執り行う儀式の詳細を、この用語で明らかにした。これら儀礼は、実は当事者たちの神経をリラックスさせるため行うのではない。赤ん坊は自分が生まれることをわかっていない。人はいったん死ぬと、死んだままである。少年は自分の生殖器が放尿だけでなく、別のことで機能し始めると得意になるかもしれないが、これから自分を待ち構える困難や試練にすっかり怖気づくかもしれない。身体変工〔身体の一部を変形させたり毀損したりすること〕もその一つである。こういった生物学的出来事に動揺するのは、両親、近親者、未亡人その他の、当事者と常日頃接する人たちである。

ファン・ヘネップは各儀礼を、正しく三つの継続する部分、分離、移行、統合に分割した。出産で分離され、変形し、再合体するのは母親である。死では残された者、特に夫に先立たれた妻である。三つのステップが当事者に当てはまるのは、成人式、回復へつながる病、そして時に結婚においてのみである。

文化が詳しく記録された狩猟民はすべて、別種類の儀式も執り行う。それが「強化儀礼」で、一九四二年にエリオット・D・チャプルとわたしが命名したものである。何らかの外の事件が原因で起きる集団内の動揺を和らげることが、この儀礼の機能である。例えば深刻な干魃、川が氾濫する激しい雨嵐、太陽や月の食、季節の変化、また単に狩猟ができるよう雨を追い払うためというのもある。季節の移り変わりはそれと共に人々の活動の変化をもたらす。その結果、互いの関係も変化する。

食物が少なくなると、大型バンドは数家族から成る小集団に分割する場合がある。やがて草が緑になり、皆を数週間あるいは数カ月間まかなえるほど食物が豊富になると、再び統合する。半年以上の間、離ればなれで過ごした後で、大勢が合流すると、強化儀礼の形にのっとった楽しみと競技の時となる。強化儀礼で人々は忙しく、秩序を維持する行事に組み込まれる。人々は夏の間に食物を集め、冬のために貯蔵する。冬期は、競技や演劇が人々の興味を呼び起こし夢中にさせる。競技や演劇は、氏族、半族、その他の相補的単位から成る競争チームを出すことができるほど複雑な社会を有する人々に特有のものである。毎年恒例の盛大な儀礼にまで盛り上げるが、それは第15章で述べる。

こういう季節の到来時に、互いがわざわざ次のように言うわけではない。「さあ、食物は大量にあるから皆で集まることができる。楽しく式典をやって、厄介払いをしようではありませんか」。記憶できない昔から儀礼を催してきたので、ごく自然に行う。人は群集性動物で、一緒にいるのが大好きである。失望した人物か異常性格者でなかったら、人の最大の喜びは共に何かをすることであり、最高の報酬は仲間から認められることである。

成人儀礼と強化儀礼が同時になることもある。理由は、まとめて多数の男子のイニシエーション儀礼を行えるからだ。これは女子より男子に当てはまる。男子の思春期はゆっくり始まるから、準備のできた男子の数がそろうまで待つことは可能である。女子の初潮は明確で劇的な事件であるから、一人ずつイニシエーション儀式をする傾向にある。また、男の仕事はチームワークを伴うので、少年たちはこのような儀礼の間に、後に役立つ絆を形成する。他方、女も共に働くが、それは仕事の効率のためより、親交のためである。

二つの儀礼が一つの儀礼サイクルで行われる場合でも、両者の基本的差異はそのまま残る。すなわち、通過儀礼は生物学的変化によって個人の身に生じるものを中心とすること、強化儀礼は外的力によって集団全体に引き起こされるものがその中心にあるという点である。しかしこういった違いは、二つを合わせる一つの行動の中に溶け込んでしまう。

誕生

通過儀礼を誕生から始めるなら、まず妊娠があることを忘れてはいけない。いったん女性が妊娠に気づくと、誕生にまつわる儀礼が始まるとみていい。数多くの社会で、これは女性が夫との交わりを止める合図となる。夫は、禁欲を守らなければならないか、あるいは他で欲望の充足を求めるかのどちらかである。夫にもう一人妻がいれば幸運だが、二人が同時に懐妊すれば別である。妻が赤子に授乳する期間も、夫は続けて性交渉を避けることが慣習で余儀なくされる場合もある。どこか別でリビドーのはけ口を見つけなければ、夫はかなり苦しくなる。ムブティ・ピグミーの例では、夫は未婚の女性と関係を持つとされる。

ムブティ

ムブティ族はおしゃべりの多い人生を送るが、儀式はいたって少なく、出産も大騒ぎしない。しかし形式ばらないからといって事がスムーズに運ばないわけではない。母親が産気づくのは、野営地を離れて狩りに出ている時、もしくは、ある所から別の所へ移動中の場合もある。女性の単独外出は稀だから、その場で他の女性たちの助けを借りて出産する。もし野営地にいて出産まで時間があると、他の女性たちが妊婦を森へ連れて行く。出産は正しくは森で行うものだからだ。連れの女たちは妊婦を蔓が垂れ下がる木の近くに座らせ、蔓をしっかり握らせる。

父親は、出産時に居合わせなくても、ある意味で立ち会う。産婆役の女性が、父親の弓矢の刃を使ってへその緒を切るからである。以前は父親が細い木片で作ったナイフ、あるいは木の葉の鋭利な切り口を使った。とれたへその緒と刃は一緒にして保管される。子供は大きくなると、それを葉に包んで川の土手に運び、浅い穴を掘って埋める。その場所は次の洪水で洗い流される。

コリン・ターンブルが聞いた話によると、出産が普通より長いと、父親は衣服——といっても腰巻きだけである——を脱ぎ、性器を露わにする。妻の姉妹が父親の体を洗い、マッサージして、出産場所に戻る。子供が生まれると、再び父親の所にやってくる。父親は衣服を身につける前に、彼女に贈り物をしなければならない。それからしばらくの期間は毎日、父親と、いるなら妻の兄弟は、森で切った蔓から出る液で赤ん坊を洗う。また、赤ん坊の片方の手首か腰の周りに、木片が付着した蔓を掛けてやる。木片はそれがあった場所の森の力を赤ん坊に与えるとされる。赤ん坊が這うようになるまで、父親も母親も肉食をしない。たとえ父親が獲ってきた動物の肉でさえ口にしない。

ムブティの夫婦は、出産後しばらく性交を慎むことになっているが、次に述べる例からも、このルールをいつも守るわけではない。ある時コリン・ターンブルは、ムブティの野営地で喧嘩を目撃した。ある男性が、二人の年輩の妻がいたのに、出産して一カ月も経たない一番若く一番きれいな三番目の妻と、性交渉を持つと言い張った。ある夜、彼が二人の妻をないがしろにしたその時間に、一番年上の妻は野営地を足音を立てて歩き回り、大声で呪って皆を起こし、何人かを激しく非難し、特に若い母親を責めた。若い母親の兄弟が肩をもち、悪いのは妹ではないと言った。ついに、最も尊敬される長老の一人が起きて、中央に火を熾し、演説をした。この騒ぎは森に不快を与え、もし夫婦が関係を持ち続けると、赤ん坊は病気になって死ぬだろうと言った。

一カ月後、赤ん坊は確かに病気になり、子供のいない二番目の妻が呪術で病気をもたらしたと責める者が、野営地の中にいた。非難は明言されたのでなく、ほのめかされただけだった。非難された女性は森へ走り、木に頭を打ち、倒れて意識を失ったふりをした。気がついて、近くの他人の野営地に逃げ込んだが、次の日に夫が連れ戻した。それから、彼女が赤ん坊の皮膚に切開を施したら、赤ん坊は快復に向かった。夫は三番目の妻と関係を続けながらも、二人の年上の妻とも関係を取り戻し、危機は去った。

アンダマン島人

ムブティ族の習慣はかなり複雑であるが、もっと複雑な習慣を持つ人々がいる。例えばアンダマン島人。彼らの親族関係は非常に単純で、年齢階梯が社会秩序の主たる要素である。彼らの性行為にプライバシーがほとんどないのは、村中央の踊り場周囲の住居が脆弱な建物であることと、深いジャングルがもたらす、実際および想像上の危険のためである。

アンダマン島人は性交と妊娠の関係を知っていたようだが、性交よりも外的作用がもっと重要であると考えた。彼らによると、赤子の魂は緑のハトが止まるイチジクの木に在って、ハトが赤子の魂を母親の子宮に運ぶ。もしハトが運ばないで、母親が期待した時期に妊娠しなかったら、母親は自分で行動を起こすことができた。ある種の小型カエルを料理して食べるか、または海岸に出かけ、引き潮時の砂州で、水で滑らかになった特定の円形の岩の上にしゃがむ。すると赤子の魂が岩から母親の体内に入るのであった。もし、夫が特に子供を欲しがる場合は、普通は女性が使う赤ん坊の背負い緒を、野営地内で座っている間、夫が身につけた。

懐妊すると、夫も妻もジュゴン、ヤムイモ、蜂蜜を含むいくつかの食べ物を避けた。子ブタや小型カメは食してもいいが、成育ブタや大型カメは禁止された。産婆は野営地の年輩女性で、分娩を助け、へその緒を籐製ナイフで切り、胎盤を森に埋めた。それから赤ん坊を洗い、キレナ貝で体をこすり、数日後、普通の粘土を赤ん坊の体中に塗った。もし赤子が死亡し、母親が次の出産をすると、後の子供は最初の子の生まれ代わりと信じ、同じ名前が付けられた。

赤ん坊は三歳から四歳まで授乳された。もし母親の乳が上がっても、赤ん坊は野営地内で次々と手渡され、皆に可愛がられ、授乳中の女性全員の乳を飲んだ。

ヤーガン

これから誕生する赤ん坊がどこから魂を得るかについて、ヤーガン族はアンダマン島人よりも漠然としていた。チリファイヤブッシュの花を妊娠した女性の性器の上に置くと、女性は大腿部を引き締めた。上に置いた花のように美しい子供にするというのが、その意味だった。

両親は、出産前の二、三カ月は食物タブーを守る。妻は熱い肉や熱いムラサキイガイを食べないし、夫は鳥や魚の後ろ部分を食せず、真ん中部分だけを食べる。分娩間近は夫婦ともに鵜を食べない。出産前後の数日間の母親は、鳥の骨を砕いて中の骨髄を食べてはならないし、ウニを食べてもいけない。ウニの殻は赤ん坊の頭蓋骨に多少とも似ているからだ。夫は食べてもかまわないが、誰かに殻を割ってもらった場合だけである。これらすべてのタブーは奇形児が生まれる可能性を避けるためである。

出産が近づき、他の女たちが母親に助言を与えるために集合すると、夫やその他の男たちは小屋を女たちに明け渡して出ていく。もし小屋に数家族が住んでいるならば、女性は外に特製分娩小屋を建てる。ヤーガン族は最初の子供をカヌーの中で出産することを固く禁じ、妊婦は時が来るまで岸に留め置かれる。二人目以下はカヌーで生まれることがあり、必要なら夫が手助けをする。このような子供は特別な名前が付けられ、「陸から離れて生まれた」に加えて、一番近い陸の場所の名前も付けられる。

出産に立ち会うのは一人または二人の女性で、二人が望ましい。一番目は経験を積んだ年輩女性。二番目は出産する女性と同年齢か年下の未婚者で、出てくる赤ん坊を両手で受け止める役割である。二番目の女性は前もって選ばれた母親の友人で、何かの時には赤ん坊の世話を引き受け、赤ん坊の近親者が養子にしなかったら自分の養子にする。これはその時の間柄で決まる。というのも、その後の出産で生まれた子供の、グジンデが養母と呼んだ女性は、皆異なるからだ。母親自身も他の女性に対し同じ関係に立つと推測される。そうでなければ制度が成り立たなくなる。

分娩後、養母はへその緒から血液を胎盤へ絞り出したあと、へそから一二、三センチの所を切る。身近に火があれば胎盤を燃やすが、なければ埋めてしまう。難産で、次の出産で妻を失う恐れがあると夫が思うなら、夫は胎盤をイヌに食べさせる。グジンデが聞いたケースでは、そのようにしたら、その後何年も子供が生まれなかったという。

母親は出産後まる一日、何も食べない場合がある。夫は森で木を切らず、大型動物を殺さない。また鳥の骨を折って骨髄を取り出したり、ウニの殻を砕いたりもしない。出産前後の母親はイガイ科の貝を食べると乳の出がよくなるとされる。彼女が食べられるのはある種の魚と一種類のカモである。タブーの理由は、該当する種の特性からというより、それらが獲れる海岸や海の場所がもとになったようである。海岸沿い一帯に神話上の生き物が住み、中に非常に邪悪なものがある。こういった危険な場所にさまざまな種類の魚や鳥類が集まる場合がある。害悪は母親が食べる生物を通して赤ん坊に転移するかもしれない。しかし、もし他に食物がほとんど無い場合、母親を飢えさせることはできないからシャーマンが呼ばれる。シャーマンは禁止食物を両手に持ち、息を吹きかける。彼の息が悪しき力を吹き飛ばすと、母親は食べられるようになる。

母親は、出産当日でも立ち上がることができたら、養母と養母に抱かれた赤ん坊と、歩いて海に下る。母親はどんなに冷たくても水を浴び、ボールにしたコケで体の水を拭く。赤ん坊は養母が入浴させ体を拭く。母親はしばらくの間毎日これを続ける。出産したその日に四回も水浴をした母親もいたという。

両親は妊娠中に守った食べ物のタブーを、赤ん坊のへその緒がとれるまで続ける。たいてい出産後二、三カ月である。両親のどちらかは、数種類の魚を三年ほど口にしない。前述したように、困難な状況でシャーマンが息を吹きかけると別である。六週間、あるいはそれ以上、両親は性交をしない。

付け加えると、へその緒は自然にとれるのではない。母親が少し手を貸す。彼女はへその緒の端をある種の紐で赤ん坊の足首に結びつけておく。こうすると行方不明にならないからだ。やっとへその緒がとれたら、母親はネックレスに巻きつけて、子供が四歳頃まで、またはその子がゴジュウカラを捕まえられる頃まで首に着けておく。子はその小鳥を捕まえると、自分のへその緒を鳥の首に巻き、鳥を放つ。

アイヌ

アイヌは、妊婦にできるだけ仕事を休ませた。月が満ち、自宅で出産すると、産婦は横になり、その母親や母方の叔母が面倒をみた。同じ腹帯をする他の女たちが面倒をみることもあった。第一子は実家の母親の所で分娩が行われ、腹帯を同じくする女性の人数が確保できた。どちらの場合も、その時、男はみんな家の外に出なければならない。難産なら、イナウという木幣を火の女神に捧げるため炉に立てた。赤ん坊が出てくると、そばの女性の一人が、指を母親の喉に差し込んで吐かせた。それで筋肉が緊縮し、胎盤を押し出した。

理由は不明だが、女性の一人が赤ん坊の股のすぐ下の腿から脂肪を少し切り取り、切り口に、枯れたニレやカシ、あるいはトリネコの樹皮に生える、ある種のキノコの菌糸体を塗りつけた。菌糸体は非常に柔らかいクモの巣状の繊維である。この塗り薬は偶然にも感染を防ぐが、切開の本当の目的は、おそらく塗り薬そのもので、性別に関係なく幼児に聖なる木の霊力を吹き込む意図があったと思われる。

このキノコが生える木の中に、アイヌの最も聖なる木であるヤナギは含まれないが、まもなく赤ん坊の同居の祖父が、誕生儀式のためにヤナギを持ち運んできた。誕生の前後に祖父は川岸へ出かけ、ヤナギの緑の木を切り、それでイナウを作った。これは翼状にたくさんの削り掛けが付いたイナウで、枕をかたどったアシの束に立てられた。老人は中に入るのを許され、そこでお祈りをした。「ああヤナギのイナウよ、祈願いたします。この子の成長を見守り下さいますよう。この子にご加護と長寿を賜りますよう」。祖父は、そこでヤナギのイナウを子供の傍らに置いて出て行った。

アイヌは創造された時、背骨はしなやかで弾力のあるヤナギで創られた。背骨とは命の座する所、すなわち魂のうち死後に霊界へ旅立つ部分が座するところであった。もし戦いで殺されると、その背骨は二つに切って、魂を解放しなければならなかった。ヤナギの守護神はある家系とか、男性とか女性だけのものではなく、男女すべてのアイヌの幸福を見守った。

両親は妊娠、出産に関する食物の制限を守ったが、胎盤やへその緒をどうしたかは不明であることを付け加えておこう。気にかけて文献を探したが、手掛かりが見つからない。

ヌートカ

妊娠中のヌートカの母は何を食べてもよかったが、野生のダイオウは別であった。子供を窒息させると信じたからである。箱の中に残った食物もだめであった。出産を遅らせるからである。したがって、妊婦はたいてい料理されたばかりの食事を、誰よりも先に自分の取り分を口にし、汲んできたばかりのバケツの水を最初に飲んだ。

家の入口で彼女は立ち止まってはいけなかった。これも出産を遅らすからだ。覆い布を織ってはいけないし、籠を編んでもいけなかった。へその緒をもつれさせるからだ。彼女も夫も死者やラッコを見てはいけないし、動物が息を引き取るのを見てもいけない。妊娠中の夫妻の性交は一切だめであった。出産になると、妊婦の母親やその他の親族の女性が、出産のために建てた小屋へ連れて行った。そこで、妊婦の母親が産婆役をつとめ、へその緒をイガイの貝殻で切った。出産前後に、妊婦の母親はオイルに漬けた特別の薬草を娘に食べさせた。この薬草の強壮剤の製法は、家族の秘伝であった。

産後四日間、赤ん坊の母親は小屋の中の火のそばで、足を投げ出して座って過ごし、世話係の女性たちがタラのスープを食べさせた。その間父親は、普段暮らす広い家に座って過ごし、魚の干物を食べた。四日目に胎盤の処理がされた。任せられたのは親戚の年輩女性であった。シーダーの樹皮を引き裂き、それで小ぎれいな入れ物を作り、中に胎盤を入れたが、そこで終わらない。もし両親が子供に素晴らしい歌い手になってほしいと願ったら、担当女性はその入れ物の上で歌った。もし男子に腕の良い大工になってほしければ、のみと手斧を入れ物に入れた。ドラッカーは、最近は子供が賭博で成功するように、トランプ一組を胎盤と一緒に入れた事例を報告している。担当の年輩女性は、女子なら乾燥して雨の当たらない場所に入れ物を埋め、男子ならば、沼に埋めた。寒さに耐える子に育つためである。

母親は産後四日間、赤ん坊を一時的な揺り籠に入れた。揺り籠はマットで、両サイドは二本の柱につり下げてあった。首の部分を持ち上げるため横木を渡す。寝具は樹皮のマットである。額の上をスギの樹皮が覆い、頭部の両側に樹皮製のパッドがあった。頭蓋骨は早いうちは形を変えられるので、ヌートカ族はこうして赤ん坊の頭を長く、額の傾斜が高くなるように形を変えた。ワシントン州オリンピック半島のマカ族はヌートカの分家の一つだが、その反対のことをした。頭部の後ろを平たくして、横を広くした。ヌートカは奴隷の子供も含め、すべての赤ん坊の頭部の形を変えた。

一時的な揺り籠で四日を過ごすと、赤ん坊は一本の木で作った木製の揺り籠に移された。カヌーのようにくり抜かれ、上下とも両端は突き出て、両サイドも同じ高さになっている。赤ん坊はこの揺り籠に入れられ、垂直に運ばれた。女子用には足板に三つの穴が穿たれ、そこから尿が漏れるようになっていたが、男子用には穴はなく、ペニスを外に出したままであった。

ヌートカの双子の扱い

ヌートカの注目すべき多くの事柄の一つに、双子の扱いがあった。わたしたちの調査対象者のほとんどは双子を望まない。二人の赤ん坊に同時に授乳することを母親にさせたくないからだ。そこには、生まれる順番の問題、他の多胎動物との類似、その他の理由もある。狩猟民の中に双子を見ることはめったにない。双子について質問しても、返事は消極的である。理由は簡単で、双子の一人はたいてい殺されるか、あるいは放置されて死んでしまうからだ。ムブティ族さえもそうする。

しかしヌートカ族は、そうではない。彼らにとって双子は超常的な出来事である。双子はサケの霊と結びつくのが理由で、ちょうどアイヌのサケ所有者に似る。双子はサケを支配する力を持ち、その父親も力を分与されて、シロザケを上流へ呼ぶことができると信じられている。まる四年間、両親以外誰も双子を見ることができない。双子の誕生四日目に、両親と双子は板小屋に移され、誰からも見られないように覆われる。ボートで移動させられるときも、隠される。

板小屋にいる間、父親が箱をたたき、母親がガタガタと音を立てると、人々が食べ物を運んでくる。その後の四年間、幾度か住まいを変え、人里離れた場所、限られた食物で双子ともども暮らす。父親は山中長い距離を歩き、何らかの霊的経験を求める。その願いは、状況を考えると、たいていかなえられる。夫婦は毎夜、サケ、ニシン、クジラをもたらす歌を歌う。四年間の孤独な生活を終えると、家族は村へ帰還する。制限された食べ物は少しずつ解除され、普通の食生活に戻ってゆく。双子はたいていシャーマンになるが、それは当然である。

誕生儀礼の意味

以上の五例を選んだのは、一つの共通テーマに、多種多様な広がりがあることを示してくれ、他の通過儀礼についても参照できるほど詳細な記録資料に基づいているからである。右の例はすべて、程度や時間の長さの違いはあるが、母親の妊娠という主たる出来事に続いて、分離、移行、統合の要素を示している。食物の制限は分離の要素の一部である。制限が次第に解除されることは、統合の過程の一部とみなされるだろう。食物タブーの強要は、父親と母親が精神的に傷つきやすい時期に、危険なものを食べさせないためと説明できる。機能的には二つの目的を果たす。一つは、分離の要素を実行し、それを劇的に表現すること。二つ目は、子供の生育に母親の役割が大切なのはもちろんだが、父親の役割の重要性を強調するためである。

当事者たちが、妊娠についての生物学的事実を理解するかどうかは、大して重要ではない。アンダマン島人は、赤ん坊の魂を花の咲く木から緑のハトに運んでもらう。アイヌは妊娠は一回だけの交わりでは実現しないので、子供を得るために両親はひんぱんに、勤勉に交わらなければならないと信じる。明らかになりつつあるが、オーストラリア・アボリジニのほとんどが、数世紀前にインドネシアのナマコ漁師が大陸の北海岸に来るまでは、性行為と妊娠を結びつけなかったようだ。この知識のあるなしと、出産に伴う通過儀礼の行為とは、何の関係もない。大切なことは、子供が誕生することと、その子には父親と母親がいることである。その子が食料供給における自分の仕事を果たすことができるまで何年もかかるし、その間に両親がなすことはたくさんある。

子供が生まれるといつも、すぐさま胎盤をどうにかしなければならない。へその緒はその後である。これらは神秘的な物で、血液という命にかかわる不思議な物質と結びつく。胎盤やへその緒は、かつて子供の一部であったように、精神的意味で子供の一部のままである。それらを害するものは、子供あるいは子孫を害するかもしれない。ムブティ族の儀礼では森に対する敬意が強調される。アンダマン島人の儀礼は、役立つ繊維をもたらす花盛りの木と結びつける。アイヌは聖なる木を儀礼内容の一部として持ち込む。ヌートカ族は自分たちの技術と仕事の分業を強調する。簡潔に言うと、誕生儀礼も含めどんな通過儀礼も、その文化が何よりも大切にしているもの、強調するものを内容に反映する。

成　人　式

誕生から成人までは病気と死を除くと、子供の生活は肉体面でも活動面でも、変化はゆるやかである。変化は当人や一緒に住む人たちにほとんど混乱をもたらさないから、これといった補正的儀礼を要することは稀である。

比較的緊密でプライバシーのない社会に住む人たちの間では、女子に初潮が訪れ血液が流れると、儀礼的に危険という意味で、その女子は注目される。よって、その少女をすぐに隔離するのは、社会的はもちろん、肉体的な動機もある。男子の成長過程はそれほど突然ではなく、目に見えるものでもない。よって、例外はあるが、ほぼ同年齢の男子の通過儀礼を集団で行うのは、女子の儀礼を集団で行うよりも容易である。男子の集団儀礼は、狩りその他の男性の活動における協力を予示し、必要な絆を強める。

成人式に注ぐ時間と配慮は、男子より女子の場合が社会による違いが少ない。それには二つの理由がありうる。女子の月経は更年期まで周期的に継続するが、男子の成人期は生涯に一度の出来事である。射精は周期的ではなく、随意のものである。女子は月経中は性交をしないかもしれない。また女性に比べ男性の活動は、狩猟民の間では社会によって大きな相違がある。例えば、植物の根を掘ることに時間の多くを使う男性は、熟練した狩猟民に比べ、成人式における儀礼的教化は少なくてよい。ある社会では、男子の成人式よりもっと大きな心配事が、別の問題から生じる。アイヌは毎年のサケの遡上が止まってしまわないかという心配が大きく、この心配を和らげるため過度の儀礼に専心するので、男子の成人式がないのである。カーダル族もしない。彼らは狩りもしない。

グイ・ブッシュマンの二人同時の成人式

神話と同じく、成人儀礼は長く詳細にわたる。それを、簡約してわかりやすくするのは不可能だから、例として挙げられるものは限られる。まず最初に、第9章で近親相姦のタブーに関連して述べたボツワナのグイ・ブッシュマンを取り上げて、まだ成年に達しない少女と結婚した一人の若者の立場を描いてみよう。数年の間、若者は少女の胸がふくらみ、乳首が男性をじらす二粒のキンカンの実の形になるのを待ってきた。ついに、水門が開き、娘は自分の母親に告げに行く。

この段階の夫婦は、花嫁の両親と同じ野営地に住むから、すぐ近くに母親がいるわけで、父親もそばにいる。母親は、円状の小屋の群落から少し離れた所に、同世代の女友達と一緒に、草を葺かない木の枝だけの小屋を立て、そこへ娘を連れて行く。娘は小屋の中で両足を前に伸ばして座り、四日間、無言かつ不動で過ごすことになる。断食もすることになっているが、娘が過ごすに足りる食べ物を、他の女性たちがこっそり差し入れする。

その間、娘の夫は結婚の小屋を出て、野営地の中央の木の下で独身男性たちと一緒に寝る。小屋を出る時、自分の弓、矢、そして槍を持って行く。妻が隠れ小屋に行く途中に触らないようにするためである。もし妻が触ると、台なしになって狩りに使えなくなり、何か恐ろしいこと、例えばライオンに食われるとか毒へビにかまれるようなことが、身に起こるかもしれないからだ。

試練の第五日目、既婚女性たちが小屋の周りに集まり、娘の夫も連れられて来る。その他の男は許されない。そこで娘は盛装して小屋から出てくる。年輩女性の一人が地べたに座り、両足の間にカブの形をした水分の多い球根を抱え、先の割れた棒きれでそれを薄く切ったり、裂いたりする。多汁質の球根は儀礼で後ほど使われる。

次に女の一人が、二人の髪を鉄製の刃で剃る。髪型はカップルがお揃いのスタイルを選ぶ。例えば、イロクォイ族のような短い髪型であったり、何重もの同心円型とかである。V字型なら両耳の上から分岐線が始まり、額の上の高い所で交わることになる。しかし、もし夏の熱気の下で剃髪する時は、太陽の熱から護るため、頭の後ろと両サイドだけを数センチほど切り、上に毛髪のかたまりを残す選択をするかもしれない。その場合ブッシュマン特有のもじゃもじゃに縮れた髪を逆立て、ボロボロノキ科の植物の種から取り出した油と灰を、髪に付ける。

そこで、先ほど薄切りして裂いておいた球根が持ち込まれ、付き添い女たちがこの球根で二人の身体を洗う。頭部から始め下へと進み、必要なら衣服の下へも手を伸ばし、それぞれを完全に清める。この時、夫の身体が月経の血で汚れないように、娘に使った切れっぱしが夫に触れないよう気を付ける。沐浴の間、娘は、これからは月経が来るとできるだけ動かないこと、タンポンとして使う草のパッドが汚れたら捨てずに木の上に置くことなどを言い聞かされる。

いったん身体を洗うと、二人に入れ墨をする。二人の髪を剃った女性が、二人に出血する程度の切り傷をつける。切り傷は、顔から両手、両足、最も痛い所である背中に至るまで、二人とも同じ所につける。やり方は、一人に少し傷をつけてから、もう一人の身体の同じ所を切る。ある意味二人は同時に入れ墨を施されることになる。一対の切り傷ができるたびに、片方の血をもう片方の血に混ぜ、二人の血が合わせられる。入れ墨が進む間、二人はこのように結合し、この融合は二人を害悪から護ってくれるのだと言い聞かされる。その年輩女性は助言も与える。例えば、二人はそれぞれ同性の仲間に互いのことを話してはいけない、姦通をしてはいけないなどである。切り傷のあとを顔料で埋めていく。薬用かつ魔力を持つ焼いた根の灰を、同じく公平に傷にすり込む。傷はそのうち、青く盛り上がった傷跡になる。

さて、女の一人が娘の片腕を取って立たせ、野営地へと先導すると、他の女性たちがそこで待っている。先導役は娘に、季節の食用植物を押し付けて言う。「これは食べ物です」。次に先導役はドラマチックに、地平線をぐるりと指さして言う。「ここがわたしたちとあなたの世界です。いつでもここで食べ物が見つかるでしょう」。

この時、若い女たちが娘をつかんで、野営地に並ぶ小屋の外側をぐるっと走らせ、もとの結婚小屋へと連れて行く。急ぎ一周するのは、嵐を象徴する。走りながら娘たちが騒ぐのは、雨にぬれる喜びを表わす。

儀式のこの部分は娘に雨を呼ぶ力を与えるためで、雨は食物と飲み水の意味を含む。

それまで黙って恥ずかし気に立っていた夫が、自分たちの小屋で妻と一緒になると、儀礼の次の段階が始まる。数人の年輩女性が小屋に入り、赤い黄土と脂で全く同じく二人に化粧をする。それから娘を外に連れ出し、父親に渡す。その間、他の男たちはそれまでいた所から離れ、無関心を装いぶらぶらと歩き、それぞれの妻や子供に加わる。

娘はその時点では何も見えていないことになっている。父親は草でできた柔らかいボールを準備している。彼は娘の目の前にボールを差し出し、バシッと二つに割って次のように言う。「さあ、皆さんに会いなさい。この方は誰それさん」。こうして父親は、今初めて会うかのように、一人一人を娘に紹介し、それぞれの生い立ちや過去の概略を物語るのである。この朗唱は、同輩たちより一歩優れた立場を父親に与える。紹介する順番を決めるのは父親で、最も好意を持つ人を最初に紹介する。リストのはじめにあることは、狩りや食料採集で幸運をもたらすとされる。全員の紹介が終わると、皆は散らばってから、装飾品を持ち寄って来る。ダチョウの卵の殻でできた円形盤に穴を開けて作ったネックレス、交易で手に入れた金属製の見かけ倒しの物などで、娘と小屋から出てきた夫をそれで飾る。カップルは装飾品をその日が終わるまで身に着ける。いくつかはその後数日間身に着ける。

娘の二回目、時には三回目の月経にもこの儀式は繰り返される。その後、夫は二本の小さい木片を切って、そこに模様を彫って焼き、革紐の両端に結び、妻に贈る。妻は、今や本物の女性になった印として、首にかける。

ムブティの割礼、月経、求婚

だいたい三年に一度、ムブティ族の野営地の、おおよそ九歳から一一歳までの男子は成人儀礼を受ける。場所はホスト役を果たす村で、同じ年齢の黒人農耕民の男子と一緒である。儀礼に割礼が含まれる。ピグミーの少年がこの試練を受け入れる唯一の理由は、二つの部族の関係を強め、ピグミーが村に自由に出入りできるためである。ピグミーは村で時々もてなしを受け、交易の品々も手にすることができる。農耕民である黒人にとって儀礼は、双方の同年代の仲間の絆を形成し、それが後々の交易に役立つと見なす。また儀礼によって森の住民が自分たちの習慣に合一すると考える。この意味でピグミーは、世界の他の所で宣教師が改宗させる「ものもらいクリスチャン」と比較されるかもしれない。ムブティ族はエリマという女子の儀礼に参加するが、それを除けば独自の男子成人儀礼を持たない。

農耕民である黒人の村人は月経の血液に恐れを抱き、月経中の女子を遠く隔離してしまうが、ムブティ族はそのように考えない。彼らにとって初潮は歓びの時であり、成人女性への第一歩である。女子が初めて「血を見る」と、両親の小屋か、あるいは特別に増築した場所に留まる。もし二人の女子が同時であったら、二人一緒になる。一人が二人目より少し早く始まると、最初の女子は二人目が参加するのを待つ。こういう場合のエリマ小屋は、それぞれの女子の親の増築小屋ではなく、他の夫婦の増築小屋になる。間もなく起こる大騒ぎを喜んで耐える夫婦である。この小屋がエリマの家である。

娘はそれぞれ、自分の介助者となる同年代の友人を選ぶ。介助者は月経中の女子と同じ制限を受けるが、出入りは自由である。介助者が選択されたら、娘たちはその他の同年代の仲間を招き入れる。一人の年輩男性がエリマの「父親」役を果たす。観察された例では独身者であった。年輩女性の一人が「母親」役を果たす。この例では未亡人であった。「父親」役は、娘たちがあまりに騒がしいと静かにさせる。「母親」

は監督者のような役割で、歌の指導や、母親になった時にすべきことを教える責任がある。儀礼全体は二カ月ほど続く。他にも女性の先生は数名いて、既婚者もいれば、年上の見習い段階の年代グループの者もいる。

娘たちは二種類の歌を学ぶ。大人の女性が歌う歌と、特別なエリマ歌である。後者は他の歌と違って特別なメロディがあるが、歌詞は娘が思いつくものをただ繰り返すだけとか、意味のない言葉の繰り返しである。エリマ歌はこの時だけ歌われるから、その意味では聖なる歌である。歌は最初に小屋で歌い、後で森に連れ出されて歌う。森にいる間、娘たちは道すがら枝を折って男子が近づかないよう警戒する。もし近づくと、木ぎれで男子を叩くのである。

エリマの間、娘たちの食べ物は制限される。肉は許されないようだ。儀礼が長く獲物が枯渇する場合は特にそうである。また子供の頃、ある食べ物がもとで病気になり、以来食べなかったならば、新しい状況でその食べ物に耐えられるか確かめるため、再び口にすることがある。

娘たちが小屋にいると、未婚の若者たちが小屋の外に押し寄せる。娘たちは時々外に出て追いかけたり、棒きれで叩いたりして反撃する。叩かれた若者は午後になって小屋の中に入るのを許される。すると娘は再びその若者を叩く。叩かれたら、小屋の外で自分を叩いた娘と交わることができる。もちろん交わりが禁止される近親者であってはいけない。「母親」は娘が交わる相手は近親者でないことを確かめる。若者が選ぶ娘、あるいは若者を選ぶ娘は、心変わりをして交わりを拒むかもしれない。その場合、若者は立ち去る。もし若者に交わりを許したら、若者は行為の最中は娘を両腕に抱いてはいけないことになっている。コリン・ターンブルは、その姿で性交すると妊娠が避けられると何人かの長老から聞かされた。また別の人は娘は避妊のため特殊な調合薬を使うと言った。方法は何であれ、娘たちはこの段階では妊娠しない。

隣の野営地から若者がやって来て、叩かれて小屋に入ることがあるし、娘が小屋を出て隣の野営地へ出かけ、そこの若者を叩くことがある。叩かれた若者は訪問のお返しをすることになっている。

エリマが終わる二週間ほど前に様子が変わり、求婚は真剣に、より選択的になる。午後遅く小屋の中の娘たちの母親が、採集用の籠、棒きれ、小石を手にして小屋の前に集まる。今や若者たちが主導権を握るが、小屋に入りたい者は、並んだ母親たちの列を通り抜けなければならない。母親たちは若者を叩くが、母親たちの目に不快に映る若者は、捕まえられて近くの川に投げ込まれる。求婚者らは果物の皮や小石を弓の弦で投げ打って反撃するが、バナナの皮で強く殴るとかなりの痛みを与えることがある。

とにかく、母親たちが望まないなら、若者は中に入ることができない。中に入っても、彼と寝てくれるかどうかは娘の選択である。もし娘が選べば、彼は儀礼の終わりまでそこに留まらなければならない。そうなると、二人は婚約したと見なされる。この間に娘たちは白い粘土で自分や互いの身体に細かい奇抜な模様を描く。ターンブルが観察した一人の娘は大きな胸を誇っていた。彼女は同心円の輪を両乳房に描いた。また別の娘はお尻に星の模様を描いた。それから娘たちは遅い時間に外で歌い、踊り、若者たちがそれを眺める。軽薄な行動は年輩女性がたしなめる。

儀礼は、娘たちが連れそって川へ出かけ水浴することで、その期間を終える。野営地に戻ると、油を身体にすり込み、監督されないで歌い、踊り、各自の小屋で寝る。それからの数日間、昼間は一緒に過ごすが、やがて普通の生活に戻る。

エリマの後半で娘の一人と寝て婚約したと思った若者は、娘と一緒に暮らす許可を娘の両親に求める。両親が承諾すると、若者はまず、大型のカモシカを一頭殺して両親のもとに届けなければならない。娘が妊娠するまではどちら側からでも婚約を解消できるが、妊娠するとたいていてい一緒に暮らす。女性のバンドで暮らすか、男性側で暮らすかは、いくつかの要因による。それぞれのバンドの人数もその一つである。結婚がすべてエリマで始まるわけではない。エリマで娘と寝なかったが、娘の両親に結婚を申し出ることがある。その場合は野営地全体が、結婚についてだけでなく、どちらのバンドに二人が加わるかも決定する。拒否されたら、二人は第三のバンドに入るが、受け入れたバンドは、女性のもとのバンドに、娘を一人結婚で差し出す義務が生じる。後半のこの取り決めは、多くの社会で見られる女性の交換の原理の延長と考えられる。

基本的に、ムブティの女子成人式は、分離、移行、統合という普通の流れに従うが、グイ・ブッシュマンの儀礼と同様に、男子を巻き込んでいる。両者の相違は、ムブティ族では男子は結婚前の儀礼に参加し、グイ・ブッシュマンでは結婚後に参加する点である。若者が娘や娘の母親から叩かれることは、男子のイニシエーション儀礼と解釈することができる。なぜなら男子だけの成人儀礼は他に何もなく、村で農耕民である黒人の男子と一緒に行うイニシエーション儀礼は重要視されていないからである。

三つの食物タブーを順番に解くアンダマン島人

大アンダマン島民の女子の成人期は、何年もかけて身体に瘢痕文身〔皮膚を傷つけたり焼いたりして模様を描くこと〕を少しずつ施すことから始まる。年輩女性たちが線状の模様を女子の皮膚に刻むが、何かを塗りつけ盛り上がらせないので、傷が癒えると目立たなくなる。初潮がくると、小屋を葺くのに使うタコノキの葉で、年輩女性が娘を飾る。娘は二四時間、特設小屋の中で両腕を組んで座っていなければならない。その間、横たわること、話すこと、眠ることは許されない。毎朝一度、海で水浴びする以外は、この小屋で三日を過ごす。食べ物は与えられるが、手で触れてはいけない。一本の串で持ち上げ、口に運ぶ。

大アンダマン島南部の部族の男子に瘢痕文身はされないが、北部では成人期に粗い、盛り上がった傷を背中に刻む。どちらの場合も成人する男子は、親の小屋を出て、踊りの広場の一方の端にある特別な小屋に住む。女子も自分たちだけの小屋に住む。男子も女子も結婚までそれぞれの小屋に住まなければならないが、それを除けば、行動の制限はない。しかし、食事の制限はある。

数年にわたる期間、若い人たちは三つの重要な食物を控えなければならない。海岸沿いでは、ウミガメとある種の魚、蜂蜜、豚肉である。ウミガメが手に入らない内陸では、川で獲るある種の魚が、第一番目の食べ物になる。男女とも一人ずつ、一連の三儀式を経て、ウミガメ、蜂蜜、豚肉の順序で、再び食べる生活を回復する。豚肉の儀式が終わるとイニシエーションを終えた者として結婚が許される。大アンダマン島では一時に八人から一二人の若い人が若者小屋に住む。それぞれが別々に三儀礼を通り抜けなければならないから、成人儀礼を執り行うことが、大アンダマン島民の最も重要な、かつ常時継続される儀礼行為である。

ある男子のウミガメを食べる儀式は、四日を要した。若者はハイビスカス、ニクズク、ポトスの三種の植物の葉と木部で身体を飾るか、あるいはそれらを両手に持った。三種の植物はすべてウミガメの捕獲もしくは魚を射ることと関係する。ハイビスカスは強い繊維になり、捩って縄にして、ウミガメ網や銛の紐になる。ニクズクはナツメグの木で、たぶん弓の木部であろうが確かではない。蔓植物のポトスの根の皮でアンダマン島人は鮮やかな黄色の繊維を得て、捩って索条にし、銛や魚採り矢の頭部に柄を付けるのに使う。三種の植物は海の獲物ではなく、使用する武器を象徴する。ひいてはその武器を使う男たちの行為を表わし、最終的にそういった男たちの重要性を示す。儀礼が終わるまで若い男子にウミガメを禁じることにより、大人の男性と彼らをドラマチックに分け隔てる。あと二つのタブーも同じである。

第一日目、長老の一人、あるいは重要な訪問者が式典長として取り仕切る。儀礼は、若者が海に向かって座るところから始まる。足の前で火が焚かれる。彼は腕を組み、両脚を前方に延ばし、足の親指を重ねる。ハイビスカスの葉の上に座り、同じ葉の詰め物を小型の背もたれとして、お尻の後ろに置く。両腕にも葉の束をしっかり抱える。式典長が料理されたウミガメの脂肪と肉の入った皿を持って、若者に近づく。脂肪を若者の唇に、そして全身にこすりつける。その間、若者の親戚の女性たちが、近くに座って大声ですすり泣く。

次に式典長は赤い黄土を若者の頭髪を除く全身にこすりつけ、それからウミガメの脂身を一切れ若者の口に入れる。若者はそれを噛んで飲み込む。親戚の女性たちは再び大声で泣く。次に式典長は激しく若者をマッサージするが、これは身体をこすって食べた物がお腹に下りることを表わす。マッサージは腕や脚に移り、そのとき手や脚の指関節をポキッと鳴らす。マッサージが終わると、普通の粘土と水を混ぜたものを若者の全身に浴びせる。若者はその間ずっと、最初と同じく黙って座ったままである。この後は、そばに置かれた皿のウミガメの肉を串で食べてもよい。食べるため片腕だけ使うことができる。両手と両脚を動かしてこむら返りを和らげてもよいが、それ以外は四八時間ずっと黙って座ったままで、食物はウミガメのみ、飲み物は水だけである。

三日目の朝、誰か見知らぬ人物が、ポトスの蔓のベルトとネックレスを持って若者に近づき、彼の腰と首に着ける。それから若者は寝ることが許される。その後、若者は海へ水浴びに出かけるが、帰ると、親戚の女性が赤い黄土と白い粘土を彼の身体に塗り直す。そこで若者は自分の小屋へ戻ることができる。四日目の朝早く、長老の一人が踊り広場の反響盤のそばに場所を定めると、野営地の全員が集合する。若者が小屋から出たら、五、六人の男性が彼を囲む。若者と各男性はハイビスカスあるいはニクズクの小枝の束を手にしている。

最初に姿を現わした長老が、反響盤の上に片足を乗せて拍子をとりながら、ウミガメ漁についての歌を歌う。女たちも手で腿を叩きながらリズムを取って歌う。歌が終わると、若者は小枝を背中に垂らし、首の後ろで両手を叩く。身体が水平になるほど前かがみになり、両膝を曲げ、運動選手のように非常に激しいウミガメダンスを踊り始める。ウミガメが泳ぐさまを真似るのである。長老の叩く反響盤の拍子は、記録された速さでは一分間に一四四回であった。拍子のたびに若者は空に跳ねて着地する。八回目の跳躍ごとに両手と小枝でヒューと音を立てて、ウミガメの前方のひれ足の動きを真似る。

ダンスは当人の力が尽きて続行できなくなるまで、数回繰り返される。それから若者は自分の小屋へ引き返し、ようやく同居人たちに話しかけることができる。一、二週間の冷却期間が過ぎると、日常の生活に戻り、加えて、ウミガメも食べる。しかし若者にはまだ蜂蜜の儀礼と豚肉の儀礼が待ちうけている。

ウミガメ漁と同様、蜂蜜採集もブタ狩りも危険に満ちている。ウミガメの肉、蜂蜜、豚肉で野営地を養うのは、すべてのイニシエーションを終えた者である。若者にこれらを禁じてから、順次タブーを解いていくことで、目上の者たちは自分たちの社会的立場の重要性を正しく若者に印象づけていく。このようにして、アンダマン社会の基礎を形成する年齢階梯は、若い精神に消しがたく刻印される。

他の狩猟民の成人式

これまで見てきた例は、男女両方が参加する混成成人儀礼で、女子の月経開始と緊密に一致するように時期が決まる。一年のある決まった時に行われるのではない。他の大多数の狩猟民の場合は、女子は単独で、男子は集団で儀式を受ける。時期はたいてい、食物が豊富な季節に定期的に行う祭儀の間である。

北西カリフォルニアの北西岸文化に含められる部族では、最重要儀礼の基本コンセプトは、女子の成人儀礼である。「世界が新たになる儀礼」と呼ばれ、汚れた世界を月経の血で清めるため毎年行われる。男子の集団儀礼も、オーストラリア部族と同じく、もっと包括的な強化儀礼の一部となっている。アラスカ・エスキモーの間では、若い男子のイニシエーションが終わるのは例年の儀礼の期間中で、彼が一連の動物を殺して完了する。その間、動物のサイズも困難も次第に大きくなってゆく。完了した時点で若者は結婚の資格を得る。

多くの北アメリカ・インディアンの間では、男子は荒野へ送られ、飢え、不寝番をする。もしくは、洞窟のマホメットに天使ガブリエルが訪れたように、若者は幻を見るにふさわしい精神状態に自己を置く。インディアンの未成年は守護動物または守護霊を見るか、あるいは夢想する。そうすることで、自己の「力」を得る。この後で彼は性行為を行うことができる。神話の中の祖先と同様、こうして個人のトーテム守護神を自分のものにする。北アメリカ・インディアンには、女子もまた守護神を見たり、夢想したりする社会があることは、第13章で引用した変身者ネネバックの神話の冒頭で簡単に示しておいた。

死と葬儀

ほとんどの葬儀は、死体処理を施す前の、人の死と同時に始まる。葬儀を執り行うのは、喪失の動揺を最も身近に受ける者であるが、社会全体のときもある。儀式の規模や参加人数は、死が関係者に与える動揺の度合いの関数である。赤ん坊が死ぬと儀式は最小であるのは、その子の人格はいまだでき上がっていないので、直接の家族以上に影響を与えないからである。壮年の男性、優れたハンター、兵士、強力な首長の死は共同体全体に影響するから、葬儀はそれ相応に複雑である。狩猟民の中には、年に一度、その年に死んだ者たちの葬儀をまとめてするところもある。

嬰児殺しと姥捨て

極度の食料不足の時期に、人口を減らす方法として女児を殺す場合は、葬儀を行う気配はない。赤ん坊はオーストラリアの不毛地でのように食べられることもある。双子の一人を殺したり、必要ゆえに老人を殺すときも、葬儀はない。ハドソン川西部のバランランドに住むカリブー・インディアンは、冬にカリブーの群れが姿を現わさないと、誰かが犠牲になるか、あるいは全員が飢えるかを選択する。生き延びる優先順位はこうである。まず、ハンターには食べさせなければならない。弱って狩りができなくなると皆が飢えてしまうからだ。次はその妻。まだ子供が産めるからである。それから幼い子供たち。女子より男子が優先するが、それは男子は生き残ればハンターになるからである。いちばん犠牲になりうるのは老人で、特に女性。老いた女性の数は男性より多い。活動的なハンターは事故で落命することがあるからだ。

その時が来ても、老いた女を殺すのではない。近親者は彼女を失うことを悔やむから、老いた女は自殺するのである。裸でイグルーを歩き出て、雪の中に姿を消すだけである。老女が全部いなくなったら、次に女の赤ん坊が殺される。誰もが子供をいつくしむので、これは胸が引き裂かれる仕事である。

タスマニアでは、狩猟民バンドは季節による食料供給地の違いを利用するため、一年の巡路を常に移動し続けなければならなかった。弱くて歩けない老人、遠い道のりを運んでもらえない重い障害者、病で動けない者は、木の洞や露出した岩の下などの安全な場所に、大型ケルプ〔昆布〕の袋に入れた水とともに、単に置き去りされた。ロビンソンは、このように捨てられ、数日間ベリーを食べて這い回っていた老人に、ある時出会ったと日記に記した。治る見込みがない病人は、下剤薬になる植物、メセンブリアンテマ類マツバギク科の植物の葉の束と一緒に置かれた。もし薬草の効果が現われて回復すると、仲間の通った道をたどり合流することもできた。

死後にふつう行われる通過儀礼は、分離、移行、統合の連続した要素が、二つの流れになる。亡くなった当人に関する流れと、喪失に深い影響を受ける遺族に作用する流れである。前者では、死そのものが分離を、死体の処理が移行を、死者の魂があの世の他の魂のもとに帰ることが統合を形成する。地縁氏族を持つ人々の中では、魂はトーテムに結びつく象徴的な場所で祖先の魂と合流する。そこは赤ん坊の魂が受胎のおりに解き放たれる所である。

遺族に関しては、少なくとも普通の男性が死ぬと、最も深く影響を受けるのは、たいてい未亡人である。最初のショックは、葬儀中に人々の注目を受けいくらか和らぐ。しかしその後、孤独な心の空洞を他者に注意を向けて埋めようとする。このことで未亡人は困った存在となり、同時に嫉妬の的にもなる。喪の期間に制約が課せられて、以前より少し行動を控える生活に慣れると、その間は他人に迷惑をかけないようになる。

分離は、未亡人に野営地、岩屋、あるいは家の中の離れた場所に住むことを強制して起こる。移行は、誰かに話しかけることを禁じ、相手からの呼びかけは身ぶりや特別の手段だけという時である。統合に至るのは、未亡人が新しい生活に適応した時、あるいは再婚した時である。若い男性の第一妻になることもあるし、亡き夫の兄弟の二番目の妻、またはその他の複数妻の一人となる場合もある。とにかく喪が明けるまでには、夫の魂は先祖の魂に合流するだろうから、今や妻が自由に付き合える相手を、夫の魂が困らせることはない。

死体の処理

死体の処理に戻ろう。狩猟民はこれを死者の魂を分離する方法と考えるが、分離する理由は、魂を完全に追い払うため、あるいは魂の行動を制限し利用するためのどちらかである。前記の概念に従うと、処理技術の範囲はたいへん広くなる。最も簡単なのは、死体を死んだ場所に遺棄し、動揺がおさまるまでその場所へ戻らないやり方。普通は数年で、それまでに死者の魂はどこかへ行ってしまう。ムブティ・ピグミーは死者の埋葬を農耕民である黒人の村人から教わるまで遺棄していた。スリランカのヴェッダ族は雨季は岩屋に住んだが、同じく遺棄した。ヴェッダ族は数多くの岩屋を持っていたので、遺骸が消滅するまでいくつかを使用しなかった。熱帯雨林では昆虫や動物が死体を手早く処理する。埋めたり土をかぶせたりすると、酸性が強い赤土で骨は一年も経ずに分解してしまう。一九六五年にわたしはシエラ・レオネにあるダイヤモンド鉱山の居留地の洞穴を発掘した。土は石製の葬儀品や小粒のダイヤモンドがいっぱいだったが、骨は見つからなかった。その地に赴任していた学校の先生がわたしにこう話してくれた。ある時、動物学の授業に使う骸骨にするため、死んだイヌを埋めて一年後に掘り出してみたら、骨さえも腐敗していたと。

その他の気候で、少なくとも年に一度は同じ場所で野営する場合、この方法は採用できない。また同じ村に永久、あるいは半永久的に住む人々もこの方法は使えない。洞穴や岩の割れ目、または木の洞などが多数あれば、自然の死体置き場としてよく使われる。薪が豊富なら火葬が速やかで劇的な解決となる。冬は凍土となり埋葬は問題外である場所は、特にそうである。もう一つの容易な方法は、死体を木の高みに安置するやり方である。

しかし、狩猟採集民の死体処理がどのようなものであっても、たいていは個々が別々の場所で行う。というのも、墓地とは定住生活の産物であるからだ。カリフォルニア州マイドゥ族には特別の焼き場があった。ヌートカは死者の一部を無人カヌーに乗せて死者の小島へ引いて行き、死体を置いた。ヌニヴァック島のエスキモーは、村から四〇〇メートルほど離れた埋葬地の、広くて厚い板岩の下に浅い墓穴を掘り、そこへ死体を積み上げた。このような埋葬地では、新しい死体を入れるため掘り返された頭蓋骨や長い骨が辺りに散らばっているのが見られる。いったん正式な儀式が行われると、彼らは死体や古い骨を恐れることはない。事実、昔は死体の一部を狩りの魔除けとして使ったのである。

アカオ・ピグミーの死と葬儀

葬儀全般についていくつか例を挙げて説明しよう。はじめは、一人のアカオ・ピグミーの死後の葬儀と、首長の死後の葬儀である。もし夜間に普通の人物が死亡すると、葬式は翌朝早くから始まる。もし日中の死亡だと、葬儀にまる一日を当てるから、遺体は一晩置かれることになろう。遺体を冷たくしてはいけないので、イチジクの木の皮に包み、小屋の中の火の近くに置き、未亡人が面倒を見る。近親者は死者を座った姿にして、両腕を胸で交差させ、目は「魂を見るために」開けておく。もし野営地から遠く離れて死亡し、死後硬直が始まったら、これは凶兆で、先祖の霊をなだめるために特別な供犠が必要になる。

死亡を見越して、未亡人その他の女性近親者は自分に塗るための白色の粘土を用意しておく。今や彼女らは色を塗り、髪をぐしゃぐしゃにし、血が流れるまで頬を傷つける。それ以後は、ある種の例外は観察されるものの、男女は同等に扱われる。

女性たちが嘆く間、死者の長男が死の歌を歌い、叔父のひとりがそれに呼応する。

独唱「獣は走り、通り過ぎ、死んでゆく。それ大いなる寒さ」
応歌「夜の大いなる寒さ。それは暗闇」
独唱「鳥は飛び、通り過ぎ、死んでゆく。それ大いなる寒さ」
応歌「夜の大いなる寒さ。それは暗闇」
独唱「魚は泳ぎ、通り過ぎ、死んでゆく。それ大いなる寒さ」
応歌「夜の大いなる寒さ。それは暗闇」
独唱「人は食べ、眠り、死んでゆく。それ大いなる寒さ」
応歌「夜の大いなる寒さ。それは暗闇」
独唱「空は輝き、二つの目は（火のように）消された。星はまたたく」
応歌「寒さは下、光は上」
独唱「人は通り過ぎ、闇は消え、囚人は放たれた」
応歌「クンヴム、クンヴム、われら呼びかけます」［クンヴムは創造主の名前で、空のいと高き神］

翌朝早く、成人男性たちは故人の行為を真似しながら踊り始める。一方、女たちは遺体を洗って全身を剃る。毛髪は後で遺体と一緒に置くから、全部集めておく。その間、女たちは声を上げて泣く。何人かの男が死者の身体を入れるカタツムリ形の小屋を作る。入口は螺旋形である。理由は、魂というのは直線にしか進まないから魂を中に入らせないためであろう。そして遺体を入れる。

次の朝、男たちは遺体を出して粗作りの担架に載せ、全体を樹皮で覆って森へ運び、洞穴か岩の裂け目、あるいは木の洞に横にして置き、毛髪をそばに添える。男たちは後を振り向かずに帰り、手足を洗う。そうして初めて食べ物を口にする。

人々は四日間喪に服すが、女たちは白く化粧したままである。男たちはある種の木を切りに森へ行く。その木を燃やすと強い刺激的な煙が出る。この火で死者の葬儀小屋や故人の持ち物をすべて燃やしてしまう。火は四日間絶やさない。男たちは辺りに座って蜂蜜ワインを飲み、女たちはいつもの仕事をする。

それから男たちは樹皮の切れ端で灰を集め、川や沼に投げ入れる。野営地に戻ると狩りに出かける。帰るまで、最初の動物を殺して惜しげもなく血抜きをしてはならない。帰ったら故人が息を引き取った小屋に血を撒く。

アコアの首長アトの死

首長が死亡した時の葬儀は違っていた。この事例はトリーユ神父の友人の首長アトの死だった。アトの最後の闘病中、人々はリュウマチと神経痛に苦しむ彼の面倒をよく見た。熱い煎じ汁を飲ませ、ムール貝の刃物で皮膚を切り、小型カモシカの角製管で血液を吸い取って、吸角法を施した。そして日の当たる川の土手に寝かせ、熱い砂をかけた。この後、竿枠の上に湿った葉で寝床を作り、そこに寝かせ、下から火を燃やし蒸気を与えた。それから川水に浸し身体を冷やした。その間、彼の好物を食べさせた。最後は樹皮の上に身体を横たえ、老いた妻がアトの頭を膝に載せて眉を拭いた。

いつもの処理通りに男たちは首長の遺体を森に運んだが、野営地で嘆き悲しむ者は誰もいなかった。それよりも、女たちは所持品を集め、ハイビスカスの繊維で編んだ籠に詰めた。なぜなら男たちが帰ると、全員が野営地を捨て、新しい場所を探さなければならなかったからだ。女たちは老人を点検し、歩ける者、若い人が背負う必要のある者を調べた。男たちが戻ると、首長の息子の一人がリーダーとなって全員が出発した。こういった時、バンドが二分することもあった（もし下の息子が分派を率いて新野営地を興すなら、弟のトーテムは父親から受け継ぐものとは違うものに変えた。父親のトーテムは兄が保持した）。

このような葬儀から数カ月後、何人かの男が首長の遺体を置いた所を再び訪れた。もし遺体が腐敗したり、動物に食べられていたら、そのまま立ち去った。しかし、もし損なわれずに乾燥していたら、首長の霊を妨害するため、さらなる手続きを講じなければならなかった。遺体をもとの野営地に運び、そこから、女たちが飲み水を汲み水浴びをした川へ運んだ。そこで川の流れを変え、河床の一番深い所に穴を掘った。遺体をしっかり縛り、立ち姿で穴に入れ、弓、矢、槍も添えた。遺体に重しを置き、流れを元に戻した。ピグミーは冷たい場所を恐れるが、遺体は冷たい所に留め置かれたので、霊が漂い出て人々を害することはできなかった。

ペノブスコット・インディアン

メイン州のペノブスコット・インディアンの葬法は、対照的にたいへん単純であった。ヌニヴァック・エスキモーと同じく、居住村近くに特に埋葬場所と決めた所があったから、もし誰かが別の場所で死亡すると、埋葬のため労をとって遺体を持ち帰った。原則として埋葬場所は掘りやすい砂地で、できれば小川を見下ろす切り立った岬か山である。

死者は、自分の最上の衣服と完璧な装飾品を着けて、カバの樹皮に包まれる。遺体のそばに役立つ物が置かれた。男性なら弓と矢、時に石器の丸のみもある。現代では弓矢に代わって銃になった。

遺体を埋葬場所へ運ぶ前に、親戚や友人がお悔やみに死者の家に集まった。何人かの老人が遺体の近くに立ち、死者の魂に向かって短い祈りを詠唱すると、他の者も声を合わせた。実際の埋葬の時も歌は繰り返された。

もし遺族が配偶者を亡くした夫あるいは妻ならば、まもなく、死者の親戚を含む一団の老女の訪問を受ける。訪問の目的は、いわば残された配偶者に服喪を課すことであった。内容は、黒色の衣服を着けること（ヨーロッパ人との接触前は何を着たかは不明）、性交を避けること、アルコールを飲まないこと、死者を怒らせる軽薄なことや陽気なことをしてはならない、というものであった。

老女たちは目を光らせ耳をそば立て、もしも服喪者が規則を破るなら、すぐに彼女たちの知るところとなった。すると再び現われて、期日が満たないのに喪を明けさせてしまう。これは全住民の目の前で当人の恥となることを意味した。もし残された配偶者が期待通りに振る舞うと、老女たちは半年か一年ほどたって再び現われ、彼女らの判断で正式に服喪を終わらせた。老女たちは円舞を踊り、特別な歌を歌った。その後、残された夫や妻は普通の行動に戻り、再婚も自由であった。

この簡単な手順の中に、年配者が独特の役割を果たす二重の仕事分担があるのが判る。年輩男性は遺体に関係し、年配女性は残された者に関係する。服喪を課し、行為の違反を監視し、喪を明けさせることは、そのまま分離、移行、統合の行為である。

タスマニア人

タスマニアの葬儀はもっと複雑で、感情の抑制はもっと少なかった。特に、一八三二年の悲惨な冬ではそうだったのかもしれない。その冬、ジョージ・オーガスタス・ロビンソンは多くの死体の処理を目撃した。島全体を見ると葬法は一定ではないが、火葬は最もよく使われた方法だった。自国の外で殺されると、敵は死体を木の上に曝した。そうすることで、解き放たれた魂が、故郷に帰って人々を病気にするからであった。

ホバートタウン近郊のある部族の住民は、一つ一つの死体の手足をそれぞれ縦方向に骨まで切り、喉を切り、口を引き延ばして大きく開けた。それから樹皮に包んで埋葬し、墓の上に石を積み上げた。肉体が腐敗してしまうと、脊椎骨を残してあとの骨を掘り出し、お守りとして身に着けた。他部族はこの住民を臆病者と見なし、卵を集めにこの国に入り込むと、襲って女たちを略奪した。

一八三二年七月三〇日と三一日に、ロビンソンは続けて二回の火葬を目撃し、日記に詳記した。天候は寒く、強風が南東から吹き込んでいた。しばらく苦しんでいた女性が七月三〇日午後二時に亡くなった。仲間が皆で乾燥した材木を取りに行き、その女性の小屋の中に積み始めたが、ロビンソンは止めさせた。もし小屋の中で燃やすと、周囲に寄り集まった小屋もすべて燃え落ちてしまうからだ。

そこで野営地から二〇〇メートルほど離れた空き地を選び、薪を四角の段に重ねて積み上げた。上の段が下の段に直角になるように積み、高さは一メートルほどであった。木の隙間に乾いた草やシダを詰めた。それから遺体を搬入する口を残し、周囲に小枝を立て高さ三メートルほどに積み上げた。一人の男が遺体を背中に乗せて、開口部から運び入れた。遺体の両わきに乾いた小枝をはさんだ。開口部を閉じ、その場で作った草縄で薪の周りを縛った。

死んだ女性の魂が病を癒してくれるのを期待して、他の病人たちは積んだ薪のそばの、にわか造りの小屋に留まったが、その他の者は野営地に帰った。死亡した女性には赤ん坊がいた。その子に他の女性たちが代わる代わる乳を飲ませた。残された夫も病気であったが、赤ん坊をひどく心配していた。薪積みを作る間中、誰もが泣いた。

翌朝、全員がたいまつを持って集合した。全員が同時に薪に火をつけた。すぐ、あかあかと燃えた。全員が地に伏し、悲しみ嘆き、そのための歌を歌った。時折、火に燃料を加えるため立ち上がる者もいた。遺体が見えてくると、男性の一人が棒で頭蓋骨を割り、燃えていない脳がこぼれ落ちた。他の男たちが棒で遺体を突いてバラバラにすると、遺体はまもなく灰と化した。それから狩りに出られる者は出かけ、集まった病人は自分たちの身体を灰でこすった。

そうこうしていると、病気の老人が、それとわかるように倒れ、苦しみもだえた。他の者が老人を死んだ女性の薪の灰の場所まで運び、そこに転がせた。まだ生きていたが、老人の頼みで、皆は火葬のための薪を集め始めた。中の一人で、ロビンソンが「葬儀屋」と呼んだ男性が、準備の指揮を執った。七月三一日午後三時、老人は息を引き取った。男たちほとんどは狩りで不在だったが、残った者たちが女性の灰の上に薪積みを作り、同じやり方で、遺体を置いた。

狩りに出た男たちは帰って来て、第二の火葬を見て大声で嘆き悲しんだ。亡き人は吟唱詩人として知られ、偉大な知恵者であったからだ。先ほどの女性同様、この火葬の薪積みと遺体は燃え尽き灰になった。会葬者の中に、輸送目的のためロビンソンが呼び集めたよそのバンドメンバーがいたが、彼らは一握りの灰を拾い、カンガルーの皮の一部に縫い込んだ。お守りとして使うためである。このことは先に三二九頁に書いておいた。

第15章　強化儀礼と周期的な祭事

この狩猟民文化の研究から明らかになった確かな結論の一つは、彼らが社交的だということである。一日の仕事が終わると好んで寄り集まる。時折、豊富な食物や余剰な食物があると、適当な時期と場所に、かなりの人数を集める方法を見つける。集会は数週間、あるいは数カ月に及ぶこともある。

こういう催しで自ら楽しむのである。踊り、祭事の催し、演劇、競技。それだけで終わらない人々もいる。年頃の若者年齢層を一堂に会して、長老たちが通過儀礼を一挙に行うこともある。もし時間に余裕があるなら、すでに終えた者たちのための大学院レベルの儀礼を執り行うこともある。対象は、前回に成人した者だけか、あるいはすでに成人した者全員のどちらかである。時に通過儀礼をまるで行わず、次々と場所をめぐっては動物の生け贄と祝祭を行う、大規模な冬のパーティーもある。アイヌの場合がそうだ。

アイヌのクマ送り

捕えたクマを犠牲にするのは、アイヌの冬の楽しみであり、年一度の重要な儀式である*。別々の集落の住人が、雪の季節に順番にお互いを訪問し、一年子の子グマを犠牲にして食べる。子グマは歩き始めたばかりのを三月の半ばに捕まえておいたものである。もし、ある集落で男たちが二頭以上捕獲し（子グマは双子の場合が多い）、別の集落で猟が不成功だった場合は、子グマは分け与えられる。そうすることで、ある地域全部の集落が、最低一頭を確保することになる。中に二年子の子グマもいるが、太っていて肉は軟らかい。

＊ 日本人は十八世紀にこの儀式を禁止したが、一九三〇年代末まで徹底されなかったため、映像が残された（B. Z. Seligman, Appendix 2 in N. G. Munro, *Ainu Creed and Cult*. New York, Columbia University Press, 1963 参照）。

クマ送りは、一つの川に沿った低地という自然条件で統合された地域を共有する集落間の関係を、新たにし強固にする手段であったと思われる。和人が入る前、これら集落は戦時は大長の下で同盟関係にあった。戦いが止んだ後もクマ送り儀式のおかげで、集落の猟師は互いに他の領域を越えてクマを追っても――クマは高い山の斜面で冬眠する――不法侵入で責められることはなかった。この取り決めは交易の旅をする場合も有効であった。

クマ送りに先立ち、参加集落の長たちは中の一人の家に集まった。以前の大長に相当する家であろう。クマ送りは、各集落が順番にクマを殺して客を接待するから、そこで順路を決めた。まず、会議の開催地が最初に執り行う権利を有し、その後の順路が調整される。儀式が一巡りするのに一カ月以上かかる。終わるとまもなく、次の年のための新しい子グマ探しに出かける季節になった。

確かにクマ氏族は主要な一族であるが、クマが犠牲動物に選ばれたからといって何かの特権が与えられることなく、全氏族が参加した。実はずっと昔から十九世紀まで、アイヌはクマ以外のトーテム動物や鳥も飼い、犠牲にした。しかしそれは自分たちの集落内に限られていた。この間の歴史的成り行きの意味は不明だが、本文の目下の目的に必要ではない。

春の間、アイヌは家の中でクマの子を飼い、乳の出る女性が育てた。時に子グマは女から女へと手渡され、複数の女が順番に面倒をみることもあった。乳離れ時期は女が食物をかみ砕き、口移しで食べさせた。暖かい季節になって乳離れが終わると、庭に一・二〜一・五メートルの高さの杭を立て、その上に置いた木製檻に子グマを入れた。そこでも女は子グマに餌を与え、可愛がり、様子を見守った。子グマを機嫌よくしておかなければならなかったからだ。

子グマが女にうなり声を上げたら、それは悪しき知らせで、彼女が月経中か、もしくは腹帯を着けていないかを意味した。そのどちらでもないと潔白を訴えると、トゥス（巫女）が呼ばれ、検査されることもあった。

この甘やかしたペットを一年もしくは二年間、檻の中で飼って太らせる。経済的観点から、屠殺用のクマを太らせるのは、非常な贅沢であった。なぜなら、一頭のクマは数人分以上の食物を摂取するが、犠牲のクマ肉は各人にほんの数口の分配しかなかったからである。その上、世話係はクマがいつも食べる野生の食物、例えば植物の根、いちご、クリの実の類を採集しなければならなかった。

社会的視点から見ると、子グマを育てることでホスト家族は高い地位が与えられ、一年を通じた楽しみも、格好のおしゃべりの種も得られた。しかし、家族の一員のように受け入れたクマが殺されるのを目の当たりにし、また後で、世話をして半ば家畜化した動物の肉を食べることで、感情面の危機を引き起こした。女たちは神経衰弱に陥ることもあり、男たちは昔から教えられた想像に満ちた伝説群が説く内容を信じるようになった。

伝説による説明は以下の通りである。他の動物と同じく、クマは自分たちの国に住んでいる時は人間の姿をして、アイヌと同じ家に住んでいる。しかしアイヌの目には、その「家」は一見して洞穴に見える。クマの主、すなわち巨大なクマのクマカムイは、地域に流れる川の源の山頂、あるいは峰々の間にある大きな家に住んでいる。クマの主は自国を離れないが、代理人はクマの国の別の場所に住む。三月になると代理人は人間の姿になる。すると、火の女神カムイ・フチの支配下にある特別な火の精霊が、物語によると、クマ狩りとか子グマの捕獲や殺戮とは無縁のアイヌを訪問するよう、代理人に命令を下す。

代理人のクマの霊はアイヌの家に着くと、神聖な東窓から入り、世話になるホストに山から持参したクマの毛皮と肉の贈り物をする。ホストはお返しに、クマの霊に名誉ある客人にふさわしいもてなしをする。クマの霊は、特製のイナウ、すなわち削り幣の贈り物を受け取ると、人間の姿になって山に戻り、クマカムイに報告する。代理人は好意的な報告をし、贈り物が申し分なければ、クマカムイは次の年はもっと多くの代理人をよこすのである。

実際のクマ送りで行われたことは、先ほどの物語とほとんど似ていなかった。子グマを捕獲し育てた者が誰であれ、供犠は長の庭で行われた。始まるずっと前から、女たちは食べ物の準備、特にだんご作りにとりかかった。だんごは大きさによって三種類ある。大型サイズはクマの霊のため、中型は客人をもてなすため、小型は外に撒き、子供たちが争って拾うことになる。

主たる儀式が行われる前日、近隣の集落から客がごちそうを持って長の家に到着し始めた。当日、長あるいは別のエカシ（長老）は竈で、カムイ・フチ（火の女神）に祈り、詞と御神酒を捧げた。その他の家の神や霊にも敬意が払われたら、参加者は庭に移動した。エカシたちは最上の衣服に、螺旋形の削り掛けの腰紐を身に着けた。刀を持ち、悪霊が近寄らないよう、必要な頃合いに振りまわした。

数人の男たちが地面に木の柱をしっかりと立て、モミの枝で飾り、先にイナウを結びつけた。それから他の男たちが、檻の底の穴からクマを引きずり出した。クマの首に輪縄がかけられ、手足にも縄を結んだ。男たちは縄を強くたぐったり、引きずったり、クマをつついたり、からかったりして怒らせた。また別の男たちは先が尖ってない、毒のない矢を射かけるが、ちょうど闘牛のバンデリリェロが雄牛を怒らせるのに似ていた。彼らは伝統歌を歌いながら、モミの枝でクマの体を払った。

次にクマを柱につなぐと、悪しき霊に正体を知られないよう最後に選ばれた一人が、毒を付けた竹の鏃で素早くクマを射た。それも、なるべく流血しない所を狙った。もし血が雪を染めても、下の地面に達しなければ何ら悪しきことはなかった。こうしてクマは死に、その霊は肉体から離脱を始めた。

エカシの一人が離脱する霊に祈る。射手は、子供たちがだんごを、ちょうどマシュマロを棒に刺すように串に刺して立てた場所の上に、呪術的意味で矢を放った。この時点で二本の丸太を持った男たちがクマの体に近づき、丸太で首を絞めるふりをした（ずっと以前には実際に絞めた）が、わざと不器用におどけてみせた。見物人は大声で笑った。クマがメスの場合は、わらで首飾りや耳飾りを作って飾った。

男たちは皮をはぎ、血は入れ物に受けた。居合わせた男性全員が血を飲んだ。儀式を執り行うエカシは、創造主ヌサコロカムイに祈り、クマの肉と頭部が東の窓を通って家にもたらされるこの瞬間に、この場に臨席されますようにと要請した。それから男たちは自分のトーテムの先祖に供え物をし、女たちは男性が削ってくれたイナウを使って先祖の女性に供え物をした。子供たちは先を争ってだんごをもらい、綱引きをして遊んだ。

長の家の中で、クマの頭は東の窓の前に立てられて、儀式を行った者たちが庭から戻って来ると、それまでに肉は料理されていた。宴の始まりである。ごちそうはクマの頭の前に置かれ、頭部の肉もあった。

地位によって量の多少はあったが、そこに居るすべての者に聖なる肉は分け与えられた。

食事の後はみんなで飲んで踊り、宴が終わると、酔って床に寝ている男たちもいた。アイヌの人がアルコールを入手する前は、どのように宴が終わったかわからない。二日休息すると、参加者は歩いて次の集落へ行き、また最初から始めた。数週間すると、若者たちは来年の行事の準備に、生まれたばかりの子グマを探しに出かけるのであった。

エスキモーの嚢《のう》祭り

北アメリカ太平洋沿岸の四八〇〇キロメートルにわたる地域に再び戻ろう。そこではアラスカ・エスキモー、北西岸インディアン、カリフォルニア・インディアンが、大規模で多種多様な冬の儀式を執り行った。しかし、それらを要約するのはむずかしい。アラスカ・エスキモーの基本モチーフは、動物の袋状の内臓を使った「嚢《のう》祭り」である。趣旨はこうであった。冬の儀礼の期間中に、前年に殺した動物の霊を、保管しておいた動物の袋状の内臓器官の中に呼び戻すことができた。だから、「嚢祭り」の間に嚢の中の霊を——必要ならば氷に穴を開けて——海に戻してやるのだった。こうすることで、主要食料として依存する種が、引き続き豊富であることを期待できた。

若い狩人が、決まった種類の哺乳動物のどれかを初めて射止めたとか、仕上げにヒゲアザラシあるいはシロクマを捕獲したなどの成功を讃える祝宴も、冬季儀礼の間に行われた。このようにして若い狩人は成長し、申し分のない大人に至り、ついには結婚の資格を得た。

北西岸の劇の上演とポトラッチ

北西岸の人々は、神話の中の出来事を再現する劇を上演した。それは、部族や家系の長の先祖が、力あるいは主要な特権や紋章を自分たちに授けてくれたトーテム動物や精霊と、最初に出会った出来事である。これら紋章は家屋の板、箱、墓標に描かれ、また衣服に織り込まれることもあった。魔法の水晶が目には見えないパントマイムで空中を突き進み、それによって冬の村や連合の首長は、他の首長に招待されて宴会に出席した。宴会の座席は、現代国家の宴会と同じく、社会的地位によって厳格に決められた。長々とスピーチがあり、それから客人に贈り物がされるが、地位による序列があり、最高の客が最も多くを受け取った。

パーティーには、おそらく誰もが聞いたことのあるポトラッチのパーティーもあった。ポトラッチを開く表向きの理由は何であれ（このようにして祝う行事はたくさんあった）、主な目的は贈り物の競合であった。主催者は客に毛布、標準形に打ち延ばしたアラスカ銅板、カヌー、時に奴隷を贈与した。主客はその後で同じ行為の場を設けること、それも最初のポトラッチを凌ぐ大規模なものが期待された。しかしやがては、誰もが多少の違いはあれ、平等となった。競合者は下位の身分の部下から贈り物を一部集めたり、また状況次第では、利息をつけて他から借りて、それまで受け取った物を最初の寄贈者に再分配した。大げさで、時に異常な興奮状態になるポトラッチで、カヌーや奴隷を含めた財産を競い合って蕩尽した。頂点に達したのは、ヨーロッパ人と接触した後の、十九世紀の半ば以降――その当時は持ち込まれた病気で人口が減少した――のことで、カナダ政府が戦争に終止符を打った後であった。その頃、やたらに多くの権利やら紋章が出回った。つまり、白人のアザラシ漁スクーナー船で金儲けができたり、ハドソン湾会社の毛布を便利な交換品として手に入れた住民がなかにはいたことを意味する。

このようなポトラッチが絶頂に達したのは、ブリティッシュコロンビア州ルーパート砦の周囲に住んでいたクワキウトル族の貴族の間であった。これについてはしばしば引用されるフランツ・ボアズの論文に詳しいが、それは例外的なもので、白人との接触で人為的に作られたものであった。

ヌートカの「シャーマンの踊り」、例年の成人式

バンクーバー島に住むヌートカ・インディアンの主要な冬の儀式は、いわゆるシャーマンの踊りと呼ばれたが、もとは男子の通過儀礼で、シャーマンとは何の関係もなかった。一年の同じ時期にいつも行ったが、毎年ではなく、若者の数がそろった場合だけであった。ということで、若者の年齢はさまざまだった。ある妊婦は、男子が生まれると仮定して、その子のために通過儀礼の一部に参加した。だから厳格にいうと、単なる成人式ではなかった。*

* 儀式の詳細は長く複雑で、村ごとに違い、時代によっても異なった。長期の場合もあり、短期の場合もあった。若者によっても異なった。フィリップ・ドラッカーの説明は五七頁にも及び、本書に示したのは主要な点のまとめである(Philip Drucker, 1951, pp. 386–443)。

首長が儀式を主催し、他の男たちは司会役、捕獲役、太鼓叩き、儀式の中の拷問執行役などを果たした。男女のチームは三段階の年齢層に分かれ、それぞれの踊りをした。踊りでさまざまな動物や植物の真似をした。年取った女たちは、例えば動きの少ないイソギンチャクの真似だったり、若く元気な人はシカや小鳥になった。ソロの踊りや寸劇もあった。性不能の老人が性行為をしようとするような滑稽で猥褻なものもあった。

踊りの最中、オオカミを意味するヌートカ語を口にすると、必ず罰せられることになっていた。時々、中年女性が偶然を装って口にした。すると衣服を引きちぎられ裸にされた。この言葉がタブーな理由は、これから成人する若者を捕獲する男たちがオオカミの精霊を表わすとされたからである。

捕獲者は、この役を演じる権利を相続する普通の身分の者だった。彼らは四つんばいで動きまわった。背中にオオカミの皮を結びつけ、一部は頭部からはみ出た。尻尾には大きな吼え声を上げる者がついた。手にしたシーダー材の笛は、バグパイプの主唱管のように、二重のビブラートを響かすリード楽器と同じ原理で、やはり大きく鋭い音を発した。

儀式の最初の四日間、客人たちは主催者の家に集まると、大あばれや悪ふざけ、箱その他の物を打ち壊すなどした。理由は、その間に「オオカミ」が儀式を受ける若者らを捕まえて、衣服を引きちぎり、彼らをこっそり裏口から家の後方へ入れるからだ。若者たちはカーテンの後ろで静かに座らされ、耳にする大騒ぎに圧倒された。

しかしながら理論的には、「オオカミ」は若者を家の中に連れて来たのではまるでなく、家から追い払って森の中のある特別な場所へ連れ出して、若者を指導し、客を呼ぶ不思議な水晶を与え、歌を教え、そして彼らをさまざまに、特にシーダーの樹皮を切り裂いて作った房を使って、飾り立てたことになっていた。現実は、ある時点でカーテンが下げられ、若者の何人かが踊りながら前に進み出ると、相続によって当然受け継ぐものを受け取った。彼らの隔離はそこで終わった。後で「オオカミ」は確かに、その他の若者を森の中に連れ出した。そこが、その昔に本当のオオカミの精霊が、儀式を主催した首長の先祖を連れ出した聖なる場所であったかどうかは別である。各村にはそれぞれの聖なる場所があった。

儀式のある時点で、司会役は何人かにオオカミを呼ぶよう頼んだ。一人が屋根に登って座り、耳を傾けた。他の男たちは厚い板に向かい、太鼓のつもりで棒で叩き、すさまじい音を立てた。屋根の男は煙出し穴から下に声をかけた。「もっと、もっと音を大きくしろ、オオカミに聞こえないぞ」。ついに音が最大に達すると、こう言うのであった。「今、山が振動している」。ここでオオカミを呼ぶ声は遠くまで聞こえたことになった。事実、山の振動という概念はヌートカにとって空想でも何でもなかった。というのも、バンクーバー島は地震の国で、わたし自身、そこで大きな地震を体験したことがある。

さて、「オオカミ」が呼ばれ、返答があったからには、次の段階は若者たちを連れ戻すことだった。彼らはどこか水路の向こうの森から姿を現わすことになっていた。そこで男、女、子供らは船や、船二艘を板で連結した「いかだ」に乗って出発した。場所に着くと、「オオカミ」たちはそっと姿を現わし、すぐ深い茂みに身を隠した。オオカミは若者の一人といっしょに姿を現わすが、常に最も身分の高い若者であった。そしてまた隠れた。全員が四回から八回ほど繰り返し姿を現わすまで続ける。それから、彼らが森から出てくると、水上の者たちは上陸し、模擬の戦いとなった。首長は「オオカミ」の強い魔法にうち負かされ、岸辺に倒れ、死んだふりなどした。

家では踊りが続けられた。若者たちは一番若い年齢グループとして参加し、何度も鳥になった。踊りの最中のある時点で、捕獲役の権利を持つ男たちが、戦闘首長の位を受け継ぐ若者たちを捕まえた。捕獲者はそれぞれ自分が捕まえた若者の体の各所の皮膚のひだをつねり、そこを咬んだ。咬むのは、次に起きる痛みを麻痺させるためで、捕獲者は銛先を皮膚のひだに差し通した。銛に付いた紐は垂れ下がったままだった。かなり出血した後で銛先は引き抜かれたが、皮膚を傷つけ、消えることのない痕を残した。

儀式の終わりで、若者は一人ずつ父親あるいは祖父から、新しい名前で正式に参集者たちに紹介された。父親の身分が低く紹介ができない場合は、儀式を主催した首長が代わった。これも含め儀式の間も身分は示されたが、家の中の座る場所は身分別ではなかった。踊りや殴り合いでごった返して、それどころではなかったからである。

マイドゥ族の「秘密組織」――男子成人式

どんぐり、種子、その他あり余る食物の蓄えがあった中央カリフォルニアのインディアンは、冬期はほとんど相次ぐ儀礼に打ち込むことができた。サクラメント谷のマイドゥ族は一〇月から五月にかけて、少なくとも一六種類の独自な踊り儀式を行い、いくつかは他の村からも客が参加した。その一つが秘密組織と呼ばれた集会だが、普通の男子通過儀礼に他ならず、多少は成人式と重なるところがあった。最高位シャーマンが、該当者数が揃ったと判断したら、期日を設定した。シャーマンの他にもスペシャリストが数多くいた。例えば、講師代表の首長、踊り教師の首長の助手、さまざまな応援団、歌の指導者、きまじめな若者を笑い飛ばし逆さまの行為をするよう命令する道化などであった。男装の女が男子の性教育を担当し、一人一人と交わることで性を教えた。儀礼全体は二カ月も要しただろう。

先に、ロサンゼルス地域の南カリフォルニア諸部族は半族で組織されたと述べたが、全く自発的な集まりである踊りクラブも存在した。会員資格は血縁関係にもバンド系列にも拠らなかった。こういった集団は自分たち独自の儀礼を行ったが、目的は他を啓発することだった。ちょうど中央オーストラリアのカルト・トーテム会員が、よく引用されるボクトウガ幼虫の儀式で、毎年この虫が豊富であり続けることを劇的方法で確かにしようとしたのと同じである。

オーストラリアのワイウイラク儀式

北オーストラリア北東アーネムランドで、二つの半族、ドゥアとイリチャのさまざまな氏族の人々が、創世神話に基づく一連の儀式を行う。この地域は一月半ばから五月まで水が氾濫する。水が引くと川は細くなり、大地は緑になる。その後の四カ月、あらゆる野生食物は豊富で、大勢の人たちが遠くは一三〇キロメートルも離れた所から、聖なる儀式の場所へと集まる。一連の儀式には、ひと夏費やされる。

創世神話は次の通りである。

天地創造の時である夢の時代、二人の姉妹がワイウイラク地方のずっと南に住んでいた。その地で二人は血縁にあたる男性と関係した（他に男性がいなかったらしい）。姉は男子を生み、妹は身ごもった。二人ともドゥア族だった。姉は樹皮の紐で赤ん坊を背負い、姉妹は家を出て、北の方角へ歩き始めた。途中、ドゥア地域のいろんな所を通り抜け、アラフラ海へ向かった。旅の道で妹も男の子を生んだ。

途中二人は多種の食べられる植物を採集し、多種の動物を殺した。これらの荷が重く、「ニシキヘビの背」と呼ばれる大岩まで来て、そこで休んだ。岩のふもとに水溜まりがあった。深い底に、偉大な父である巨大ニシキヘビのユーランガーが棲んでいた。彼はドゥア半族のニシキヘビ・トーテムである。姉が火を熾し、二人で集めた動植物の食物すべてを料理し始めたら、動植物全部が火から逃げ出した。ヤムイモも人のように足で走った。全部が水の中に飛び込んで、姿を消してしまった。それらは現在の氏族のトーテムの種である。

さて、姉は小さな甥のための寝床を作ろうと、樹皮を集めに出かけ、探しているうちにニシキヘビの池の浅瀬を渡った。姉は月経中だったから、血が水に滴り落ち、ユーランガーが横たわる所まで沈んだ。

彼は（分類上では）姉妹の兄だった。彼はシューと音を立てた。雲が現われ、雨が降った。水かさが増えた。

姉妹は水位が上がってニシキヘビが自分たちを呑み込まないよう儀礼の歌を歌い、聖なる踊りを踊った。しかし夜間、ヘビ、トカゲ、カタツムリ、イモムシその他の這うものが全部集合した。父ユーランガーの呼び声を聞いたからである。姉妹は今日知られる聖なる歌をすべて、儀式の順番に歌った。女性が知っている低い段階の歌から始まり、男性だけが知っている高度に聖なる歌へと移り、最後は最も聖なる歌であるユーランガーと月経の血についての歌であった。

ユーランガーはこれを聞くと穴から出て野営地へ行った。姉妹と二人の子供はヘビの魔術にかかって深い眠りに落ちていた。彼は四人をなめ回した。鼻を咬んだので血が流れた。それから、姉、妹、二人の子供の順番に呑み込んだ。

次に彼は立ち上がった。尻尾の先を下に真っ直ぐ立った。頭は高く空に達し、水かさはそれとともに上がった。それぞれがドゥア族や氏族のトーテムであるその他のヘビも立ち上がった。何語で話すのか、ユーランガーが皆に尋ねた。皆は答えたが、全部異なっていた。ユーランガーは言った。「こんなに多く言葉があるのは仕方がないが、一緒に儀式を行うことはできる」。

立ったまま、ヘビたちは最後に食べた物は何かを互いに尋ねたら、それぞれが自分のトーテムの種を答えた。最後にユーランガーの番だったが、彼は恥ずかしくて答えなかった。皆がなだめすかしたところ、ついに答えた。その時、乾いた南東のモンスーンが吹き始め、ユーランガーが倒れた。倒れたことで踊りの広場が創られた。そこは以来非常に神聖なジュンガン儀礼が行われてきた現在の儀式の場所である。

倒れたまま、彼は四人の犠牲者をミドリアリの巣の上に吐き出した。四人は死んでいた。彼は這って水溜まりに戻り、頭だけ水から出して見守った。ディジェリドゥーのラッパ（空洞の木の幹や枝で作る）が池の端に現われて、ひとりでに動き回った。ラッパは低い単調な音を四人の身体の上に吹いた。ミドリアリが巣から這い出て二人の女と二人の子供を咬んだら、四人とも飛び起きた。

ユーランガーはまた一度、水穴から出て、歌の指揮棒で四人の頭を叩いたので、四人は血を流した。それから再び四人を呑み込んだ。すると再び他のヘビが食べた物は何か尋ねたら、「フクロアナグマ」と答えた。

「嘘だ」他のヘビが言った。

そこでユーランガーは言った。「ドゥア女二人と、イリチャ男子二人だ」（ここで初めてイリチャ半族の名前が出る。ドゥア半族と結婚相手を交換するため必要な半族）

再びユーランガーは倒れた。倒れたので、次に神聖なウルマークとクナピピの儀式が行われる踊りの広場が創られた。それからずるずると水穴へもどり、地下の水路を泳いでワイウイラク地方へ行くと、水から出て二人の姉妹を吐き出した。二人は石に変わり、今でも見ることができる。しかし男子はそのままでユーランガーは自分の国に戻り、そこで二人を自由にした。二人はイリチャの先祖である。

この万物創造のドラマが北部で起きている間、夢の時代の二人のワイウイラク男性が、遠くに、かのヘビの声と雷鳴と豪雨の音を聞いた。何かよくないことが起きたと知り、二人は姉妹の跡をたどって、ついにユーランガーが姉妹を強打した所に至り、血を見つけた。二人は二つの樹皮の籠に血を集め、姉妹の小屋の屋根柱でディジェリドゥーのラッパを作って、眠りについた。夜、姉妹の霊が二人の夢に現われ、聖なる歌のすべてと聖なる儀式のすべてを教えて去った。朝、二人は目を覚ますと、一群の伝説のすべての歌を歌い、すべての儀式の踊りを踊った。以来行われてきたものと全く同じである。これは女たちには秘密で、今に至るまで知らされていない。

創世記がキリスト教原理主義者にとって事実であると同じく、ワイウイラク神話は、アボリジニの精神にとって事実である。神話の細部と、神話を再現する儀式の細部は、不可分で一体である。一群の詩歌と踊りとその他の動作を暗記する技は、イスラム教徒がコーランを全部暗記すること以上に感嘆させられる。『イーリアス』を暗唱するのと等しい偉業である。

儀式の数や詳しい内容は地域によって異なり、表現される神話上の人物の名前や儀式も伝承によって違う。祭儀のメンバーはどこでも帰属する半族で決まり、生まれた場所、例えば中央オーストラリアとか西部オーストラリアで決まるのではない。北西アーネムランドのマージン地方で、W・ロイド・ウォーナーは六つの儀礼を観察した。うち三つは全員が参加する。主たる割礼儀礼であるジュンガン、豊穣儀礼で、妻の交換と集団性交で終わるクナピピ、年長の加入者のための教養コースのウルマークである。ジュンガンとクナピピの主な要素をこれから説明するが、ウルマークは省略する。ウルマークは二度の乾季にわたる長期間で、基本は他の二つの繰り返しである。

ジュンガン割礼儀礼

毎年、最初に回って来るのがジュンガン儀礼で、期間は時に二カ月に及んだ。この儀礼に主要な役割が二つあった。いくつかの氏族の若い男子に割礼をすることと、もっと齢が上の男子をさらに成人させることであった。

儀礼の中心シンボルはユーランガーを表わすラッパである。まず何人かの年長男性が、シロアリが食べて空洞になった小ぶりの木の幹を探すところから始まる。見つかるとそれを削って仕上げ、男性野営地の空き地で、ラッパの音響を試してみる。この音出しが聞こえると、ジュンガンの季節の到来を知り、男たちは正しい親族関係にある少年の割礼の準備を整える。理想は割礼を施す者の将来の義理の息子である。少年の耳にラッパの音が届くと、父親は言う。「偉大なる父ヘビが、おまえの包皮の匂いを嗅ぎつけ取りに来るのだ」。怖くなった少年が母親にしがみつくと、母親は息子がヘビに呑まれないよう、男たちと戦うふりをする。

次に、少年たちは二人一組になって年上の男性一人と旅に出る。その男性は、少年の実父または類別的父親の姉妹の息子、あるいは姉妹の夫である。旅の目的は他の氏族や親戚を訪ねて儀式に招待することで、少年たちは一カ月以上も家を離れる。それまで裸のまま装飾品も着けず過ごしてきたが、今や身体に白い羽、腕に白い彩色と腕輪、顔に黄土と獣脂、頭にヘアーバンド、陰部に飾り房を着けて飾る。旅の途上で迎える親戚は贈り物をして少年と一緒に帰る。

少年が留守の間、男たちは野営地の準備をする。まず、柱を束ね、先端を紐で縛ってティピの形をした構造物を立てる。頂部に葉っぱを結びつけ、柱の下と辺りの地面にも葉っぱを撒き散らす。柱はドゥアにちなんだ名前が付けられ、頂部の葉はイリチャにちなんだ名前が付けられる。割礼が済むと、少年の血液が染み込んだ柱の下と片側の葉は焼かれる。

儀式の会場は五つの別々の領域、あるいは「野営地」に分けられる。一番外側は一般野営地で、すべての者に開かれる。二番目は男の場所で、女や子供は閉め出される。その内側は「年長」男性の野営地とそのトーテム・ハウス。四番目とその辺り一帯はトーテム「井戸」である。トーテムの表象、聖なるラッパが、儀式の間の一時期、そこに保管される。最後はヘビの踊り場である。これら野営地にはダル（力）があり、強弱はそれぞれ異なる。この力は感染し危険である。最も凝縮するのは年長男性野営地と聖なる表象の中であり、一般野営地のダルは一番弱い。

ヘビの踊り場は、建設用具が素朴な掘り棒であることを考えると、工学的見地からたいへん印象深い。図の線は、葉っぱで覆われた高さ三メートルの土壁を示す。三角形の長さはおよそ一五メートル。ヘビの頭は七・五メートル。聖なる家を囲む円形の壁は直径四・五メートルである。三角形は姉妹とその息子たちを飲み込んでいるユーランガーを表わす。聖なる家は高さ一・二メートルの風よけで、この壁で外から内側の人は見えない。中でオオトカゲを表わす聖なる踊り手たちが、身体を彩色し、這い出て踊る時が来るまで隠れる。

聖なるヘビの踊り場が準備されたら、あるいは単に前回の儀式で使用した跡の改装が済んだら、男は葉を付けた円錐形の柱の構造物を一般野営地に立てる。少年は今や旅から帰った。日が沈むと女たちは柱の周りを歌いながら膝を曲げて踊る。男たちは急ぎ出てくると柱を囲み、女から柱を守る。その間、少年たちは隔離されている。何人か男が出かけ、少年を肩に背負って聖なるヘビの踊り場へ連れて来て横たわらせる。男たちは近くで火を熾し、自分のトーテム動物、鳥、他のトーテムを説明する一連の一六歌を歌い、動物を真似する踊りを踊る。

ジュンガン儀式全体のリーダーは、ドゥア半族のリアーラオマー氏族で、その氏族は神聖なニシキヘビの池を所有する。リーダーは自分と同じトーテムの氏族の名前を呼ぶ。年長男性の一人が、囲いの端まで歩いて行き、年長男性野営地に向かい、各地のリアーラオマー氏族のトーテム名を呼ぶ。リアーラオマー氏族の国は、姉妹が呑み込まれた場所である。

それからリーダーはユーランガーの声音を呼び出す。割礼される少年は全員、女物の織物をかぶって頭を隠している。こっそりと囲いを抜け出ていた四、五人の男たちが、離れた場所からラッパを吹く。それからラッパの姿が現われる。三、四人で運び、一人が吹く。少年一人一人の頭上で吹くと、男たちはラッパを年長男性野営地に運んで戻す。それから少年たちの頭巾は取られる。この場面で年上の若者たちは、初めてラッパを目にする。

次の動作として、ドゥアとイリチャの半族が代わる代わる三角形に沿って踊り、ドゥア・トーテムのワラビーと、イリチャ・トーテムの灰色カンガルーの真似をする。この後、順番に三角形の内側で踊り、ヘビの肛門を通り抜けて両側から聖なる家の囲いへと進む。時にはワラビーや灰色カンガルーの代わりにイワワラビーやタカを踊るが、これは乾季の終わりにドゥア・トーテムのイワワラビーを殺す目的で草を燃やして狩りをする動作を象徴する。イリチャ・トーテムの鳥であるタカは、火から逃げ出すヘビを見つけようと、野焼きの間は空を円を描きながら飛ぶ。他方、一般野営地で年輩女性たちは、男性の槍をつかみ、若い女性を追い回し、お仕置きをする。

出血が次の段階である。その前に、年長男性がラッパ、すなわちユーランガーを黄土で塗る。黄土とは血である。忘れてはならないが、ニシキヘビは単なる水のシンボルとか男性性器のシンボル以上のものである。ニシキヘビはオーストラリアで一番危険な動物で、アジアの森のトラやクマに相当する。

割礼の前日、年長男性は衣装を身に着ける接着剤として使う血を流す。一人が最初に血を出すと、その人にラッパが吹かれる。理由は初めて血を流す者は危険な状態にあるからである。事実、出血して気を失う者もいる。二、三時間昏睡したままの者もいる。腕から血が流れる間、ラッパ係はラッパの口をその人の身体に押し当て、他の男たちは三つの歌を歌う。「人の血」「ヘビのトーテム」「ヘビの音」である。各

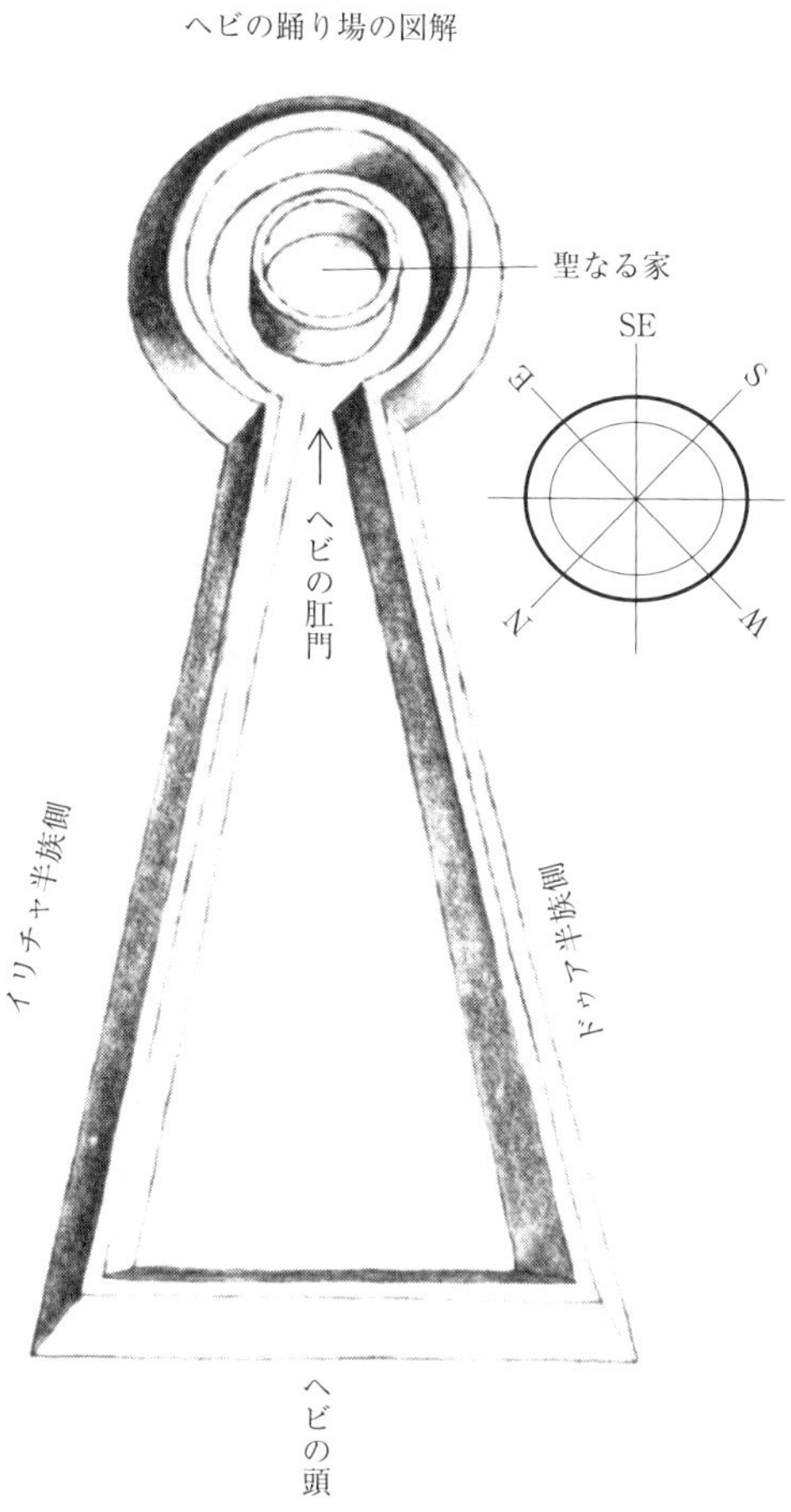

図31　北オーストラリア，アーネムランドのムルンギンのジュンガン割礼儀式に使われる聖なる儀式の場（W. L. Warner, 1937に拠る）

歌の後で、男たちは代わる代わる自分の母親の母親の兄弟の名前を呼んで自慢する。「彼のペニスは実に大きい！」とか「魚をたくさん獲る人だ！」などの特徴を言う。彼らはこの親族の名を何人でも好きなだけ呼ぶことができる。そして、さらに五つ歌を歌う。「大地の振動」「ヘビの舌」「ドゥアの稲妻」「黒い雨雲」「空にかかる雨雲」である。

血の提供者と、踊るため血を身体に塗る男たちは、特別な関係になる。いわゆる血の兄弟となって、一緒に野営したり訪ねたりし、互いに歓待しあう。

一人が流す最初の血は、ワイウイラクの姉の頭から流れた血と見なされる。身体に押し当てたラッパは、その姉から血を吸うヘビである。最初の出血にまつわるエピソードのそれぞれに歌う歌は、ヘビに咬まれて呑み込まれた出来事の全体を繰り返すのである。男たちが女性から少年を離す時、男たちはヘビで、洪水が彼らを流しているのである。

割礼の当日に、一つの頂点に達する。血でボディ・ペインティングする男たちは、緑の小枝を歯でかんで作ったブラシを使い、二人で互いに塗りあう。踊り場で割礼を受ける少年たちの身体を、年上の男たちが塗る。次に踊りが始まる。ドゥア男性はドゥア・トーテム動物を演じ、イリチャ男性はイリチャ・トーテム動物を表現する。男たちは踊りのたびにヘビの身体と認められた場所へ突進し、互いが戦うふりをする。すると、人目を避けて聖なる家で扮装したオオトカゲ男たちが、三角形に通じるヘビの肛門とされる所へ一人ずつ姿を現わすと、ラッパが各人に向かって順番に吹かれる。これら男たちはヘビの子供を表わす。

ジュンガン最終日、ヘビの踊り場に集合した男たちは、身体に塗った後で残った血を自分の石製の槍先に塗ると、割礼を受ける少年を持ち上げ、ちょうど母親が赤ん坊を運ぶように背負うと、一列に並んで一

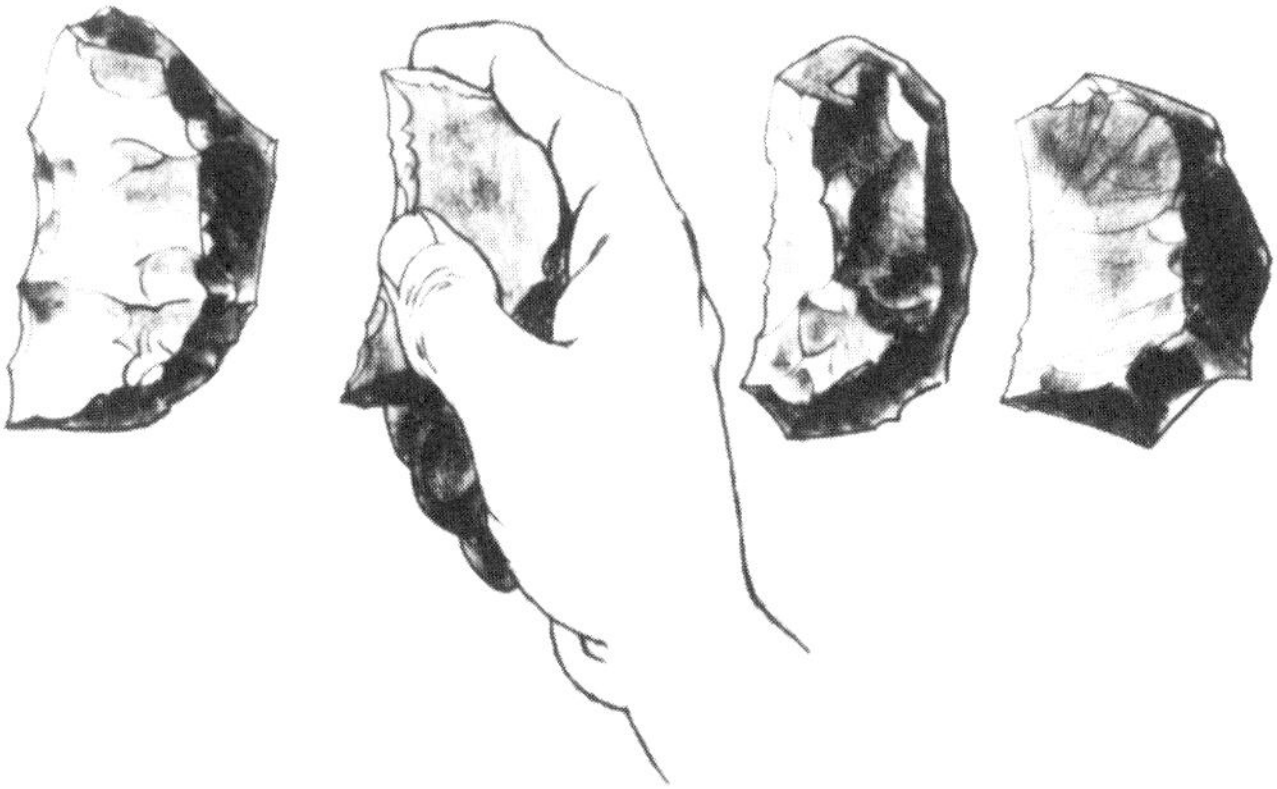

図32　オーストラリアの割礼用ナイフ

般野営地へ連れてゆく。槍先の血はユーランガーを示す。女たちが理由を聞くと、自分たちがヘビを殺したからヘビは地下に姿を消してしまうだろうと答える。しかし男たちは本当はヘビは死んでいないと確信している。

その間、女たちは各野営地で白粘土と黄土を使ってかなりけばけばしく身体を塗ると、割礼場所に立つ柱の前の葉っぱや草の周りを踊る。一時ががやがやした後、集合した人たちは二手に分かれ、各々が野生のガチョウのような声を上げる。ジュンガンのリーダーがガチョウトーテムの普通の名前（聖なる名前ではない）とガチョウが見つかる所、例えばガチョウが餌を食べる泥の中の穴の名前を大声で言う。そこで男たちは少年たちを取り囲み、女たちは泣く。

少年一人に付き男性二人が仰向けに横たわる。各少年は、試練の最中に口中が乾かないよう、貝殻に入った水を一杯もらって飲む。これで翌日まで何も飲むことはできない。それから口に籠が入れられる。噛みしめて痛みに耐えるためである。割礼を受ける男子に近い親戚の女性の中には、少しでも痛みが自分に移動するように、小枝で自分の身体を打つ者もいる。もし少年が人に聞こえる声で泣くと、男たちはヘビの声に似せた震え声を上げて、泣き声を覆い隠す。少年たちは一斉に割礼される。その最中、女たちは男たちの周囲を踊る。少年の包皮は水の入った樹皮のかごに入れ、その父親に預ける。父親は息子が成長したら本人に返すことになっている。切開が終わるとすぐ、儀式のリーダーは、各成人男性から飾り羽を一本抜き取る。それが儀式の終わりを告げる合図となる。

そうしている間、男性一人が少年一人を抱き起こし、男性野営地へ運ぶ。運んだ男性は自分の両手と少年の傷口を洗う。それから燃え木に両手をかざして温めて、ちょうど浜でケルプに当たって傷ついた男性の睾丸を温めたという前述のタスマニア老婆のように、その熱を少年のペニスに移す。

少年はこの時点まで、欲しいものは何でも食べてよかったが、今や、次の雨季が終わるまで大型動物の肉は口にしてはならない。翌日、男たちは一般野営地に面する側の男性野営地に火を熾す。石をいくつか暖め、火の両横に丸太を二本置く。その上にまた二本を交差して置く。この装置は少年の座る所である。男たちが水に浸したユリの葉あるいはパンチグラスを石の上に投げ入れると、蒸気が立ち上る。少年が石の真上に座ると、蒸気が直腸から入り、身体を通り抜け口から出ていくと考えられている。湯気を当てることで、少年を強くして、無性に食べたい気持ちを押さえ、後で十分な食物がもらえることを確信させる。

年輩男性は両手を火にかざして暖め、片手を少年の口に当て、片手は少年のへそに触れる。そうしながら、男としての振る舞いについて教訓を与える。例えば、下品な言葉を慎むこと、他の男の妻を追いかけないこと、父親に従い年上を敬うこと、教えられた秘密は決して女や子供に漏らさないこと、などである。

リーダーは先にジュンガンで歌った一連のトーテム歌を、指揮棒でリズムを執りながら、再び歌う。男たちは少年を石の上から下ろし、床の上に座らせる。一人の男性が、野営地にある各種の食物を一口ずつと、野営地にない食物を表わす小粒の石を、樹皮で作った盆に山盛りにして持ってくる。

食物係は各少年に食物を一つ一つ与えながら質問する。「その食物の名前は何というか」。隣に座る男性が食物の聖なる名前をささやくと、少年はそれを大声で繰り返してから飲み込む。少年が正しく名前を告げるたびに、他の男たち皆は「ヤイ、ヤイ」と叫ぶ。もし少年がこれら聖なる名前を女や子供に漏らすと、少年は殺されると男たちは言う。もちろん暴力によらず、呪術によってである。今やステータスが変わったことを象徴して、少年の陰部の飾り房は、新しい別のものと取り替えられる。これが終わると、少年は年輩男性の監視下に置かれ、傷が癒えるまで女性や子供たちから引き離される。

以上で、未熟な段階の男子の処置が終わったら、次は、初めて恐れ多いラッパを見ることを許された、一段上の男子に、注意が向けられる。彼らは植物だけの食事で、無言を通すことを言い渡される。期間は儀式のリーダーが決め、たいていはせいぜい一週間である。それからヘビの踊り場に連れて行かれ、自分の氏族トーテムのデザインで身体を塗る。その間、リーダーと若者を塗る男たちは、氏族のトーテム名、各々の領域にある動物や泉のトーテム名を歌う。

これが終わると、各少年の親族はリーダーに食物、武器、その他の工芸品の贈り物をする。リーダーは贈り物の一部、特に食物などは、年輩男性に分け与える。最後に、聖なるラッパの管理者は、夜の闇にまぎれてラッパを泥の中に埋める。次回の儀式で掘り出すが、状態がよければ塗り直して再び使用し、そうでなければ、新しいのを作る。

長々と続く儀式のほんの一部だけを概略的に描いたが、この儀式でワイウイラク神話のすべての動作が歌われ、演じられる。クライマックスは、すでに儀礼を完了した年輩男性の出血である。個人と集団のこの犠牲は、神聖を汚したその結果、姉妹と息子たちが咬まれて呑み込まれることの象徴である。それは死と再生の象徴でもある。割礼自体は神話にはなく、姉妹が自分の意図した割礼を息子に施すことができなかったことの表明にすぎない。若者への教訓は一般の通過儀礼に共通するが、神話群には全く含まれていない。

大人の行動ルールの朗唱は、ある意味で十戒に似るが、この場合はショック治療のすぐ後、思春期の精神が特に感じやすい時期に行われる。動物行動学の研究者が観察するところの刷り込みにも通じるし、さらに現代のゲリラ訓練所の新入りが受ける厳しい試練にも似る。こういった古代からの実際的教育方法によって、やむを得ず短期間で多くを学ぶだろうし、同時に教育をする側の年長者の仲間意識も、新たになり強くなる。その場合の決定的行事は、互いの腕から流す血液を混ぜて、血の兄弟を生み出すことである。

クナピピ

ワイウイラク神話のその他の儀礼もだいたいジュンガンと同じ手順であるが、中でクナピピは他にない要素がある。それは豊穣の象徴、母なる女神クナピピ自身である。クナピピはいつも身ごもっていて、長いクリトリスは地面を引きずる。クナピピが海から出て初めて姿を現わしたのは、アーネムランド東部のローパー河の河口で、そこからよく知られるジグザグの道をたどって内陸に達したと言われる。ある解釈によると、クナピピは道々で子供を生みつけ、その子供が今の人の祖先となったという。また、ユーランガーと目されるニシキヘビによって身ごもると、毎年の雨の後に、動物や植物の霊を送り出す責任もあった。

ロナルド・バーントによると、クナピピ儀式はインドネシア人が沿岸に到達してから始まり、最近、白人接触の影響に対する反作用として急速に広まった。ちょうどアメリカ平原インディアンのゴースト・ダンスや同じ地域のペヨーテ・カルト、またメラネシアのカーゴ・カルトに似ると推測する。こういったカルトのように、クナピピは束の間の出現だったから、アーネムランドで宣教活動が始まると、教会側がみだらな祭儀を認めなかったので、廃れ始めた。*

＊ R. Berndt, *Kunapipi* (1951). W. L. Warner (1952) もまたムルンギン地域で行われたこういった儀式をかなり詳細に描いた。

ジュンガン同様、クナピピも二カ月かかり、地域によって雨季が終わる前から始まる。表向きの目的は若者たちに秘技を授ける儀礼であるが、身体を傷つけることはなく、参加者は鳥の綿毛や羽その他を、血液で身に着けて飾る。ニシキヘビその他の動物を表わす大がかりなヘアスタイルの者もいる。ヘビの踊り場に代わり、やはり土塀で囲まれた最も聖なる場所はクナピピの子宮を表わし、最も神聖な踊りがそこでなされる。少年たちは儀式の間はほとんど、年長者の監督の下で隔離される。

ワイウイラクのさまざまな逸話は、例の呑み込みと吐きもどしとともに、また相応しい歌とともに踊られる。歌の一部はジュンガンからの借用もある。ニシキヘビの声はラッパでなく、うなり板である。緊張の合間に道化が出てくる。愚かな振る舞いのウグイスに扮した踊り手が代わりになる場面もある。道化は高く鋭いウグイスの声を真似し、男性の歌声の深く響く声とおかしなコントラストをなす。

子宮のような土塀と別に、二股の柱に屋根棒、上を樹皮で覆った小屋が一つ建てられる。これはワイウイラク姉妹の家を表わす。女たちは、背は高いが軽くてもろい人形を二体作る。竿にカエプトの木を紐で結んで膨らみをつけ、色を塗る。各先端は葉を集めて作った冠で、シュロやタコノキの葉に似せてある。大きくそびえ立つ模型は世俗的にはシュロやタコノキを表わすが、聖なる意味は、実際に生きて柱の中にいる二匹の雌雄のニシキヘビである。

　踊りの後半で、男たちはいろいろな種類の動物の雄や雌となり、雄役は樹皮のペニスを着けて交尾の真似をする。目立つのはフクロネズミで、この動物はどこかユーモラスな上、たいへん好色と見なされる。最終日の夜、満月の下でクナピピ儀式はクライマックスに達する。参加する人の儀礼性交は、ワイウイラク姉妹が子供をもうけた時の近親相姦行為を表現すると言われる。この熱狂的儀式に先だつ数日間は、一部の参加者のリビドーを昂揚し興奮の頂点に至らせるため挑発的な大騒ぎや性的なふざけがある。中には待ちきれなく藪の中ですでに実行する者もいる。

　普通の方法は、適切な親族関係の二人の男性が、妻の交換に同意する。女性の数が不足することが多く、一人が何人も受け入れることになる。性交前の踊りで、興奮しすぎた女性が自分のワギナの陰唇を開け、棒きれを使ってふりをすることもある。

　踊りが終わると、二人ずつ組になる。性交姿勢は男性が地面に座り、少しのけぞり、女性の両脚は男性の下腹の周りに巻きつく。腕は伸ばしたままで互いの肩をつかむから、最も深く挿入される。二人の身体をカエプトの木で遮り、女性の汗が男性の身体に落ちないようにする場合もある。どちらにしても、性交が終わると、男性パートナーは自分の汗を女性パートナーの夫にこすりつける。「病気になる」のを防ぐためである。

　未婚女性にこのような行事への参加は許されない。イニシエーション儀礼を受ける若者たちは、男性野営地で厳重な管理下にある。翌朝、若者たちはふさわしいボディ・ペイントをして整列させられる。女性は赤味がかった黄土で身を塗って集合する。若者は、クナピピの子宮とワイウイラク姉妹の家の象徴である藪の中の隠れ家で、清められる。若者が身を隠す間、関係者は屋根の上にヘビの模型を持ち上げ、明らかに若者たちを「呑み込む」儀礼を行う。ついに、清められ、生まれ変わって、彼らは外に姿を現わす。

ヤーガンの大舎屋儀式

ジュンガンやウルマークに匹敵するのは、ヤーガンが行った連続二つのイニシエーションで、大舎屋儀礼と男子舎屋儀礼と呼ばれた。可能なら冬の開催だったが、その季節に食料が乏しい場合は、もっと豊かな時期、特にクジラが岸に乗り上げた時などに変更された。このような思いがけない恵みのニュースが広がると、かなり遠くからも人が集まるから、もしイニシエーションに相応しい志願者が揃い、執り行って成果が出るなら、開催が決定された。儀礼期間は、食物の貯えと志願者の学習速度によって、一週間から数カ月にわたった。人々がそわそわし退屈すると、学校は終わることもあった。

前述通り、ヤーガンは首長、長老会、クラン、拡大親族グループなどを持たなかった。労働区分は男女の違いだけで、他は技術的にも政治的にも区分がなかった。ところが、大舎屋儀礼と男子舎屋儀礼は驚くほど複雑に組織され、イニシエーション志願者の他に、八種類の役職があった。リーダーまたは儀式のマスター、最終権限を持つ監督者、教師、主たる監視人とその他多数の監視人、志願者一人に二人の保証人、保母あるいはベビー・シッターであった。子供は、参加資格に達するまでイニシエーションが行われる大舎屋から遠ざけ、預けられた。

男女とも大舎屋儀式に参加が許された。女子は初潮を見てから、男子は精神面で十分成長し、教わる内容を吸収し、教えに伴う試練に耐える鍛錬ができていると年輩者が判断したら、参加が認められた。したがって男子志願者の年齢は一四歳～二七歳までと多様であった。男子は結婚を許されるまでに大舎屋儀式を二回連続して受けなければならなかった。女子は一回か二回かは明言されていなかった。どちらにしても、宣教師や他の白人が到着するまで、儀式は頻繁に行われ、男女ともそれなりに資格ある志願者は若いうちに終えて、結婚に重大な遅れを来すことはなかった。

儀礼の内容は経験者だけの秘密であった。儀式の存在そのものも、宣教師を含め白人に知られていなかった。存在が判明したのは一九二一年で、宣教師の息子の妻でヤーガン族のネリー・ローレンスが、文化人類学者のグジンデ〔マーチン・グジンデ。一八八六〜一九六九年、カトリック司祭で人類学者〕の前で、大舎屋を意味するヤーガン語を不注意に漏らしたからである。グジンデは苦労して儀式のことを知ると、ヤーガンの生き残りに開催を説得し、自ら志願者として二度経験した。後年、グジンデがオーストリアから戻ると、儀式で彼の保証人であり師であったヤーガンは、グジンデがその後結婚しなかったことを激しく非難した。グジンデは一九六九年一一月にこの世を去ったが、独身のままだった。

大舎屋は長い円形の建物で、住居に使う円形ドーム型の構造と基本は同じであった。屋根に数人の監視人が座っても大丈夫なほど堅固で、風にも耐え、参加者が壁を揺すって物見高い霊を追い出すが、それにも耐えた。片方の端は野営地に面する比較的広い入口で、もう片方は森に面し、志願者が野営地の人たちに見つからないで出入りできる狭い入口だった。各入口に毛皮が垂れ下げられた。

グジンデがイニシエーションを受けた舎屋は長さおよそ九メートル、幅三メートルだった。昔はもっと長く、五〇〜八〇人を収容できた。どちらの場合も、中の中心線に沿って立って踊ることのできる高さだった。中心線は火を焚く所でもあり、丸太で囲まれた。内側の壁に沿って、黒、白、赤に塗った棒が結びつけられ、同じものが屋根からも垂れ下がった。デザインは単純形、円形、小片だったが、特に意味はないとされた。

野営地側に一二メートル離れて、台所用に普通の小屋が建てられ、大舎屋内の人たちの食事を作った。

料理人はすでに儀式を終えた四、五名の女たちであった。順番に担当したから、連日の儀式をほとんど見ることができ、見落とすのはほんの一部だけであった。

主たる監視人は猛禽類の海鳥、ドルフィンガル〔くちばしの赤いカモメ〕に扮し、赤い染料を一筋、鼻からあごに塗りつけた。実際の鳥を見ると、くちばしによく血が付いている。主監視人はまたアホウドリの白羽の特別な鉢巻きをした。彼あるいは助手は屋根の高所に座り、扮する鳥の鋭い声を出して子供やよそ者を追い払ったり、許可を得て大舎屋から外出し一息つく志願者や、薪取りに出た志願者を監視した。

舎屋内にリーダーと監督がいた。リーダーは儀式のいろいろな部分を指揮する行動的で機転の利く人物。監督は年長者で、静かにリーダーを指導し、間違いがあれば指摘した。大舎屋内の席は、保証人、志願者、第二保証人の順で、このトリオが続き、炉の両側を囲んだ。

初日の早い時間に、リーダーと監督は中に入って、まず瞑想し、そうしながら手順を考えた。次に入ったのはイニシエーションをすべて終えた人たちで、教師や保証人も含まれた。各男子志願者に男性保証人二人あるいは男女の保証人が付き、各女子志願者に女性保証人二人が付いた。ついでに言うと、保証人と志願者の関係は終生続いた。保証人は常に助言し、志願者は保証人が老いると世話をした。少なくともあるケースでは、保証人はその男子のおじであった。

各人は羽根付きのアホウドリかガチョウの皮で作った額飾りを鉢巻きに固定して着けた。また各人は約四五センチの長さの踊り棒を持った。白く塗られ赤い線や点があった。一方の先が尖り、先端近くに綿毛の輪が接着してあった。

志願者以外の全員が席につくと、各男子志願者の主保証人がそっと姿を消した。まもなく特殊な役割を受け持つから、特殊に身を飾るためだった。次に、リーダーの合図で、監視人が壁面から獣の皮の鞭を取り外した。鞭を伸ばし一列に並んで外に走り出ると、最初の志願者が隠れる小屋へ行き、その若者を捕まえて縛りあげ、大舎屋まで抱えて来るか、または先導して来た。入口では四つん這いにさせて押し込む。志願者が入ったとたん、誰かが頭上で皮をパチンと鳴らし、巧みに志願者を目隠しした。その瞬間、中の全員が唸り叫び、地面を叩き始めた。

志願者が目隠しのままで席に座ると、主保証人が化粧をして、あるいは地下に住む悪霊イェタイテに身をやつして姿を現わした。イェタイテは人々の行動を鋭く見張り、もし行いが悪ければ地から飛び出し、その者を罰する。儀式用のイェタイテはくしゃくしゃの髪に黄土粉をつけ、顔は赤く塗り、白い線が口から放射状に出ていた。全身を白く塗り、両肩の間に羽飾りが垂れ下がった。一緒に来た助手は、小枝の冠をかぶり、顔の上半分は黒く、下半分は赤く塗っていた。

イェタイテが姿を見せたら、他の者たちは残り火をかき回し部屋を明るくした。炎からイェタイテが躍り出るように見えたその時、別の人が志願者の目隠しを取り除いた。

イェタイテは志願者の若者をつかむと、揺すって、地面に押しつけた。その間、その場の人々は叫び声を上げ、床の地面をドンドンと踏みしめた。一〇分ほどして、若者が冷や汗をかくと、儀式リーダーは両手を口の前で丸めて「ホーホー」と大声を出した。それはイェタイテが死んだことを意味した。イェタイテ役が若者の前にうずくまると、若者の隣に座った人が言った。「よく見るんだ。あの人は誰それさんだよ（若者のおじであることが多い）」。イェタイテ役の人が儀式の最後まで若者の特別な保証人となる。保証人と若者の関係は、若者と父親の仲よりもはるかに親密で、その間柄は生涯のものであった。

残りの志願者も順番に連れて来られ、同じ所作が繰り返された。ただし、女子はイェタイテの試練を免除された。しかし男子が受けるのを目撃し、すっかり驚き恐れていた。

この最初の厳しい経験の後、決まったプロセスが始まった。生理的要求で許される場合、薪集めに出される場合、引率されて森や海辺での特別授業に出かける場合を除き、志願者たちは儀式の終了まで与えられた狭いスペースに、胡座をかいてきちんと座り、不動かつ無言を通さなければならなかった。雨が背中に滴り落ちても、誰も屋根の穴を塞ぐことはしなかった。誰かが土虫や昆虫を背中に置いても自分で取り除くことはできなかった。面白い話を聞いて笑ったら必ず叱責された。このような行動違反や不服従に対する罰として、保証人やリーダーは大舎屋の小さい入口近くのすきま風の入る所に志願者を行かせ、一日ないし二日間、食べ物を与えずに座らせた。

最初の四日から六日の間、志願者がもらうのは午後にたった一つのカラスガイと、一度の飲み水であった。水は鳥骨の管を使いカタツムリの殻から飲んだ。睡眠は真夜中から朝五時までで、それを保証人はしっかりと見届けた。もし時間外に寝入ると、誰かがつついて言った。「いつか満員のカヌーで立ったまま寝なければならないだろう。それをこの場で知っておくがいい」。

夜間、志願者らは海辺へ引率されて水浴びをした。儀式の期間中にさらに三度、入れ墨をする目的で海辺に連れ出された。その都度、水平の線を一本胸周りに入れてもらうが、背骨の上の皮膚は除かれた。まず、黄土で線を引き、次にカラスガイの殻で傷をつけ、そこに黄土をもみ込んだ。こうしてできる皮膚の下の線は青色に見えた。

週に三回、毎回一時間の講義を先生から受けた。先生は行動において非の打ち所のない人物で、講義に先立ち何時間も黙して座り、心の準備をした。話の内容は、男女間や異年齢グループ間における大人の振る舞いに関する、ヤーガン規則の総体であった。例えば、女子には、もし夫が他の女性を追い求め始めたら、最初の数回は気づかないふりをしなさい、すると夫は浮気に飽きて戻ってくるだろうと教えた。

志願者たちが森へ薪集めに送り出される時は、道草をしてはならず、キノコを食べたりその他の間食をしてはならないと言い渡された。古い木の幹に住む精霊は目撃すると報告するからであった。実際は監視人が絶えずこっそり見守った。儀式期間の後半になると、今度は保証人が志願者を海辺に連れ出し、実践的教育を授け、テストをした。男子には、さまざまな種の動物の行動を学ばせ、籠をターゲットにして動物を銛で仕留める方法を教えた。女子には籠の作り方やエビ、カニ、貝などの採集方法を教えた。志願者の実習の結果に不満があると、程度に従って教育を延長した。

以上の事柄が進行する間、他の人々は屋内で歌った。各人が一人で歌い、メロディーやハーモニーもなく、一つの言葉をさまざまに音の高さを変えて繰り返した。歌の目的は集団の楽しみではなく、各歌い手が精神的に高揚するためだった。午後も遅くなると誰も彼も大声で歌った。一人一人が立ち上がり、両手の指にダンス棒をはさみ、踊りのすり足で大舎屋の端から端へ、火がほとんど消えた炉に沿って滑るように進んだ。志願者たちも許されて、保証人と一緒に立って踊った。

集会は、一人の男性が踊り棒を水平に持ち、炉に沿って踊って往復し、座った者たちに食物を所望し、それを他の者に分け与えて最後は自分も少し食べるところで、終わった。この男性は儀式に来た精霊たちを送り出していたのである。皆は自分の身体に何かを引き寄せる身振りをした。自分の霊が一時的にさまよい出たので元に戻すためであった。そして全員が自分の踊り棒を地面に打ちつけ、鉢巻きを取り、眠りについた。

儀礼期間の幕が下りるのは、志願者ができるだけのものを学んだと責任者が判断した時、誰か死亡した時、食物が底をついた時、参加者が落ち着きを失ったり退屈し始めた時などであった。そこでリーダーはフィナーレを告げた。アシカ皮のカーテンが大舎屋の奥にかけられ、志願者はその後ろに座った。野営地に残っていた者が観客として現われた。全員が身体を塗った。中年男性がカーテンの後ろに行き、志願者、今や卒業生を連れて出て来た。彼らが炉を何度も往復して踊ると、各主保証人が、男子女子それぞれの手を取って座らせた。これが儀式の統合の部分、すなわち最後であった。

ヤーガンの男子舎屋儀式

次の儀式はキナ、男子舎屋儀式である。大舎屋儀式をすでに二回パスした若者は、この儀式を通過して完全な大人になった。大舎屋儀式を最終合格するまで、少なくとも一度は落第する者がいるから、儀式志願者の年齢の幅は、かなり広がった。

儀式の背後に大地核隆起と洪水の神話がある。男性は女性の秘事を盗み、それで女性を支配する力を得たと神話にある。儀式の開催は、大舎屋儀式のすぐ後、あるいは葬儀の直後であったが、周囲の状況や集合欲求しだいで独自に行われることもあった。

男たちは円錐型ログハウスを建て、飾りつけ、リーダーを決定した。グジンデによると、リーダーについて取り決めはなかったが、常にシャーマンだった。また年輩の信頼される女性二人が演技者として参加した。

大舎屋儀式と同じく、志願者は目隠しされて連れて来られる。今度は一人でなく二人の霊役の攻撃を受けた。霊は、円錐型でのぞき穴の付いた肩まである仮面を着けた。志願者は目隠しを外されると、霊役の頭をつかんで仮面を剝ぐよう命令された。剝いで誰だったか明らかになると、男子舎屋の秘密は死の苦しみの際でも、決して漏らすなと警告された。

ある時点で、恐ろしげな騒ぎが男子舎屋で起こり、音は野営地までよく聞こえた。閉じこめられたとされる二人の年長女性は、先の尖った棒で鼻の中を突き血を流した。二人は走り出ると、殺気立った悪霊の攻撃で男たちは皆殺しにされ、自分たちは逃げ出したと見物人に叫んだ。後で男たちが、同じ方法で出血し、互いに血を塗り合って血まみれで出て来た。彼らは集合した女や子供たちの前で踊り、自分たちは生き返り、悪霊は死んだことを表わした。

男子舎屋儀式は歌や踊りがかなり続き、ヨウロック兄弟とその姉の伝説が朗唱された。伝説群全体が語られるのはこの儀式だけで、断片でさえ語られるのは大舎屋儀式のみであった。伝説群にはあらゆる行為のための、きめ細かな教えが含まれている。

最後に、志願者も含め男たちは、化粧や仮面で多くの霊に扮した。鳥や動物の霊になって、海岸や森から姿を現わした。彼らは男子舎屋と野営地の間の広い場所で左右に動きながら踊り続けた。踊りは食べ物がなくなるまで、参加者と見物人がうんざりするまで、またその両方に至るまで続行した。

結　論

ここに例示した定期儀礼は、細かな点は別としても、狩猟民から産業国に至る多くの人々の儀礼と原理は似ている。アメリカ合衆国のクリスマス、元日、戦没将兵記念日、イギリスのガイ・フォークスの日もそうである。さらに広く国際的規模なら、オリンピックがそれに相当する。

こういう記念儀式や祝祭の全体的機能は、日頃顔を合わさない人たちを、仕事を休める時に一日または週末、あるいはもっと長期間、一堂に集めることである。そういった行事はまさに人間本性の基本の一部で、スピーチ、ダンス、ビジュアル・アートなども同じである。これらコミュニケーション手段はすべて、儀礼の中で強調されている。

第16章　シャーマンと治療

シャーマンについては前章まで何度も述べ、狩猟場面のなじみの顔となっているから、改めて紹介する必要はほとんどない。手短に言うと、シャーマンの仕事とは不可解な原因で生ずる不安を和らげることである。原因はたいてい、普通人の理解を超える悪霊、怒れる神その他の悪意ある仕業と信じられている。それを妨害し、病人の健康と心の平穏を回復するために、その道の専門家を呼ばなければならない。専門家は霊と交流し、霊のやり方で霊と対応する方法を修めた人物である。その人物はテレパシーや透視眼を持ち、現代の超心理学者が念動と呼ぶ力で物体を動かすことができると信じられている。多くの現地調査員やその他の西洋人観察者が目撃した一部のシャーマンの技は、見る者に深い印象を与えてきた。シャーマンはたとえどんな人物であれ、才能ある芸術家である。

治療行為はシャーマンの仕事の一部にすぎない。簡単な病なら医者に診てもらわないように、シャーマンの助けを要しない治療もある。例えばタスマニアでは、腹痛は下剤となる植物のマツバギクを咬んで飲むだけで治った。ムブティ・ピグミーの便秘治療は浣腸で、中が空洞の蔓植物で水薬を投与した。ガボンのアコア・ピグミーは、トリーユ神父が確認したものだけで少なくとも二九の植物を、医療目的に利用した。狩猟民の民族薬理学の比較研究は、意義もあるが骨の折れる研究でもある。しかし今、ここでは必要ではない。なぜなら、以上のような治療は一般的に行われ、明らかにどれもシャーマンの助けは要らないからだ。

目に見える怪我もそうである。ムルカ・ビルがマンジェラニーでの二対の決闘（二九二―四頁）で受けた胸の傷や、タスマニア先住民が、鉄砲でずたずたになった最後のタスマニア人の一人キング・ビリーの腕を切断した外科手術に、不可解な要素は何もなかった（これは驚くに値しない。イラクのシャニダール洞窟では、衰えた腕を切断したネアンデルタール人の骨格が発掘された。骨の周囲の土からは止血効果のある花の花粉が見つかっている）。

北アメリカ北部の内陸地では、常食に脂肪が欠如すると、めまいや衰弱が起こり、ついには人喰いを企てる幻覚に至ることがある。ファーレイ・モワットはハドソン湾西のカリブー・インディアンを初めて訪れた際、カヌーで出発しようとした時、この幻覚を感じ始めた。インディアンと白人の混血が溶けたラードをコップ一杯くれたので、治った。神話に出てくるウインディゴという名の人喰い鬼の存在を信じる北アルゴンキン族の中には、ウインディゴ・コンプレックスに罹る人たちがいる。それに罹ると、周囲の人が食用動物に化して見え、殺して食べようとする。現実に狂暴になる前に、大量の溶けた脂肪を飲ませると治ってしまうことがある。*

* Vivian J. Rohrl, "A Nutritional Factor in Windigo Psychosis," *American Anthropologist*, February 1970, pp. 97–101.

もう一つ、一般障害の治療技術として蒸し風呂が挙げられる。これにはフィンランドのサウナの原理に基づく効能がある。最も素朴な形は、ただの木枠の中に座り、焼け石に注いだ水から上がる蒸気に浸かる方法である。この療法は治癒的効果があるだけでなく、超常能力を求める人にも役立つ。蒸し風呂は多くの北アメリカ・インディアンに共通してみられ、おそらく発祥地であろう北方アジア全域に及ぶ。

多くの狩猟民には、以上のような簡単な方法で治らない痛みもある。次第に力を失い、やせ細ってしまうような原因不明の病気は、よく呪術の結果と見なされる。患者の魂は抜き取られたのかもしれない。それとも他人の不幸を願う者が、目に見えない飛び道具を患者の身体に発射したのかもしれない。治療として魂を捕まえて元に戻すか、あるいは冒された所を回復させなければならない。両方の技術に必要なのは、よく訓練された専門家——シャーマンである。シャーマンは呪医、または医者としても知られている。

治療を効果的に行う上でシャーマンには二つの仕事がある。診断と処置である。まず、原因の超自然的存在は誰か、または何かを見抜く。次に取るべき手段を見つける。シャーマンによっては他に、天候の制御、食物を見つける時と場所の予測などの仕事がある。こういった役割でシャーマンは強化儀礼に参加する。天候や食物はシャーマンの社会全体に関与するからである。

種々の理由で、シャーマンを持たないムブティ・ピグミーのような人々もいる。タスマニア人のように治療以外のシャーマンの仕事と首長の仕事を合体させるところもある。ビルホール族の場合は、首長が神官の役割を果たし、狩りを成功させる儀礼を執り行う。また、シャーマンは治療行為だけで診断は他に任せるところもあるし、その逆の場合もある。複数のシャーマンが治療や天候の支配などの仕事を分担するところもある。

アイヌの診察と治療

アイヌは男性シャーマンを持たない。コタンの古老の長である首長が、サケ儀礼やその他で祭司を務める。首長はまた複雑なアイヌ神話のすべてと祈りを記憶し、治療も含め多くの儀礼のやり方も知っておかねばならない。首長は動物の頭骨を使って予言を行うから、ある意味で診断者でもある。頭骨は装飾した箱に入れ自分の家の聖なる場所に保管する。

もし何かの計画の結果を予言したい時、あるいは禁止を破ったと告訴された者が有罪か無罪かを決定したい時、首長は箱からキツネの下顎を取り出し、歯を上に向け、自分の頭の上に置く。しかるべき祈りの後、顎骨を額から滑らせて座っている敷物の上に落とす。落ちた骨の歯が上向きならば、答えはイエス、下向きならばノーである。

この方法を使って頭骨コレクション一つ一つの有効性を確かめることもできる。頭骨が期待通り悪しきものを遠ざけるかを見分けて、良くないものは捨ててしまう。首長自身が病になった場合、頭骨審査は彼個人にとって重要である。病気になると審査にパスした頭骨を盆に載せ、自分の頭の近くに置く。そうすることで、頭骨は彼を苦しめる悪しき霊を追い払ってくれるからである。

首長が自分の治療に必要な手だてをしている間は、助けを求める他人の治療を行うことはできない。代わりに首長は女性霊媒トゥスに依頼する。トゥスは診断者であるが、自身がイミと呼ばれる女性特有の神経症に罹って治療された経験を持つ者である。イミは、予定に沿った毎年の儀礼全部を正しく守るための慢性的心配と、それに伴う苦労から生ずる副産物のように思える。男性のように自己顕示的はけ口を持たない女性に、神経症は特に多かった。結婚で女性は新しい社会に移り住まねばならなかった。家を離れることはめったになく、猟に出る夫や息子が仕掛け弓の毒矢で事故死するのではないかと心配した。だからといって未婚で過ごし、怒りっぽい老婆になるのも嫌だった。

イミの症状は、ヒステリックな神経痛、眼病、慢性的頭痛、関節炎、機能麻痺などで、それに悪夢とか、人や自分の意図に反する言動をしてしまう強迫神経症なども伴った。いったん癒えると、このような女性は宗教的回心のように突然に感情を吐き出した。しかし行動はやはりおかしかった。この病を治した女性たちは互いに仲間となり、集落の者たちから、からかわれた。

取り憑いた悪しき霊が体内から追い出されると、良き霊が代わりに近づいて、霊媒トゥスとして神がかり状態に入り、情報を授けてくれた。霊はヘビの女神であったり、好意的なキツネ、毛虫、スズメバチの女神だったりした。

誰かが病気になると、家族は首長とトゥスを呼んだ。首長が誦呪でトゥスを神がかりにすると、トゥスの保護霊がトゥスの口を借りて、病の原因になった霊の名前を告げた。悪霊を追い出すのは首長の仕事であった。首長は好意的霊のためのイナウ（削り幣）を作り、祈りを捧げた。あるケースでは、病人がスズメバチの霊に取り憑かれたことが判明したので、首長は木を削ってスズメバチの巣の形を作り、それを病人の頭の周りを時計方向に六回、廻した。

もし病人がイミで苦しむ女性ならば、犯人はたいていカムイパウチと判明した。狂気とヒステリックな踊りを専門とする強力な霊である。そうなると大がかりな演出が行われた。他の人たちも巻き込む、この一連の象徴的行程は、演劇のように三幕に分けられる。

第一幕の舞台は病人の家と周囲の庭。首長が火の女神、カムイフチのためのイナウを削るところから始まった。他の神や霊への媒介者として、カムイフチを呼び出す必要があった。イナウを炉に立て、首長は病人の状態を知らせるため祈った。そして二人の助手の女性の助けを借りて、病人を外に連れ出すと、そこで、庭の霊、屋外トイレの霊、空の神、植物の神、狩猟の神、川の所有者をそれぞれ、霊塀の特定の場所に呼び出した。それらの場所には数多くのイナウや動物の頭骨が取り付けられた。

次に、首長、病人、二人の女性助手は見物人を従え、川まで歩いた。そこが第二幕の設定である。首長は十数柱の神々や霊のためのイナウを、定められた所に立てた。川の神のためのイナウは土手に沿って立て、他の高位の神々のイナウはもっと奥地の霊塀に立てた。火の女神は家から出られないから、塀の下端に、女神を表わす剣を吊した。

この後、葦を材料に高さ一・二メートルのアーチ型の悪神の家を六軒建てた。それぞれの先端にゴボウと同類のイタドリの茎と葉を結んだ。イタドリは、その空洞の茎を使って船の模型を作り、サケの初漁儀礼の終了後、儀礼に訪れたサケの神を乗せて海へ送り返すのに使う植物である。イタドリの花綱は、アーチを燃やすとき、カムイパウチの悪を追い払うためであった。

アーチの両側に、不思議なパワーを持つ葦と薬草の束を一つ置き、土手の六つの水の霊のイナウの横にも二束置かれた。高位の神々の霊塀の傍らに置かれた二束は少し違って、常緑の笹であった。これらの束は鞭で、病人から悪霊を鞭打って追い出すことになっていた。

舞台が設定されると速やかに事は進んだ。まず首長が、呼び迎えた全神々や霊に対して祈った。それから、川から最も遠い最初のアーチに火を点ける、病人は身を屈めて下をくぐり抜けなければならなかった。アーチから出たら、各助手は手にした鞭で、病人を六たび打った。打ちながら、ソット・ボセ、「見よ、見よ！」と神々に言った。同じことが残り五アーチに順に繰り返されたら、病人は六つのイナウが立つ土手へ戻った。

病人はイナウからイナウへ歩かされた。助手の女性二人は場面ごとに鞭を取り、それを水に浸け、病人を打ち、それから鞭を川に投げ入れた。鞭は浮いたまま川下へ流れた。最後に、伏流の女性霊のイナウの所へ来ると、各助手は丸い小石を二つ取り上げ、手に一つずつ持って打ち合わせ、カムイパウチに用意ができたと知らせた。そして病人のわき腹や前を小石でなでた。一人はこの行為を別の二つの小石で繰り返さなければならなかった。それから二人は六つの小石を川に投げ入れた。

この後、三人の女が高き神々の霊塀まで歩くと、そこに首長が立っていた。首長はカムイフチの剣を塀から取り出し、「フオ！　フオ！」としゃがれた低い声で息を吐き出しながら、剣を空中で振り回し、切り払い、斬りつけた。アシスタントは「フサ！　フサ！」を呟いた。両方とも前に言った「見よ！」を意味した。

次に、首長が剣を持ち、腕を上にまっすぐ伸ばしたら、各助手は病人をササ茎で六回打ち、病人の上着を脱がして地面に置いた。昔、アイヌに余裕があった時代は、服を川に投げて流れに任せ、もし病人が単にヒステリックなだけで完全な心神喪失ではなかったら、病人も川へ投げ入れ、そして引き上げた。それから三人は土手に戻ると自分たちの顔を洗い、頭から水をかけた。助手は病人に服を着せ、見物人を従え、元の家に連れ帰った。

第三幕が始まった。病人の家の庭で、首長は霊塀にイナウが下がる神々に祈りを捧げ、助手は再びササの鞭で病人を打ち、再び上着を脱がせた。病人の付き添いが脱がすこともあった。ここでは上着は昔も川に投げなかった。助手は服を振るい、外に吊した。それから病人を家の中に入れ、最後にもう一度鞭で打った。首長は儀礼のはじめにカムイフチのために削ったイナウを燃やし、これで儀礼は終わった。

なにしろ病人はこのような注目、大騒ぎ、運動、鞭打ち、マッサージ、歌、主演などを経験し、またおそらくずぶ濡れになっただろうから、一時的にせよ、前より気分が良くなるのは当然だった。もしカムイパウチの悪霊がこっそり身体の中に帰ったら、再び試練を受けることができた。あるいはトゥスになることもあった。トゥス役で、病の原因を霊コミュニケーションを通し、首長に教えることができた。自分と同じ病に苦しむ女性についてては、特にそうであった。

これは立派な演出、大規模通過儀礼であり、分離、移行、統合を含み、同時に火と水の象徴的対立がある。この二つの要素は病人から悪を追い出し、洗い流すという共同作業を果たした。首長と女性霊媒が仕事を分担することで、首長は神がかりになる必要がなかった。首長と神官を兼務する威厳ある者に、神がかりは相応しい行為ではないし、手先の早技や病人の身体から病の原因を吸い出す行為で、見物人の物笑いになることもなかった。しかしトゥスは、自身が病の一時期を経て、それによって、神がかり状態で霊と交信する力を会得し、変わった行動で集落の人たちから孤立するなどにより、実際はシャーマンの一種の、診断の専門家であった。

ヤーガンの強力なシャーマン

二番目の例は、再びヤーガンである。彼らの大舎屋儀礼と男子舎屋儀礼の二つの通過儀礼は前章で述べた。ヤーガンはさらに、男子舎屋儀礼卒業生のうち、シャーマン専門職の志望者のための第三の学校、大学院コースを開いた。シャーマンの社会的評価を考慮すると、シャーマンになりたい誘惑は強い。この方向に野心を抱く多くが挑戦し、一部がマイナーなシャーマンになった。訓練計画の試練に耐え、地元にとどまらない名声を得るシャーマンを育てる個性の争いを勝ち抜くのは、比較的少数であった。

真に力あるシャーマンは信望が厚く、例えば次のような逸話が語られる人物であった。ある時、長期に暴風雨が続いた。食物が乏しくなり、人々はシャーマンに助けを求めた。シャーマンは夢を見たので人々に次のように告げた。今自分たちが野営している海峡の南岸に沿って西方に行き、これこれの場所に着いたら、そこで待て。わたしの夢に二頭の姉妹クジラが現われた。二頭とも腹に赤ん坊を宿し、今にも生まれそうだ。しかしオキゴンドウが近づき脅迫したので、姉妹は懇願した。「殺さないで。殺すと四つの命が奪われてしまう」。それでもオキゴンドウは二頭を攻撃したから、二頭は上げ潮で浜に取り残された。以上がシャーマンの言葉であった。人々はシャーマンが指示した場所へ行って待った。すると確かに、波が二頭の妊娠したクジラを浜に打ち上げた。シャーマンの言った通りだった。グジンデにこの話をしたのは、宣教師の息子の妻になったヤーガン族のネリー・ローレンスである。「今日ではこのようなシャーマンは残っていません」とネリーは付け加えた。

噂に伝わるシャーマンが、自分の保護霊を得る方法はいくつかある。一人で森を歩いていると、古木に住む多くの霊の一つが近づき、その人の保護霊になると申し出ることがある。海岸で海洋動物の霊と出会うこともある。また、夢に、アコア・ピグミーの巨大ゾウに相当する、巨大クジラが現われることもある。これはシャーマンが使い魔とする最強の霊である。巨大クジラの夢を見る者は絶対的使命を得たのだから、それに抗うことはできない。

ヤーガンのシャーマン学校

クジラその他から強い使命を得ると、その者は数日間、半分神がかり状態となり、断食し、人に会うことを避ける。人々がその状況に気づき、噂が広まると、すでに定評あるシャーマンが、その者に他の者たちと一緒にシャーマン学校の授業に参加するよう勧める。十分な数の生徒が集まると、人々は数家族をしばらく養えるほどの食物がありそうで人目につかない場所に集合する。そこに、男子舎屋儀式の家に似た円錐のログハウスを建てたら、数カ月続く授業が始まる。この間、生徒と先生は睡眠も食事もこの家でとる。万一、女性が恐る恐る半ば生徒として入学を許可されても、コースの間は身を慎まなければならない。女性は一流のシャーマンになることはない。

最も優れたシャーマンがリーダーとなる。助手として、数人のシャーマンではない中年男性が、食料と薪を補給し、邪魔が入らないようにする。夜になると、男たちは訪問者として生徒の進展を中で静かに見守ることが許される。

建物の中は誰も彼も、身に一糸もまとわない。シャーマンと男生徒は全員、石灰や白い乾燥粘土を、歯で砕いて唾液と混ぜ、それを全身に塗る。この膜が乾燥すると、互いの身体を爪でひっかいて線を描く。女生徒、助手、訪問者は上半身を白く塗り、口の両脇から耳たぶにかけて赤い線を引く。これは明らかに二流の制服である。

それぞれに座席が割り当てられる。生徒は両脚をまっすぐ伸ばして座り、頭が背後の壁に触れないように、柔らかいスポンジのような腐食した木を当てる。これは守護霊が住む木から取られ、生徒が地面に頭を置くときは、この聖なる絶縁体が枕の役を果たす。

午後四時頃、歌で日課が始まる。歌は、ヨウロック兄弟が星となったシリウスとプロキオンが、最も高く空にかかる朝の二時か三時頃まで続く。生徒は夜明けに起きて食べる。食物はすべてそこで料理され、一日につきイガイ三個と貝殻一杯の飲み水から始まる。水は骨のストローで飲む。後で、割り当てはイガイ二個に減り、ついには一個となる。もしイガイの供給が不足すると、魚の尻尾が貝の代わりとなる。たった一度の質素な朝ご飯が済むと、昼まで無言で過ごす。日によって薪集めに出されたり、女監督の下でイガイ集めに出されることがあるが、その時に食べてはいけない。

他の狩猟民と同じくヤーガンも、シャーマンは人とは異なる肉体から成り立ち、変身はこの学校で始まると信じる。新入生はそれぞれ野生のメギの木の削りくずを丸め、そこに乾燥白色塗料を混ぜて自分の頬を摩擦する。一回に三〇分ほど擦るが、一日の回数をできるだけ多くする。擦ると、頬の皮膚が取り除かれ、新しく三層の皮膚が成長すると思われている。成長するに従い、皮膚は感度を高め、ついには最終層の超高感度の皮膚が、目に見えなくても広がって全身に至る。そのため、可視の肉体が触れることができない周囲の物、時に一〇〇メートルも離れた物を、感じ取ることができるようになる。シャーマンは注意深く皮膚の形成を見守る。彼らには実際に進行が見える。新入生の中で最初に新しい皮膚を得た者が、最も有望な候補者と見なされる。

新しい皮膚が成長し広がる間、シャーマンは何度も両手で火の上の暖気をすくい取り、新入生の頭に注ぐ。また、片手で口の中にも注ぐ。この二つの行為は、新入生の目の前のもやを取り除くためと言われる。その結果、新入生は自分の守護霊が見えるようになり、それに向かって歌を歌う。歌とは、守護霊が最初に姿を現わした時に教えてくれる歌である。時折、シャーマンの一人が、身体を揺らし静かに歌って神がかり状態に陥る。シャーマンが倒れると、新入生はこの真似をする。また、シャーマンが突然、大声で歌い出すこともある。これは、霊が身体に入って歌っているのである。霊が去ると、元気よい歌は次第に弱まり、消えてゆく。夜になるとシャーマンたちは互いに、その日訪れた自分の守護霊について話し合う。

霊の訪問は伝染することもある。歌の最中、あるシャーマンが「すぐそこに、わたしの霊が来た！」と叫び、前かがみで立ち上がる。彼は他の一人一人に触って問う。「あなたは誰だ？」すると「あ、この辺りに生まれた者です」といったあいまいな答えが返る。他の何人かが飛び上がって自分の霊が来たと発表する。ついにそこは守護霊で満ちあふれ、興奮が高まる。グジンデが出席した授業では、優れたシャーマンを夫に持つ、エミリアという名の女性志願者がいた。そのため、霊は投石器で魔法の病原体を投げつけた。エミリアはそれを片手で捕まえると、男子志願者サンチアゴの手に、目に見えない病原体を擦り込みながら「今、あなたに手渡す！」と言った。それからエミリアはホーン岬の氷からやって来た別の霊を捕まえると、グジンデの身体に擦り入れた。

このような授業の後、霊は一つ一つ去り、ついに一人だけが、小声で歌い続ける。するとまた、別の声がひとしきり歌う。これが何度も繰り返され、寝る時間まで続く。

この学校でシャーマン志願者は、神がかり状態の夢の中で霊と交信することを教えられるだけでなく、もっと活発な技、例えば手の早業や、病原体を飲んだり吐いたりする技も学ぶ。そういった技はたぶん内密に教示されるのであろう。授業に集まるいろんな参観者に公表できない秘伝であるからだ。

活躍するシャーマン

現役シャーマンの活動には、治療、天候支配、狩猟呪術、未来を見通し事件を予言するなどがある。岸に打ち上げられた二頭の妊娠クジラの話は予言の例である。シャーマンも通常は他の人と同じく自分の食物は自分で確保するから、そういう意味でパートタイムの専門職、あるいは超過勤務の専門職である。しかし他方、シャーマン仲間ではそれぞれ神技の専門性がある。治療分野の専門家もいれば、天文学の知識を使う専門家もいて、雲、雨、雪、氷の管理、海流や水陸動物の動きの制御をする。

仕事中のシャーマンは、特別な身繕いをする。一つはヘアバンドで、仕事以外はバッグに入れて持ち歩く。これはゴイサギのうす灰色の羽を動物の腱の紐三本と織り合わせて作る。シャーマンは全身を白く塗り、頭髪に白い粉を擦り込む。病気治療の場合はかなり激しく身体を動かす必要があるが、その他はたい

イェクシュ，原寸大

図33　ヤーガンのシャーマンのイェクシュ，すなわち病原体。呪術の力で被害者の身体に投げ込まれるが，擦ったり吸ったりすることで取り出す（Martin Gusinde, 1961に拠る）

ていい、いわば夢うつつ状態で霊と交信し、あらゆる不可思議な超自然の行為を行う。神がかりが解けると、内容を皆に発表する。

超自然の行為の中に、イェクシュと呼ばれる呪力のある鏃を、呪力のある投石器でシャーマンが投げるというものがある。シャーマンは、さらに本物の鏃を胃の中に入れて、見物人を納得させるため吐いて呈示する。ヤーガンのシャーマニズムにイェクシュはとても重要で、ヤーガン語でシャーマンをイェカムシュと言うが、これはイェクシュの派生語である。シャーマンは夢うつつ状態で次のように言う。「別のシャーマンが投げたイェクシュを、わたしは右手の中に捕まえた。さあ、これを前の地面に置こう」。もちろんそれは目に見えないが、見物人はシャーマンが手を動かしたかどうかに関係なく、シャーマンを信じるだろう。

人は病気になると、まず薬草で治療するが、念のため信頼できるシャーマンを呼ぶ。多くの病気の原因、中でも特に神経系統を冒す病の原因は、

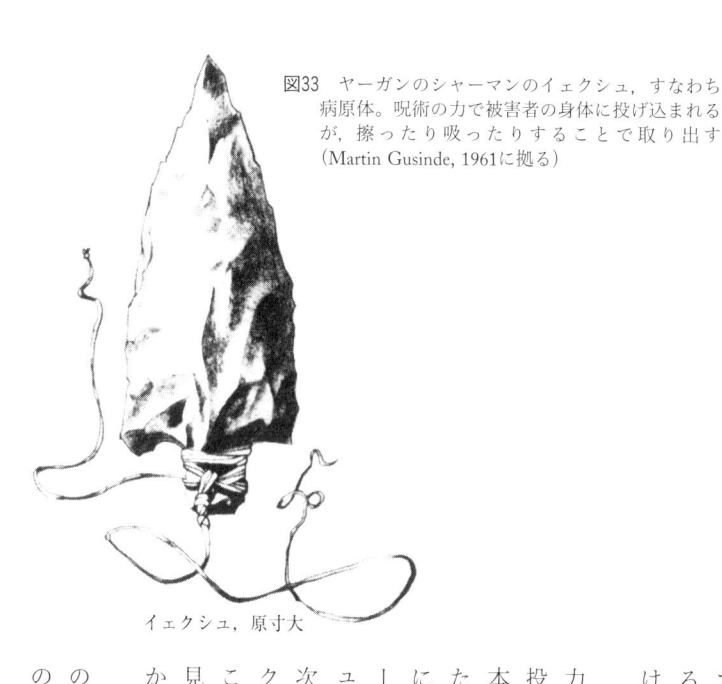

敵意を抱く者がシャーマンを味方にして相手にイェクシュを投げ込ませるからだと信じている。治療する側のシャーマンは、身体を白く塗りヘアバンドを着け、半ば神がかりで患者の身体を揉みながら、イェクシュのありかを探す。見つけるとイェクシュと取っ組み合い、患者の身体を揉んで、口を吸う。ついに患者は胃から戻し、細い部分に紐のついた鏃を口から吐き出す。シャーマンは吐き出した物を自分の手のひらに載せて自分の口の前に出して示し、その場の全員に見せてから、ふっと息をかける。すると鏃は影も形も消えてしまう。もし患者がその後に死ぬと、シャーマンの所に来るのが遅すぎたのである。もし患者の容態が悪化し過ぎているなら、シャーマンはどうしても鏃を取り出すことができない。病は死を司る天の神、ワトーイネワからもたらされたと伝える。

予言力に関して、グジンデはシャーマンの予言が的中した二つの事例を目撃した。一九二三年三月二二日、あるシャーマンがグジンデのいる前で言った。「長いカヌーが見える。中にヴィグア・ウ（鵜）がいる」。次の日、鵜の大群が海峡を渡ったのである。これは、鵜の行動としても数にしても稀である。またある日の正午、前述したエミリアが言った。「海が白くなってゆく。高波が泡を立てて盛り上がっている」。そのとき海は静まり返っていた。翌日、エミリアが語った高波が東からうねってきた。

猟の成功を期する目的で陸や海の動物霊を引き寄せたい場合、シャーマンは両腕と両手を広げて空気をつかみ、閉じた両手を身体に引き寄せてから開くと、「ススッ!」とささやきながら身体を膝まで擦る。このようにして、獲物の霊を捕まえ、その動きをコントロールするのである。

浜辺に上がったクジラのごちそうに集まる人々が、肉が腐敗しても食べ続け、多くが同時に病気になることがある。この事態になると、シャーマンは彼らを見物人として集合させ、男子舎屋儀礼の最終部分の儀式を執り行う。これは儀礼に出席した霊たちが追い返される儀式である。シャーマンはこの方法で、病人を毒する霊も同様に去ってしまうと信じさせる。この呪術は強力だから、これを演じることで、シャーマンは危機にきわめて重要な指導力を発揮する。ヨーロッパの流行病がもたらされた後は、繰り返し何度もこういった演出が必要であった。

しかし次に述べる内容は、シャーマンが人々を結束し、互いに相争わせる場合があることを示す。ある時、二人の兄弟がいた。両方とも力あるシャーマンだった。兄弟は喧嘩をして、それぞれが従者を連れ、ポンソンビィ湾の水路をはさんで対峙する場所へ行った。北側へ行ったシャーマンが夢を見た。自分のカヌーに乗り水路の半ばまで行くと、そこで別のカヌーに乗った兄弟と出会った。二人は互いの身に呪力のある鏃を投げ合い、そして帰った。

北浜のシャーマンは目覚めると、夢の話を仲間に話して、こう付け加えた。「わたしは今、鼻や口から血を流しているから、もうすぐ死ぬだろう」。そしてその通りになった。人々は習慣通り、三段階に火を燃やしてのろしを上げ、南浜の人々に彼の死を知らせた。すると火から煙が上がるや否や、やはり三段の煙が南浜から上がるのが見えた。二つのグループが集まった時、兄弟の両方とも目覚めて同じ物語を話し、二人は正確に同じ時間に死亡したことが明らかになった。二人は同じ力を持ったシャーマンであった。

オーストラリアのスーパーシャーマン――ムンクムボレ

さて、場面を移し、ここは荒々しい南海を越えた、オーストラリアのマリー川下流域である。この地域には強力な首長や評議会の賢人たちはもちろん、力あるシャーマンもいる。シャーマンには、治療者や天候支配者の他に、スーパーシャーマンがいる。スーパーシャーマンは普通のシャーマンの技術を熟知する上に、戦争と平和に関する部族間調整を専門とする。このようなシャーマンを呼ぶ名前がムンクムボレで、シャーマン階層のトップである。特技は透視力で、過去と未来の両方の出来事を見通すことができる。平和時の役割として、新月儀礼で他部族のムンクムボレと会い、洞察に基づく意見によって次の部族間集会の議題を作成する。戦時の役割は、差し迫った攻撃を首長に知らせ、予測される襲撃者の人数、到着時間、その結果の正確な情報を与えることである。

攻撃の前夜、ムンクムボレは首長の近くで、首長の盾を枕にして眠る。彼は首長の部下が攻められるさま、奮い立つさま、反撃するさまを見る。目覚めると戦いを支配する精霊に向かって歌い、首長を敵の武器から守るよう懇願する。ムンクムボレは首長に自分が見たことを伝えるが、首長の優れた勇気による槍の一撃が勝利をもたらしたのを見た、と付け加える。

ムンクムボレは日の出前に伝令を起こす。伝令は戦士たちに武器の準備をさせ、槍や棍棒は十分あるかを確認し、兵士たちを野営地から遠ざける。女性や子供のいる場所を戦闘から遠く離して安全にしておくためである。こういった指令はムンクムボレの前で行われる。後のことを首長に任せ、彼は出立する。ムンクムボレ個人は戦いに参加することはないが、後に講和を結ぶ時に仲間と合流しなければならない。

他の下位シャーマンは、もっと積極的に戦いに参加する。特に他部族の遺恨あるメンバーに対し、復讐の急襲をする場合はそうである。以下、実例として植民地時代初期、あるいはさらに遡る時代の出来事を述べる。しかしその前に、マリー川下流地域は今日まで一世紀以上も白人に占有されてきたこと、そして、復讐攻撃の思い出も、今では呪術的概念で豊かに装飾されていることを知っておく必要がある。ここでは、語られた内容をそのまま記し、わたしたちの視点から見て実際に起こったことを選別することはしない。

呪力を持つ縄を使った復讐

殺害された者の親族が強く復讐を願うと、一族の一人——必ずしもシャーマンではない——が、人の頭髪を材料にした呪力を持つ縄を作る。あるいは以前に作られた縄の使用権を手に入れる。髪は生者死者を含めた多数から刈り取られ、子縄二本を編み合わせて太さ二・五センチ、長さ一〇メートルほどの縄にする。各子縄は親指と人さし指で撚って作り、髪を密着させるため黄土と動物の脂を擦り込んでから、二本を合わせる。でき上がった縄は、羽を内側にしたエミュー皮の袋に入れて、七日間そのままにしておかなければならない。

長老の一人が今にも息を引き取ろうという時、その弟あるいは息子に頼み、長老の身体の下にこの袋を置き、袋の上で息を引き取ってもらう。死亡すると、縄を屍体に巻きつけ、一端は死者の片手に持たせ、もう一端は小屋の出口を通り抜け、外で一人が手に持つ。亡骸は縄を巻きつけたまま腐敗が進むから、縄は死者の霊力を十分に吸収することになる。そうなると縄は誰であろうと、使う人の願望に感応する。ただし、エミューの皮袋の中で暖かく乾燥した状態に保たなければならない。復讐の任務に出たら、一行の速やかな前進のために、地面のすぐ上に空気のクッションを作って、縄は一行を導き低木の林を抜け、山や川を越えて進むことになる。

縄を使う時がくると、一行の仲間になるべきシャーマンが縄に話しかけ、目標の人物の名前と、縄がやるべきことを告げる。それから復讐する側の親族一二人が、縄を聖なる儀式の場所に運んで長く延ばす。一二人は復讐の歌を歌いながら、縄から離れて立ち、縄の周りを半日踊る。翌朝、シャーマンが儀式の場所へ出かけ、ある一カ所から草、棒切れ、石などを取り除くと、そこに人の身長の長さに盛り土をする。上に復讐相手の身体の輪郭を作り、頭部は死者の霊が行く西にする。

この人型作りを終えると、シャーマンは他の者たちを連れに野営地に戻る。彼らはシャーマンと縄と一緒に引き返す。一二名は赤い黄土とパイプクレーを身体に塗っている。長老たちも姿を現わし、人型の周囲に円になって座る。女と子供は排除される。それから、人型の両足の間に杭が打たれる。縄の一端をそこに結び、人型の正中線に沿って真っ直ぐ西に伸ばし、そこで二本目の杭に片方を結ぶ。

長老たちは次に死の歌を歌うが、その間、両手で地面を叩き、復讐相手の名前を呼ぶ。一二人の復讐者の一人が、人型の頭に位置を占める。彼は片手に縄をゆるやかに持ち、手の中で滑らせ、そのままの姿勢で縄の端まで歩く。それから両手を広げ、目に見えない何かを西の方向に投げるジェスチャーをしながら、「太陽と共に、西の空に向かって、おまえは行くのだ」と歌う。残りの一一人も順番にこの動作を繰り返す。

長老たちは間を置きながら、日没まで地面を叩き歌を歌う。日が地平線の向こうに沈むと、一二人は西に向かって南北一列に並び立つ。人型の左右に六人ずつである。シャーマンが「槍で突け」と叫び、全員がそれぞれの槍で土盛りを突く。そして相手の名前を発して、西の方角に息を吐く。西に向かって歩きながら「復讐相手がすぐに死んでしまうように」と歌い、泣くふりをする。最後に各人は自分の小屋へ戻り、シャーマンは縄を回収し、自分がその夜に寝る寝床の上に巻いておく。

七日後、遠征に出発するが、旅は夜である。聞き取りをした例では、主に川を利用する旅のコースで、言葉の違う部族領域をいくつか通り過ぎる。境界地の野営地が近くなると、乾いたゴムの木を叩いたり、二本の投げ棒を打ったりして自分たちの到来を告げる。複数の言語を話す者がかがり火の後ろに立ち、一行は何者か、そして旅の目的は何かと大声で尋ねる。野営地の住民は縄への恐れのため許可を出すが、許可はゴムの木を三度叩く、あるいは川に小石を三個投げ入れて知らされる。時に一行は立ち寄って食事をするように招待される。一行は野営地から一〇〇メートルほど離れて座り、食べ物をもらう。残りかすは丁寧に燃やし、目的以外に有害な呪術が及ばないように気をつける。

あと一晩もすれば目的地に到達するという地点で野営し、二、三日は敵の野営地に斥候を送り、復讐相手を確認する。攻撃の前夜、一行は縄に宿る霊と交信する。霊は援助を請け合う。復讐相手が眠りに落ちた後、シャーマンが縄を手にして小屋まで近づくと、他の各人も別々の方向からそこへ到着する。シャーマンは縄を解き、投げ棒に数回ほど巻いてから、相手の小屋に忍び込む。相手との接触を避けるため棒を使って、縄の一部を眠っている相手の両腕、首、胴体の周りを廻すが、相手の両手が縄に触れないよう気をつける。縛る間、参加者全員は復讐相手に注意を集中する。それから皆でゆっくりと縄を引っ張ると、相手も無意識のまま引きずられて、一行の膝の上で仰向けになって横たわる。シャーマンはフリントナイフを鞘から抜くと、相手の胸部の下の脇腹を細長く裂き、指を差し込み、肝臓の脂肪の一部を引き出す。そして傷の両側を強く押して切り口を合わせる。

それから、頭を西にして地面に寝かせ、縄を解き、そこを立ち去る。まもなくすると、天の川に住む大祖母霊が降りてきて、相手を生き返らせる。彼は立ち上がり、四方向に向かって一度ずつあくびをする。最後のあくびは西の方角である。それから小屋に戻って再び眠る。大祖母霊が傷を癒し傷口を消し、流血や手術の現場の騒ぎの跡を掃除する。その後で大祖母霊は天に昇り天の川に戻る。

首尾を果たした一行は、本拠地に帰ると、目指した敵の肝臓の脂肪を見せるため、長老たちを儀式の場所へ再び招く。一同がそれを見ると、長老の一人がシャーマンにゴムの木の枝から取った湾曲した樹皮一枚を与える。樹皮は煙で燻しエミューの脂を擦り込んで磨いてある。これは復讐相手の棺の役を果たす。シャーマンはそこに肝臓の脂肪を入れて持ち去る。

一方、やられた側は気分が優れず、痛みが始まるので、誰かが自分に呪いをかけたのではないか、あるいは何か別の方法で呪術をかけたのではないかと思うようになる。地元のシャーマンが原因を見つけて治療することができなければ、親族はのろしを上げて「ムンクムボレ」を呼び寄せる。ムンクムボレは、誰が、いつ、どのようにしたかを透視することができる。自分の主張を証明するため、それまで気づかなかった被害者の脇腹の傷跡を見物人に見せる。被害者がそれから死んで、魂が太陽と共に西へ行くと、部族の仲間は集まって復讐の反撃を決定する。そして自分たちの儀式を執り行い、こうして反目は途絶えることなく続き、ついに白人牧畜業者が定着するようになって終わった。自分の住む素晴らしい谷で、かつてどんなに常軌を逸した英雄的な行為が行われたか、ほんのかすかでさえ、子孫の脳裏をよぎることはない。

世界中の至る所で、事はそのように進み、一万年という驚くべき長い間、そのように続いてきた。もしかすると、アンダマン島人が信じたように、天変地異がいつか起こるかもしれない。そうすれば、死者が生き、生者は死ぬ。

第17章　結論――狩猟民から何を学ぶか

人類生存に重要な狂気

これまでの章を読んで、どのような結論に至るだろうか。ある男が何週間もかけて、六尋《ひろ》の長さの毛髪の縄を作り、それを屍体の体液に漬ける。縄はこれから犠牲となる人物に催眠術をかけるため使用される。術をかけられた犠牲者の肝臓から脂肪が切り取られる。この意味を理解できるだろうか。エスキモーの捕鯨船長の妻は、捕鯨が始まる何カ月も前に、死ぬ予定のクジラに新鮮な水を飲ませるため、特別な木製バケツを手に持って歩き回る。なぜそのようなことをしなければならないのだろう。狩猟民は頭がおかしいのだろうか。

もちろん、一見して理屈に合わないこのような行為は、ある社会的目的を果たしているというのが、その答えである。確かに、「人は生存するため狂気を持たなければならない唯一の動物である」と定義できるかもしれない。人が冷静な実務者となり、宗教や儀式を捨て、物事を正確に計り、数字を数え、効率的な機械を製造し、大量破壊の武器を発明し、月に人を送り、植物が交換するよりも多量の地上酸素を燃やす時*、人は自分の運命を封印する蠟を暖め始めてしまった。わたしたちと狩猟民のうち、どちらがもっと狂っているだろうか。彼らの狂気は無害であり、有益でさえある。わたしたちの狂気は、致命的である。

＊ 読者には、C. LaMont Cole の論文 "Are We Running out of Oxygen?" (*Catalyst for Environmental Quality*, Spring 1970 所収、*Massachusetts Audubon*, September 1970, pp. 29-33 に再録）をぜひ詳細に読まれることをお勧めする。

環境への物質的、社会的適応

改めてこの章を始めよう。ここでは、ほんの二、三のメインテーマを追えば事足りる。第一は、狩猟採集民と環境との間の、緊密な適合と順応である。狩猟民は、氷が覆ってさえいなければ、世界のどんな気候風土でも生き、しかもよく生きるためのエネルギー、たくましさ、創意工夫の力を持っている。火器はなく、石器のみで生きてきた。詳細に記録されたどの事例でも、彼らの辛苦の事態を突きとめると、現代侵略者の発明品に行き着く。カリブー・インディアンが飢えに襲われたのは、自動ライフル銃で武装した数人のクリー・インディアンが、移動するカリブーの群れを丸ごと殺戮してからである。殺戮の目的は、カリブーの舌を切り取り、白人の缶詰製造業者に売るためだった。

よく生きるために、狩猟民は自分の領域で得られる資源について、現代の博士号取得者が、自分の専門分野について知るのと同量の知識を、持たねばならない。参考書などはない。狩猟民のある者は、地元の動物の行動について、比較行動学専門家に匹敵するほど熟知している。地元の植物の見分け方や薬理学的特質について、植物学者と肩を並べるほどの知識を持つ人もいる。

さらに、社会学、心理学、性教育の特別クラスを受けることなく、彼らは少なくとも人間について、わたしたちの多くが知っていることはすべて知っている。小集団の中でどのように仲良く暮らすか、妊娠から死まで個人の人生に起きる一連の危機にどのように対処するか、男女の固有の違いをどのように扱うか、病気の場合は関係者全員の心配をどのように和らげるかなどである。長い授乳期間は性交を慎む、双子の一人を取り除く、不必要な延命をしない等の節制で、人口過剰をピルより効果的に防止し、過密シンドロームの破壊的影響や、わたしたちが直面する種々の汚染も防ぐ。人の心の汚染もそこに含まれる。大型動物を殺すことができない男性を独身のままにしておくことで、肉を人に分配できない大人の男が、何であれその欠陥を、次世代に引き継がせるのを避ける。

狩猟社会文化の複雑性の比較

今日の狩猟社会間に見られる技術や技巧の相違は、ちょうど何十万年にわたって製造された考古学的な石器の間に見られる相違と同じである。二五万年前の旧石器時代の道具よりも、タスマニアの素朴な柄なし石片道具のほうが、変化や出来映えに乏しい。しかし、その単純な道具でタスマニア人は継ぎ目のない使いやすい槍を作り、暖かい家を建てる。技術面でその反対の極に立つのが、エスキモーである。中には最も単純な道具を持ちながら、最も複雑な社会制度と最も豊かな神話を持つ狩猟民もいる。一シーズンで十分な食料を獲得して貯蔵し、次のシーズンは儀式や遊びで過ごすことができる狩猟民の間では、富や地位が生ずる。

狩猟民のほとんどは一人一人が何でも屋であるが、必要以上の食料が行き渡る所では、才能ある個人が、工芸の分野でも人間関係においても、パートタイムの専門家になる。特殊な場合を除き、狩猟文化の相対的複雑性を計る、はっきりした基準はない。豊富なサケを獲る北米北西岸インディアン社会は、トウモロコシ、豆、カボチャを植えて農業を営んだアメリカ・インディアンより複雑であった。

狩猟文化はそれぞれの力点や細部は変化に富むが、共通点も多い。狩猟民はたいてい外で働く。彼らの感覚は鋭く、肉体と同じくよく鍛錬されている。決まった仕事や予定が単調なことはめったになく、冒険に富むことが多い。技術の腕前は、事の首尾にかかわるから確実でなければならない。もし重傷を負うと、痛みに耐えなければならないが、老い衰えて不自由になるまで生き延びる者はほとんどいない。自然淘汰を妨げるものはなく、子孫を残すに当たり、欠陥遺伝子の荷重を増さない。

シャーマンの正しい評価を求む

文化人類学の文献の中でしばしばシャーマンは、最も狂気じみた狩猟民、すなわち生まれつきノイローゼで、わたしたちの社会ならば社会不適応者であろうかのように分類された。実際のシャーマンは、ずば抜けて知的で強い自制心を持ち、シャーマンでない者と同じ狩猟能力もある。単調な歌と踊りが、呼吸増大と恍惚状態を醸成するのは、イスラム教修道僧の生理学的研究で知られているし、ホーリーローラー〔礼拝で熱狂する宗派の信者〕でも同じことが起こる。ブッシュマンやヴェッダ族もまた、集団失神に陥る。物を飲み下して吐き出すためには、練習とやる気を要するが、できないことではない。わたしはかつてインドで、一人の呪術師がいくつかの小型ビリヤード球をお腹から吐き出すのを見たことがある。宣教師その他の初期観察者は、シャーマンの手の早技、腹話術、その他人目を引く方法ゆえに、シャーマンはペテン師だと言うことが多かった。しかしこういった策略が、わたしたちの宗教儀式の象徴的手続きの一部と比べて、どれほど詐欺的と言えるだろうか。その判断はむずかしい。

シャーマンはまた超感覚的知覚、透視、念動（物体を「物理」エネルギーではなくて、「精神」エネルギーで動かすこと）の力があると認められている。R・P・トリーユとマーチン・グジンデ神父の二人は、狩猟民の活動を綿密に観察したが、シャーマンにこういった能力がないとの確信は得られなかった。ソビエト連邦からの新証拠は、「心霊」現象が同国で密かに研究されていることを示す。*

* Sheila Ostrander and Lynn Schroeder, *Psychic Phenomena behind the Iron Curtain*. New York, Prentice-Hall, 1970.

ここで一つ力説しておこう。こういった「心霊」活動に高度の技術装置は必要ではない。飲み込むための水晶結晶板がいくつかと、ある長さの紐があればいい。この意味でシャーマニズムは、人の言語と同じく古く、わたしたちよりもオーストラリア人、フエゴ島人、エスキモーの間で、もっと高度に発達しているのはきわめて当然である。わたしたちは彼らと違う手段を持ち、目に見えない方法でメッセージを空中に発し、天気を予報し、シマスズキの到来時期を予測し、人の物理的力を使わず物体を動かすことができる。

現代社会と狩猟社会における世代間関係

ロバート・アードレイは『社会契約』の一四頁に次のように書いた。「なぜに、われわれの時代の若者は、自分たちを形成したと想定される文化そのものに反抗するのか。この疑問に文化人類学者は正面から答えていない」。わたしが知る限り――間違いかもしれないが――若者の反乱は基本的に世代間コミュニケーションの挫折から派生したものであると、明確に述べた文化人類学者は、他にいない。

過度に細分化され、過度に機械化した都市社会では、男の子も女の子も両親と直接触れることが少なすぎる。例えば、父親は朝八時三〇分に会社に出かけ、午後六時に帰宅する。一日中、彼は同僚――すなわちピラミッド型に序列化した、上司、部下、秘書、そしておそらく顧客や得意先――と濃密に交流する。ポトラッチのように、彼は高い立場を得ようとなりふりかまわずやってきた。電話でどちらが相手を待たせることができるかを確かめる。多忙な一日が終わり疲れた彼は、ピラミッド型の序列を、我が家へ持ち帰る。

男の子の多くは、父親の会社の正確な場所を知らず、父親が会社で何をするかも正確に知らない。父親がもし極秘プロジェクトに携わっているならば、息子はたとえ知りたくてもわかりようがない。父親は帰宅すると、カクテルを二、三杯急いで飲むと、母親を夕食に連れ出す。子供にしてみれば、ほとんど父不在の一日が、それで終わる。したがって、思春期前とその最中、息子は父親と一緒にいることも、見習って学ぶことも、帰属意識も奪われている。

男の子は思春期になると、大人になったことを証明するため、勇ましく冒険的なことをやりたい強い衝動を感じる。倒すべき危険な野獣は辺りに居ない。結婚のため殺す必要もない。最悪なのは運転免許証を持っていないことだ。それでも諦めはしない。彼は家の車を出すと、夜遅く人気もなく続く舗装道路をドライブする。そこで、やはり家族の車に乗った他の少年たちと度胸試しをする。車をできるだけ高速で走らせて急ブレーキをかけ、タイヤのゴムがどれだけ剝がれたか確かめる。もし他よりたくさん剝がれたら、公の認可はないが、その場限りの年頃仲間のチャンピオンである。しかしこの業績で大人社会に入ったと認められるわけではない。家族の車を使えない少年は代わりに車を盗み、病院か刑務所、または死体保管所に行くはめになるかもしれない。自分はいかに無謀で勇ましいかを仲間に示す方法が他になかったら、麻薬が若者にとって大きなチャレンジとなろう。

娘たちも母親をよく見ているわけではない。食料品は配達ではなく、母親が車を運転してスーパーマーケットまで買いに行く。メイドの代わりに自動皿洗い機、洗濯機、乾燥機がある。母親は他の女性たちと出かける時も、娘を連れて行かない。ヤムイモを掘ったり、種子を臼で挽いたり、肉をあぶったりする代わりに、冷凍食品やインスタントのテレビディナーを温める。娘が年頃になるまでに母親は少なくとも一度は離婚して再婚する。

狩猟民の子供と違い、男の子にも女の子にも、社会の継続性の保持に必要な思春期の試練を通り抜ける際の、道案内となるべき大人が居ないのだ。だから、彼らが自分たちで年齢階梯のミニ社会を作るのはおかしくはない。かつて成人儀礼で強力な意味を持った秘密性は親に向けられ、若者は自分たちの行動を親の目から隠すのである。テレビやペーパーバック、レコードプレーヤーなどを見ても、学校で教わる内容の多くは若者の知る世界とほとんど結びつかないこと、また若者が将来の展望をつくるのに役立たないことを、今さら知っても驚くことではない。というのもエコロジー運動が彼らに大きな衝撃を与えたからである。

わたしたちの地球を人類の破壊から救済し、命そのものの破壊からも救済することは、問題の半分でしかない。もう半分は、いかにして自然が人類を生存させようとしたかを学んで、わたしたちの死後に生存しているであろう人たちとの継続性を、再構築することである。もし先の半分は努力が報われたとして、あとの半分で失敗したならば、いつかある日、砂漠のむこうで狩猟民家族が出会ったら、互いにこう尋ねるだろう。「白人さんはどこへ消えたのかね？」

訳者あとがき

本書は Carleton S. Coon, *The Hunting Peoples*, Boston: Atlantic Monthly Press, 1971の全訳である。本書で言う狩猟民とは、一万年前の人類の生き方を、十九世紀まで継続した人たちを意味する。すなわち、遠い祖先のありようを現在のわたしたちに知らせてくれる人たちである。その多くが、二十一世紀の今、かつて生活の中に息づいていた文化を失いつつあることはだれでも知っている。だから、十九世紀から二十世紀にかけて行われた多くの直接観察の資料をもとに、自らフィールドワーカーだった著者がまとめた本書は、極めて貴重であると考える。

他に類を見ない本書の特徴は、テーマ別に狩猟民の生活と文化を紹介するという点である。紹介は具体的である。世界の各地で狩猟民が、いかに多様な発想で生活の技術を生みだし、確かな人間観に基づいた教育を行い、よく集団を維持したか。読者は本書によってまるで隣人のように親しく知ることができる。狩猟民の豊かな知恵や創意工夫、深い知識に、読者は圧倒されるだろう。本書を読むことで、人とはなんであるのか、文化とは何か、人が群れて生きることの意味は何か、今のわたしたちが置かれている社会の質はどうなのかを改めて見直すことを促される。

資料に基づき、事実を語る姿勢を貫いているが、著者の狩猟民に対する気持ちは随所にみられる。けっしてジャン・ジャック・ルソーが指さす「高貴なる野蛮人」説に同意するものではないと明言しつつも、現代社会と比較して、狩猟民は自然をよく知り、人との調和を保ち、わたしたちよりもはるかに幸福で満ち足りた生活を送っていたこと、そしてわたしたちを襲う全地球的な不安から免れていたことに、作者の思いの原点がある。現在、人類が自らの手で破滅に向かっているように見えても、本書の狩猟民はそれは避けがたい運命ではなく、人は本来はそうではなかったという希望をわたしたちに与え、未知なる遠い過去への懐かしさを体験させてくれる。

気になる点がないではない。著者の視点は常にヨーロッパ・アメリカのものである。狩猟民を知ることで、白人文明に警鐘を鳴らすという観点を、わたしたちはどう受け止めるのか。だれが、どの視点から、だれを観察するかというのは、文化人類学の専門家ではなく、文学を専門とする訳者たちには非常に気になるが、容易に解くことのできない難問である。ぜひとも読者からのご教示を請い願う次第である。

民族名のカタカナ表記は、文化人類学事典（弘文堂）に依拠させていただいた。その他のいくつかについて述べておきたい。インディアンやエスキモーという呼称は既に古いという意見もあるが、原書に使われている通りにした。ボツワナのG/wiブッシュマンの日本語訳について、文化人類学者の中川裕氏から「グイ・ブッシュマン」と表記することをご教示いただいた。またアフリカのムブティに関連して使われたNegroをどう訳すかで苦慮した。この単語が示すのはムブティではない定住農耕民である黒色人種である。これについては人類学者の竹内潔氏から、ご懇切な助言をいただき「農耕民である黒人」およびそれと同一できる表現にした。「黒人」としたのは、著者がムブティをいわゆる「アフリカ黒人」とは身体的な特徴に違いがあるという前提を含めているからである。お二人には深く感謝申し上げる。

本書の翻訳は鳴島史之と平野温美の共同作業である。第1、2、3、8、9、14、15、16、17の各章を平野が担当し、第4、5、6、7、10、11、12、13の各章を鳴島が担当した。

本書は出版されてかなりの年月が経っている。しかし狩猟民が消えつつある現在、古い資料は希少価値があり重要性は高いと翻訳を励ましてくれた文化人類学者の友人鍵谷明子氏の言葉が心に残った。氏からはクーンに関する資料を戴いた。最後に本書出版にご尽力くださった法政大学出版局の平川俊彦氏、松永辰郎氏、奥田のぞみ氏に心から感謝申し上げたい。

平成二〇年二月

平野温美
鳴島史之

索　引

ア　行

カ　行

サ　行

タ　行

ナ　行

ハ　行

マ　行

ヤ　行

ラ 行

ワ 行

参考文献

Baegert, Jacob. *Account of the Aboriginal Indians of the California Peninsula.* Edited and translated by Charles Rau. In Smithsonian Institution, *Annual Report for 1863,* 352–369; for 1864, 378–399; Washington, D. C., 1864, 1865.

LOWER CALIFORNIA

Batchelor, John. *Ainu Life and Lore: Echoes of a Departing Race.* Tokyo: Kwobunkwan (Tokyo Advertiser Press), 1892〔小松哲郎訳『アイヌの暮らしと伝承：よみがえる木霊』北海道出版企画センター，1999年〕.

AINU

———. *The Ainu and Their Folklore.* London: The Religious Tract Society, 1901〔安田一郎訳『アイヌの伝承と民族』青土社，1995年〕.

AINU

Bernatzik, H. A. *Die Geisten der gelben Blätter.* Munich: Bruckmann, 1938〔大林太良訳『黄色い葉の精霊』平凡社，1968年〕.

YUMBRI (LAOS)

Berndt, R. M. *Kunapipi.* New York: International Universities Press, 1951.

AUSTRALIA

Berndt, R. M. and C. H. *The World of the First Australians.* Chicago: University of Chicago Press, 1964. (Bibliography contains 409 titles.)

AUSTRALIA

Berndt, R. M. and C. H., eds. *Aboriginal Man in Australia.* Sydney: Angus and Robertson, 1965.

AUSTRALIA

Boas, Franz. *The Social Organization and the Secret Societies of the Kwakiutl Indians.* Report of the U.S. National Museum for 1895. Washington, D. C., 1897.

NORTHWEST COAST

Bridges, E. Lucas. *Uttermost Part of the Earth.* New York: Dutton, 1949.

ONAS

Bird, Junius. "The Alakaluf," Smithsonian Institution, Bureau of American Ethnology, Bull. 143, Vol. 1, 52–79. Washington, D. C., 1946.

ALAKALUF
Brown, A. R. *The Andaman Islanders.* Cambridge: Cambridge University Press, 1922.
ANDAMANESE
Cipriani, Lidio. *The Andaman Islanders.* New York: Praeger, 1966.
ANDAMANESE (ESP. ONGE)
Codère, Helen. *Fighting with Property: A Study of Kwakiutl Potlatching and Warfare, 1792–1930.* Seattle: University of Washington Press, 1950–66.
NORTHWEST COAST
Dixon, R. B. The Northern Maidu. Bull. of the American Museum of Natural History, Vol. 17, 1905.
CALIFORNIA
Driver, H. E. *Indians of North America.* Chicago: University of Chicago Press, 1961.
GENERAL
Drucker, Philip. *Indians of the Northwest Coast.* Garden City, N.Y.: Natural History Press, 1963. (Also McGraw-Hill, 1955.)
NORTHWEST COAST
———. *The Northern and Central Nootkan Tribes.* Washington, D. C.: Smithsonian Institution, Bureau of American Ethnology, Bull. 144, 1951.
NORTHWEST COAST
Gould, R. A. "Chipping Stone in the Outback." *Natural History*, Vol. 77, No. 2, 1968, 42–48.
AUSTRALIA
———. "Living Archaeology: The Ngaljara of Western Australia." *Southwestern Journal of Archaeology*, Vol. 24, No. 2, 1969, 101–112.
AUSTRALIA
———. *Yiwara, Foragers of the Australian Desert.* New York: Scribner's, 1969.
AUSTRALIA
Ehrenfels, U. R. *Kadar of Cochin.* Madras: University of Madras, 1952.
KADAR
Empéraire, J. *Les Nomades de la Mer.* Paris: Gallimard, 1955.
ALAKALUF
Fürer-Haimendorf, Christoph von. *The Chenchus: Jungle Folk of the Deccan.* Lon-

don: Macmillan, 1943.

CHENCHUS

Gusinde, Martin. *The Yamana: The Life and Thoughts of the Water Nomads of Cape Horn.* 5 vols. New Haven: Human Relations Area Files, 1961. (Originally Vol. 2 of *Die Feuerland Indianer.* Anthropos-Bibliotek, Expeditions Ser. 2. Mödling-Vienna, 1937.)

YAGHANS

———. *Die Feuerland Indianer, Vol. 1: Die Sel'knam* (as above), 1937.

ONA

———. *Die Twiden: Pygmaen und Pygmoide im tropischen Afrika.* Vienna and Stuttgart: Braumuller, 1956. (Contains a bibliography of 405 titles through 1954.)〔築島謙三訳『アフリカの矮小民族：ピグミーの生活と文化』平凡社，1960年〕

PYGMIES

Harney, W. E. *Tales from the Aborigines.* London: Hale, 1959.

AUSTRALIA

Horne, G., and G. Aiston. *Savege Life in Central Australia.* London: Macmillan, 1924.

AUSTRALIA

Howitt, A. W. *Native Tribes of Southeast Australia.* London: Macmillan, 1904.

AUSTRALIA

Kroeber, A. L. *Handbook of the Indians of California.* Smithsonian Institution, Bureau of American Ethnology, Bull. 78. Washington, D. C., 1925.

CALIFORNIA

Lantis, Margaret. *Alaskan Eskimo Ceremonialism.* Seattle: University of Washington Press, 1947, 1966.

ESKIMO

———. *The Social Culture of the Nunivak Eskimo.* Transactions of the American Philosophical Society, N. S. Vol. 35, Part 3. Philadelphia, 1946.

ESKIMO

Lee, R. B. "What Hunters Do for a Living, or How to Make Out on Scarce Resources." In *Man the Hunter,* 30–48 (see next item).

BUSHMEN

Lee, R. B., and Irven Devore, eds. *Man the Hunter.* Chicago: Aldine, 1968.

GENERAL

Loeb, E. M. *The Eastern Kuksu Cult.* University of California Publications in American Archaeology and Ethnology, Vol. 33, No. 2. Berkeley, 1933.

CALIFORNIA

Lothrop, S. K. *The Indians of Tierra del Fuego.* Contributions from the American Museum of Natural History, Vol. 10. New York, 1928.

ONA

Lumholtz, Carl. *Among Cannibals.* New York: Scribner's, 1889.

AUSTRALIA

Man, E. H. *On the Aboriginal Inhabitants of the Andaman Islands.* London: Royal Anthrop. Inst. of Great Britain and Ireland, 1885.

ANDAMANESE

Marshall, Lorna. "/Kung Bushman Bands." *Africa,* Vol. 30, No. 4, 1960, 325–355.

BUSHMEN

———. "/Kung Bushman Religious Beliefs." *Africa,* Vol. 32, No. 3, 1962, 221–251.

BUSHMEN

———. "Marriage among /Kung Bushmen." *Africa,* Vol. 29, No. 2, 1959, 335–365.

BUSHMEN

———. "The Medicine Dance of the !Kung Bushmen." *Africa,* Vol. 39, No. 4, 1969, 347–380.

BUSHMEN

———. "N/ow," *Africa,* Vol. 27, No. 3, 1957, 232–240.

BUSHMEN

———. "Sharing, Taking, and Giving: Relief of Social Tensions among the /Kung Bushmen." *Africa,* Vol. 31, No. 3, 1961, 231–249.

BUSHMEN

McKennan, R. A. *The Upper Tanana Indians.* Yale University Publication in Anthropology, No. 55. New Haven: Yale University Press, 1959.

NORTHERN ATHABASCANS

Mowat, Farley. *People of the Deer.* Boston: Atlantic-Little, Brown, 1952.

ESKIMO

Munro, N. G. *Ainu Creed and Cult.* New York: Columbia University Press, 1963

〔小松哲郎訳『アイヌの信仰とその儀式』国書刊行会，2002年〕.

AINU

Murdock, G. P. *Ethnographic Atlas.* Pittsburgh: University of Pittsburgh Press, 1967.

GENERAL

Oberg, Kalervo. "Crime and Punishment in Tlingit Society." In Tom McFeat, ed., *Indians of the North Pacific Coast,* 209–228. Seattle: Washington Paperbacks, 1967. (Original in *American Anthropologist*, N. S., Vol. 36, No. 2, 1934, 145–156.)

NORTHWEST COAST

Osgood, Cornelius, *Contribution to the Ethnography of the Kutchin.* Yale University Publications in Anthropology, No. 14. New Haven: Yale University Press, 1936.

NORTHERN ATHABASCANS

———. *Ingalik Material Culture.* Ibid., No. 22, 1940.

NORTHERN ATHABASCANS

———. *Ingalik Mental Culture.* Ibid., No. 56, 1959.

NORTHERN ATHABASCANS

———. *Ingalik Social Culture.* Ibid., No. 53, 1958.

NORTHERN ATHABASCANS

Oswalt, W. H. *Alaskan Eskimos.* San Francisco: Chandler, 1967.

ESKIMO

Plomley, N. J. B., ed. *Friendly Mission, the Tasmanian Journals and Papers of George Augustus Robinson, 1829–1834.* Hobart, Tasmania: Tasmanian Historical Research Association, 1966.

TASMANIA

Portman, M. V. *A History of Our Relations with the Andamanese.* 2 Vols. Calcutta: Government of India Printing Office, 1899.

ANDAMANESE

Putnam, P. T. L. "Pygmies of the Ituri Forest." In Coon, C. S., ed., *A Reader in General Anthropology,* 322–342. New York: Holt, 1948.

PYGMIES

Rainey, F. G. *The Whale Hunters of Tigara.* Anthropological Papers of the American Museum of Natural History, Vol. 41, Pt. 2. New York, 1947.

ESKIMO

Rohner, R. P. and E. C. *The Kwakiutl Indians of British Columbia.* New York: Holt, Rinehart, and Winston, 1970.

NORTHWEST COAST

Roy, R. B. S. C. *The Birhors: A Little Known Jungle Tribe of Chota Nagpur.* Ranchi: The G. E. L. Mission Press, 1925.

BIRHORS

Schapera, I. *The Khoisan Peoples of South Africa.* London: Routledge and Kegan Paul, 1930.

BUSHMEN

Schebesta, Paul. *Among Congo Pygmies.* London: Hutchinson, 1933.

PYGMIES

———. *Die Bambuti Pygmaen vom Ituri.* 3 vols. Brussels: Institut Royal Colonial Belge, 1938 (Vol. 1); 1941, 1948 (Vol. 2); 1950 (Vol. 3).

PYGMIES

———. *Die Negrito Asiens.* Studia Instituti Anthropos, Modling-Vienna, Vol. 6, No. 1, 1952; Vol. 12, No. 2, 1954; Vol. 13, No. 2, 1957.

SEMANG

Seligman, C. G. and B. Z. *The Veddas.* Cambridge: The University Press, 1911.

VEDDAS

Service, E. R. *The Hunters.* Englewood Cliffs, N. J.; Prentice Hall, 1966〔蒲生正男訳『狩猟民』鹿島出版会，1972年〕.

GENERAL

———. *Primitive Social Organization.* New York: Random House, 1962〔松園万亀雄訳『未開の社会組織』弘文堂，1979年〕.

GENERAL

Sharp, Lauriston. “Steel Axes for Stone]Age Australians.” *Human Organization.* Vol. 11, No. 2, 1952, 17–22.

AUSTRALIA

Silberbauer, G. B. “Marriage and the Girls' Puberty Ceremony of the G/wi Bushmen.” *Africa,* Vol. 33, No. 1, 1963, 12–24.

BUSHMEN

Smith, W. R. *Myths and Legends of the Australian Aborigines.* New York: Farrar and Rinehart, (no date).

AUSTRALIA

Speck, F. G. *Myths and Folklore of the Timiskaming Algonquin and Timigami Ojibwa.* Depatment of Mines, Geological Survey, Memoir 71. Ottawa: Canadian Geological Survey, 1951.

NORTHERN ALGONKIANS

———. *Penobscot Man.* Philadelphia: University of Pennsylvania Press, 1940.

NORTHERN ALGONKIANS

Spencer, Baldwin, and F. J. Gillen. *The Arunta: A Study of a Stone Age People.* 2 vols. London: Macmillan, 1927.

AUSTRALIA

Takakura, Shinichiro（高倉新一郎）. *The Ainu of Northern Japan: A Study in Conquest and Acculturation.* Translated and annotated by John A. Harrison. Transactions of the American Philosophical Society, N. S., Vol. 50, Pt. 4. Philadelphia, 1960.

AINU

Thomas, E. M. *The Harmless People.* New York: Knopf, 1959.

BUSHMEN

Trilles, R. P. *Les Pygmées de la Forêt Equitoriale.* Paris: Bloud et Gay, 1932. (*Anthropos*, Vol. 3, No. 4.).

PYGMIES

Turnbull, C. M. *The Forest People.* New York: Simon and Schuster, 1961〔藤川玄人訳『森の民』筑摩書房，1976年〕.

PYGMIES

———. *Wayward Servants.* Garden City, N. Y.: Natural History Press, 1965.

PYGMIES

Warner, W. L. *A Black Civilization.* New York: Harper, 1937.

AUSTRALIA

Watanabe, Hitoshi（渡辺仁）. *The Ainu: A Study of Ecology and the System of Social Solidarity between Man and Nature in Relation to Group Structure.* Journ. Fac. Sci. Univ. of Tokyo, Sec. 5, Anthropology, Vol. 2, Pt. 6, 1964.

AINU

Witthoft, John, and Frances Eyeman. "Metallurgy of the Tlingit, Dene, and Eskimo." *Expedition,* Vol. 11, No. 3, 1969.

NORTHERN ATHABASCANS, ESKIMO

図・地図一覧

図

地図

りぶらりあ選書
世界の狩猟民
発行　2008年２月10日　　初版第１刷
著者　カールトン・スティーヴンズ・クーン
訳者　平野温美／鳴島史之
発行所　財団法人　法政大学出版局
〒102-0073 東京都千代田区九段北3-2-7
電話03(5214)5540／振替00160-6-95814
製版，印刷／三和印刷
鈴木製本所

ISBN 978-4-588-02234-0
Printed in Japan

著者

カールトン・スティーヴンズ・クーン（Carleton Stevens Coon）
1904年6月23日米国マサチューセッツ州ウエイクフィールド生まれの人類学者．28年ハーバード大学でPh.D取得．48年まで同大学で教鞭をとった後，ペンシルバニア大学に移り，退職する63年までペンシルバニア大博物館館長を務める．

現役時代も退職後も，考古学，民族学の分野の根っからのフィールドワーカーで，モロッコ，アルバニア，エチオピア，イラン，アフガニスタン，シリア，ティエラ・デル・フエゴ，シエラ・レオネ，チャド，リビアなどへ出かけた．

研究業績に対し1951年バイキング自然人類学賞，55年米国科学アカデミー選出など，多数の栄誉が授与された．*Principles of Anthropology, The Races of Europe, The Origin of the Races, The Living Races of Man and Racial Aptitudes* などを著したほか，一般読者向けには *The Story of Man* や *Seven Caves* などの著作がある．考古学，自然人類学，民族学に大きく貢献し，その驚くべき広範な学識の成果を，書籍はもとより博物館展示やテレビのトークショーを通して専門家や一般読者に伝えた．自伝三部作は未完．1981年6月3日マサチューセッツ州ウエストグロスターで死去（76歳）．

訳者

平野温美（ひらの　はるみ）
広島県尾道市生まれ．東京教育大学（現筑波大学）大学院文学研究科修士課程修了．アメリカ文学専攻．現在，北見工業大学教授．著書『北海道新鋭小説集』（共著・北海道新聞社），『白い月』（近代文藝社），『文集II・母』（共著・家の光協会），『ライラック匂う』（共著・北見叢書）．論文，「聖なる儀式の書――ハーマンメルヴィル著『タイピー』」（アメリカ文学研究第27号），"Captain David Porter and Melville's Anti-colonialism"（*Studies of Human Science*, vol. 3）ほか．

鳴島史之（なるしま　ふみゆき）
東京都立川市生まれ．東京学芸大学大学院教育学研究科修士課程修了．エリザベス朝演劇専攻．現在，北見工業大学准教授．論文，"Juliet on the Balcony–The Upper Stage at Elizabethan Theatres"（*Journal of the Wooden O Symposium*, 3），「コンピュータを使った A Funeral Elegy 作者同定」（*OTSUKA REVIEW*, No. 34），「シェイクスピアの〈目〉のイメージに関する研究」（北見工業大学研究報告）ほか．

りぶらりあ選書

魔女と魔女裁判〈集団妄想の歴史〉	K.バッシュビッツ／川端,坂井訳	¥3800
科学論〈その哲学的諸問題〉	カール・マルクス大学哲学研究集団／岩崎允胤訳	¥2500
先史時代の社会	クラーク,ピゴット／田辺,梅原訳	¥1500
人類の起原	レシェトフ／金光不二夫訳	¥3000
非政治的人間の政治論	H.リード／増野,山内訳	¥ 850
マルクス主義と民主主義の伝統	A.ランディー／藤野渉訳	¥1200
労働の歴史〈棍棒からオートメーションへ〉	J.クチンスキー,良知,小川共著	¥1900
ヒュマニズムと芸術の哲学	T.E.ヒューム／長谷川鉱平訳	¥2200
人類社会の形成（上・下）	セミョーノフ／中島,中村,井上訳	上 品 切 下 ¥2800
倫理学	G.E.ムーア／深谷昭三訳	¥2200
国家・経済・文学〈マルクス主義の原理と新しい論点〉	J.クチンスキー／宇佐美誠次郎訳	¥ 850
ホワイトヘッド教育論	久保田信之訳	品 切
現代世界と精神〈ヴァレリィの文明批評〉	P.ルーラン／江口幹訳	¥980
葛藤としての病〈精神身体医学的考察〉	A.ミッチャーリヒ／中野,白滝訳	¥1500
心身症〈葛藤としての病2〉	A.ミッチャーリヒ／中野,大西,奥村訳	¥1500
資本論成立史（全4分冊）	R.ロスドルスキー／時永,平林,安田他訳	(1)¥1200 (2)¥1200 (3)¥1200 (4)¥1400
アメリカ神話への挑戦（I・II）	T.クリストフェル他編／宇野,玉野井他訳	I ¥1600 II ¥1800
ユダヤ人と資本主義	A.レオン／波田節夫訳	¥2800
スペイン精神史序説	M.ピダル／佐々木孝訳	¥2200
マルクスの生涯と思想	J.ルイス／玉井,堀場,松井訳	¥2000
美学入門	E.スリヨ／古田,池部訳	品 切
デーモン考	R.M.=シュテルンベルク／木戸三良訳	¥1800
政治的人間〈人間の政治学への序論〉	E.モラン／古田幸男訳	¥1200
戦争論〈われわれの内にひそむ女神ベローナ〉	R.カイヨワ／秋枝茂夫訳	¥3000
新しい芸術精神〈空間と光と時間の力学〉	N.シェフェール／渡辺淳訳	¥1200
カリフォルニア日記〈ひとつの文化革命〉	E.モラン／林瑞枝訳	¥2400
論理学の哲学	H.パットナム／米盛,藤川訳	¥1300
労働運動の理論	S.パールマン／松井七郎訳	¥2400
哲学の中心問題	A.J.エイヤー／竹尾治一郎訳	品 切
共産党宣言小史	H.J.ラスキ／山村喬訳	品 切
自己批評〈スターリニズムと知識人〉	E.モラン／宇波彰訳	¥2000
スター	E.モラン／渡辺,山崎訳	¥1800
革命と哲学〈フランス革命とフィヒテの本源的哲学〉	M.ブール／藤野,小栗,福吉訳	品 切
フランス革命の哲学	B.グレトゥイゼン／井上尭裕訳	¥2400
意志と偶然〈ドリエージュとの対話〉	P.ブーレーズ／店村新次訳	¥2500
現代哲学の主潮流（全5分冊）	W.シュテークミュラー／中埜,竹尾監修	(1)¥4500 (2)¥4200 (3)¥6000 (4)¥3300 (5)¥7300
現代アラビア〈石油王国とその周辺〉	F.ハリデー／岩永,菊地,伏見訳	¥2800
マックス・ウェーバーの社会科学論	W.G.ランシマン／湯川新訳	¥1600
フロイトの美学〈芸術と精神分析〉	J.J.スペクター／秋山,小山,西川訳	品 切
サラリーマン〈ワイマル共和国の黄昏〉	S.クラカウアー／神崎巌訳	¥1700
攻撃する人間	A.ミッチャーリヒ／竹内豊治訳	¥ 900
宗教と宗教批判	L.セーヴ他／大津,石田訳	¥2500
キリスト教の悲惨	J.カール／高尾利数訳	品 切
時代精神（I・II）	E.モラン／宇波彰訳	I 品 切 II ¥2500
中世の発見〈偉大な歴史家たちの伝記〉	N.F.キャンター／朝倉,横山,梅津訳	¥7500

スミス，マルクスおよび現代	R.L.ミーク／時永淑訳	¥3500
愛と真実〈現象学的精神療法への道〉	P.ローマス／鈴木二郎訳	¥1600
弁証法的唯物論と医学	ゲ・ツァレゴロドツェフ／木下，仲本訳	¥3800
イラン〈独裁と経済発展〉	F.ハリデー／岩永，菊地，伏見訳	¥2800
競争と集中〈経済・環境・科学〉	T.プラーガー／島田稔夫訳	¥2500
抽象芸術と不条理文学	L.コフラー／石井扶桑雄訳	¥2400
プルードンの社会学	P.アンサール／斉藤悦則訳	¥2500
ウィトゲンシュタイン	A.ケニー／野本和幸訳	¥3200
ヘーゲルとプロイセン国家	R.ホッチェヴァール／寿福真美訳	¥2500
労働の社会心理	M.アージル／白水，奥山訳	¥1900
マルクスのマルクス主義	J.ルイス／玉井，渡辺，堀場訳	¥2900
人間の復権をもとめて	M.デュフレンヌ／山縣熙訳	¥2800
映画の言語	R.ホイッタカー／池田，横川訳	¥1600
食料獲得の技術誌	W.H.オズワルド／加藤，禿訳	¥2500
モーツァルトとフリーメーソン	K.トムソン／湯川，田口訳	¥3300
音楽と中産階級〈演奏会の社会史〉	W.ウェーバー／城戸朋子訳	¥3300
書物の哲学	P.クローデル／三嶋睦子訳	¥1600
ベルリンのヘーゲル	J.ドント／花田圭介監訳，杉山吉弘訳	¥2900
福祉国家への歩み	M.ブルース／秋田成就訳	品　切
ロボット症人間	L.ヤブロンスキー／北川，樋口訳	¥1800
合理的思考のすすめ	P.T.ギーチ／西勝忠男訳	¥2000
カフカ=コロキウム	C.ダヴィッド編／円子修平，他訳	¥2500
図形と文化	D.ペドウ／磯田浩訳	¥2800
映画と現実	R.アーメス／瓜生忠夫，他訳／清水晶監修	¥3000
資本論と現代資本主義（I・II）	A.カトラー，他／岡崎，塩谷，時永訳	I 品　切 II ¥3500
資本論体系成立史	W.シュヴァルツ／時永，大山訳	¥4500
ソ連の本質〈全体主義的複合体と新たな帝国〉	E.モラン／田中正人訳	¥2400
ブレヒトの思い出	ベンヤミン他／中村，神崎，越部，大島訳	¥2800
ジラールと悪の問題	ドゥギー，デュピュイ編／古田，秋枝，小池訳	¥3800
ジェノサイド〈20世紀におけるその現実〉	L.クーパー／高尾利数訳	¥2900
シングル・レンズ〈単式顕微鏡の歴史〉	B.J.フォード／伊藤智夫訳	¥2400
希望の心理学〈そのパラドキシカルアプローチ〉	P.ワツラウィック／長谷川啓三訳	¥1600
フロイト	R.ジャカール／福本修訳	¥1400
社会学思想の系譜	J.H.アブラハム／安江，小林，樋口訳	¥2300
生物学における ランダムウォーク	H.C.バーグ／寺本，佐藤訳	品　切
フランス文学とスポーツ〈1870～1970〉	P.シャールトン／三好郁朗訳	¥2800
アイロニーの効用〈『資本論』の文学的構造〉	R.P.ウルフ／竹田茂夫訳	¥1600
社会の労働者階級の状態	J.バートン／真実一男訳	¥2000
資本論を理解する〈マルクスの経済理論〉	D.K.フォーリー／竹田，原訳	¥2800
買い物の社会史	M.ハリスン／工藤政司訳	¥2000
中世社会の構造	C.ブルック／松田隆美訳	¥1800
夢の終焉〈ユートピア時代の回顧〉	M.ヴィンター／杉浦健之訳	¥4500
地球の誕生	D.E.フィッシャー／中島竜三訳	¥2900
トプカプ宮殿の光と影	N.M.ペンザー／岩永博訳	¥3800
テレビ視聴の構造〈多メディア時代の「受け手」像〉	P.バーワイズ他／田中，伊藤，小林訳	品　切
夫婦関係の精神分析	J.ヴィリィ／中野，奥村訳	¥3300
夫婦関係の治療	J.ヴィリィ／奥村満佐子訳	¥4000
ラディカル・ユートピア〈価値をめぐる議論の思想と方法〉	A.ヘラー／小箕俊介訳	¥2400

十九世紀パリの売春	パラン=デュシャトレ／A.コルバン編 小杉隆芳訳	¥2500
変化の原理〈問題の形成と解決〉	P.ワツラウィック他／長谷川啓三訳	¥2500
デザイン論〈ミッシャ・ブラックの世界〉	A.ブレイク編／中山修一訳	¥2900
時間の文化史〈時間と空間の文化／上巻〉	S.カーン／浅野敏夫訳	¥2500
空間の文化史〈時間と空間の文化／下巻〉	S.カーン／浅野，久郷訳	¥3500
小独裁者たち〈両大戦間期の東欧における民主主義体制の崩壊〉	A.ポロンスキ／羽場久浘子監訳	¥2900
狼狽する資本主義	A.コッタ／斉藤日出治訳	¥1400
バベルの塔〈ドイツ民主共和国の思い出〉	H.マイヤー／宇京早苗訳	¥2700
音楽祭の社会史〈ザルツブルク・フェスティヴァル〉	S.ギャラップ／城戸朋子，小木曾俊夫訳	¥3800
時間 その性質	G.J.ウィットロウ／柳瀬睦男，熊倉功二訳	¥1900
差異の文化のために	L.イリガライ／浜名優美訳	¥1600
よいは悪い	P.ワツラウィック／佐藤愛監修，小岡礼子訳	¥1600
チャーチル	R.ペイン／佐藤亮一訳	¥2900
シュミットとシュトラウス	H.マイアー／栗原，滝口訳	¥2000
結社の時代〈19世紀アメリカの秘密儀礼〉	M.C.カーンズ／野﨑嘉信訳	¥3800
数奇なる奴隷の半生	F.ダグラス／岡田誠一訳	¥1900
チャーティストたちの肖像	G.D.H.コール／古賀，岡本，増島訳	¥5800
カンザス・シティ・ジャズ〈ビバップの由来〉	R.ラッセル／湯川新訳	¥4700
台所の文化史	M.ハリスン／小林祐子訳	¥2900
コペルニクスも変えなかったこと	H.ラボリ／川中子，並木訳	¥2000
祖父チャーチルと私〈若き冒険の日々〉	W.S.チャーチル／佐藤佐智子訳	¥3800
有閑階級の女性たち	B.G.スミス／井上，飯泉訳	¥3500
秘境アラビア探検史（上・下）	R.H.キールナン／岩永博訳	上¥2800 下¥2900
動物への配慮	J.ターナー／斎藤九一訳	¥2900
年齢意識の社会学	H.P.チュダコフ／工藤，藤田訳	品　切
観光のまなざし	J.アーリ／加太宏邦訳	¥3300
同性愛の百年間〈ギリシア的愛について〉	D.M.ハルプリン／石塚浩司訳	¥3800
古代エジプトの遊びとスポーツ	W.デッカー／津山拓也訳	¥2700
エイジズム〈優遇と偏見・差別〉	E.B.パルモア／奥山，秋葉，片多，松村訳	¥3200
人生の意味〈価値の創造〉	I.シンガー／工藤政司訳	¥1700
愛の知恵	A.フィンケルクロート／磯本，中嶋訳	¥1800
魔女・産婆・看護婦	B.エーレンライク，他／長瀬久子訳	¥2200
子どもの描画心理学	G.V.トーマス，A.M.J.シルク／中川作一監訳	¥2400
中国との再会〈1954—1994年の経験〉	H.マイヤー／青木隆嘉訳	¥1500
初期のジャズ〈その根源と音楽的発展〉	G.シューラー／湯川新訳	¥5800
歴史を変えた病	F.F.カートライト／倉俣，小林訳	¥2900
オリエント漂泊〈ヘスター・スタノップの生涯〉	J.ハズリップ／田隅恒生訳	¥3800
明治日本とイギリス	O.チェックランド／杉山・玉置訳	品　切
母の刻印〈イオカステーの子供たち〉	C.オリヴィエ／大谷尚文訳	¥2700
ホモセクシュアルとは	L.ベルサーニ／船倉正憲訳	¥2300
自己意識とイロニー	M.ヴァルザー／洲崎惠三訳	¥2800
アルコール中毒の歴史	J.-C.スールニア／本多文彦監訳	¥3800
脱植民地国家の現在	A.メンミ／菊地・白井訳	¥2200
中世のカリスマたち	N.F.キャンター／藤田永祐訳	¥2900
幻想の起源	J.ラプランシュ，J.-B.ポンタリス／福本修訳	¥1300
人種差別	A.メンミ／菊地，白井訳	¥2300
ヴァイキング・サガ	R.プェルトナー／木村寿夫訳	¥3300
肉体の文化史〈体構造と宿命〉	S.カーン／喜多迅鷹・喜多元子訳	¥2900